侵犯未成年人性权利犯罪与防治研究

QINFAN WEICHENGNIANREN XINGQUANLI
FANZUI YU FANGZHI YANJIU

龙正凤 / 著

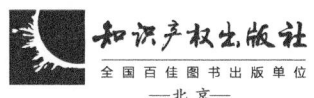

知识产权出版社
全国百佳图书出版单位
——北京——

图书在版编目（CIP）数据

侵犯未成年人性权利犯罪与防治研究 / 龙正凤著 . —北京：
知识产权出版社，2020.6
ISBN 978-7-5130-6854-3

Ⅰ.①侵… Ⅱ.①龙… Ⅲ.①性犯罪—未成年人保护法—
研究—中国 Ⅳ.① D924.344

中国版本图书馆 CIP 数据核字（2020）第 067684 号

责任编辑：王颖超　　　　　　　　责任校对：潘凤越
文字编辑：薛晶晶　　　　　　　　责任印制：刘译文

侵犯未成年人性权利犯罪与防治研究

龙正凤　著

出版发行：知识产权出版社 有限责任公司	网　　址：http://www.ipph.cn
社　　址：北京市海淀区气象路 50 号院	邮　　编：100081
责编电话：010-82000860 转 8655	责编邮箱：wangyingchao@cnipr.com
发行电话：010-82000860 转 8101/8102	发行传真：010-82000893/82005070/82000270
印　　刷：北京九州迅驰传媒文化有限公司	经　　销：各大网上书店、新华书店及相关专业书店
开　　本：720mm×1000mm　1/16	印　　张：19.5
版　　次：2020 年 6 月第 1 版	印　　次：2020 年 6 月第 1 次印刷
字　　数：340 千字	定　　价：88.00 元

ISBN 978-7-5130-6854-3

出版权专有　侵权必究
如有印装质量问题，本社负责调换。

目　录

导　言 ……………………………………………………………… 1

第一章　侵犯未成年人性权利犯罪概述 ………………………… 13
　　第一节　未成年人性权利概述 ………………………………… 13
　　第二节　侵犯未成年人性权利犯罪的类型 …………………… 22

第二章　侵犯未成年人性权利犯罪的现状、特征与危害 ……… 32
　　第一节　侵犯未成年人性权利犯罪的现状 …………………… 33
　　第二节　侵犯未成年人性权利犯罪的特征 …………………… 48
　　第三节　侵犯未成年人性权利犯罪的危害 …………………… 68

第三章　侵犯未成年人性权利犯罪的原因 …………………… 83
　　第一节　法律方面的原因 ……………………………………… 83
　　第二节　犯罪人方面的原因 …………………………………… 113
　　第三节　被害人方面的原因 …………………………………… 133
　　第四节　被害人监护人及其家庭的原因 ……………………… 143

第四章　侵犯未成年人性权利犯罪防治的立法措施 ………… 156
　　第一节　完善刑法对未成年人性权利的保护 ………………… 157
　　第二节　制定专门的性侵害犯罪防治法 ……………………… 173
　　第三节　侵犯未成年人性权利犯罪防治的其他法律措施 …… 200

第五章　侵犯未成年人性权利犯罪防治的司法措施 ………… 210
　　第一节　侦查过程中的防治措施 ……………………………… 210
　　第二节　起诉过程中的防治措施 ……………………………… 220
　　第三节　审判过程中的防治措施 ……………………………… 224

第四节 刑罚执行过程中的防治措施 ……………………………… 245

第六章 侵犯未成年人性权利犯罪的社会综合防治措施 …………… 256
第一节 强化对侵犯未成年人性权利犯罪的防治意识 ………… 256
第二节 家庭、学校、社会联动保护未成年人性权利 ………… 265
第三节 强化性侵害未成年被害人的救助 ……………………… 280

参考文献 ………………………………………………………………… 288

后 记 ………………………………………………………………… 306

导　言

　　侵犯未成年人性权利犯罪是世界各国普遍面临的社会问题。世界卫生组织《2014 年全球预防暴力状况报告》❶ 指出，全球范围内每 5 个女童就有 1 个遭遇性暴力，在某些国家甚至每 3 个女童就有 1 个受到性侵犯。在全球范围内，性侵害的对象 50% 都是 16 岁以下的女童。❷ 中国儿童少年基金会、北京师范大学社会发展与公共政策学院社会公益研究中心发布的《女童保护研究报告》显示，儿童遭受性侵害的发生率为 6.7%—21.8%；在受害儿童中，女童遭受性侵害的比例较高，性侵害者主要为男性。但不可忽视的是，男童遭受性侵害的案件日趋增多，女性也可能成为性侵害未成年人犯罪的主体。❸ 然而，长期以来，儿童性侵害问题在我国像是一个禁忌，被视为不揭露、不讨论并进行有限干预的问题来对待。近年来，随着媒体曝光一系列恶性性侵害儿童的案件，儿童性权利保护问题才引起政府及有关部门和公众的重视，先后在立法、司法和预防措施层面加强对未成年人性权利的保护。但侵犯未成年人性权利犯罪不同于侵犯成年人的性权利犯罪，前者有犯罪特征和犯罪原因的独特性。目前，不仅侵犯未成年人性权利犯罪没有整体而全面的数据，学界有关的调查和研究也都是较为片面和零散的。从立法、司法层面对未成年人进行性权利保护及预防侵犯未成年人性权利犯罪的措施都存在着不足。因此，在最大化保护未成年人性权利免受犯罪侵害的理念下，有必要对侵犯未成年人性权利犯罪进行类型化研究，分析侵犯未成年人性权利犯罪的现状和特点以及犯罪发生的原因。在此基础上，从立法、司法、社会综合防治措施等方面建构保护未成年人性权利免受犯罪侵害的严密保护网络。

---

❶　WHO（2014）. 2014 Global Status Report on Violence Prevention.

❷　UNFPA（2003）. UNFPA and Young People：Imagine 2003.

❸　《数据显示中国儿童性侵发生率在 6.7%—21.8%》，https：//new.qq.com/rain/a/20130913014056，访问日期：2019 年 3 月 20 日。

一、研究背景

（一）国内有关侵犯未成年人性权利犯罪与防治的理论研究和规定现状

1. 侵犯未成年人性权利犯罪与防治的理论研究现状

学界主要集中于从立法和司法角度对侵犯未成年人性权利犯罪问题的某一方面进行研究，以及对特定的犯罪领域、特定地区惩治和预防性侵害未成年人犯罪进行研究。基于特定的犯罪领域和特定地区研究侵犯未成年人性权利犯罪与防治问题，具有代表性的理论研究成果主要有：魏红的《如何发挥社会控制在防控西南地区性侵害未成年人犯罪中的作用》[1]、康均心、刘猛的《我国中小学校园性侵犯罪的防制》[2]，王进鑫、程静的《未成年人性侵害现状与对策——基于四川省 6—12 岁儿童抽样调查》[3]，孙静的《性侵害未成年人犯罪案件的惩治、预防、救助机制研究——以 S 市 D 区人民检察院实践为例》[4]，张华等人的《性侵害未成年人犯罪法律适用研究——上海市第二中级人民法院及辖区法院 2012—2015 年性侵害未成年人案件实证调查》[5] 等。从立法和司法角度研究侵犯未成年人性权利犯罪与防治问题，具有代表性的理论研究成果主要有：刘宪权的《性侵幼女构成强奸仍应以"明知"为前提》[6]，彭文华的《性权利的国际保护及我国刑法立法之完善》[7]，王慧、贾密的《惩治性侵害未成年人犯罪的现实困境与制度转型》[8]，吴鹏飞、余鹏峰的《"惩治性侵害未成年人犯罪意见"若干问题评析——以儿童权利保护为视角》[9]，卫磊的《从严惩治性侵害未成年人犯罪与刑法解释的严格责任化》[10]，常晖、琚红金的《对熟人

---

[1] 魏红：《如何发挥社会控制在防控西南地区性侵害未成年人犯罪中的作用》，《政法论丛》2016 年第 2 期。

[2] 康均心、刘猛：《我国中小学校园性侵犯罪的防制》，《青少年犯罪问题》2014 年第 2 期。

[3] 王进鑫、程静：《未成年人性侵害现状与对策——基于四川省 6—12 岁儿童抽样调查》，《青年研究》2014 年第 2 期。

[4] 孙静：《性侵害未成年人犯罪案件的惩治、预防、救助机制研究——以 S 市 D 区人民检察院实践为例》，《犯罪研究》2016 年第 4 期。

[5] 张华、沙兆华：《性侵害未成年人犯罪法律适用研究——上海市第二中级人民法院及辖区法院 2012—2015 年性侵害未成年人案件实证调查》，《预防青少年犯罪研究》2017 年第 1 期。

[6] 刘宪权：《性侵幼女构成强奸仍应以"明知"为前提》，《青少年犯罪问题》2014 年第 1 期。

[7] 彭文华：《性权利的国际保护及我国刑法立法之完善》，《法学论坛》2002 年第 5 期。

[8] 王慧、贾密：《惩治性侵害未成年人犯罪的现实困境与制度转型》，《法律适用》2002 年第 8 期。

[9] 吴鹏飞、余鹏峰：《"惩治性侵害未成年人犯罪意见"若干问题评析——以儿童权利保护为视角》，《理论与改革》2014 年第 4 期。

[10] 卫磊：《从严惩治性侵害未成年人犯罪与刑法解释的严格责任化》，《青年探索》2014 年第 5 期。

性侵害未成年人犯罪的司法规制》❶，何剑的《我国未成年性被害人刑法保护之缺弱及完善》❷ 等。从侵犯未成年人性权利犯罪风险预防角度进行的研究，具有代表性的理论研究成果主要有：裴菊红、王晓清的《性侵害未成年人犯罪人员信息公开制度探析》❸，王春媛、廖素敏的《性侵害未成年人犯罪人员信息登记和有限公开机制研究》❹，姚建龙、刘昊的《"梅根法案"的中国实践：争议与法理——以慈溪市〈性侵害未成年人犯罪人员信息公开实施办法〉为分析视角》❺ 等。以上研究都是基于侵犯未成年人性权利犯罪的某一问题或者特定场所、特定地区发生的侵犯未成年人性权利犯罪的惩治和预防进行研究。对侵犯未成年人性权利犯罪缺乏全面、类型化研究，侵犯未成年人性权利犯罪不同于侵犯成年人性权利犯罪的法律特征的研究，没有引起足够重视，更没有从立法、司法和犯罪人、被害人角度进行全面研究和分析，以建构多维的惩治和预防侵犯未成年人性权利犯罪的严密保护网。

2. 我国侵犯未成年人性权利犯罪与防治措施的规定现状

目前，有关侵犯未成年人性权利犯罪的防治措施，主要体现在法律层面、司法层面以及预防措施层面。

第一，法律层面的规定。我国法律在整体上还没有将性权利作为未成年人的一项权利来进行保护。我国法律中还没有"未成年人性权利"的提法。《中华人民共和国未成年人保护法》（以下简称《未成年人保护法》）第41条明确规定："禁止对未成年人实施性侵害。"在《中华人民共和国刑法》（以下简称《刑法》）中，涉及未成年人的性犯罪除了强奸型和猥亵型犯罪规定在侵害公民人身权利和民主权利类犯罪中，与未成年人有关的卖淫和淫秽物品犯罪都是规定在妨害社会管理秩序罪中的。在与未成年人有关的性犯罪的犯罪客体规定上，涉及未成年人的强奸、猥亵犯罪，通说的观点都认为犯罪客体是未成年人的身心健康权。在涉及未成年人的卖淫型、淫秽物品型犯罪中，认为犯罪客体主要是国家对社会风尚的管理秩序和对与性道德风尚有关的文化市场的管理秩序，身心健康权处于次要客体地位。《刑法修正案（九）》不但取消了嫖宿幼女罪，将幼女性权利一律进行严格保护，而且将已满14周岁的

---

❶　常晖、琚红金：《对熟人性侵害未成年人犯罪的司法规制》，《人民司法》2015年第1期。

❷　何剑：《我国未成年性被害人刑法保护之缺弱及完善》，《青少年犯罪问题》2013年第6期。

❸　裴菊红、王晓青：《性侵害未成年人犯罪人员信息公开制度探析》，《青少年犯罪问题》2017年第2期。

❹　王春媛、廖素敏：《性侵害未成年人犯罪人员信息登记和有限公开机制研究》，《青少年犯罪问题》2016年第6期。

❺　姚建龙、刘昊：《"梅根法案"的中国实践：争议与法理——以慈溪市〈性侵害未成年人犯罪人员信息公开实施办法〉为分析视角》，《青少年犯罪问题》2017年第2期。

男性纳入猥亵犯罪进行规定，扩大了猥亵犯罪的保护对象。在组织、强迫卖淫罪中还将所有未成年人纳入特殊保护，强化了卖淫犯罪中对未成年人的保护力度。但是，目前《刑法》还未将未成年人性权利作为单独的性权利来保护，对男女未成年人的性权利未实现同等保护，不同年龄未成年人的性权利也未实现区别保护。在司法实践中，特定关系人性侵害未成年犯罪，新型网络性侵害未成年犯罪，精神障碍未成年人容易遭受性侵害等现实问题都没有在立法上体现。

第二，司法政策层面。2013年10月23日，由最高人民法院、最高人民检察院、公安部、司法部联合发布的《关于依法惩治性侵害未成年人犯罪的意见》，从基本要求、办案程序要求、准确适用法律、其他事项四个方面进行了规定。该意见明确了"最大化保护未成年人性权利"和"最低化容忍性侵害未成年人犯罪"的基本原则；强化对未成年人隐私权的保护，多举措避免性侵害未成年被害人遭受"二次被害"；严惩负有特殊职责人员对未成年人实施的性侵害犯罪，明确了监护权撤销的条件，最大程度保障儿童福利权，优化儿童成长环境。重视性侵害未成年被害人在诉讼各阶段的知情权，竭力维护诉讼权益；明确了针对性侵害未成年被害人的心理安抚和疏导工作，临时安置、救助工作，法律援助工作以及针对因性侵害犯罪造成人身损害，不能获得有效赔偿，生活困难的未成年被害人的优先司法救助。

第三，其他有关预防未成年人遭受性侵害的措施。2013年9月3日，教育部、公安部、共青团中央、全国妇联发布《关于做好预防少年儿童遭受性侵工作的意见》。该意见从科学做好预防性侵犯教育、定期开展隐患摸底排查、全面落实日常管理制度、从严管理女生宿舍、切实加强教职员工管理、密切保持家校联系、妥善处置中小学生性侵犯事件、努力营造良好社会环境和舆论氛围、积极构建长效机制等方面，规定了防止校园性侵害犯罪的措施。但该意见只是原则性规定，没有具体的要求和相应的监督措施，很难真正起到实效。例如，第1条要求多部门联合多举措科学做好预防性侵犯教育，除了要求广泛宣传"家长保护儿童须知"及"儿童保护须知"外，并没有规定具体的性教育内容，更没有具体落实预防性侵犯教育的责任主体要求以及相应的监督机制。为进一步加强学校安全管理、保障学生安全，有效预防性侵害学生违法犯罪的发生，根据《中华人民共和国最高人民检察院检察建议书》（高检建〔2018〕1号）的有关建议，2018年12月教育部办公厅印发《关于进一步加强中小学（幼儿园）预防性侵害学生工作的通知》，该通知包括深入开展预防性侵安全教育、切实加强教职员工队伍管理、严格执行校园安全管理规定、不断完善预防性侵协同机制、持续强化学校安全督导检查等几个方面的内容，明确了教育行政部门工作人员、学校管理人员失职渎职造成性侵害学生案件发生的，或者发现性侵害学生案件瞒报、谎报的，要依法依规予以处分或者移送有关部门查处。2019年2月，最高人民检察院公布的《2018—2022年检察改革工作规划》明确了建立健全性侵害未成年人违法犯罪信息库和入职查询制度。各地方检察院也在积极探索性侵害犯罪人信息公开制度和从业禁止制度的适用等，建构性侵害未成年人犯罪的惩治与预防体系，如浙江省慈溪市检察院联合相关部门出台《性侵害未成年人犯罪人员信息公开实施办法》，建立了信息登记数据库；江苏省淮安市淮阴区检察院、法院、公安局等共同制定《关于性侵害未成年人犯罪人员从业禁止及信息公开制度》；上海市闵行区检察院与区综治办、公安、法院、教育、民政等部门共同制定《关于限制涉性侵害违法犯罪人员从业办法（试行）》，将该区从事未成年人服务的教育单位、培训机构、医疗机构、救助机构、游乐场所、体育场馆、图书馆等纳入入职性侵害违法信息审查的范围。

（二）国外有关侵犯未成年人性权利犯罪与防治的有关现状

域外国家除了在刑法典中，将侵害未成年人的性犯罪作为侵犯人身权利类犯罪或单独的性权利犯罪进行规定，还对男女未成年人的性权利进行平等保护，对不同年龄段的未成年人的性权利进行区别保护，加重处罚特定关系人实施的性犯罪。不少国家实现了强奸立法中立化规定，强化对未成年人进行性剥削犯罪之卖淫和色情制品犯罪的规制等，还有预防和处置性侵害未成年人犯罪的防治措施。

1. 域外国家有防治性侵害未成年人犯罪的法律配套措施

美国的《儿童性侵害案件处理指南》共十二章内容，包括性侵害案件的刑事和民事诉讼程序，证据问题，性侵害与特殊场所责任，未成年犯罪者与儿童性侵害，对男性未成年人、儿童卖淫以及残疾儿童的法律保护，未成年少女生育问题，特殊法庭规定和其他形式的法律援助，有关未成年性犯罪者登记与社区通告的法律规定，遭受性侵害儿童的心理伤害的赔偿制度等内容。日本的《关于儿童卖淫、儿童色情之相关行为等的处罚及儿童保护等的法律》，对儿童卖淫和儿童色情进行了相关的界定，对儿童卖淫和儿童色情的犯罪行为以及处以的刑罚种类和幅度进行了明确规定。

2. 犯罪人层面预防侵犯未成年人性权利犯罪的措施

20世纪90年代早期以来，许多国家都建立了性犯罪记录制度。除美国、英国之外，加拿大、澳大利亚、南非、法国、爱尔兰、日本、韩国等国家都建立了类似的性犯罪者信息登记制度。在性犯罪者信息公告制度上，美国实行社区公告制度，英国实行经过性犯罪者危险评估后的信息披露制度，韩国向公众开放性罪犯信息登记资料。2010年6月29日，韩国针对性侵害儿童和青少年的性犯罪者，通过了"化学阉割法案"。目前，除韩国、波兰和摩尔多瓦实行强制性的"化学阉割"外，绝对多数国家都立法通过了选择性的"化学阉割"制度。

3. 被害人层面预防侵犯未成年人性权利犯罪的措施

不少国家将性侵害教育纳入中小学必修课程，对不同层级学校学生进行不同内容的分层教育。2017年3月英国颁布了新的性教育政策，要求将性教育列为所有中小学必修课程。2019年英国正式开设中小学性教育课程，儿童从5岁开始，就在学校接受有关防治性侵害的教育。不少国家还强化父母对未成年人子女的有效监护责任，如美国和加拿大的许多州、省规定，12岁以下儿童24小时不得脱离监护（年龄规定各不相同，最小9岁，最大16岁），也就是说，在孩子不在校期间，家长或其委托的监护人必须全程陪同孩子，不能令其单独活动，脱离自己的视线。12—14岁的青少年可在同龄人陪伴下活动，但除非有成年监护人陪同，否则不得在外留宿。这些措施有效减少了幼童"单独暴露"的风险，降低了未成年人遭受性侵害的可能性。

综上所述，我国侵犯未成年人性权利犯罪的防治措施，无论在理论研究层面，还是在立法、司法保护层面都有待完善，尤其是相关的配套法律措施和预防层面的措施都处于探索、尝试阶段。在性侵害防治教育方面，从2013年9月3日教育部、公安部、共青团中央、全国妇联联合发布《关于做好预防少年儿童遭受性侵工作的意见》，到2018年12月12日教育部办公厅印发《关于进一步加强中小学（幼儿园）预防性侵害学生工作的通知》，相关部门已经越来越重视性侵害防治教育，但我国学校性侵害防治教育仍然处于普遍缺失的状态。从性犯罪人角度采取预防措施，我国目前还处于探索、尝试阶段。浙江省慈溪市检察院与慈溪市法院、公安部门、司法局联合出台《性侵害未成年人犯罪人员信息公开实施办法》；江苏省淮安市淮阴区委政法委、检察院、法院、公安局、司法局、教育局等9家单位发布了《关于性侵害未成年人犯罪人员从业禁止及信息公开制度》；最高人民检察院《2018—2022年检察改革工作规划》明确建立健全性侵害未成年人违法犯罪信息库和入职查询制度；广州市花都区人民检察院于2019年3月已建设未成年被害人已决案件查询系统，性侵前科可一键查询等。然而，我国还没有在国家法律层面构建性侵害未成年人犯罪的法律防治网络。在理论研究方面，现有的研究也未将性侵害未成年人犯罪进行类型化研究，没有系统化、体系化研究性侵害未成年人犯罪的防治措施。因此，对性侵害未成年人犯罪进行类型化研究，从犯罪人、被害人、法律层面、社会层面等多角度全面分析，研究性侵害未成年人犯罪的特点、原因，从立法、司法、社会综合防治等多角度建构防治性侵害未成年人犯罪的严密法网和防护墙，最大化保护未成年人免受性侵害具有现实意义。

二、研究意义

联合国大会《儿童权利公约》❶明确了儿童是需要特殊保护的群体和儿童保护最大利益原则。《儿童权利公约》序言明确规定："儿童❷因身心尚未成熟，在其出生以前和以后均需要特殊的保护和照料，包括法律上的适当保护。"第3条规定："关于儿童的一切行动，无论是由公私社会福利机构、法院、行政当局或立法机构执行，均应以儿童的最大利益为一种首要考虑。"1999年8月在中国香港通过的《性权宣言》❸明确了"性权乃基本、普世之人权"，并明确了11项具体的性权利内容。❹未成年人与成年人享有同样的性权利，未成年人是弱势群体，遭受性侵害的未成年人是弱势群体中的弱势群体，更需要全社会的共同保护。大量的研究表明，遭受性侵害给未成年人造成不同程度的心理创伤，更影响着未成年人的人生发展轨迹，甚至损害其成年后的身心健康。同时，未成年人遭受性侵害给未成年人的家庭也带来巨大的压力，未成年人被害后的医疗费用、心理创伤恢复、生活和学习的恢复等，更使未成年被害人及其家庭都面临巨大的挑战。性侵害未成年人犯罪本质上是对未成年人权利的侵犯，损害的是未成年人的福祉，冲击着社会责任、社会规范、法律政策和制度。本书通过专业的法律网站收集的性侵害未成年人犯罪的判决书和各新闻网站曝光的性侵害未成年人犯罪案件，对侵犯未成年人性权利犯罪的特点、危害性、犯罪的原因以及防治对策进行全面、系统、科学的研究，具有重要的意义。

（一）强化侵犯未成年人性权利犯罪的理论认识

侵犯未成年人性权利犯罪与防治的研究，强化人们对侵犯未成年人性权

---

❶ 联合国大会《儿童权利公约》于1989年11月20日由第44届联合国大会第25号决议通过，是第一部有关保障儿童权利且具有法律约束力的国际性约定，1990年9月2日生效。截至2015年10月，缔约国为196个。该公约旨在为世界各国儿童创建良好的成长环境。

❷ 根据联合国大会《儿童权利公约》第1条规定，儿童系指18岁以下的任何人，除非对其适用之法律规定成年年龄低于18岁。该公约对"儿童"的年龄范围规定等同于我国法律对"未成年人"的年龄范围规定。

❸ 世界性学会于1999年在中国香港召开第14次世界性学会议，并于会上通过《性权宣言》。

❹ 11项性权利内容包括：性自由权，性自治、性完整与性身体安全权，性私权，性公平权，性快乐权，性表达权，性自由结合权，自由负责之生育选择权，以科学调查为基础之性资讯权，全面性教育权，性保健权。

利犯罪的认识。首先，使人们意识到未成年人的性权利遭受侵犯绝不是个别现象，而是具有普遍性和严重性的，是需要引起重视和解决的社会问题。其次，使人们清楚侵犯未成年人性权利犯罪不仅包括多发的强奸罪和猥亵犯罪，还包括与未成年人有关的卖淫和色情制品犯罪，增强公众辨别侵犯未成年人性权利犯罪的能力和与犯罪作斗争的积极性。再次，使人们意识到侵犯未成年人性权利犯罪的被害对象没有年龄界限，且儿童是主要的被害群体。最后，使人们清楚侵犯未成年人性权利犯罪以熟人性侵害为主，且被害人往往多次被侵害和长期被侵害，即使是未成年人的父母也不能排除在犯罪主体之外。侵犯未成年人性权利犯罪的犯罪对象并非只有女性未成年人，男性未成年人也容易遭受性侵害；犯罪主体也并非只是男性，女性也可能是犯罪主体。侵犯未成年人性权利犯罪往往以非强制手段，如哄骗、诱骗等方式实施。除了接触式的性侵害犯罪，在网络时代背景下，以网络为平台实施的非接触式的新型性侵害犯罪呈上升趋势。

（二）强化人们对侵犯未成年人性权利犯罪的防治意识

侵犯未成年人性权利犯罪发生的原因是多方面的。在司法实践中，被害人被侵害大多缘于被害人年幼无知、缺乏性知识和性侵害防范意识，监护人缺乏对被害人的有效监护以及缺乏性犯罪知识、防范意识不强等。不少未成年被害人因年幼且家长和学校在其成长过程中缺乏性知识和性侵害防治教育，未成年被害人很容易在行为人的小恩小惠的引诱、哄骗等方式之下遭受性侵害。而且，不少行为人与被害人之间具有监护、教育、培训等关系，行为人很容易利用与未成年人之间形成的依赖、从属关系对其实施性侵害，尤其是以关心为由对被害人实施性侵害的情况，被害人因年幼无法分清是关心还是性侵害，在行为人"只属于双方秘密"的哄骗或者言语威胁下，被害人往往不敢告诉包括家人在内的其他人，从而使行为人的犯罪行为得以多次和长期实施。在不少侵犯未成年人性权利犯罪中，都是年幼的被害人独自在外玩耍，独自在行为人家或者行为人家附近玩耍，独自在家，独自在上学、放学的路上，独自与行为人相处的情况下遭受性侵害，这也充分说明了父母和监护人对未成年人有效监护的重要性。还有的家长对侵犯未成年人性权利犯罪的防范意识不强，允许未成年人与异性单独相处，或者将未成年人交由异性临时照顾等，都容易造成未成年人遭受性侵害。还有的家长缺乏性侵害犯罪知识，无法识别行为人的行为是否属于犯罪行为而不选择报警，放纵了犯罪分子。因此，通过侵犯未成年人性权利犯罪与防治问题的研究，能够强化人们对侵犯未成年人性权利犯罪的防治意识，强化对未成年人的家庭性知识教育和学校性教育，强化父母和监护人对未成年人的有效监护，能够增强人们对未成年人性权利的保护意识。

（三）为建构侵犯未成年人性权利犯罪的严密防治网络提供参考和建议

侵犯未成年人性权利犯罪的刑法规制只是不得已而为之的法律措施之一。侵犯未成年人性权利犯罪在犯罪主体、犯罪对象和被害原因等诸多方面的犯罪特征都不同于侵犯成年人性权利犯罪，这决定了侵犯未成年人性权利犯罪的事前预防和干预措施与事后对犯罪人的惩罚措施同样重要。单靠刑罚的威慑功能和预防功能，是不能很好地遏制侵犯未成人性权利犯罪和保护未成年人的性权利免受犯罪侵害的。通过在侵犯未成年人性权利犯罪的犯罪客观方面、犯罪主体和犯罪对象等方面呈现的特点，以及犯罪发生的法律层面、犯罪人层面、被害人层面等多方面原因分析，从立法、司法和社会综合防治措施等方面建构惩治和预防性侵害未成年人犯罪的严密防治网，对于遏制侵害未成年人犯罪和保护未成年人性权利免受犯罪侵害来说，具有重要的现实意义和实践意义。

三、研究的总体思路与主要内容

本书内容分为六章，以北大法意、北大法宝等专业法律网站收集的性侵害未成年人犯罪判决书，以及各新闻网站曝光的性侵害未成年人犯罪案件为分析样本，结合有关未成年人性权利的国际公约、域外国家的性犯罪立法，对未成年人性权利的内涵、侵犯未成年人性权利犯罪应包括的犯罪类型，我国侵犯未成年人性权利犯罪的现状、特征以及社会危害性，侵犯未成年人性权利犯罪的原因，侵犯未成年人性权利犯罪防治的立法措施、司法措施、社会综合防治措施等方面进行研究，主要内容和观点如下。

第一章侵犯未成年人性权利犯罪概述。侵犯未成年人性权利犯罪中的未成年人应包括出生至未满18周岁的人，从而与我国缔结的《儿童权利公约》中的"儿童"的年龄界定一致，以及与司法实践中性侵害未成年人犯罪被害人低龄化的特点相契合。性是属于人权范畴的权利，未成年人与成年人具有相同的性权利内容，包括《性权宣言》规定的性自由权，性自治、性完整与性身体安全权，性私权，性公平权，性快乐权，性表达权，性自由结合权，自由负责之生育选择权，以科学调查为基础之性资讯权，全面性教育权，性保健权等11项权利，还应包括性救济权。法律旨在保护未成年人性权利免受不法侵害的权利，而非保护未成年人积极行使性权利的实现。因此，未成年人性权利保护侧重于保护性的自由权，性自治、性完整与性身体安全权免受不法侵害和保障未成年人以科学调查为基础之性资讯权、全面性教育权、性保健权的实现。未成年人性权利具有权利行使的限制性、性权利易受侵害性和性权利保护的平等性特征。侵犯未成年人性权利犯罪包括与未成年人有关的性侵犯罪、与未成年人有关的卖淫犯罪和与未成年人有关的色情制品犯罪。在三种类型的侵犯未成年人性权利犯罪中，未成年人在本质上都只是单纯的"受害者"和受保护对象。

第二章侵犯未成年人性权利犯罪的现状、特征与危害。一是侵犯未成年人性权利犯罪的现状。通过实证类型化研究，认为侵犯未成年人性权利犯罪呈高发趋势，同一性侵害未成年人犯罪中往往多人被害，男性未成年人性权利被侵害问题凸显，网络性侵害未成年人犯罪呈新发展趋势，强奸和猥亵犯罪是性侵害未成年人犯罪的主要类型。二是侵犯未成年人性权利犯罪的特征。分别从性侵害未成年人犯罪行为人方面和被害人方面进行论述。行为人方面的特征主要分析了性别特征、年龄特征、职业特征、行为人与被害人之间的关系特征、实施犯罪的手段特征等方面。被害人方面的特征主要分析了被害人的性别特征、年龄特征、被害人遭受性侵害的犯罪类型特征、被害地点特征、被害时间特征、被害人数、被害次数、被害人与行为人之间的关系特征等方面。三是侵犯未成年人性权利犯罪的社会危害性。从侵犯未成年人性权利犯罪对未成年被害人造成的危害、对被害人亲属造成的危害和对社会造成的危害三个方面进行论述，认为侵犯未成年人性权利犯罪对未成年被害人的危害具有不可挽回的摧残性，尤其是精神上的危害更具有持久性和长期性。对被害人的家属也具有严重的身心危害性和物质损害性。对社会也具有严重的社会危害性，造成恶劣的社会影响，挑战法律底线和公众的伦理道德底线，增加了社会风险的治理难度和惩治犯罪的成本。

第三章侵犯未成年人性权利犯罪的原因。一是法律方面的原因。主要认为现行《刑法》对未成年人性权利的保护存在权利意识保护不足，没有将男女未成年人的性权利进行平等保护，缺乏对不同年龄未成年人的性权利进行区别保护，对特定关系人实施的性侵害未成年人犯罪未进行特别规制，对精神障碍未成年人的性权利缺乏特殊保护，对新型的网络性侵害未成年人犯罪缺乏规制等。同时，从性侵害未成年人犯罪人的角度分析刑事司法预防措施，从性侵害未成年被害人角度分析刑事司法保护措施的不足。从犯罪人角度，认为主要存在没有全面建立性侵害未成年人犯罪信息登记制度和犯罪信息公开制度等不足。从被害人角度，认为主要存在对被害人隐私保护的不足、避免被害人"二次被害"的保护措施不足、对被害人的被害救助措施不足等问题。另外，还认为我国没有专门的侵犯未成年人性权利犯罪防治法。二是犯罪人方面的原因。认为犯罪人方面主要有生物、生理方面的原因，包括性别、年龄等因素；犯罪人智力方面的原因；犯罪人非观念层面的心理原因，包括情绪、情感，需要、动机，变态心理等；观念层面的心理原因，包括价值观、道德观、法律意识等。三是被害人方面的原因。认为被害人遭受性侵害有被害人年幼心智发育不成熟的原因，也有被害人缺乏性知识和性侵害防范意识的原因，更有被害人精神健康状况和被害人早恋及性认识观念偏差等方面的原因。四是未成年被害人监护人及其家庭的原因。包括未成年人的监护人缺乏对被害人的有效监护，未成年人的父母或监护人对性侵害认识的偏差，未成年人的监护人和家庭缺乏对被害人进行性知识和性侵害防治教育等方面的原因。

第四章侵犯未成年人性权利犯罪防治的立法措施。一是认为应完善刑法对未成年人性权利的保护。认为应将侵犯未成年人性权利犯罪之强奸、猥亵型犯罪，与未成年人有关的卖淫和色情制品犯罪纳入侵犯人身权利性质犯罪进行规定。在保护对象上应对不同性别未成年人进行同等保护，对不同年龄未成年人进行区别保护。强化对特定关系人性侵害未成年人犯罪的惩治，强化对精神病未成年人和智力障碍未成年人的特殊保护，强化对网络性侵害未成年人犯罪的惩治等。二是认为我国应制定专门的性侵害犯罪防治法。通过对美国、英国、日本的相关法律规定的梳理，结合我国性侵害未成年人犯罪的现状和性侵害未成年人犯罪防治的有关规定，认为我国应制定专门的性侵害防治法，至少应对性侵害防治管理机构和职责，各层级学校性教育的内容和开展，性侵害未成年人犯罪强制报告制度，性侵害未成年被害人的隐私保护和追责机制，性侵害未成年人犯罪人信息登记、更新报告制度，性侵害未成年人犯罪人信息公开制度等内容进行规定。三是认为应完善侵犯未成年人性权利犯罪的其他配套法律措施。在《未成年人保护法》中，无论是家庭保护、学校保护、社会保护，还是司法保护和网络保护，都应强化对未成年人性权利的保护。在《教育法》中应明确各层次学校性教育的内容和责任。在《教师法》中应将思想品德素质作为教师准入和考核的重要指标，将性侵害学生作为教师品行不良的具体情节进行规定，强化教师聘用单位对教师入职性犯罪记录的审查注意义务。

第五章侵犯未成年人性权利犯罪防治的司法措施，包括侦查、起诉、审判和刑罚执行过程中的防治措施。在侦查阶段认为应强化侦查机关对性侵害未成年人犯罪案件的绝对义务，通过建立专门的侦查机构、配备专业的办案人员、强化证据收集的规范性和全面性等措施强化侦查机关的职责义务。同时，应规定一定范围内的责任人具有强制报告义务和违反强制报告义务应承担的法律责任。还应通过建立"一站式"调查取证机制、建构"一站式"性侵害未成年被害人综合救助保护体系等措施保护被害人免受"二次被害"。在起诉阶段应从严把握性侵害未成年人犯罪被告人与被害人达成民事赔偿调解协议对从宽量刑的适用，从而实现对性侵害未成年人犯罪被告人的惩处与被害人被害救济之间的平衡。还应强化性侵害未成年被害人在起诉阶段的知情权的保护和实现。在审判阶段，就未成年被害人而言，应强化对性侵害未成年被害人作证的程序和方式的特殊保护，以实现对被害人隐私权的保护和避免作证带来的"二次被害"。在赔偿程序设置上，应强化精神损害赔偿，以促进被害人被害后恢复。就犯罪人而言，性侵害未成年人犯罪具有严重的社会危害性和人身危险性，应限制适用缓刑。同时，为了更好预防性侵害未成年人犯罪的发生，应对犯罪分子适用一定期限的"从业禁止"。在刑罚执行阶段，不仅应强化刑罚执行的惩罚功能，限制对犯罪人适用假释，更要针对监狱服刑和社区服刑的不同特点，有针对性地对犯罪人进行矫治，提升其再社会化的能力。

第六章侵犯未成年人性权利犯罪的社会综合防治措施。一是强化对侵犯未成年人性权利犯罪的防治意识。认为应强化未成年人性权利保护意识，树立性侵害未成年人犯罪是对未成年人性权利，尤其是性健康安全权的侵害的认识。对性侵害未成年人犯罪的犯罪主体、犯罪对象、犯罪行为等方面都要有正确的认识。还要强化保护未成年人性权利免受不法侵害的法律意识，尤其要树立性侵害未成年人犯罪中被害人只是单纯的受害者，性侵害未成年被害人"无过错"的认识。二是建构家庭、学校、社会联动保护未成年人性权利的保护网络。在家庭教育中，树立家长是儿童性教育的第一责任人，性教育应从娃娃抓起的性教育理念。在学校层面，不仅应强化各层级学校性教育的重要性，将性教育纳入学校的必修课程进行设置，配备科学的教材和专业的性教育师资，还要明确学校对性侵害未成年人犯罪具有强制报告义务，更要严密学校的安全防控体系。在社会层面，通过预防和控制辖区内失序行为、开展法律宣传和教育服务、净化社会环境、整治高发犯罪场所等措施，最大化预防和保护未成年人免受性侵害。三是强化性侵害未成年被害人的救助。多渠道建构性侵害未成年人犯罪线索发现机制，建构包括专业的性侵害未成年被害人救助机构、法律援助机制、被害人监护机制、心理疏导机制、专项紧急救助基金等多重救助性侵害未成年被害人的严密网络。

第一章　侵犯未成年人性权利犯罪概述

近年来，随着媒体对侵犯未成年人性权利犯罪案件的不断曝光，尤其是被害未成年人低龄化的特点，引起政府、学界和公众对侵犯未成年人性权利犯罪问题的关注。然而，何为未成年人的性权利，侵犯未成年人性权利犯罪中的未成年人的年龄范围有没有限制，未成年人应享有的性权利内容以及侵犯未成年人性权利犯罪包括的犯罪类型等问题都需要予以界定和研究。

第一节　未成年人性权利概述

一、未成年人性权利的概念

权利是指法律赋予人实现其利益的一种力量，与义务相对，一般意义上指法律赋予权利主体作为或不作为的许可、认定和保障。在我国，未成年人指未满 18 周岁的公民。未成年人由于年龄幼小，身心发育不成熟，需要国家法律、家庭和社会的特殊保护，尤其是对未成年人享有的权利进行保护。国家有保护未成年人不受任何非法侵害的责任和义务。目前，我国针对未成年人的专门法律有《中华人民共和国未成年人保护法》（以下简称《未成年人保护法》）和《中华人民共和国预防未成年人犯罪法》（以下简称《预防未成年人犯罪法》）。未成年人由于年龄幼小，容易遭受各种侵害，尤其是性侵害，未成年人性权利的法律保护问题越来越引起各界的关注和重视。在《中华人民共和国刑法》（以下简称《刑法》）对未成年人的性权利以 14 周岁为分界点进行保护的情况下，未成年人性权利中的未成年人范围的界定问题和保护的未成年人对象问题也备受争议。

（一）未成年人的界定

1.我国法律意义上的未成年人

未成年人在法律上主要涉及对未成年人的年龄界定问题。我国《宪法》《民法》《未成年人保护法》《刑法》等对未成年人都进行了相关的规定。根据

《宪法》第 34 条规定，中华人民共和国年满 18 周岁的公民，只要没有依照法律被剥夺政治权利，都平等地享有选举权与被选举权。《宪法》意义上的未成年人与成年人相对应，指未满 18 周岁的公民。根据我国《民法总则》第 19条规定，8 周岁以上的未成年人为限制民事行为能力人，可以独立实施纯获利益的民事法律行为或者与其年龄、智力相适应的民事法律行为。第 18 条第 2款规定："16 周岁以上的未成年人，以自己的劳动收入为主要生活来源的，视为完全民事行为能力人。"民法意义上的未成年人为未满 18 周岁的公民。《未成年人保护法》第 2 条明确规定，未成年人是指未满 18 周岁的公民。《刑法》第 17 条关于年龄对未成年人的责任能力的影响问题进行了明确规定，已满 16周岁的人犯罪的，应当负刑事责任，已满 14 周岁未满 18 周岁的人犯罪，应当从轻或者减轻处罚。因此，从刑事责任年龄的规定来看，《刑法》意义上的未成年人也指未满 18 周岁的人。

2. 侵犯未成年人性权利犯罪中的未成年人

侵犯未成年人性权利犯罪中的未成年人指性犯罪中的未成年被害人。根据现行《刑法》中的性犯罪之强奸罪、猥亵儿童罪、组织卖淫罪、强迫卖淫罪，以及引诱、容留、介绍卖淫罪，引诱幼女卖淫罪等罪所涉及的被害人的规定，不满 14 周岁的为幼女❶，不满 18 周岁的为未成年人。根据《关于依法惩治性侵害未成年人犯罪的意见》❷的规定，未成年人特指性侵害未成年被害人，其未成年人的范围界定也是指未满 18 周岁的未成年人。我国性侵害未成年被害人的年龄范围相当于有关儿童权利保护国际公约中的"儿童"。《儿童权利公约》第 1 条规定："为本公约之目的，儿童系指 18 岁以下的任何人，除非对其适用之法律规定成年年龄低于 18 岁。"欧洲委员会《儿童保护——防止儿童性剥削和性侵害公约》❸的第一章宗旨、不歧视原则和相关定义中的第三条定义，明确规定该公约中的"儿童"系指 18 岁以下的任何人。

3. 侵犯未成年人性权利犯罪中的未成年人的年龄下限问题

在侵犯未成年人性权利犯罪中，被害人的年龄是否有限制？这涉及性权利的界定问题，如果说性权利是一项人权，则这项权利是人与生俱来的，任何人从出生开始就拥有性权利，这是静态意义上的性权利，与未成年人对自己享有的性权利的积极行使问题无关。如果说性权利是作为社会人而具有与他人实施积极的性行为的权利或者权利人有权利不与他人实施性权利所规定

---

❶ 《刑法》第 236 条第 2 款规定：奸淫不满 14 周岁的幼女的，以强奸论，从重处罚。

❷ 2013 年 10 月 23 日，最高人民法院、最高人民检察院、公安部、司法部联合发布《关于依法惩治性侵害未成年人犯罪的意见》。

❸ 《儿童保护——防止儿童性剥削和性侵害公约》于 2007 年制定，2010 年 7 月 1 日生效。

的性行为，则无论是积极地实施性行为还是消极地避免实施性行为，无论是在我国还是在域外国家都规定有最低的性同意年龄。根据我国现行《刑法》的规定，我国性同意年龄是 14 周岁。域外国家性同意年龄一般包括对普通人的性同意年龄和对具有特定关系之人的性同意年龄两种类型。对普通人的性同意年龄有的国家规定单一的未达同意年龄一个层次，如意大利规定的最低性同意年龄是 14 岁，瑞士规定的最低性同意年龄是 16 岁，葡萄牙规定的最低性同意年龄是 14 岁。也有的国家在性同意年龄之下再规定更为年幼的年龄层次。在美国只有少数州采取单一的性同意年龄规定模式，如威斯康星州就将奸淫未满 13 岁儿童、未满 16 岁未成年人、已满 16 岁不满 18 岁未成年人的行为分别规定为 B 级重罪、BC 级重罪和 A 级轻罪。❶ 域外国家对特定关系之人的性同意年龄一般高于性同意年龄的规定。例如，俄罗斯的性同意年龄是 14 岁，对特定关系人的性同意年龄则包括了所有未成年人，即与性同意年龄未成年人或者特定关系人与处于性同意年龄的未成年人发生性行为的，无论是双方自愿行为还是强迫行为都构成犯罪，强迫手段实施的一般加重或者从重处罚。

未成年人性权利的保护是从消极的角度保护未成年人的性权利不受侵害。法律的价值基点是防止最坏的情况，以公民的权利为本位发挥其保护功能。法律代表的是国家的权力，法律以义务为基点，维护公民的权利是法律的天职，法律是以他人不得侵害其确认的权利为前提的。性权利是属于人权范畴的权利，任何人都不得随意侵害，法律作为国家公权力理应保护未成年人的性权利，即保护未成年人的性权利不被侵害。从这个意义上来说，侵犯未成年人性权利犯罪中的未成年人的年龄没有下限问题。同时，司法实践中未成年人被性侵害的低龄化趋势明显，据《"女童保护" 2015 年性侵儿童案件统计及儿童防性侵教育调查报告》显示，最小年龄的受害者仅为 6 个月大的女婴。❷《"女童保护" 2018 年性侵儿童案例统计及儿童防性侵教育调查报告》显示，317 起性侵案件中，被害儿童逾 750 人，其中 7 岁以下（不含 7 岁）的受害人比例达 21.33%。❸ 因此，从性权利是公民的人权，国家公权力应平等保护未成年人性权利不受侵害，以及司法实践中未成年人尤其是婴幼儿遭受性侵害的严重现状等视角分析，认为从出生至未满 18 周岁的未成年人都是本

❶　刘士心：《美国刑法各论原理》，北京：人民出版社，2015 年，第 143 页。

❷　"女童保护"微信公众号：《"女童保护" 2015 年性侵儿童案件统计及儿童防性侵教育调查报告》，发布时间：2016 年 10 月 29 日。

❸　"女童保护"微信公众号：《"女童保护" 2018 年性侵儿童案例统计及儿童防性侵教育调查报告》，发布时间：2019 年 3 月 23 日。

书意义上性犯罪所要保护的未成年被害人。

（二）性权利的概念

性权利理应属于人权，但性作为个人的权利在法律层面进行保护是一个历史渐进发展的过程。历史上对性犯罪尤其是强奸罪的刑法规制，最初保护的不是妇女的性的自由、自主的权利，而保护的是未婚女性的父亲的财产权和已婚妇女的丈夫的财产不可侵犯的权利，女性没有独立的人格权，更谈不上拥有性权利。如今，将性作为人身权利或者性权利在法律上进行保护已是世界各国通行的做法，且保护的不仅仅是女性的性权利，不少国家更实现了无性别差别的性权利保护，尤其是对未成年人性权利的保护。我国已将强奸型犯罪和猥亵型犯罪作为侵犯公民人身权利类型的犯罪进行保护，但总体上还没有将性作为一项单独的权利进行法律保护。何为性权利？学界从不同的角度进行了界定，以下是比较有代表性的几种观点。一是将性权利作为"性人权"进行界定，认为性权利是人之作为性存在所有和应当享有的人权，并且认为性权利可以分为作为人权的性权利和其他性权利，前者是基于"人是性存在"的认定之"同"，后者是基于身份、地位、年龄、种族等具体的人之"异"，所以"性人权"是专指作为人权的性权利。❶ 二是从伦理角度进行界定，认为性权利是人作为社会人具有的与他人实施性行为的权利，包括积极层面的行为人有权与他人实施性行为的权利和消极层面的行为人有不与他人实现性行为的权利。❷ 三是从民法角度对性权利进行界定，主要体现为以下几种学说：贞操说认为性权利是自然人有权利决定是否与他人实施性行为，并排除他人对其进行妨害的权利；性自主权说认为性权利是在不妨碍他人性权利行使的基础上，有权决定是否进行性行为，有权决定性行为的方式、性行为对象以及排除他人妨碍自己性权利实现的权利；配偶权说认为性权利是夫妻之间有相互实施性行为的权利和自由，并排除他人妨碍的权利。❸ 四是从人的社会性角度对性权利进行界定，认为人们只有在法律许可的范围内表达的性意愿和实现的性行为才是性权利。❹ 学界有关性权利的不同界定，尽管界定的角度不一，但都具有一定的合理性，都揭示了性权利的自由性和自主性的特征。人权角度的性权利，阐述了性的人权属性，但没有阐述性权利的法律性。任何权利只有上升到法律层面，为法律所确认并为法律所保护，才能保障权

---

❶ 赵合俊：《儿童免受性侵害的权利——对我国儿童性法律的审视》，《法学研究》2004年第6期。

❷ 安云凤、李金和：《性权利的文明尺度》，《哲学动态》2008年第10期。

❸ 何立荣、王蓓：《性权利概念探析》，《学术论坛》2012年第9期。

❹ 吴宗宪：《性权利初探》，《性学》1998年第3期。

利的真正实现，而不为犯罪行为所侵害。伦理角度的性权利除了强调性权利的自由性，更强调性权利的自主性，任何人都不得为了实现自己的性权利而侵犯他人的性权利。民法角度的性权利，无论是贞操说、性自主权说还是配偶权说，都认为性权利的行使以不得侵害他人合法的性权利为限。社会性角度的性权利表明性的社会性特征，即性权利的行使必须在法律许可的范围内，以不侵犯他人的性权利为限。

综上所述，性权利应属于人权范畴的权利。人权是人与生俱来所享有的权利。❶ 人权是人享有的其他权利的基础，是人享有的权利中最基本的权利。只有人权在法律上得到了保护，才能谈得上其他权利的享有和实现。❷ 人权是人实际享有的并以国家法律加以确认和保护的权利。1994 年在埃及开罗召开的国际人口与发展会议和 1995 年在北京召开的第四次世界妇女会议，都对性权利作为人权范畴的权利问题进行了明确的讨论。❸ 性权利是人权范畴的权利，这已被相关的国际法、国际人权公约以及其他缔结国际公约的国家所承认。性权利受国际人权条约的保护，个人的性别认同和性取向以及他（她）的性自由权、性自治权、性健康权等权利都在国际人权框架下受到保护。❹ 作为每个人拥有的人权的性权利，个人在行使性权利的过程中，在法律许可的范围内，有不受暴力、胁迫和歧视的权利，也有性权利不受犯罪侵害的权利。❺ 因此，性权利是每个人都享有的人权的权利，是被法律所确认并为法律所保护的，不为不法侵害的包括性自由权、性自治权、性完整权、性身体安全权、性私权、性快乐权等具体权利在内的权利。

（三）未成年人的性权利的概念

未成年人是身心未发育成熟的为社会和法律所特殊保护的群体。在我国《刑法》中，以未成年人为犯罪对象的性犯罪所侵犯的犯罪客体，除了强奸罪中被害对象是已满 14 周岁的妇女，认为侵害的是妇女的性自由权利外，其他的性犯罪通说的观点都认为侵害的是未成年人的身心健康权。最早的"儿童性权利"的表述出现在 1990 年 9 月 2 日生效的《儿童权利公约》之中。在

---

❶ Jack Donnell. Universal Human Rights in Theory & Practice. Ithaca and London：Cornell University Press，2003，p. 10.

❷ 朱锋：《人权与国际关系》，北京：北京大学出版社，2000 年，第 17 页。

❸ Tambiah Yasmin. Realizing Women's Sexual Rights：Challenges in South Asia. Nordic Journal of International Law，1998，67（1）.

❹ Scheinin Martin. Sexual Rights as Human Rights–Protected under Existing Human Rights Treaties. Nordic Journal of International Law，1998，67（1）.

❺ Starrs Ann M.，Anderson Ragnar. Definitions and Debates：Sexual Health and Sexual Rights. Brown Journal of World Affairs，2016，22（1）.

我国现行的法律中还没有正式的"未成年人性权利"的表述，在我国现行的《未成年人保护法》相关条款的规定中使用的也是"性侵害"的表述，在理论上也没有明确对未成年人性权利的界定，但通说的观点都认为未成年人与成年人享有同等的性权利，只是由于未成年人年龄的原因，其享有的某些性权利被限制行使，且对未成年人性权利的保护，不是保护未成年人积极行使性权利，而是侧重于保护未成年人所拥有的性权利免受不法侵害。

未成年人是具有独立的人格和尊严的个体。《儿童权利公约》在历史上第一次提出了"儿童人权"的概念。儿童与成年人是平等的，拥有同等的权利，拥有与成年人同样的与生俱来的价值。因此，在一切权利的享有乃至性权利的享有上，未成年人与成年人是一致的且平等的。未成年人身心未发育成熟，不具备完全的辨认能力和控制自己行为的能力，从保护未成年人身心健康的角度出发，未成年人在享有具体的性权利的行使上受到限制，更多地侧重于保护未成年人享有的性权利免受不法侵害，侧重于对未成年人的性健康权、性身体安全权和性教育权等具体权利的实现的保护。为保护未成年人的性权利免受不法侵害，世界各国都在法律层面拟制处于一定年龄之下的未成年人没有性自由权、性自治权和自由负责之生育选择权等权利。法律限制处于一定年龄之下的未成年人行使这些具体的性权利，不等于未成年人不享有这些性权利，也不等于这些权利不会受侵害，更不等于法律不保护未成年人的这些被限制行使的权利。相反，法律是为了对处于特定年龄阶段以下的未成年人享有的性权利进行特殊保护才进行限制性保护规定的。

二、未成年人性权利的具体内容

（一）国际性权利公约对未成年人性权利具体内容的规定

性权利是人享有的人权，性权利应包括的具体内容在 1999 年的《性权宣言》中进行了详细的规定，该宣言规定性权利包括性自由权，性自治、性完整与性身体安全权，性私权，性公平权，性快乐权，性表达权，性自由结合权，自由负责之生育选择权，以科学调查为基础之性资讯权，全面性教育权，性保健权等 11 项权利。在性权利的具体内容中，性自由权是所有性权利中最核心的权利，性自由权是其他的性权利内容得以实现的基础。《儿童权利公约》规定，儿童的基本权益包括生存权、发展权、参与权和受保护权。第 19 条明确指出："缔约国应采取一切适当的立法、行政、社会和教育措施，保护儿童在受父母、法定监护人或其他任何负责照管儿童的人的照料时，不致受到任何形式的身心摧残、伤害或凌辱，忽视或照料不周，虐待或剥削，包括性侵犯。这类保护性措施应酌情包括采取有效程序以建立社会方案，向儿童和负责照管儿童的人提供必要的支持帮助，采取其他预防形式，查明、报告、查询、调查、处理和追究前述的虐待儿童事件，以及在适当的时候进行司法干预。"同时，《儿童权利公约》还明确了青少年享有健康保健权，并且明确健康保健的内容应包括适当的性和生育卫生服务。

（二）学界有关未成年人性权利具体内容的不同观点

性权利应包括的具体内容，学界有不同的观点。有学者在《性权宣言》11项性权利内容的基础上，增加了性救济权，认为性权利享有者当权利遭受侵害后，享有性救济权。[1]有学者认为性权利包括基本性权利之性发展权、合法性行为权、性繁殖权、性隐私权和派生权利之贞操权和同居权。[2]也有学者将性权利分为物质的性权利之性健康权和肉体安全权，精神的性权利之性自治权、性发展权和性平等权。[3]从民法的视角，还有学者认为性权利包括性生理载体权、性健康权、性自主权、性别权、生育权。[4]学界对性权利所包括的具体内容虽然众说纷纭，但都有其自身的合理性和自洽性。认为在《性权宣言》的基础上应增加性救济权的观点是比较全面的，人享有的应然的性权利是人之作为人所应享有的具体性权利，应然权利的真正享有和实现需要法律的保障，需要法律赋予性权利内容救济的权利。认为性权利包括基本的性权利和派生的性权利的观点，是将性权利置于法律规范框架下来论述个人所具有的与他人实施性行为的权利、性的繁衍性和性的隐私性，由此具有相互实现性行为的权利。但是，该观点包括的性权利具体内容的外延有限。尤其在现代社会，人们不仅注重性自由权，性自治、性完整与性身体安全权的行使，更加注重以科学调查为基础之性资讯权、全面性教育权的行使。将性权利分为物质性性权利和精神性性权利的观点，强化性的健康权和安全权对精神上性权利实现的重要性，但没有涉及性的快乐权利和繁衍权利的内容。随着人们性观念的解放以及现代生育科技的变革，性的传统的生殖功能逐渐让位于性的快乐功能和健康功能，但生殖功能仍然是不可忽视的性权利内容之一。最后一种民法视角的关于性权利具体内容的观点，没有看到性自由权、性平等权和性救济权等权利。性自由权是所有其他性权利得以实现的基础，性平等权和性救济权是实现性自由权和性自治权的保障。

---

[1] 赵合俊：《儿童免受性侵害的权利——对我国儿童性权利的审视》，《法学研究》2004年第6期。

[2] 吴宗宪：《性权利初探》，《性学》1998年第3期。

[3] 何立荣、王蓓：《性权利概念探析》，《学术论坛》2012年第9期。

[4] 莫爱新：《民法中的性权利研究》，中国政法大学博士学位论文，2009年。

总之，性权利包括的具体内容宽泛。每个人都有实现自己性权利的自由，任何人不得侵害他人的性权利和妨碍他人性权利的实现。❶ 对性权利应包括的具体权利内容的认知角度不同，得出的结论就不一样。但性权利至少应包括《性权宣言》列举的 11 项具体内容。其中，性自由权，性自治、性完整与性身体安全权，性平等权应是人所享有的最为基本的性权利内容，以科学调查为基础之性资讯权、性健康权、全面性教育权是其他性权利得以实现的基础性权利。❷ 同时，性救济权更是必不可少的性权利内容，是其他性权利得以实现的保障性权利。

（三）未成年人性权利具体内容的应然分析

性权利是除生命权之外的最重要的人身权利之一，刑法理应将公民的人身权利作为重要的保护对象，性权利也应是刑法所保护的人身权利之一。就未成年人而言，由于年龄的因素，基于最大化保护未成年人性权利的原则，未成年人的部分性权利的行使被法律所限制，侧重于保护未成年人性权利免受犯罪侵害。

在我国，与未成年人有关的性犯罪的内容表述中几乎没有涉及"性权利"的字眼，除了强奸罪中对强奸已满 14 周岁妇女的客体，认为是侵犯了女性的性自由权之外，在论述其他性犯罪客体时均未提及。如著名刑法学家高铭暄、马克昌主编的《刑法学》教科书中，在对强奸罪客体的论述中便认为奸淫幼女行为侵害的客体是幼女的身心健康；猥亵儿童罪的客体也是儿童的身心健康；认为引诱未成年人聚众淫乱罪的客体包含了未成年人的保护制度，但没有明确保护制度的内容；引诱幼女卖淫罪中包含了幼女的身心健康，而组织、强迫未成年人卖淫和向未成年人传播淫秽物品罪的客体是社会风尚的管理秩序。❸ 齐文远主编的《刑法学》教科书中，认为强奸 14 周岁以上的女性和 14 周岁以下的幼女的犯罪客体都是妇女的性自主的权利，猥亵儿童罪的客体是身心健康，组织卖淫罪的客体是良好的社会道德风尚，引诱未成年人聚众淫乱罪、强迫卖淫罪、引诱幼女卖淫罪的论述中却没有指明权利性质的犯罪客体的内容。❹ 因此，在我国性犯罪立法中，还没有从将被害人置于权利主体的

❶　Kuwali Dan. Battle for Sex: Protecting Sexual（ity）Rights in Africa. Human Rights Quarterly, 2014, 34（1）.

❷　Starrs Ann M., Anderson Ragnar. Definitions and Debates: Sexual Health and Sexual Rights. Brown Journal of World Affairs, 2016, 22（2）.

❸　高铭暄、马克昌主编：《刑法学》(第五版)，北京：北京大学出版社、高等教育出版社，2011 年，第 468、472、549、600、601、606 页。

❹　齐文远主编：《刑法学》，北京：北京大学出版社，2011 年，第 436、438、504、542、543、545、549 页。

视角来对其性权利进行保护，其保护的目的主要还是对良好的社会道德风尚的维护，强调对社会利益的保护，而非个人权利的保护。

基于以上的论述，在法制日益健全、个人权利意识日益彰显的现代中国，性犯罪立法应置于公民个人权利的视野来进行保护，将性犯罪中的被害人作为保护的主体而不是客体进行性犯罪立法。从被害人的角度，而不是单从行为人实施的犯罪行为本身来定性性犯罪。既然是与性有关的犯罪，侵害的当然应是与性有关的权利。对于未成年人而言，根据我国《婚姻法》对结婚年龄的规定，未成年人除了不实际享有性的生育权之外，其他的权利都与成年人一样，只是其性自由权和性自治权因年龄的原因而被限制行使。《刑法》保护的是未成年人性权利不被侵害，《刑法》对未成年人部分性权利行使的限制，并不影响未成年人与成年人拥有同样的性权利。

三、未成年人性权利的特征

未成年人与成年人享有同样的性权利，但未成年人性权利又有其自身的独特性，具有性权利行使的限制性、性权利易受侵害性、性权利保护平等性等特征。

（一）性权利行使的限制性

未成年人与成年人享有同样的性权利内容。但未成年人年幼，缺乏性自由和性自治的能力，为保护未成年人健康成长，各国都对未成年人的性权利行使进行了一定的限制和特殊保护。一是通过法律拟制最低的性同意年龄，对处于这一年龄阶段的未成年人的性权利进行严格保护，以保护未成年人性权利免受不法侵害。我国的性同意年龄为14周岁，处于14周岁以下的未成年人法律拟制其不具有性同意能力，行为人与之发生两性行为的，构成奸淫幼女罪。同时，在与未成年人有关的卖淫犯罪中，对所有的未成年人都进行特殊保护。二是基于未成年人特殊的生理、心理特征，侧重于保障未成年人的性身体安全权、性健康权、获取性资讯权以及受到侵害后的优先救济权等权利实现。例如，近年来，教育部、公安部、共青团中央、全国妇联越来越重视预防少年儿童遭受性侵害工作，先后联合发布了相关的意见和通知，尤其是学校性教育的开展得到了强化。但总体来看，我国针对未成年人的性教育仍处于普遍缺失的状态。

（二）性权利易受侵害性

未成年人因年幼缺乏抵御侵害的能力、认知能力不足、从小缺乏家庭性教育和学校性教育、缺乏有效监护等多方面的原因，决定了未成年人尤其是未满

14 周岁的未成年人最容易遭受性侵害。在司法实践中，不少行为人利用年幼的未成年人缺乏性知识、容易被哄骗等特点，以关心为名，采用给予零花钱、玩具、食物等小恩小惠对被害人进行哄骗，以言语威胁或者轻微的暴力方式对被害人实施性侵害。尤其是以关心为名对未成年人实现的性侵害，被害人天真地认为行为人是"好人"，不清楚行为人对之实施的是性侵害，以致被害人多次或者长时间地遭受性侵害。还有的行为人以找工作、带未成年被害人玩耍或者以谈恋爱的方式，约被害人见面，从而对未成年被害人实施性侵害，甚至强迫未成年被害人卖淫。在现代网络社会，有的行为人还以招聘童星、冒充生理老师、将被害人的照片合成裸照相威胁，引诱未成年人通过网络裸聊，或者要求被害人按照要求做淫秽行为等方式对未成年人实施性侵害。相对于成年人而言，未成年人更容易被诱骗、哄骗，性权利更容易遭受侵害。

（三）性权利保护平等性

性权利作为人权范畴的权利，男女享有同等的性权利并需要同样的保护。长期以来，受传统性观念的影响，不少人认为只有女性才会遭受性侵害，男性不会遭受性侵害，更不会像女性一样丧失贞操和怀孕，这导致司法实践中不少男性未成年人遭受性侵害案件长期得不到揭发，因为没有人相信男性未成年人会遭受性侵害。事实上，男性未成年人也容易遭受性侵害，且在传统的性犯罪认知观念下，男性遭受性侵害给被害人造成的精神伤害更加难以修复，危害后果更为严重。在理论界，有学者就认为在立法上对男女未成年人的性权利要进行同等保护，尤其对处于 14 周岁以下的未成年人的性权利要进行同等保护，但鉴于男女两性的生理差别，在处罚力度上应体现性别差异。❶ 这种观点虽然将男女未成年人的性权利进行了同等保护，但是在处罚力度上，背离了同罪同罚、罪责相当的刑法基本原则。既然男性和女性具有同等的性权利，在法律上就应进行同等的保护，不能因被害人性别的不同而在保护力度上进行区别保护。❷

第二节　侵犯未成年人性权利犯罪的类型

2013 年，最高人民法院、最高人民检察院、公安部、司法部联合发布的

---

❶　谢俊龙、田然：《我国刑法加强未成年人性权利保护的前度探寻》，《青少年犯罪问题》2016 年第 4 期。

❷　杜江：《中英刑法上强奸罪之比较》，《现代法学》2007 年第 3 期。

《关于依法惩治性侵害未成年人犯罪的意见》(以下简称《性侵意见》)第 1 条明确规定性侵害未成年人犯罪包括针对未成年人实施的强奸罪,强制猥亵他人、侮辱妇女罪,猥亵儿童罪,组织卖淫罪,强迫卖淫罪,引诱、容留、介绍卖淫罪,引诱幼女卖淫罪,但没有明确与未成年人有关的色情制品犯罪是否属于性侵害犯罪,而是以"等"字进行规定。我国是《儿童权利公约》《〈儿童权利公约〉关于买卖儿童、儿童卖淫和儿童色情制品的任择议定书》(以下简称《任择议定书》)的缔约国。《儿童权利公约》第 34 条明确规定,缔约国应承担保护儿童免遭一切形式的色情剥削和性侵犯之害,要求缔约国应采取一切适当的国家、双边和多边措施,防止引诱或强迫儿童从事任何非法的性生活、利用儿童卖淫或从事其他非法的性行为、利用儿童进行淫秽表演和充当淫秽题材。《任择议定书》第 1 条明确规定缔约国应根据本议定书的规定,禁止买卖儿童、儿童卖淫和儿童色情制品,第 3 条规定缔约国应确保本国刑事法或刑法将对儿童进行性剥削,主动表示愿意提供、获取、诱使或者提供儿童进行卖淫活动,或生产、发售、传播、进口、出口、主动提供、销售或拥有第 2 条所指的儿童色情制品等行为规定为犯罪,且无论这些犯罪行为人是在国内还是在国际上犯下的罪,也不论这些罪是个人还是组织犯下的,都应追究刑事责任。1999 年,国际劳工组织通过《关于禁止和立即行动消除最有害的童工形式公约》明确使用、招收或提供儿童卖淫、生产色情制品或进行色情表演是最有害的童工形式。❶《防止买卖儿童、儿童卖淫和儿童色情制品行动纲领》和《反对利用儿童从事商业色情活动世界大会宣言和行动议程》等都明确与未成年人有关的卖淫和色情制品犯罪属于侵害未成年人性权利的犯罪。因此,在性犯罪立法上我国至少应与《儿童权利公约》及《任择议定书》的要求保持一致,将与未成年人有关的性侵犯罪、卖淫犯罪和色情制品犯罪规定为侵犯未成年人性权利犯罪。

一、与未成年人有关的性侵犯罪

(一)域外国家与未成年人有关的性侵犯罪的规定

域外国家刑法中与未成年人有关的性侵犯罪的规定,相当于我国刑法意义上的强奸和猥亵型性侵犯罪。无论是大陆法系国家还是英美法系国家,都将我国刑法意义上的强奸和猥亵型性侵犯罪作为性权利或者人身权利犯罪进行规定。在规定模式上,以德国、俄罗斯为代表的大陆法系国家,以侵犯性自由和性自决犯罪专章进行规定。《德国刑法典》在第十三章妨害性自决罪规定了性侵犯未成年人型犯罪,具体规定为第 174 条"对被保护人的性滥用"、

---

❶　张爱宁:《国际人权法专论》,北京:法律出版社,2006 年,第 358 页。

第176条"对儿童的性滥用"、第180条"促使未成年人为性行为"、第182条"对少年的性滥用"。其中第182条保护的是不满16岁的处于窘境或者因为缺乏性自决能力的被害人，行为人实施的犯罪方式包括对被害人实施性行为或让被害人与自己实施性行为，或者迫使被害人与第三人实施性行为或让第三人与其实施性行为。❶《俄罗斯联邦刑法典》第十八章侵害性不受侵犯权和个人性自由的犯罪中，具体涉及的罪名有第131条强奸、第132条暴力性行为、第134条与未满16岁的人实行性交和其他性行为、第135条猥亵行为。❷ 还以侵犯人身权利罪进行专章或者专节规定，大陆法系国家的刑法典，如《法国新刑法典》就是在伤害人之身体一章的第三节以性侵犯罪进行规定的；英美法系国家的刑法典，如《印度刑法典》《马来西亚刑法典》《新加坡刑法典》等都在侵犯人身权利的犯罪一章中规定了我国刑法意义上的强奸和猥亵型性侵犯罪。

（二）我国现行刑法与未成年人有关的性侵犯罪的规定

1. 强奸罪的规定

我国《刑法》将强奸罪规定在分则第四章侵犯公民人身权利、民主权利罪的第236条、第237条。第236条强奸罪的对象包括幼女和妇女。幼女为未满14周岁的未成年人。妇女指已满14周岁的女性，包括未成年的妇女和成年的妇女。在犯罪客体问题上，我国学界通说的观点是强奸未满14周岁幼女的，犯罪客体是幼女的身心健康，主要包括幼女身体和精神正常发育和健康成长的权利。❸ 认为幼女由于年龄和生理、心理未发育成熟的原因，不具备发生性行为的同意能力，与幼女发生性行为时，不论幼女是否有同意性行为的意思表示，均以违反其意志论，以强奸论处。《性侵意见》在准确适用法律规定中对行为人主观上是否明知"幼女"从而是否构成犯罪的各种情形进行了规定，即知道或者应该知道对方是不满14周岁的幼女而实施奸淫等性侵害行为的，应当认定行为人"明知"对方是幼女。同时，对不满12周岁的幼女进行严格保护，即对不满12周岁的幼女实施奸淫等性侵行为的，应当认定行为人"明知"对方是幼女；对已满12周岁不满14周岁的幼女实行相对严格保护，即如果行为人从被害人身体发育状况、言谈举止、衣着特征、生活作息规律等观察可能是幼女而实施奸淫等性侵害行为的，应当认定行为人"明知"对方是幼女。行为人以金钱、财物等方式引诱幼女与自己发生性关系的，

❶ 《德国刑法典》，许久生、庄敬华译，北京：中国方正出版社，2004年，第95、97页。

❷ 《俄罗斯联邦刑法典》，黄道秀译，北京：中国法制出版社，1996年，第61–62页。

❸ 高铭暄、马克昌主编：《刑法学》，北京：北京大学出版社、高等教育出版社，2012年，第469页。

只有在知道或者应当知道幼女是被他人强迫卖淫而仍然与其发生性关系的情况下，才以强奸论处。从《性侵意见》第 19 条的上述规定可知，我国未对所有的"幼女"的性权利进行同样的保护，立法更多地关注行为人的权益保护，没有从被害"幼女"的角度最大化保护其免受性侵害。随着嫖宿幼女恶劣案件不断被曝光，在废除嫖宿幼女罪、平等保护幼女性权利的强烈呼声下，《中华人民共和国刑法修正案（九）》（以下简称《刑法修正案（九）》）废除了嫖宿幼女罪。但是，对于以金钱、财物等方式与幼女发生性关系的行为没有明确规定以强奸罪论处，对幼女性权利的保护失去了罪刑法定原则的根基。❶

2. 猥亵犯罪的规定

我国《刑法》将猥亵犯罪与强奸罪一起规定在分则第四章侵犯公民人身权利、民主权利罪中，涉及对未成年人保护的猥亵犯罪罪名包括第 237 条强制猥亵、侮辱他人罪和第 3 款规定的猥亵儿童罪。强制猥亵他人罪在客观方面要求以暴力、胁迫或者其他手段，违背他人意志，强制猥亵他人。这里的猥亵，通说的观点认为是指除奸淫以外能够满足性欲与性刺激的有伤风化、损害他人性心理、性观念，有碍其身心健康的性侵犯行为。通常表现为强迫他人对自己的性敏感区或者行为人在他人的性敏感区抠摸、舌舔、吸吮。猥亵犯罪与强奸罪的区别在于猥亵犯罪的行为人具有满足自己非正当的性欲要求或具有损害妇女人格的目的。《刑法修正案（九）》颁布实施以前，强制猥亵的对象仅仅是妇女，《刑法修正案（九）》将已满 14 周岁的男性也纳入了保护范围，并在第 2 款中增设了"有其他恶劣情节"的规定，实现了对男女性权利的无差别化保护。猥亵儿童罪保护的对象是不满 14 周岁的儿童，包括男童和女童。猥亵儿童罪的客体通说观点是儿童的身心健康。客观方面表现为行为人对未满 14 周岁的儿童实施猥亵行为，猥亵行为是采取暴力还是非暴力手段在所不问。根据现行《刑法》的规定，只有聚众或者在公共场所当众猥亵儿童的才从重处罚，至于行为人采用暴力手段是否属于其他恶劣情节加以从重处罚没有进行规定。根据《性侵意见》的有关规定，无论是猥亵儿童还是猥亵已满 14 周岁的未成年人男性，造成被害人轻伤以上后果，同时符合《刑法》第 234 条或者第 232 条规定，构成故意伤害罪或者故意杀人罪定罪的，依照处罚较重的规定定罪处罚。

随着社会的发展和网络的普及，猥亵犯罪从传统的物理空间延伸到了网

---

❶ 《刑法修正案（九）》通过后，媒体在相关报道中引述了时任全国人大法律委员会主任乔晓阳的言论："取消第 360 条第 2 款规定的嫖宿幼女罪，对这类行为可以适用《刑法》第 236 条关于奸淫幼女的以强奸罪论、从重处罚的规定，不再进行专门规定。"

络空间，猥亵犯罪不仅包括行为人直接接触被害人实施的猥亵行为，也包括以网络为媒介实施的非接触性的猥亵犯罪行为。《"女童保护"2018年性侵儿童案例统计及儿童防性侵教育调查报告》显示，210起熟人性侵案件中，网友性侵案例达39起，占18.57%。其中，有16起是在网络聊天平台、社交视频平台等网络平台上发生的，不法分子主要诱骗儿童发送裸照、裸体视频，进行裸聊、做猥亵动作等。❶2018年最高人民检察院发布的指导性案例，将骆某利用网络强迫儿童拍摄裸照并观看的行为，以猥亵儿童罪判处骆某有期徒刑2年，从而为地方检察机关依法严厉打击以网络为媒介实施的非接触性猥亵犯罪提供了认定依据。

二、与未成年人有关的卖淫犯罪

（一）国际公约和域外国家与未成年人有关的卖淫犯罪的规定

1. 国际公约对与未成年人有关的卖淫犯罪的规定

《儿童权利公约》第19条第1款明确规定缔约国应采取一切适当的立法、行政、社会和教育措施，保护儿童在受父母、法定监护人或其他任何负责照管儿童的人的照料时，不致受到任何形式的身心摧残、伤害或凌辱，忽视或照料不周，虐待或剥削，包括性侵犯。第34条规定缔约国承担保护儿童免遭一切形式的色情剥削和性侵犯之害，缔约国尤应采取一切适当的国家、双边和多边措施，以防止引诱或者强迫儿童从事任何非法的性活动，利用儿童卖淫或从事其他非法的性行为、利用儿童进行淫秽表演和充当淫秽题材。《任择议定书》第1条明确缔约国应根据议定书的规定，禁止儿童卖淫。第2条明确儿童卖淫系指为了报酬或出于任何其他形式的考虑而在性活动中利用儿童。欧洲委员会制定的《儿童保护——防止儿童性剥削和性侵害公约》第1条明确规定公约的宗旨是预防并打击一切形式的儿童性剥削与性侵害，保护性剥削与性侵害受害儿童的权益，加强国家与国际层面上在防止儿童性剥削与性侵害方面的合作。第19条规定了与儿童卖淫有关的犯罪，具体包括各国应采取必要的立法或其他措施，以确保故意实施的招募儿童卖淫或致使儿童参与卖淫，胁迫儿童卖淫或从中受益或为此类目的对儿童进行其他方式的性剥削，与卖淫儿童进行性交易的行为罪刑化。还明确了第19条中提到的"儿童卖淫"，应包括有金钱或其他形式的报酬给付或承诺给付报酬与儿童发生的性行为。不论酬劳的给付对象是这名儿童还是第三方，此类行为都构成儿童卖淫。这些规定都将与

---

❶ "女童保护"微信公众号：《"女童保护"2018年性侵儿童案例统计及儿童防性侵教育调查报告》，发布时间：2019年3月23日。

儿童卖淫有关的犯罪作为儿童权利保护的内容进行规定，与未成年人有关的卖淫型犯罪无疑是侵犯未成年人人身权利或性权利性质的犯罪。

2. 域外国家与未成年人有关的卖淫犯罪的规定

域外国家现行刑法典大多将与未成年人有关的卖淫犯罪规定在侵犯人身权利犯罪或者性自由、性自决权的犯罪之中。《德国刑法典》第 180 条 a 款"剥削卖淫人"和 b 款"人身交易犯罪"都涉及对未成年人的保护，第 184 条 b 款"危害青少年的卖淫"等犯罪都规定在第十三章妨害性自决权。❶《葡萄牙刑法典》在第五章侵犯性自由及性自决罪的第 2 节侵犯性自决罪，第 174 条"引诱未成年人卖淫罪"，第 175 条"为未成年人淫媒罪"对与未成年人有关的卖淫犯罪行为进行了规定。❷《西班牙刑法典》在第八编侵犯性自由及贞操罪的第 187 条第 5 款、第 188 条第 5 款对与未成年人有关的卖淫犯罪行为进行了规定。域外国家与未成年人有关的卖淫犯罪的规定符合《儿童权利公约》和《儿童保护——防止儿童性剥削和性侵害公约》等国际公约保护儿童权利的有关要求。

（二）我国与未成年人有关的卖淫犯罪规定与应然犯罪性质分析

1. 我国现行刑法与未成年人有关的卖淫犯罪的规定

我国《刑法》将一系列儿童权利、儿童保护国际公约中规定的利用儿童卖淫或者从事其他非法性行为，与儿童卖淫有关的犯罪等规定在第 6 章妨害社会管理秩序罪中，涉及的罪名有第 358 条组织卖淫罪、强迫卖淫罪、协助组织卖淫罪，认为三个罪的犯罪客体都是国家对社会风尚的管理秩序，只有强迫卖淫罪的犯罪客体认为还同时侵犯了公民的人身权利。第 359 条引诱、容留、介绍卖淫罪，引诱幼女卖淫罪，犯罪客体仍是国家对社会风尚的管理秩序，在引诱幼女卖淫罪中还包括次要客体幼女的身心健康权利。根据《性侵意见》第 26 条的规定，组织、强迫、引诱、容留、介绍未成年人卖淫构成犯罪的，应当从重处罚。强迫幼女卖淫、引诱幼女卖淫的，应当分别按照《刑法》第 358 条第 1 款第 2 项、第 359 条第 2 款的规定定罪处罚。对未成年人负有特殊职责的人员、与未成年人有共同家庭生活关系的人员、国家工作人员，实施组织、强迫、引诱、容留、介绍未成年人卖淫等性侵害犯罪的，更要依法从严惩处。其中，第 358 条被两次修订。2011 年 2 月 25 日全国人大常委会通过的《中华人民共和国刑法修正案（八）》第 48 条第一次修订本条第 4 款（原为第 3 款），将"协助组织他人卖淫的"修改为"为组织卖淫的人

---

❶ 《德国刑法典》，许久生、庄敬华译，北京：中国方正出版社，2004 年，第 95、99 页。

❷ 《葡萄牙刑法典》，陈志军译，北京：中国人民公安大学出版社，2010 年，第 83-84 页。

招募、运送人员或者有其他协助组织他人卖淫行为的"。2015 年 8 月 29 日全国人大常委会通过的《中华人民共和国刑法修正案（九）》第 42 条第二次对条文作了修订，除废除本罪的死刑外，还以"情节严重"代替了原条文的 5种量刑情节，并增设了第 2 款组织、强迫未成年人卖淫的，依照前款的规定从重处罚以及第 3 款犯前两款罪并有杀害、伤害、强奸、绑架等犯罪行为的，依照数罪并罚的规定处罚。《刑法修正案（九）》的修改加大了对犯罪人的惩处力度，将所有未成年人纳入了卖淫犯罪的特殊保护范围，强化了对未成年人性权利的保护。

2. 我国与未成年人有关的卖淫犯罪的应然犯罪性质分析

我国与未成年人有关的卖淫犯罪应属于侵犯未成年人性权利性质的犯罪。我国是《儿童权利公约》的缔约国，保护未成年人免遭一切形式的色情剥削之害，有义务将与未成年人有关的卖淫犯罪作为侵犯未成年人人身权利犯罪进行规定。我国《未成年人保护法》《性侵意见》等都明确规定应保护未成年人免受性侵害。《宪法》第 33 条规定："国家尊重和保障人权。"《未成年人保护法》第 3 条规定："未成年人享有生存权、发展权、受保护权、参与权等权利，国家根据未成年人身心发展特点给予特殊、优先保护，保障未成年人的合法权益不受侵犯。"第 41 条明确规定："禁止对未成年人实施性侵害。"《性侵意见》第 1 条也明确了性侵害未成年人犯罪包括《刑法》第 358 条、第 359条规定的针对未成年人实施的组织卖淫罪，强迫卖淫罪，引诱、容留、介绍卖淫罪，引诱幼女卖淫罪。

从与未成年人有关的卖淫犯罪分析，未成年人不具备卖淫的民事行为能力。《刑法修正案（九）》废除嫖宿幼女罪，这不仅强化了对未成年人，尤其是幼女性权利的无区别保护，也表明幼女不具备从事卖淫的民事行为能力。在组织、强迫卖淫罪中，将所有未成年人纳入特殊保护范围，也表明我国与未成年人有关的卖淫犯罪立法与国际公约、域外国家的立法接轨。域外国家与未成年人有关的卖淫犯罪其保护对象的年龄都是高于性同意年龄的，《西班牙刑法典》第 174 条引诱未成年人卖淫罪，保护的对象是 14—18 周岁的未成年人，非未满 14 周岁的儿童。法国性同意年龄为 15 周岁，与未成年人有关的卖淫犯罪保护的被害人是未成年人。根据《儿童权利公约》第 34 条第 2 款的规定❶，《任择议定书》第 2 条第 2 款的规定❷，欧洲委员会《儿童保护——防

---

❶ 《儿童权利公约》第 34 条第 2 款："利用儿童卖淫或者从事其他非法的性行为。"

❷ 《〈儿童权利公约〉关于买卖儿童、儿童卖淫和儿童色情制品问题的任择议定书》第 2 条第 2款："儿童卖淫系指为了报酬或出于任何其他形式的考虑而在性活动中利用儿童。"

止儿童性剥削和性侵害公约》第19条的规定 ❶，《反儿童商业性剥削斯德哥尔摩宣言和行动纲领》对儿童商业性剥削的界定 ❷ 等，儿童卖淫并非特指儿童卖淫本身，指行为人利用儿童卖淫，行为人将儿童作为性的对象或者商品强迫儿童卖淫以获取报酬，在所有的与未成年人有关的卖淫犯罪中，未成年人只是单纯的受害者、遭受性剥削者，而非卖淫犯罪的主体。因此，与未成年人有关的卖淫犯罪属于侵犯未成人性权利性质的犯罪，至少应与强奸、猥亵犯罪规定在侵犯公民人身权利犯罪之中。

三、与未成年人有关的色情制品犯罪

（一）国际公约和域外国家与未成年人有关的色情制品犯罪的规定

1. 国际公约与未成年人有关的色情制品犯罪的规定

《儿童权利公约》第34条规定缔约国尤应采取一切适当的国家、双边和多边措施，以防止利用儿童进行淫秽表演和充当淫秽题材。《任择议定书》第2条第3款规定，儿童色情制品系指以任何方式表现儿童正在进行真实或模拟的直露的性活动或主要为取得性满足而以任何方式表现儿童身体的一部分的制品。欧洲委员会《儿童保护——防止儿童性剥削和性侵害公约》第20条与儿童色情有关的犯罪，规定各国应采取必要的立法或其他措施，以确保故意实施的生产儿童色情物品，提供或为他人提供获取儿童色情物品的便利，发布或传播儿童色情物品，为自己或他人获取儿童色情物品，持有儿童色情物品，通过信息和通信技术有意识地上网观看儿童色情内容的行为犯罪化。"儿童色情物品（内容）"应包括一切含有儿童参与或貌似参与露骨性行为的或以促进性欲为目的的儿童性器官的视觉表达。同时，还规定各国有可保留不适用相关罪行的权利，主要包括：生产和持有儿童色情制品的行为，如果相关的色情物品仅含有虚拟合成且现实不存在的儿童形象；相关色情物品涉及的儿童年龄已经达到各国确定的儿童发生性行为的最低年龄，且相关色情物品的生产与持有经由各国超过性同意年龄儿童的同意并仅为生产者和持有者自己私用；以及通过信息和通信技术有意识地上网观看儿童色情内容。1999年国际劳工组织《关于禁止和立即行动消除最有害的童工形式公约》第2条

---

❶　欧洲委员会《儿童保护——防止儿童性剥削和性侵害公约》第19条与儿童卖淫有关的犯罪，具体包括各国应采取必要的立法或其他措施，以确保故意实施的招募儿童卖淫或致使儿童参与卖淫、胁迫儿童卖淫、或从中受益、或为此类目的对儿童进行其他方式的性剥削，与卖淫儿童进行性交易的行为罪刑化。

❷　《反儿童商业性剥削斯德哥尔摩宣言和行动纲领》对儿童商业性剥削的界定："儿童商业性剥削系对儿童权利的根本违反，它包括成人对儿童的性虐待以及以现金或实物之酬赏给付儿童或第三人，把儿童当作性对象和商品。"

将生产色情制品或进行色情表演规定为最有害的童工形式之一。另外，禁止对儿童实施色情剥削的还有《防止买卖儿童、儿童卖淫和儿童色情制品行动纲领》和《反对利用儿童从事商业色情活动世界大会宣言和行动议程》等。我国是《儿童权利公约》《任择议定书》《关于禁止和立即行动消除最有害的童工形式公约》等国际公约的缔约国，应将儿童作为享有性权利的主体，保护儿童的人权。儿童权利的易受伤害性、行使权利能力受年龄限制等特殊性，决定了儿童需要特殊的照顾才能享受自己拥有的权利，我国有义务将对儿童进行色情剥削的行为犯罪化。

2. 域外国家与未成年人有关的色情制品犯罪的规定

大陆法系国家和英美法系国家与未成年人有关的色情犯罪的立法不尽一致，大陆法系国家一般将与未成年人有关的色情制品犯罪作为妨害性自决罪、侵害性自由及性自决罪、侵害人身权利犯罪、危害居民健康和公共道德罪等进行规定。作为妨害性自决罪、侵害性自由及性自决罪进行规定的，如《德国刑法典》将散发淫秽文书罪规定在第 13 章妨害性自决罪。❶《葡萄牙刑法典》将未成年人淫秽物品罪规定在第 5 章侵害性自由及性自决权罪中。❷ 作为侵害人身权利犯罪进行规定的，如《法国新刑法典》将与未成年人有关的色情犯罪规定在第 2 卷侵犯人身之重罪和轻罪的相关章节中。❸ 作为危害居民健康和公共道德罪进行规定的，如《俄罗斯联邦刑法典》将第 242-1 条制作或流通含有未成年人淫秽图像的材料或物品规定在第 25 章危害居民健康和公共道德的犯罪之中。❹ 英美法系国家则一般将与未成年人有关的色情制品犯罪作为侵害公共秩序和有伤风化犯罪进行规定，如《新加坡刑法典》将销售淫秽书籍、向年轻人出售淫秽物品、淫秽歌曲犯罪等规定在危害公共卫生、安全、便利、礼仪和道德的犯罪之中。域外国家总的倾向是将与未成年人有关的色情制品犯罪作为侵犯性权利和人身权利犯罪进行规定，凸显了域外国家性的人权意识，将未成年人作为色情制品犯罪中单纯的受害者，刑法惩治与未成年人有关的色情制品犯罪，从关注色情制品本身对社会管理秩序和道德风化的破坏转向关注色情制品中的未成年人受害者的性权利。

（二）我国与未成年人有关的色情制品犯罪规定与应然犯罪性质分析

我国现行《刑法》涉及未成年人的色情制品犯罪规定在分则第六章妨害社会管理秩序罪中，涉及的罪名主要有制作、复制、出版、贩卖、传播淫秽

---

❶ 《德国刑法典》，徐久生、庄敬华译，北京：中国方正出版社，2004 年，第 98 页。
❷ 《葡萄牙刑法典》，陈志军译，北京：中国人民公安大学出版社，2010 年，第 84 页。
❸ 《法国新刑法典》，罗结珍译，北京：中国法制出版社，2003 年，第 101-102 页。
❹ 《俄罗斯联邦刑法典》，黄道秀译，北京：中国法制出版社，1996 年，第 126 页。

物品牟利罪，传播淫秽物品罪，组织淫秽表演罪。其犯罪客体通说的观点认为这些犯罪是国家对与性道德风尚有关的文化市场、文化娱乐、文艺演出活动的管理秩序。在犯罪规定上，只有传播淫秽物品罪明确规定向不满 18 周岁的未成年人传播淫秽物品的，从重处罚。除此之外，只有相关的司法解释对涉及未成年人的色情制品犯罪有规定。2004 年 9 月 3 日最高人民法院、最高人民检察院公布的《关于办理利用互联网、移动通讯终端、声讯台制作、复制、出版、贩卖、传播淫秽电子信息刑事案件具体应用法律若干问题的解释》第 6 条规定，对制作、复制、出版、贩卖、传播具体描绘不满 18 周岁未成年人性行为的淫秽电子信息的，明知是具体描绘不满 18 周岁的未成年人性行为的淫秽电子信息而在自己所有、管理或者使用的网站或者网页上提供直接链接的，向不满 18 周岁的未成年人贩卖、传播淫秽电子信息和语音信息的，依照《刑法》第 363 条第 1 款、第 364 条第 1 款的规定从重处罚。2010 年 2 月 2 日最高人民法院、最高人民检察院《关于办理利用互联网、移动通讯终端、声讯台制作、复制、出版、贩卖、传播淫秽电子信息刑事案件具体应用法律若干问题的解释（二）》第 1 条规定以牟利为目的，利用互联网、移动通讯终端、声讯台制作、复制、出版、贩卖、传播含有不满 14 周岁未成年人的淫秽电子信息，并有该条规定的法定情形的，依照《刑法》第 363 条第 1 款的规定，以制作、复制、出版、贩卖、传播淫秽物品牟利罪定罪处罚。第 2 条规定利用互联网、移动通讯终端传播含有不满 14 周岁未成年人的淫秽电子信息，并有该条规定的法定情形的，依照《刑法》第 364 条第 1 款的规定，以传播淫秽物品罪定罪处罚。

　　在我国现行《刑法》中，与未成年人有关的色情制品犯罪不仅没有作为侵犯公民人身权利犯罪进行规定，更没有作为专门的性权利犯罪来进行规定。与未成年人有关的色情制品犯罪在实体法的规定中不仅没有单独成罪，也没有对《儿童权利公约》规定的利用儿童进行淫秽表演和充当淫秽题材的犯罪行为进行规制，对《儿童保护——防止儿童性剥削和性侵害公约》规定的持有和有意识观看儿童色情内容的犯罪行为更没有涉及。与未成年人有关的色情制品犯罪，应是侵犯未成年人性权利性质的犯罪，至少应属于侵犯未成年人人身权利犯罪的范畴。

第二章 侵犯未成年人性权利犯罪的现状、特征与危害

　　侵犯未成年人性权利犯罪是世界各国共同面临的社会问题。据哈佛大学肯尼迪政治学院的研究显示，全球范围内未成年人面临的性侵害危险比我们想象的严重得多。全球男女未成年人性权利遭受侵害的比例分别为 7.9% 和 19.7%。无论是男性未成年人还是女性未成年人，其性权利都容易遭受侵害。在南非、澳大利亚、哥斯达黎加、坦桑尼亚、以色列等国家和地区的女性性权利遭受侵害的比例较高，这些国家未成年人性权利遭受侵害的比例均在 30% 以上，分别为 43.7%、37.8%、32.2%、31%、30.7%。未成年男性性权利遭受侵害的比例比较高的有南非、约旦、坦桑尼亚等国家，这些国家未成年男性性权利遭受侵害的比例都在 25% 以上，其中南非男性未成年人性权利遭受侵害的比例高达 60.9%。无论是发达国家，还是欠发达国家，未成年人性权利遭受侵害的比例都较高，美国女性未成年人性权利遭受侵害的比例为 25.3%，中国男女未成年人遭受性侵害的比例分别为 4.8% 和 10.08%。[1] 从统计数据来看，尽管中国男女未成年人性权利遭受侵害的比例低于世界平均水平，但受我国传统性观念、性教育普遍缺失和法律不健全等多方面影响，中国性犯罪暗数比较高，增加了性犯罪的隐蔽性。[2]

　　侵犯未成年人性权利犯罪具有一般性犯罪未具有的特殊性，如犯罪原因的复杂性、较高的犯罪率、犯罪对象的脆弱性、犯罪案件的隐蔽性等。[3] 更有区别于一般性犯罪的独特性，如犯罪行为人多为熟人，未成年被害人容易被重复性侵，同一时间多人受害，未满 14 周岁的未成年人最容易遭受性侵害，犯罪手段多为引诱、哄骗等非强制手段。侵犯未成年人性权利犯罪是一种犯罪对象处于需要特殊保护地位的犯罪，有必要对侵犯未成年人性权利犯罪的

---

　　[1] 《全球约 1/5 的未成年人遭性侵：非洲危险，中国隐蔽》，http://data.163.com/14/0106/00/9HS70IPG00014MTN.html，访问日期：2019 年 4 月 10 日。

　　[2] 刘军：《性犯罪记录制度的体系性构建——兼论危险评估与危险治理》，北京：知识产权出版社，2016 年，第 153 页。

　　[3] 刘军：《性犯罪记录制度的体系性构建——兼论危险评估与危险治理》，北京：知识产权出版社，2016 年，第 150 页。

现状、社会危害性等问题进行类型化研究，客观地认识侵犯未成年人性权利犯罪对未成年被害人、未成年被害人家庭以及对社会造成的严重社会危害性。

第一节　侵犯未成年人性权利犯罪的现状

一、我国侵犯未成年人性权利犯罪概况

（一）侵犯未成年人性权利犯罪比例高

近年来，侵犯未成年人性权利犯罪呈高发态势。据最高人民检察院公布的数据显示，2010—2013 年，全国检察机关收到的猥亵儿童案件就有 7963 起，该数据不包括受害人受害后没有报警或没有选择起诉的案例。最高人民法院公布的数据显示，2013—2016 年全国法院共审结猥亵儿童犯罪案件 10782 起。2013 年至 2014 年 6 月，贵州检察机关受理、办结审查逮捕和审查起诉性侵未成年人犯罪案件 848 起，性侵犯罪人员 1105 人，未成年被害人 970 人。❶不少调查结果显示，在所有的犯罪中，性犯罪尤其是强奸案件的起诉率和定罪率都是最低的。❷据"女童保护"公益组织 2013—2018 年性侵儿童案例统计及儿童防性侵教育调查报告的统计数据显示，2013—2018 年媒体公开曝光的性侵案件有 2096 起，2014 年媒体曝光的性侵案件达 503 起，2016 年媒体曝光的性侵案件达 433 起，2017 年媒体曝光的性侵案件达 377 起，在这几年中媒体每天曝光的案件平均在 1 起以上。2013 年媒体曝光的性侵案件达 125 起，2015 年媒体曝光的性侵案件达 340 起，2018 年媒体曝光的性侵案件达 317 起。这些仅统计的是媒体曝光的，且被害对象是未满 14 周岁儿童的案件。从北大法宝数据库收集的各省份近五年一审的 5000 多起强奸案件中，侵害对象是未成年人的多达 600 多起，约占总的强奸案件的 10% 以上；猥亵儿童案件多达 600 多起。中国媒体案例库公布的近十年的 1000 多起强奸案件中，有 200 多起强奸对象是未成年人，约占总的强奸案件的 20% 以上，猥亵未成年人案件多达 100 多起。从北大法宝数据库收集的近五年最高人民法院审判和核准的强奸、猥亵未成年人案件中，最终判处犯罪者死刑的案件便达

---

❶　余敏、周勇、何缓：《未成年人刑事案件办理机制研究——以未成年被害人保护为视角》，《预防青少年犯罪研究》2015 年第 4 期。

❷　Jennifer Temkin, Barbara Krahe. Sexual Assault and the Justice Gap: A Question of Attitude. Oxford: Hart Publishing, 2008, p. 10.

20 多起。有专家指出，性侵犯罪是高暗数犯罪 ❶，往往发现 1 起性犯罪案件就有 7 起性犯罪案件被隐藏，侵犯未成年人性权利犯罪的实际数据远远不止被统计和曝光的数据。

（二）侵犯未成年人性权利犯罪的同一案件往往多人受害

侵犯未成年人性权利案件，熟人性侵的案件比例较高，熟人有接触被害人的便利条件。未成年被害人中未满 14 周岁的未成年人最容易遭受性侵害，主要缘于未满 14 周岁的未成年人年龄比较小，我国幼儿园乃至中小学没有普遍开设专门的性教育与性侵害防治课程，家庭性教育的理念还未形成，社会公众对性侵害防治意识不强，或是基于传统性观念等多方面的原因。当未成年人遭受性侵害后，被害未成年人即使感觉不舒服也不知道是性侵害。侵害未成年人性权利犯罪人往往以游戏、少量金钱或者玩具等方式诱惑未成年人，对未成年人实施性侵害，不少未成年人根本意识不到行为人正在对自己实施性侵害。同时，侵犯未成年人性权利犯罪也凸显了性侵儿童案件多人受害的特点，据"女童保护"公益组织 2014—2018 年性侵儿童案例统计及儿童防性侵教育调查报告的统计数据显示，2014 年媒体曝光的 503 起性侵儿童案件受害人多达 726 人，2016 年媒体曝光的 433 起性侵儿童案件受害人多达 788 人，2017 年媒体曝光的 378 起性侵儿童案件受害人多达 606 人，2018 年媒体曝光的 317 起性侵儿童案件受害人多达 750 人。

在具体侵犯未成年人性权利案件中，对未成年人负特殊职责人员实施的性侵害往往存在多人受害的情形。其中，负有特殊职责人员 ❷ 性侵害未成年人犯罪的同一案件中多人受害的比例较高，又以教师性侵未成年学生案件最为明显。湖南省宁远县保安乡鲤鱼潭小学 54 岁教师雷某某强奸、猥亵学生案，据法院审理查明，2002 年下学期的一天中午，雷某某以交试卷费为名，将班上 11 岁的女学生刘某叫进自己的房间，对其实施了强奸。此后，雷某某又以各种借口多次将女学生谢某、夏某骗至自己的房间进行奸淫。其间，雷某某还利用教学之便，多次用手抚摸抠挖 21 名女生的下身，并造成多名女学生尿路感染。宁远县人民法院作出一审判决，以强奸罪、猥亵儿童罪判处其有期

---

❶ 按照国家司法机关发现、证实犯罪案件的及时性程度的不同，可以把犯罪分为高暗数犯罪和低暗数犯罪两类。低暗数犯罪就是指一经发生便不可避免地纳入司法机关视野中的犯罪。犯罪暗数的高低与许多社会、文化因素有关，但比较直接相关的是犯罪类型的属性，如性犯罪、经济犯罪、职务犯罪就是犯罪暗数较高的犯罪。

❷ 根据 2013 年最高人民法院、最高人民检察院、公安部、司法部联合发布的《关于依法惩治性侵害未成年人犯罪的意见》第 9 条的规定，对未成年人负有监护、教育、训练、救助、看护、医疗等特殊职责人员，简称负有特殊职责人员。

徒刑 20 年，剥夺政治权利 5 年。❶2007 年 9 月仅仅一个月时间内，临近退休的云南省晋宁县某小学二年级教师段某利用上课教女学生做题目的机会和学生坐到一起，或者利用学生到讲台交作业之机，先后将手伸进 23 名未满 14 周岁的女学生衣裤内抠、摸其脊背、屁股、阴部。晋宁县人民法院一审判处其有期徒刑 8 年。❷2000 年秋季至 2001 年秋季，福建省安溪县剑斗学区某 A 小学教师苏某某，以给零钱、圆珠笔、假项链、运动鞋等为诱饵，以抽考、背诵课文、看考卷、当面批改作业为借口，将 19 名年仅 9—13 岁的女学生叫到宿舍，分别对她们其中 6 人实施奸淫 23 次，对其中 17 人猥亵 38 次。泉州市中级人民法院判处其死刑，剥夺政治权利终身。❸2011 年上半年至 2012 年 6 月 4 日，被告人李某某在甘肃省武山县某村小学任教期间，利用在校学生年幼无知、胆小害羞的弱点，在教室及宿舍等场所长期对 20 余名未满 14 周岁的幼女多次实施奸淫、猥亵，甘肃省天水市中级人民法院对李某某以强奸罪判处死刑，剥夺政治权利终身，以猥亵儿童罪判处有期徒刑 5 年，数罪并罚，决定执行死刑，剥夺政治权利终身。宣判后，被告人提出上诉，甘肃省高级人民法院依法公开审理，裁定驳回上诉，维持原判，并依法报请最高人民法院核准，罪犯被依法执行死刑。❹这样的案件无法一一列举。对未成年人负有特殊职责的教师，本负有照顾、保护、教育未成年人的义务，但上述案件中的教师不仅没有尽到职业、职务要求的保护未成年人的义务，反而利用未成年人的年幼、无知、胆小的弱点，采用哄骗、引诱、威胁等手段成为伤害未成年人的犯罪者，严重摧残未成年人的身心健康，社会影响恶劣。

（三）男性未成年人遭受性侵害的问题凸显

1. 现有法律对男性未成年人性权利的保护

在人们对性犯罪的一般性认识中，男性往往是作为侵害者的身份出现的，女性往往只是处于受害者地位。我国的强奸犯罪立法也仅仅将妇女和女童作为被害对象。《刑法修正案（九）》在平等保护男女未成年人性权利的立法上实现了新的突破。在猥亵犯罪中，将强制猥亵妇女修改为强制猥亵他人，从而将已满 14 周岁的男性纳入了保护范围。根据猥亵犯罪的规定，即使将已满

---

❶　北大法意中国媒体案例库：《雷某强奸、猥亵儿童案》，审理法院：宁远县人民法院，发布时间：2002 年 1 月 1 日。

❷　北大法意中国媒体案例库：《云南一小学教师多次猥亵女学生 一审获刑 8 年》，审理法院：晋宁县人民法院，发布时间：2008 年 6 月 19 日。

❸　北大法意中国媒体案例库：《苏连柱强奸、猥亵儿童案》，审理法院：福建省泉州市中级人民法院，发布时间：2001 年 1 月 1 日。

❹　《惩治性侵害未成年人犯罪典型案例之一：李吉顺强奸、猥亵儿童案》，http://www.weifanglawyer.com/news.asp？id=266，访问日期：2019 年 4 月 2 日。

14 周岁的未成年人纳入了猥亵犯罪的保护范围，但是对未满 14 周岁的男童和已满 14 周岁的男性是区别保护的。对未满 14 周岁的男童实行严格保护，已满 14 周岁的男性的性权利只有行为人采用强制手段实施猥亵的情况下才得以保护。在我国强奸罪的犯罪对象仅为女性的法律规定下，行为人对男性未成年人和女性对男性未成年人实施的强奸意义上的性行为的定性却不同。有学者就认为《刑法修正案（九）》将强制猥亵的对象修改为"他人"，猥亵行为的内涵也应作调整。猥亵行为具有相对性，强制猥亵妇女和幼女的行为只能是性交以外的行为，猥亵男性未成年人的行为则包括性行为，不仅异性之间，同性之间都可以成立猥亵犯罪。❶ 不过《性侵意见》第 2 条一般性地明确了对性侵害未成年人犯罪应当依法从严惩治的基本原则。在与未成年人有关的卖淫型犯罪中，《刑法修正案（九）》将所有未成年人纳入了卖淫犯罪的特殊保护范围。《刑法》第 358 条第 2 款规定："组织、强迫未成年人卖淫的，依照前款的规定从重处罚。"在与未成年人有关的色情制品犯罪中，没有对未成年人进行特殊保护。

我国性犯罪立法，逐步实现从着重保护女性性权利的立法向平等保护男女未成年人性权利的立法转变。要真正实现对男女未成年人性权利的平等保护和特殊保护，还需要立法者立足未成年人性权利保护的有关国际公约的规定和我国司法实践中出现的男女未成年人性权利受侵害的客观情况，更新性认识和性观念，将性作为人具有的人权来进行保护，从《宪法》的高度确认公民的性权利，从《民法》《未成年人保护法》《刑法》等角度明确对未成年人性权利的法律保护规定。

2. 男性未成年人性权利受侵害的严重现状

《刑法修正案（九）》将强制猥亵罪的犯罪对象扩大到男性，使已满 14 周岁未满 18 周岁男性未成年人的性权利得到了有效的保护。家庭、学校、社会都应加强对男性未成年人防范性侵害知识教育，提高他们安全防范及自我保护的意识和能力。据哈佛大学肯尼迪政治学院的研究表明，中国男性未成年人性权利受侵害的比例为 4.8%，占女性未成年人性权利受侵害 10.08% 比例的将近一半。❷ 由于受传统的男性未成年人的性权利不会、不易受侵害的传统观念的影响，男性未成年人受性侵害案件不易被揭发，更容易被隐藏，男性未成年人性权利受侵害被揭发的案件远远低于实际被侵害的案件。2017 年 6

---

❶　陈家林：《〈刑法修正案（九）〉修正后的强制猥亵、侮辱罪解析》，《苏州大学学报》（哲学社会科学版）2016 年第 3 期。

❷　《全球约 1/5 的未成年人遭性侵：非洲危险，中国隐蔽》，http://data.163.com/14/0106/00/9HS70IPG00014MTN.html，访问日期：2019 年 4 月 10 日。

月最高人民法院通报的 6 起侵害未成年人犯罪典型案例，其中就包括男性教师猥亵 3 名男学生案。案例显示，被告人潘某某原系辽宁省沈阳市某学校兼职教师。2015 年 11 月—2016 年 4 月，潘某某分别将 3 名未成年男性学生带至家中，以不喝酒就是不尊敬老师为名，强行将 3 名被害人灌醉后留宿，趁被害人睡觉之际对 3 名被害人多次实施猥亵。最终沈阳市沈北新区法院认为潘某某的行为已构成了强制猥亵罪，对其判处有期徒刑 3 年。❶ 最高人民法院在阐释案件典型意义时表示，《刑法》虽一直注重对妇女、儿童性权利的保障，但对 14 周岁以上男性未成年人性权利的保障有所忽略。同时，整个社会对男性未成年人预防性侵害的教育也相对缺乏。家长和学校的忽视，容易使男性未成年人欠缺自我性保护的意识，也使性侵男性未成年人的犯罪不容易被发现。女童保护基金与律媒百人会联合推出"2017 年度十大儿童性侵典型案例评选"。其中，典型案例就包括江苏省常州市金坛区某中学女教师黄某多次与初中学生发生性关系获刑 3 年案。自 2013 年起，黄某利用担任受害人王某初一班主任之机，在明知王某未满 14 周岁的情况下，在长达半年的时间里，在家中、宾馆等地多次与王某发生性关系，黄某被常州市金坛区人民法院以猥亵儿童罪判处有期徒刑 3 年。据"女童保护"公益组织统计，2014 年媒体曝光的 503 起性侵儿童案中，被害人 726 人，其中男童遭性侵害人数为 17 人。2015 年媒体曝光的 340 起性侵儿童案中，男童遭性侵案 21 起。2016 年媒体曝光的 433 起性侵儿童案，被害人 778 人，其中男童遭性侵害人数为 59 人，占 7.58%。2017 年媒体曝光的 378 起性侵儿童案中，被害人 606 人，其中男童遭性侵害人数为 58 人，占 9.57%。2018 年媒体曝光的 317 起性侵儿童案中，被害人 750 人，其中男童遭性侵害人数为 32 人，占 4.27%。以上案例和数据表明，男性未成年人遭受性侵害的现状同样不可忽视，也更具隐蔽性。在我国性犯罪立法，尤其是强奸立法对男性未成年人性权利保护缺失的情况下，男性未成年人性权利的保护将面临更大的困难。

（四）网络性侵害未成年人犯罪呈新发展趋势

1. 网络侵害未成年人性权利犯罪现状

根据中国互联网协会正式发布的《中国互联网发展报告 2018》披露，截至 2017 年底，中国网民规模达 7.72 亿人，普及率为 55.8%。共青团中央联合中国互联网络信息中心（CNNIC）对全国 6—18 岁的未成年人互联网使用情况、网上权益维护情况、法律知识和心理健康等方面进行调查，并发布

---

❶ 《男教师猥亵三男生获刑，最高法：男性未成年人被性侵不容忽视》，https://www.thepaper.cn/newsDetail_forward_1698205，访问日期：2019 年 5 月 2 日。

《2018 年全国未成年人互联网使用情况研究报告》（以下简称《报告》）。《报告》显示，截至 2018 年 7 月 31 日，我国未成年人网民规模为 1.69 亿，未成年人的互联网普及率达 93.7%，明显高于同期全国人口的互联网普及率 57.7%。其中，城镇未成年人的上网比例达到 95.1%，农村未成年人的上网比例也达到 89.7%，城乡未成年人的上网比例差异相对较小。从不同学历段未成年人上网比例来看，除小学生外，各学历段未成年人的上网比例均已超过 96%。❶ 2018 年上半年未成年人上网调查报告显示，网民中学生群体规模最大，学生群体占 25.4%，未成年人网络接触率超过 90%，9 岁以下儿童手机接触率占比达 57.4%，手机在城市学生中的持有率达到 80%，中学生中拥有手机者达 90%。❷ 由于网络的普及以及未成年人持有智能手机和使用网络率的提高，未成年人遭受来自网络的侵害风险也越来越高。

近年来，犯罪者使用网络实施犯罪，尤其是针对未成年人实施的性犯罪呈不断上升趋势。目前，利用互联网对未成年人实施的性侵害主要有三种类型：一是网友约见未成年人实施性侵害；二是通过网络聊天性侵害未成年人，主要表现为拍摄未成年人裸体视频、逼迫未成年人拍裸体视频、行为人引诱或者强迫未成年人对着视频按指示要求做淫秽动作等；三是哄骗未成年人拍摄色情视频后上传牟利等。2019 年 1 月 16 日，最高人民法院与中央广播电视总台联合推出专题纪录片《呵护明天》，该纪录片揭露了 13 岁花季少女遭陌生网友性侵致怀孕、10 岁小学生被网友胁迫拍裸体视频、以星探名义骗百余名未成年人拍不雅视频上传网络等几起典型的触目惊心的网络性侵害未成年人案。通过互联网对未成年人实施的性侵害案，具有传统的直接接触被害人实施的性侵害案件所不具有的犯罪隐蔽性、犯罪对象的不特定性、犯罪手段的多样性和被害人受害可能性大等特点，这些决定了网络实施的性侵害未成年人犯罪更具有严重的社会危害性。

据"女童保护"公益组织统计，在 2015 年公开报道的性侵儿童案件中，网友犯罪有 7 起。2016 年公开报道的 433 起性侵儿童案件中，网友作案 31 起，占 7.16%。2017 年公开报道的 378 起性侵儿童案件中，有 6 起案件与网络密切相关。2018 年公开报道的 317 起性侵儿童案件中，网友作案 39 起，占 12.30%。网友作案是 2018 年度行为人与受害人关系统计中排在第二位的性侵害未成年人作案群体。在 39 起网友作案的案例中，有 16 起是在网络聊天平

---

❶ 《我国未成年人网络普及率高达 93.7%，未成年网民 1.69 亿》，http://www.ali213.net/news/html/2019-3/418009.html，访问日期：2019 年 5 月 2 日。

❷ 《2018 上半年未成年人上网调查报告》，https://www.sohu.com/a/244889726_229180，访问日期：2019 年 5 月 2 日。

台、社交视频平台等网络平台上发生的。犯罪分子主要通过诱使未成年人发送裸照、裸体视频、进行裸聊、做猥亵动作等方式实施犯罪。中华女子学院孙晓梅教授认为应通过大的修改将防性侵内容规定在《预防未成年人犯罪法》之中，莫让网络性侵未成年人成为法外之地，应使打击网络性侵害未成年人有法可依，从而震慑网络性侵害未成年人犯罪。❶

2. 学界、司法界和社会各界对网络性侵害未成年人犯罪惩治的重视

随着网络的普及，利用网络对未成年人实施性侵害的案件呈不断上升趋势。行为人利用网络实施性犯罪的危害性严重，引起了学界、司法界和社会各界对利用网络实施性侵害未成年人问题的关注。

第一，在学界，不少研究者将性侵害未成年人犯罪的研究转向网络性侵害犯罪。有学者指出："近年来，用即时聊天工具性侵未成年人犯罪突出，利用即时聊天工具性侵未成年女性案件呈现犯罪人以成年人为主，多人连续性侵同一被害人现象突出，宾馆、旅社系犯罪多发地点，被害人以在校中学生居多的特点。"并提出法律预防、犯罪心理预防、犯罪社会预防的具体预防措施。其中，认为法律预防应从严密法网，完善未成年人网络保护立法；形成足够的威慑力，严惩性侵害未成年人犯罪；保护未成年被害人隐私和为避免二次被害等做好诉讼程序保护等。❷也有学者对网络儿童色情性犯罪进行了研究，认为网络儿童性犯罪者包括一般的儿童性犯罪者和恋童癖者。行为人主要通过创建虚拟社区、收集和分享儿童色情制品、销售儿童色情制品、引诱或诱惑等方式，危害儿童身心健康。❸在网络高度发达的现代社会，犯罪工具网络化，增加了未成年人被强奸、猥亵等被害风险。上海市静安区法院调查研究显示，在13起性侵害未成年人犯罪案件中，行为人通过QQ聊天后蓄意进行性侵害案就有3起，占性侵案件总数的23%。在战某强奸案中，犯罪人就是通过QQ软件与3名未成年被害人取得联系，约其见面后采取威胁手段实施的犯罪。❹网络和网络社交平台的繁荣使得性侵害未成年人犯罪案件可能在几乎毫无征兆的情况下发生。

第二，在司法界，利用网络工具实施的性侵害未成年人案件引起了极大重视。近年来最高人民法院相继发布指导性案例，这对进一步打击和惩治以

---

❶ 《代表委员：预防未成年人犯罪法应增加防性侵内容》，https://news.sina.cn/gn/2019-03-03/detail-ihsxncvf9291880.d.html，访问日期：2019年4月2日。

❷ 赵卿、吴浩：《利用即时聊天工具性侵未成年女性犯罪探析》，《青少年犯罪问题》2016年第1期。

❸ 廖兴存：《网络儿童色情制品的认定与治理》，《成都行政学院学报》2018年第6期。

❹ 杨晓宁、韦艳荷：《强奸、猥亵未成年人犯罪预防研究——基于最高人民法院公布的典型案例之分析》，《铁道警察学院学报》2018年第1期。

网络为工具实施性侵害未成年人犯罪具有重要的实践意义。2018 年 11 月，最高人民检察院发布第 11 批指导性案例中，针对骆某通过 QQ 聊天猥亵女童案的判决，为检察机关办理性侵、虐待未成年人违法犯罪案件提供了办案指导。在骆某猥亵儿童案中，被告人骆某以虚假身份在 QQ 聊天中对 13 岁女童小羽进行威胁恐吓，迫使其自拍裸体图片传送给其观看。在办理该案过程中，审判机关采纳了检察机关抗诉意见，认为认定猥亵儿童的关键点是满足行为人的刺激或性欲目的及侵害儿童的身心健康和人格尊严。行为人不仅通过观看被害人的照片达到满足自己性欲的目的，其行为还对被害人产生了足够的心理强制，使之身心受到严重损害。虽然行为人的行为没有直接接触到被害人，但与直接接触的猥亵行为造成的伤害并无本质区别，均侵害了儿童的性羞耻心及人格尊严。一审判决未从猥亵的上述实质要件进行判断，简单地认定强迫被害人拍摄裸照的行为不是"自行猥亵"，因此就不是"猥亵"，系对猥亵儿童罪客观方面认识错误，并导致适用法律的错误。认定骆某已构成猥亵儿童罪（既遂），依法应当从重处罚，判处有期徒刑 2 年。该指导案例进一步明确通过网络通信工具，实施非直接身体接触的猥亵行为与实际接触儿童身体的猥亵行为具有相同的社会危害性，可认定构成猥亵儿童罪（既遂）。2019 年 12 月 20 日最高人民检察院、公安部公布典型性侵害儿童案例之二净化网络空间，严惩"童星招募"背后的性侵害犯罪。具体案情：2016 年 5 月至 2017 年 5 月，曲某某为寻求性刺激，通过 QQ 聊天软件，冒充某影视公司的女性工作人员，以招募童星需先行检查身体发育情况为由，先后诱骗、唆使被害女童张某某、李某某等人（年龄均在 10—13 岁），要求被害人拍摄自身隐私部位的不雅照片、视频等供其观看。上海市嘉定区人民检察院受理案件后，及时向公安机关提出意见，对涉案电脑中的电子数据进行恢复和固定，进而查明多名被害人的身份信息，最终查证曲某某通过网络猥亵各地女童 11 人的犯罪事实。2018 年 3 月，检察机关以曲某某涉嫌猥亵儿童罪向法院提起公诉。法院以曲某某犯猥亵儿童罪，判处其有期徒刑 10 年。

第三，在网络时代背景下，社会各界日益关注利用网络实施的新型性侵未成年人犯罪问题。2019 年"女童保护"全国两会代表委员会座谈会于 3 月 2 日在京召开，多位全国人大代表、全国政协委员、业界专家和最高人民法院、最高人民检察院、国务院妇儿工委办公室相关负责人以及儿童保护专家共同探讨了儿童保护机制。座谈会围绕"网络儿童色情制品及猥亵儿童的新形势及应对"展开讨论。全国人大代表、陕西省律师协会副会长方燕说："网络安全已经渗透到未成年人保护的各个角落，在法律层面亟待对网络猥亵儿童立法。"最高人民法院刑一庭三级高级法官赵俊莆表示："近年来，人民法院审结了一批发生在网络空间的猥亵案件，有力地震慑了犯罪分子。在司法实践中，网络猥亵儿童案件客观痕迹物证少，相当一部分案件依赖于被告人的供述与被害人的指证，这对司法人员准确审查、认定事实证据提出了更高要求；网络猥亵儿童性侵案件发生后，对被害人伤害程度的评估也需要更新理念和技术支持。"全国政协未成年人保护专业委员会副主任张雪梅表示，儿童被性侵问题，也应规定网络信息服务提供单位等有强制报告义务。最高人民检察院第九检察厅三级高级检察官李薇认为："网络猥亵是新型犯罪，从犯罪认定来看，非身体接触型性侵也构成猥亵犯罪，最高检发布关于网络性侵儿童的典型案例，也是为了指导和支持地方检察机关依法严厉打击猥亵儿童犯罪。"中国社会科学院大学政法学院少年儿童研究所所长童小军认为："针对网络性侵，如果社会不采取行动，将会比线下的儿童性侵害泛滥得更广。网络运营商需要有责任意识，国家要发挥监管作用，法律制度要到位，对网络运营商的社会责任，需要出台相关制度。"联合国儿童基金会驻华办儿童保护官员苏文颖认为："儿童网络性侵问题的应对，需要从线上线下两个维度共同考虑。"网络性侵害未成年人犯罪作为一种新型的性犯罪，犯罪涉及的受害人可能比线下更多，涉及的范围也更广，被害人被性侵害的次数也更多，犯罪也更具隐蔽性，犯罪的发现、查处的难度也比线下的犯罪更为复杂，需要家长、学校、网络平台以及监管部门共同惩治、预防网络性侵害未成年人犯罪。《未成年人保护法》应明确网络信息服务的提供单位有强制报告的义务，中小学应将防性侵教育纳入义务教育阶段的必修课程进行设置。

二、司法实践中侵犯未成年人性权利犯罪的具体现状

在司法实践中，侵犯未成年人性权利犯罪主要表现为强奸罪、猥亵型犯罪以及与未成年人有关的卖淫和色情制品犯罪。其中，以强奸罪和猥亵型犯罪居多。近年来，随着网络的普及和发展，利用网络实施的与未成年人有关的卖淫和色情制品犯罪不断被媒体曝光，尤其是与未成年人有关的色情制品犯罪，涉及的未成年被害人多，危害后果严重。

（一）强奸、猥亵未成年人犯罪是主要犯罪类型，女性未成年人是主要的受害者

"女童保护"公益组织 2013—2018 年统计的 2000 多起媒体曝光的性侵害儿童案件，主要统计的是强奸、猥亵型性侵害未成年人犯罪案件，除 2018 年将性侵害 14 周岁以上的未成年人案件也纳入统计范围之外，其他年份都仅统

计了 14 周岁以下的儿童遭受的性侵害案件的数据。统计显示，2014 年性侵儿童案件平均每天曝光 1.38 起，726 名被害儿童中，女童为 709 名。2015 年性侵儿童案件平均每天曝光 0.95 起，女童遭受性侵案件 319 起。2016 年性侵儿童案件平均每天曝光 1.21 起，778 名被害儿童中，女童为 719 名。2017 年性侵儿童案件平均每天曝光 1.04 起，606 名被害儿童中，女童为 548 名。2018 年性侵儿童案件平均每天曝光 0.87 起，750 名被害儿童中，女童为 718 名。从北大法宝、北大法意数据库收集的近年来已经公布的但未完全统计的强奸、猥亵未成年人案件达 1500 多起。在性侵害未成年人犯罪中，强奸、猥亵型犯罪是主要的犯罪类型，女童和女性未成年人是主要的受害者。男童和男性未成年人被性侵害的比例不高，主要有两个方面的原因：一方面是男童或者男性未成年人与女性未成年人生理结构的自然差别，导致女性更容易被性侵害。另一方面是我国现行性犯罪立法没有将男童或者男性未成年人作为强奸罪的保护对象，致使在司法实践中，男童遭受强奸意义上的性侵害时，往往以猥亵儿童罪、故意伤害罪进行认定或者调解结案，致使大量性侵害男童，尤其是男性未成年人案件被隐藏，没有进入司法领域或者公众视野。《刑法修正案（九）》将已满 14 周岁的男性纳入强制猥亵犯罪进行保护，这是我国性犯罪立法对男性性权利保护迈出的历史性的一步。但是，该立法保护是以行为人以强制手段实施猥亵行为为前提的。事实上，不少男性未成年人遭受猥亵，尤其行为人是负有特殊职责人员时，实施猥亵犯罪并非以暴力强制手段实施，往往只需要利用双方的依赖、信任和从属关系，采用引诱、诱骗、轻微的强制手段和言语威胁就可以使被害人就范。《性侵意见》第 21 条也只是针对负有特殊职责的人员利用其优势地位或者被害人孤立无援的境地，迫使已满 14 周岁的女性未成年人就范，而与其发生性关系的，规定以强奸罪定罪处罚，但未涉及已满 14 周岁男性未成年人的保护。因此，特殊职责人员对已满 14 周岁的男性未成年人实施的猥亵行为往往被隐藏，更具隐蔽性。另外，传统的观念也认为，只有女性才是被性侵害的对象，男性不容易被性侵害。

（二）与未成年人有关的卖淫犯罪的现状

1. 与未成年人有关的卖淫犯罪情况

在司法实践中，与未成年人有关的卖淫犯罪也是未成年人遭受性侵害的主要类型。未成年人不具备行使性自由权、性自治权的能力。在与未成年人有关的卖淫犯罪中，未成年人是单纯的受害者，未成年人不具备卖淫的民事行为能力，任何以金钱、财物为交易与未成年人发生性行为的都是强迫卖淫，都是对未成年人的性剥削。《刑法修正案（九）》取消嫖宿幼女罪以及对组织、强迫卖淫罪的修改，将所有未成年人作为与未成年人有关的卖淫犯罪的特殊保护对象，强化对未成年人性完整权和性身体安全权的保护。该修改是履行我国缔结的《儿童权利公约》所规定的缔约国应采取措施防止利用儿童卖淫或从事其他非法的性行为的义务，以及《任择议定书》所规定的缔约国应在刑法上起码将主动表示愿意提供、获取、诱使或提供儿童，实施为了报酬或出于任何其他形式的考虑而在性活动中利用儿童的行为规定为犯罪行为的重要一步。《儿童权利公约》的保护对象是我国法律意义上的未成年人。所以，我国有义务将未满 18 周岁的未成年人作为与未成年人有关的卖淫犯罪的特殊保护对象。

在我国性犯罪立法中，与未成年人有关的卖淫犯罪包括组织、强迫、引诱、容留、介绍未成年人卖淫罪。无论是组织、强迫还是引诱、容留、介绍未成年人卖淫都是对未成年人性完整权和性身体安全权的侵害，在本质上都是强迫卖淫。《性侵意见》第 26 条明确了从重处罚的要求。也就是说，只要组织、强迫、引诱、容留、介绍的对象中包括未成年人的，都要从重处罚。强迫幼女卖淫的，则要按照《刑法》第 358 条的规定，对行为人以强迫卖淫罪，判处 10 年以上有期徒刑或者无期徒刑，并处罚金或者没收财产；情节特别严重的，判处无期徒刑，直至判处死刑，并处没收财产；引诱幼女卖淫的，根据《刑法》第 359 条第 2 款的规定，判处 5 年以上有期徒刑，并处罚金；负有特殊职责的人员、与未成年人有共同家庭生活关系的人员、国家工作人员实施组织、强迫、引诱、容留、介绍未成年人卖淫等性侵害犯罪的，更要依法从严惩处。

未成年人尤其是未成年女性因年龄比较小，辨别是非能力弱，受行为人的强制或者经济上的引诱最容易被组织、强迫、引诱和介绍卖淫。2015 年 11 月，青海省西宁市公安局城西分局破获一起非法组织、容留未成年少女卖淫案。欧阳等人以打工的名义先后 4 次共诱骗江西宜春的 10 名少女到西宁，胁迫被诱骗的少女卖淫。被强迫卖淫的少女最小 12 岁，最大也仅有 17 岁，年龄大多在十四五岁。半年时间年龄最大的少女被胁迫接客 40 余次，12 岁的少女被强迫接客 30 余次。❶2016 年 5 月中国青年网报道，3 名未成年人因为缺零花钱，强迫自己学校的多名女生到宾馆卖淫，最小的受害学生尚未满 14 周岁。针对此案，山东省日照市东港区人民检察院向涉案学校发出预防未成年人犯罪的检察建议，促使学校完善管理机制。2017 年 3 月《法制晚报》深度

---

❶ 《10 名未成年少女被强迫卖淫，12 岁少女接客 30 余次》，http://sc.sina.com.cn/news/s/2015-11-02/detail-ifxkhqea2934399.shtml，访问日期：2019 年 4 月 12 日。

报道，河南省开封市尉氏县多名未成年中学生被强迫与人发生性关系，受害者至少 30 人，包括多名不满 14 周岁的儿童。2018 年陕西神木的 15 岁少女被数名同龄人强迫卖淫后殴打致死。未成年人被组织、强迫、引诱卖淫的案例不胜枚举，其社会危害性并不比强奸和猥亵未成年人犯罪小。

2. 司法实践中与未成年人有关的卖淫犯罪的疑难问题

司法实践中与未成年人有关的卖淫犯罪存在认定的疑难问题，如明知幼女被他人强迫卖淫而仍与其发生性关系的行为性质的认定问题，强迫未成年人卖淫罪强迫手段的认定问题，引诱幼女卖淫罪与介绍卖淫罪的区分问题等，弄清楚这些问题对于最大化保护未成年人的性权利具有重要的意义。

第一，明知幼女被他人强迫而仍与其发生性关系的性质认定问题。需要弄清楚两个问题：一是行为人是否明知被害人是幼女。《性侵意见》第 19 条对性侵害幼女如何认定，犯罪人主观上的"明知"进行了规定：对未满 12 周岁的被害人实施奸淫等性侵害行为的，应当认定行为人"明知"对方是幼女。对已满 12 周岁的幼女实施奸淫等性侵害行为的，如无极其特殊的例外情况，行为人根本不可能知道被害人是幼女，只要客观上存在着行为人知道被害人可能是幼女的情形，就应当认定行为人明知被害人是幼女。因此，只有行为人根据已满 12 周岁幼女的身体发育情况、言谈举止、衣着特征、生活作息等的观察，不可能明知被害人是幼女时才不认定为行为人"明知"对方是幼女。二是行为人明知幼女被强迫卖淫而与之发生性关系的定性问题。《性侵意见》第 20 条规定：引诱幼女与自己发生性关系的，知道或者应当知道幼女被他人强迫卖淫而仍与其发生性关系的，均以强奸罪论处。此规定体现了对性侵害幼女犯罪的从严惩处的精神。即只要行为人主观上明知幼女系被强迫卖淫，无论行为人是否参与了强迫卖淫行为，都应以奸淫幼女型强奸罪论处。因为行为人明知幼女并非自愿从事卖淫，即使其没有使用强制手段与幼女发生性关系，但行为人实际利用了他人的强迫行为所造成的被害幼女非自愿状态而进行奸淫。随着《刑法修正案（九）》取消嫖宿幼女罪，以金钱、财物等为对价与未成年人发生性关系的行为，在本质上是强奸行为，构成强奸罪，体现了对所有幼女性权利的平等保护原则。

第二，强迫未成年人卖淫罪之强迫手段的认定问题。强迫手段在司法实践中主要有暴力、胁迫和其他类似的手段。暴力和胁迫主要表现为对未成年被害人身体和精神上的强制行为，其容易进行认定。暴力手段一般表现为行为人直接对被害人采用殴打、捆绑、体罚、伤害等危害人身安全或者身体自由的方式，使被害人不敢、不能反抗而就范，实施卖淫行为。胁迫手段表现为行为人使用威胁、恫吓等手段使被害人精神上受到强制和煎熬，使其不敢反抗。通常表现为行为人以伤害、杀害、揭发隐私，毒品控制，利用迷信手段进行恐吓、欺骗，利用双方的从属、教养等关系，或者利用被害人孤立无援的困境等对未成年被害人进行精神强制。其他手段表现为行为人利用暴力、胁迫以外的手段，使被害人不能、不敢反抗，如灌酒、下药等方式。在司法实践中，行为人利用抚养、从属、职权等关系胁迫未成年人卖淫的行为，因强制手段不明显，给认定行为人违背被害人自由意志带来了一定困难。对此，行为人利用抚养、从属、上下级等特定关系所形成的优势地位，对被害人进行物质或者精神等方面的胁迫，这种情况即使没有表现出明显的胁迫行为，也应认定行为人违背未成年被害人的意志，以胁迫手段强迫未成年人卖淫，构成强迫未成年人卖淫罪。行为人利用未成年被害人处于孤立无援的境地迫使其屈从，是指行为人以外出游玩、打工、介绍婚姻等名义，将未成年被害人带至生疏之地，使其处于孤立无援的境地，借此逼迫未成年被害人卖淫。这种情况要结合未成年被害人的年龄、文化程度、阅历水平、自我保护能力等认定是否足以违背被害人意志，使被害人不敢反抗、不能反抗。尤其是将年龄偏低、文化程度不高、未出过远门的未成年人带到陌生地方，尽管行为人强迫未成年人卖淫的手段不明显，亦应认定行为人使用了胁迫手段逼迫未成年人卖淫。由于未成年人发育尚不成熟，身心较为脆弱，辨别能力不强，行为人往往采用轻微的暴力或者胁迫手段，即可实现迫使未成年被害人卖淫的目的。

第三，引诱未成年人卖淫罪与介绍未成年人卖淫罪的区分问题。引诱未成年人卖淫罪与介绍未成年人卖淫罪的主要区别在于被害人主观上是否有卖淫的意愿，引诱幼女卖淫是行为人通过引诱行为使没有卖淫意愿的幼女从事卖淫活动。所谓引诱卖淫，是指行为人利用金钱、物质利益或非物质利益作引诱，或者采取其他手段拉拢、勾引、劝导、怂恿、诱惑未成年人从事卖淫活动。介绍卖淫，是指在卖淫者和嫖客之间牵线搭桥、沟通撮合，使未成年人卖淫活动得以实现，多为双方介绍，但也不排斥单方介绍，例如单独向卖淫者提供嫖客信息，或者向嫖客提供卖淫者的信息。在司法实践中，如何区分介绍卖淫罪与引诱卖淫罪？可以从犯罪的主观意图、犯罪对象和犯罪的外在表现三个方面进行把握。在犯罪的主观意图方面，引诱卖淫是为了让原本不从事卖淫活动的人自愿进行卖淫活动，介绍卖淫则是在从事卖淫和嫖娼活动的人员之间撮合性交易。在犯罪对象方面，引诱卖淫的犯罪对象是不从事卖淫活动的人，介绍卖淫的犯罪对象是正在从事卖淫活动或者打算从事卖淫活动的人。在犯罪的外在表现方面，引诱卖淫通常表现为对他人进行拉拢、怂恿、劝说，从而达到使他人从事卖淫的目的，介绍卖淫则是在卖淫人员和嫖客之间引荐、撮合，一般要与双方接触，但也不排除单方介绍行为。《性侵意见》第 26 条规定：组织、强迫、引诱、容留、介绍未成年人卖淫构成犯罪的，应当从重处罚。对未成年人负有特殊职责的人员、与未成年人有共同家庭生活关系的人员、国家工作人员，实施组织、强迫、引诱、容留、介绍未成年人卖淫等性侵害犯罪的，更要依法从严惩处。

当被引诱和介绍卖淫的对象是幼女时，行为人的引诱、介绍行为如何定性？随着《刑法修正案（九）》取消嫖宿幼女罪，无论是故意奸淫幼女还是以金钱为对价与幼女发生性关系，都构成强奸罪。《性侵意见》第 24 条也明确规定对介绍、帮助他人奸淫幼女、猥亵儿童的，以强奸罪、猥亵儿童罪的共犯论处。引诱、介绍幼女卖淫是否需要明确行为人明知被害人是幼女？理论界和实务界均存在争议，一种观点认为，不论行为人是否知道被害人是幼女，只要在客观上针对不满 14 周岁的幼女实施了引诱和介绍卖淫行为就构成犯罪，主要理由是《刑法》分则只规定了此类犯罪的客观方面，并未规定行为人主观上必须"明知对方是幼女"；另一种观点则认为，应当坚持主客观相统一的原则，除了行为人对幼女的犯罪行为外，还必须具备明知被害人不满 14 周岁的主观条件。我国司法实践及理论通说认为，引诱幼女卖淫罪的行为人明知被害人不满 14 周岁是构成犯罪的必要条件。通说的观点符合主观与客观相统一的原则，认为行为人的犯罪故意应包括对犯罪对象的认识。明知分为确定的明知和推定的明知，困难在于如何推定行为人明知被害人是幼女，而不放纵犯罪分子。一般而言，主要从被害人的身体发育状况、言谈举止和衣着打扮等综合推定行为人在主观上是否"明知"被害人是幼女。《性侵意见》第 19 条对未满 12 周岁的被害人采取的是确定的明知，对已满 12 周岁的未成年人采取的是推定的明知予以认定。

（三）与未成年人有关的色情制品犯罪的现状

与未成年人有关的色情制品犯罪主要是指利用儿童进行淫秽表演和充当淫秽题材的犯罪。域外不少国家都将生产儿童色情制品，提供或为他人提供获取儿童色情制品的便利，发布或传播儿童色情制品，为自己或者他人获取儿童色情制品，甚至持有和利用网络通信技术有意识地观看儿童色情内容的行为都规定为犯罪，对涉及真实的儿童的色情制品实行零容忍，持有色情制品也构成犯罪。在美国，一切儿童色情图片、视频都是违法的，不管行为人是传播分享还是仅限于下载收藏观看，都构成违法犯罪行为。《儿童权利公约》第 34 条作为全世界此类普适道德法律标准的成文体现，明确将儿童色情和利用儿童卖淫定义为有害儿童福祉的犯罪。1995 年 9 月 20 日，联合国第 50 次会议 A/50/150 备忘录之第 112 项又针对上述相关规定强调："凡使未满 18 岁之儿童从事任何非法的性活动，不论以诱惑、胁迫或其他方式，国家皆应基于儿童福利的观点，实行适当措施，以防止儿童受到任何形式的性剥削。"美国联邦最高法院在 1982 年和 1990 年的两次裁决中就对此进行了强调。其中，特别提到了"防止儿童和未成年人免于性剥削和性虐待是政府最重要的目标之一，而儿童色情制品明确地表明了被害人在身体、情绪及心理健康方面的伤害"以及"持有和传播儿童从事性行为的视觉描画与性虐待之间存在相关，这些视觉素材将永远提醒被害儿童所经历的性虐的存在"。儿童色情制品还有可能促成儿童被侵害犯罪的增加。美国联邦最高法院证实："犯罪者可以通过让儿童看其他儿童的色情图像，来减低儿童的戒心，然后怂恿他一起加入，使儿童易于被犯罪人控制。"并认为"有大量证据证明恋童症者利用儿童色情图片引诱儿童，所以禁止持有和消灭儿童色情制品的举措为法律所允许"。另外，儿童自身也可能通过书籍、电视、网络等形式接触到儿童色情信息并受到误导，而误认为其中有关儿童色情的内容是正常的，甚至进行模仿。

　　近年来，互联网的快速发展促进了网络游戏、网络直播平台、新兴网络产品快速发展。儿童上网比例越来越高，犯罪分子制作网络儿童色情制品等网络性侵犯罪频发。2017 年底，全国"扫黄打非"办公室就公布了 5 起涉儿童色情信息典型案件，即河南郑州"西边的风"网站传播销售不雅图片视频及猥亵未成年人案、内蒙古包头"9·11"马某某录制传播儿童淫秽色情视频牟利案、辽宁沈阳"8·24"吴某传播淫秽物品牟利案、天津"8·21"网络传播淫秽视频案、贵州黔东南州吴某某利用 QQ 群传播淫秽视频牟利案。近年来，在我国领域内或由中国公民在境外实施的网络儿童色情制品案件屡发不止。2013 年 3 月 26 日，搜狐报道"香港网页设计师李某下载 84 段儿童色情影片"。2016 年 11 月 10 日，《京华时报》报道北京某高校 19 岁大学生孙某登录境外隐秘网站，将从 QQ 群购买或交换来的百余部儿童淫秽视频上传到论坛。视频中涉及 30 余名受害者，且多数为偏远地区的农村女童，遭强奸猥亵后被录下视频用以售卖。❶2016 年 1 月 3 日，腾讯新闻报道中国留学生李

---

　　❶ 《男子向境外传百部儿童淫秽视频》，http://tech.sina.com.cn/i/2016-11-10/doc-ifxxsfip4299584.shtml，访问日期：2019 年 5 月 2 日。

某电脑藏匿儿童色情照片被美国新泽西警方逮捕。[1]2016 年 12 月 1 日，澳大利亚移民与边境保护处官网发布一则公告称：中国 24 岁留学生从布里斯班机场回国，过安检时海关人员在其笔记本和硬盘里面发现 50 部涉及儿童性虐视频。根据澳大利亚相关法律，个人携带儿童色情或虐童材料出入境，最高可判罚款 45 万澳元，以及（或）判处 10 年监禁。[2]

网络儿童色情制品犯罪引起社会各界的关注，有专家就根据我国网络儿童色情制品泛滥的严峻形势，提出应加强网络色情制品犯罪的法律规制。早在 2001 年 12 月，第二届国际反儿童商业性剥削大会提供的资料表明，我国已进入网络儿童色情最泛滥国家的前三名。有记者曾对网络儿童色情进行调查发现，除了网站，QQ 群、贴吧也是儿童色情内容交易集中地，而且交易更为直接，传播更广泛。另外，一些不法分子还制作虚拟儿童色情制品，向低幼儿童群体传播。当前，国内网络儿童色情信息已经形成一条完整的地下产业链条，从诱骗、拍摄到后期制作、分销、线下交易各个环节都是有团队、有组织参与的。儿童色情内容在网上泛滥，还会诱发社会其他成员对儿童实施猥亵和性侵害。[3]上海政法学院刑事司法学院院长姚建龙教授指出："儿童色情的特点是以儿童为淫秽图片、音视频、文字等色情信息的表现载体或者鼓吹对象，其制作、复制、传播甚至浏览、持有等行为本身即包含着对儿童的性侵害及二次被害，并会给一般儿童带来巨大的性侵害风险，属于国际社会共同严厉谴责和打击的丑恶现象。各国通常都会将对儿童色情的惩治区别于一般色情信息，给与法网更严、刑罚更重的处罚。"[4]尽管我国法律明确禁止色情信息的制作、传播、走私和贩卖，司法解释也有所涉及，但是立法层面还没有专门对儿童色情作出规定，没有对这些行为明确从重、从严处罚的规定。

第二节　侵犯未成年人性权利犯罪的特征

在侵犯未成年人性权利犯罪中，由于被害对象的年龄一般比较幼小，心

---

[1]《中国留美学生修电脑，暴露儿童色情照片被捕》，http://news.qq.com/a/20160103/010836.htm，访问日期：2019 年 5 月 2 日。

[2]《留学生私藏 50 部小电影过海关被捕，最高可判 10 年监禁，还处罚 45 万》，https://www.jianshu.com/p/738965614997，访问日期：2019 年 5 月 2 日。

[3] 吴美珍：《建议加强网络儿童色情制品立法管制》，http://www.shtm.gov.cn/shtmwyh/node3/n16/n19/u1ai8131.html，访问日期：2019 年 5 月 2 日。

[4]《警惕儿童性侵：部分案件未成年受害人比例达 3—5 成》，http://www.xinhuanet.com/legal/2017-04/12/c_1120791736.htm，访问日期：2019 年 5 月 2 日。

智未发育成熟，辨别能力弱，尤其在中国社会整体仍然处于性保守的大环境下，无论是家庭教育还是学校教育的内容都普遍缺乏正规的性知识和性侵害防范教育的情况下，行为人很容易利用被害人的幼小无知和无反抗的能力，采用引诱、欺骗、强迫等手段对未成年人进行性侵害。在司法实践中，当行为人以关心、做游戏、检查身体等为由对未成年人实施性侵害时，年幼的被害人无法辨别"关心""做游戏""检查身体"等背后性侵害的本质。即使行为人实施性侵害时被害人心里感到不舒服，身体感到不自在，但也不反对，往往在行为人"不要告诉任何人，这是我们两人之间的秘密"的"温馨提示"下，被害人信以为真，从而保守秘密。在行为人的小恩小惠的引诱下，在行为人的言语威胁下甚至在行为人的恐吓之下，被害人不敢告诉他人，包括自己的亲人。侵犯未成年人性权利犯罪案件，无论在行为人方面还是被害人方面都有其案件的特殊性和一般性特征。本节主要从北大法宝、北大法意数据库随机收集的 1577 起强奸、猥亵型侵犯未成年人性权利犯罪案件（包括猥亵儿童案件 587 起；强奸未成年人案件 791 起；教师主体强奸未成年人学生案件 29 起，猥亵未成年人学生案件 92 起；亲属主体强奸、猥亵未成年人案件 78 起）❶ 的实证分析着手，对侵犯未成年人性权利犯罪的犯罪主体、犯罪客观方面、犯罪对象等内容进行犯罪的类型化研究，进而研究侵犯未成年人性权利犯罪区别于侵犯成年人性权利犯罪的犯罪特征，为分析侵犯未成年人性权利犯罪发生的原因和从立法、司法与社会综合防治措施方面构建严密的防性侵害未成年人网络奠定基础。

一、侵犯未成年人性权利犯罪行为人方面的特征

行为人即犯罪的实施者，指刑事责任能力人基于故意实施了《刑法》规定的侵犯未成年人性权利犯罪。在侵犯未成年人性权利犯罪中，行为人在性别、年龄、职业、与被害人关系、犯罪手段等方面都表现出侵犯未成年人性权利犯罪的特有特征。通过对侵犯未成年人性权利犯罪行为人方面特征的分析，有利于对该性质犯罪进行类型化分析，从行为人角度分析犯罪的原因，从而有针对性地提出预防犯罪的对策。

（一）行为人的性别特征

在所收集的侵犯未成年人性权利犯罪的案例和判决书中，对行为人性别

---

❶　在我国，侵犯未成年人性权利犯罪主要表现为与未成年人有关的性侵犯罪，包括强奸和猥亵犯罪，与未成年人有关的卖淫和与未成年人有关的色情制品犯罪。在司法实践中，强奸、猥亵犯罪是侵犯未成年人性权利犯罪中的高发犯罪，与未成年人有关的卖淫和与未成年人有关的色情制品犯罪相对较少。

的统计数据见表 2-1。由此表分析得出，侵犯未成年人性权利犯罪的行为人绝大多数为男性，占 99.87%。女性实施的侵犯未成年人性权利犯罪占比较少，仅占 0.13%。这与分析的样本涉及的犯罪仅为强奸、猥亵未成年人犯罪有关。在我国，强奸的行为人只能是男性，被害人只能是女性，强奸是单向的男对女的强奸；女对男的强奸意义上的行为在我国不构成刑法意义上的强奸，在司法实践中，一般以故意伤害罪、猥亵罪定罪处罚或者以调解结案。2007 年，河北省永年县临洺关镇不满 15 周岁的周某受三名 30 多岁的少妇邀约到饭馆吃饭，吃饭期间三名少妇趁周某去洗手间之机将事先准备好的春药放入周某的啤酒里。然后三少妇相继向周某敬酒，待春药开始起作用后，三少妇提议打牌。在酒精和春药的作用下，没有打两圈，周某就输了不少钱，三少妇趁机提出发生性关系的要求，并脱光周某的衣服。随后，三少妇轮流与周某发生性关系长达 2 小时之久，致使周某突然休克。后经医院抢救，周某脱离危险，但可能终身丧失性能力。周某的亲属报案后，公安机关没有向检察机关移送起诉，理由是女性与男性发生性关系不构成强奸罪，最后该案以三少妇向周某赔偿 2 万元调解结案。2017 年度十大儿童性侵典型案例之江苏女教师多次与初中男学生发生性关系以猥亵犯罪判决结案。同时，在人们传统性观念中，总是认为女性才是被性侵害的对象，男性不会受到性侵害，很多女性行为人实施的性侵害未成年男性或女性案未进入司法视野或者诉讼程序。因此，侵犯未成年人性权利案件的行为人性别以男性为主。

表 2-1　行为人性别情况

性别	犯罪罪名	案件数（起）	百分比（%）	有效百分比（%）	累计百分比（%）
男	强奸罪	1575	99.87	99.87	99.87
女	猥亵犯罪	2	0.13	0.13	100.00
合计		1577	100.00	100.00	

（二）行为人的年龄特征

关于侵犯未成年人性权利犯罪行为人年龄范围的研究，有助于对性侵害未成年人犯罪的预防。如表 2-2 所示，性侵害未成年人犯罪案件中能够统计具体年龄的案件 153 起，其中年龄在 30 岁及以上的行为人占到有效案件行为人总数的 50.33%，这在一定程度上表明，30 岁及以上的行为人实施性侵害的可能性比 30 岁以下的行为人实施性侵害的可能性更大。所收集的案件中 40 岁及以上的行为人占 39.87%，这在一定程度上表明中年以上年龄的行为人实施性侵害未成年人犯罪的可能性比较大。其中，70岁及以上行为人实施的性侵害案件占比9.80%，老年人群体尤其是独居的老年人最容易对缺乏监护、独自玩耍的未成年人，采用引诱、哄骗的方式实施性侵害未成年人犯罪，老年人实施的性侵害未成年人犯罪的危险性不容忽视。所收集的案件中没有具体明确行为人年龄的成年人实施的性侵害未成年人案件占到90%以上，成年人是实施性侵害未成年人犯罪的主要群体。

表2-2　行为人年龄情况

行为人年龄范围（周岁）	案件数（起）	百分比（%）	有效百分比（%）	累计百分比（%）
＜18*	62	3.93	3.93	3.93
≥18**	1424	90.30	90.30	94.23
20—29***	14	0.89	0.89	95.12
30—39	16	1.01	1.01	96.13
40—49	15	0.95	0.95	97.08
50—59	17	1.08	1.08	98.16
60—69	14	0.89	0.89	99.05
≥70	15	0.95	0.95	100.00
合计	1577	100.00	100.00	

注：　*　　指行为人年龄表述为"未满18周岁"的案件。
　　　**　指行为人年龄没有表述为"未成年人"和未说明具体年龄的案件。
　　***　指行为人年龄具体表述为20岁及以上至29岁年龄段的案件，下同。

（三）行为人的职业特征

侵犯未成年人性权利犯罪的行为人职业特征，在能够统计行为人职业的案件中，主要有教师、农民、务工人员、国家工作人员、门卫、保安、医生等。表2-3的统计数据显示，在能够统计行为人职业的188起案件中，教师和农民对未成年人实施性侵害的可能性最大，分别占64.36%和12.23%。教师与未成年学生之间具有权威、信任的关系，尤其是中小学教师的权威性表现得更为突出。教师往往利用与学生之间的信任和权威关系性侵害未成年学生，且实施的性侵害具有被害人数多、被害人长期受害的案件特征。2018年度十大未成年人权益保护案例之六的小学班主任一年性侵七女生案即为此类案件。2011年6月至2012年10月，被告人齐某在担任班主任期间，利用午休、晚自习及宿舍查寝等机会，在学校办公室、教室、洗澡堂、男生宿舍等处多次对被害女童A（10岁）、B（10岁）实施奸淫、猥亵，并以带A女童外出看病为由，将其带回家中强奸。齐某还在女生集体宿舍等地多次猥亵被害女童 C（11 岁）、D（11 岁）、E（10 岁），猥亵被害女童 F（11 岁）、G（11 岁）各一次。受害者当时均未满 12 周岁。某省高级人民法院终审判决认定齐某犯强奸罪、猥亵儿童罪，却只合并判处其有期徒刑 10 年，剥夺政治权利 1 年。最高人民检察院经审查，认为该判决适用法律错误，量刑不当，于 2017 年 3 月依法向最高人民法院提出抗诉。2017 年 12 月，最高人民法院依法不公开审理这一案件。2018 年 7 月 27 日，最高人民法院作出终审判决，认定原审被告人齐某犯强奸罪，判处无期徒刑，剥夺政治权利终身；犯猥亵儿童罪，判处有期徒刑 10 年；决定执行无期徒刑，剥夺政治权利终身。该案的典型意义在于作为教师身份的行为人本应承担教育、保护未成年人的法律责任，却实施了性侵害未成年人的犯罪行为，严重挑战法律、道德底线，性质极其恶劣，社会危害性极大，必须从严惩处。这类案件对家长也起到了警示作用，家长应与孩子进行及时沟通，了解孩子的学习生活情况。同时，保护未成年人健康成长是国家义不容辞的法律责任、政治责任和社会责任。

表 2-3　行为人职业情况

样本情况	行为人职业	案件数（起）	百分比（%）	有效百分比（%）	累计百分比（%）
有效	教师	121	7.67	64.36	64.36
	农民	23	1.46	12.23	76.59
	务工人员	15	0.95	7.98	84.57
	国家工作人员	13	0.82	6.91	91.48
	门卫、保安	7	0.44	3.72	95.20
	医生	2	0.13	1.06	96.26
	司机	2	0.13	1.06	97.32
	个体	5	0.32	2.66	99.98
	合计	188	11.92	99.98[*]	
缺失	职业不详	1389	88.08		
	合计	1577	100.00		

注：[*] 由于四舍五入，百分比合计可能存在误差，后同。

（四）行为人与被害人的关系特征

侵犯未成年人性权利犯罪中行为人与被害人熟识或者相互认识的比例较大。熟人性侵是侵犯未成年人性权利犯罪在犯罪主体方面的主要特征之一。在司法实践中，行为人与被害人之间有师生关系、亲属关系、邻居关系、朋友关系、网友关系、恋爱关系、同村关系、同小区居住关系等。表2-4统计数据显示，双方系师生、亲属关系的案件有199起，占12.62%，这在一定程度上表明对未成年人负有教育、监护、保护等义务的特殊职责人员对未成年人实施性侵害的可能性大。"女童保护"公益组织2014—2018年性侵儿童案例统计及儿童防性侵教育调查报告显示，性侵害未成年人犯罪案件中熟人性侵是其典型特征。2014年媒体曝光的503起性侵儿童案件中，熟人性侵案件有442起，占87.87%，熟人包括教师、邻居、亲戚、同村人等。2015年媒体曝光的340起性侵儿童案件中，熟人性侵案件有240起，占70.59%，熟人包括教师、邻居、亲戚等，其中教师性侵案件71起，邻居性侵案件33起，家庭成员（例如父亲、哥哥、继父等）性侵案件29起。2016年媒体曝光的433起性侵儿童案件中，熟人性侵案件有300起，占69.28%。其中，在明确表述熟人关系的案件中，占比从高到低依次为师生占27.33%、邻里占24.33%、亲戚（含父母朋友）占12%、家庭成员占10%。2017年媒体曝光的378起性侵儿童案件中，熟人性侵案件有209起，占55.29%。在明确表述熟人关系的案件中，占比从高到低依次为师生72起，占34.45%；邻里（含同村）51起，占24.40%；家庭成员（父亲、哥哥、继父、祖父等）、亲戚（含父母朋友）10起，占4.78%；另有其他生活接触关系的占21.05%。2018年媒体曝光的317起性侵儿童案件中，熟人性侵案件有210起，占66.25%。熟人性侵案包括了家庭成员作案、网友作案。熟人性侵案中，师生关系案件71起，占33.81%，比例最高；网友关系案件39起，占18.57%；邻里关系（邻居、同村等）案件31起，占14.76%；亲属关系（父女、继父女、养父女、养兄妹、亲戚等）案件25起，占11.90%；其他生活接触（门卫、校工等）的熟人案件32起，占15.24%；其他关系占5.72%。2014—2018年公开曝光的熟人性侵案件中，师生关系占比最高，但这并不代表实际性侵儿童案件中占比最多的行为人的职业就是教师，在一定程度上只能说明师生关系特殊且性侵发生在学校等场所，被害人人数一般较多，由于职业的特殊性和性侵场所的公共性等特点，使教师性侵儿童案件更容易被曝光。但同时也说明，教师性侵儿童的案件大量存在，教师有更多机会接触到儿童，学校更需要有完善的防范机制。行为人熟人的身份，更容易接触到未成年被害人，取得被害人及其家人的信任，性侵害未成年人犯罪也就更容易实施。

表 2-4　行为人与被害人关系情况

样本情况	认识与否	双方关系	案件数（起）	百分比（%）	有效百分比（%）	累计百分比（%）
有效	相识	师生关系	121	7.67	8.55	8.55
		亲属关系	78	4.95	5.51	14.06
		邻里关系	164	10.40	11.59	25.65
		朋友关系	102	6.47	7.21	32.86
		恋爱关系	39	2.47	2.76	35.62
		母亲男友	4	0.25	0.28	35.90
		其他关系	619	39.25	43.75	79.65
		不明确关系	288	18.26	20.35	100.00
	合计		1415	89.73	100.00	
缺失	无法统计		162	10.27		
合计			1577	100.00		

（五）行为人实施犯罪的手段特征

侵犯未成年人性权利犯罪中，行为人以非暴力手段实施犯罪的比例高。表 2-5 的统计数据显示，在能够明确统计犯罪手段的 870 起案件中，行为人使用暴力、胁迫和其他手段，包括利用被害人醉酒状态、利用被害人精神智力障碍等对未成年人实施的性侵害案件 125 起，占能够统计犯罪手段案件的 14.37%。行为人使用暴力、胁迫，或者引诱、暴力、胁迫、欺骗、暴力、胁迫等两种以上犯罪手段的案件，占比仅为 12.64%。这在一定程度上说明行为人更容易利用非强制手段对未成年人实施性侵害，主要表现为采用引诱、欺骗、哄骗等方式对被害人实施性侵害，占 84.37%。在司法实践中，主要表现为以下几种情形。一是行为人以少量金钱、零食、糖果、玩具等为诱饵，对未成年人实施性侵害。在全某猥亵案中，行为人以每次 10 元钱为诱饵，在放学路上，以舌头舔幼女阴部的方式对 12 岁的幼女实施猥亵犯罪，被判处 1 年6 个月有期徒刑。❶ 再如，在贾某强奸案中，行为人利用被害人到食堂打饭之机，以多打饭菜为诱饵，将被害人骗到宿舍，引诱 13 岁的被害人与自己发生性关系。❷ 二是行为人以各种借口对未成年人进行哄骗，进而实施性侵害。诸如以谎称需要被害人帮忙、问路、给被害人检查身体、做游戏、教学需要等为由对被害人实施性侵害。在管某某强奸案中，行为人以"车门损坏，帮忙抬

---

❶　全裕够强奸、猥亵儿童案，案件字号：（2012）蒸刑初字第 52 号，审结日期：2012 年 1 月 17 日。

❷　北大法意中国媒体案例库：《贾某强奸案》，审理法院：长丰县人民法院，发布时间：2001 年2 月 21 日。

车门"为由搭识被害人，并以此诱骗被害人上车，在车上将被害人强奸。❶ 再如，行为人酒后谎称让被害人陪自己家孩子玩耍，被害人父母因为邻居关系碍于情面而同意，行为人却对 2 周岁的被害人实施了强暴行为，最终被商南县人民法院判处有期徒刑 5 年 2 个月。❷ 三是行为人容易利用监护人对被害人缺乏有效监护的情况，对被害人实施性侵害。在赵某强奸案中，行为人见未满 14 周岁的王某父母均不在家，遂对王某实施抚摸胸部等猥亵行为后，以暴力、胁迫手段对被害人实施奸淫行为，因被害人生理期而奸淫未得逞，被以强奸罪判处有期徒刑 3 年 9 个月。❸ 在刘某强奸案中，行为人见 4 岁的被害人独自在家，遂以买东西吃为诱饵，实施奸淫幼女行为，被判有期徒刑 5 年。❹ 尽管性侵害未成年人犯罪的行为人多以非强制手段实施犯罪，但在强奸与猥亵犯罪中，行为人使用犯罪手段的表现有所不同。在强奸犯罪中，行为人多采用强制手段实施犯罪；在猥亵犯罪中，行为人多以非强制手段实施犯罪，尤其是针对年幼的未成年人实施的猥亵犯罪，行为人多以引诱、欺骗、哄骗等手段实施犯罪。

表 2-5　行为人实施犯罪的手段

样本情况	行为人实施犯罪的手段	案件数（起）	百分比（%）	有效百分比（%）	累计百分比（%）
有效	引诱	99	6.28	11.38	11.38
	欺骗	208	13.19	23.91	35.29
	暴力	86	5.45	9.89	45.18
	胁迫	11	0.70	1.26	46.44
	利用被害人失去意识	8	0.51	0.92	47.36
	欺骗、暴力、胁迫	6	0.38	0.69	48.05
	暴力、胁迫	3	0.19	0.34	48.39
	引诱、暴力、胁迫	2	0.13	0.23	48.62
	利用被害人无性防卫能力	20	1.27	2.30	50.92
	利用被害人同意	54	3.42	6.21	57.13
	其他非暴力手段	373	23.65	42.87	100.00
	合计	870	55.17	100.00	
缺失	不详	707	44.83		
合计		1577	100.00		

❶　管某某强奸案，案件字号：（2013）浦刑初字第 595 号，审结日期：2013 年 2 月 21 日。

❷　北大法意中国媒体案例库：《男子酒后强暴邻家幼女，终被判 5 年 2 个月刑期》，审理法院：商南县人民法院，发布时间：2012 年 10 月 16 日。

❸　赵某强奸案，案件字号：（2011）松刑初字第 1008 号，审结日期：2011 年 12 月 5 日。

❹　刘光福强奸案，案件字号：（2011）株县法刑初字第 90 号，审结日期：2011 年 11 月 14 日。

二、侵犯未成年人性权利犯罪被害人方面的特征

被害人主要指刑事意义上的被害人,即权利受犯罪侵害的承担者。被害人可以是遭受一定的损失或者损害者,也可以是危害结果的直接或者间接承受人,还可以是犯罪行为的侵害对象或者犯罪行为所侵害的刑法保护的社会关系的主体。从外延上看,一切遭受犯罪侵害而承担危害结果的人都属于被害人的范畴。侵犯未成年人性权利犯罪中的被害人,主要指性侵害行为直接指向的具体未成年被害人,性犯罪行为造成损失和损害结果的直接担受者,即性权利遭受犯罪直接侵害的不满 18 周岁的未成年人。

(一)被害人的性别特征

表 2-6 的统计结果显示,在所收集的侵犯未成年人性权利犯罪的 1577 起案件中,有 1564 起案件的被害人是女性未成年人,被害人数多达 2449 人,女性被性侵害案件占总的分析样本的 99.18%。男性被性侵害案件 13 起,被害人数 21 人,男性被性侵害案件占总的分析样本的 0.82%。虽然从统计数据来看,女性未成年人是被性侵害的主要对象,但是男性被性侵害的人数和案件数远远不能反映男性实际被性侵害的现状。因为从分析的样本涉及的犯罪类型上看,仅仅涉及强奸和猥亵未成年人的犯罪案件,没有涉及与未成年人有关的卖淫犯罪和与未成年人有关的色情制品犯罪。从我国强奸犯罪立法和猥亵犯罪立法上看,强奸犯罪的对象仅仅是女性,男性不能成为强奸犯罪的对象,所以即使男性未成年人遭受了强奸意义上的犯罪侵害,该犯罪行为也不会进入司法视野。即使按照猥亵犯罪和故意伤害罪进行追究,基于传统性观念上的原因和故意伤害罪立案的严格标准,客观上男性未成年人的性权利遭受侵害的案件往往被隐藏。在猥亵犯罪中被揭露并进入司法和公众视野的案件也只是冰山一角。男性被性侵害的现状和事实不容忽视,男性未成年人遭受性侵害也具有严重的社会危害性,男女未成年人的性权利都需要法律的特殊保护。

表 2-6 被害人性别情况

被害人性别	犯罪案件数(起)	被害人数*(人)	百分比(%)	有效百分比(%)	累计百分比(%)
女	1564	2449	99.18	99.18	99.18
男	13	21	0.82	0.82	100.00
合计	1577	2470	100.00	100.00	

注:*以多人表述的,按最低 3 人计算被害人人数,以 10 多人、20 多人表述的,以最低数 10 人、20 人计数。

（二）被害人的年龄特征

侵犯未成年人性权利犯罪中被害人的年龄呈低龄化趋势，且7—14岁的未成年人是主要的受害群体。表2-7统计数据显示，14周岁及以下的未成年人遭受性侵害的案件比例为74.09%，其中12周岁及以下的未成年人遭受性侵害的比例高达55.13%，6周岁以上至14周岁的未成年人遭受性侵害的比例为56.44%，被害人为3岁及以下的未成年人案件占1.88%，最小的受害人仅1岁4个月。14周岁以上未满18周岁的未成年人遭受性侵害的比例仅7.63%，其中16周岁以上未满18周岁的未成年人遭受性侵害的案件比例仅3.19%。这在一定程度上表明，未成年人年纪越小越容易遭受性侵害，尤其是14周岁以下的未成年人应是预防遭受性侵害的重点保护群体。"女童保护"2014—2018年的性侵儿童统计数据显示[1]，处于小学年龄段的未成年人遭受性侵害的比例高。2014年503起性侵儿童案件的726名受害者中，7—10岁的受害人有294人，11—14岁的受害人有308人，7—14岁的受害人占总受害人数的82.92%。[2]2015年340起性侵儿童案件中，被性侵儿童仍然以7—14岁年龄段的中小学生居多，其中被害人为7—12岁的案件有115起，12—14岁的案件有123起，被害人为7—14岁的被害人的案件占案件总数的70%，最小的受害者为6个月大的女婴。[3]2016年433起性侵儿童案件的778名受害者中，7—12岁的受害人有143人，占18.38%，12—14岁的受害人有449人，占57.71%，则7—14岁的受害人占总的受害人数的76.09%。[4]2017年378起性侵儿童案件的606名受害者中，最小的受害者年龄仅1岁。7—12岁的受害人有199人，占32.84%，12—14岁的受害人有191人，占31.52%，则7—14岁的受害人占总的受害人数的64.36%。[5]2018年317起性侵儿童案件的750名受害者中，14岁以下的未成年受害人比例为80%，其中7—12岁的受害人占比26.80%，12—14岁的受害人占31.87%，则7—14岁的受害人占总的受害人数的58.67%，最小的受害者年龄仅3岁。[6]综上所述，无论是表2-7的统计

[1]　2014—2017年统计的是14周岁以下未成年人被性侵案件数量，2018年统计的是18周岁以下未成年人被性侵案件数量。

[2]　"女童保护"微信公众号：《"女童保护"2014年儿童防性侵教育及性侵儿童案件统计报告》，发布时间：2015年11月14日。

[3]　"女童保护"微信公众号：《"女童保护"2015年性侵儿童案件统计及儿童防性侵教育调查报告》，发布时间：2016年10月29日。

[4]　"女童保护"微信公众号：《"女童保护"2016年性侵儿童案件统计及儿童防性侵教育调查报告》，发布时间：2017年3月2日。

[5]　"女童保护"微信公众号：《"女童保护"2017年性侵儿童案例统计及儿童防性侵教育调查报告》，发布时间：2018年3月2日。

[6]　"女童保护"微信公众号：《"女童保护"2018年性侵儿童案例统计及儿童防性侵教育调查报告》，发布时间：2019年3月23日。

分析数据，还是"女童保护"2014年以来连续 5 年的统计数据都表明，处于小学年龄段的未成年人最容易遭受性侵害，且 11—14 岁处于小学高年级年龄段学生遭受性侵的比例还略高于低年级，这在一定程度上表明未成年人性侵害防范意识、防范能力并未随着年龄的增长而同步提高，处于青春期年龄段的未成年人更需要专业的性知识和性侵害防范教育。

表 2-7　被害人年龄情况

样本情况	被害人年龄 x（周岁）	案件数（起）	百分比（%）	有效百分比（%）	累计百分比（%）
有效	$x \leqslant 3$	30	1.88	1.88	1.88
	$3 < x \leqslant 6$	251	15.69	15.71	17.59
	$6 < x \leqslant 12$	601	37.56	37.61	55.20
	$12 < x \leqslant 14$	302	18.88	18.90	74.10
	$14 < x \leqslant 16$	71	4.44	4.44	78.54
	$16 < x < 18$	51	3.19	3.19	81.73
	$x < 14^{*}$	270	16.88	16.90	98.63
	$x < 18^{**}$	22	1.38	1.38	100.01
	合计	1598	99.88	100.01	
缺失	不详	2	0.12		
合计		1600[***]	100.00		

注：[*]　指被害人年龄表述为"未满 14 周岁"的案件。

[**]　指被害人年龄表述为"未满 18 周岁"的案件。

[***]　因有的案件涉及多名被害人，在进行被害人年龄统计时，同一案件中不属于同一年龄段的被害人重复计算案件数，则案件总数大于分析样本总数。

（三）被害人遭受性侵害的犯罪类型特征

侵犯未成年人性权利犯罪有强奸、猥亵型犯罪，以及与未成年人有关的卖淫和与未成年人有关的色情制品犯罪。强奸和猥亵未成年人犯罪往往曝光比较频繁且被揭发的案件比较多，是司法实践中未成年人遭受性侵害的主要类型。表 2-8 的统计结果显示，被害未成年人遭受强奸犯罪的比例为 56.75%，遭受猥亵犯罪的比例为 43.25%，尽管分析样本仅统计了未成年人遭受强奸和猥亵情况，没有统计与未成年人有关的卖淫犯罪和色情制品犯罪的情况，无法全面反映未成年人遭受性侵害的不同犯罪类型的情况，但在一定程度上也表明未成年人最容易遭受强奸和猥亵犯罪。2018 年 6 月，福建省泉州市两级法院梳理了近年来未成年人遭受性侵害案件的特点，数据显示性侵害未成年人案件呈明显增长趋势，且女童最容易遭受性侵害，未成年人遭受性侵害的行为类型不仅有强奸、猥亵型犯罪，还有组织、强迫、容留、介绍未成年人卖淫犯罪。2015 年，江苏淮安淮阴区两名 18 岁女孩逼迫两名 16 岁少女卖淫案，两名被害人分别被逼迫卖淫 5 次和 2 次，最终两名犯罪人被淮阴区法院分别判处 4 年 6 个月有期徒刑和 2 年 6 个月有期徒刑，并分别处罚金 4000 元和 2000 元。在与未成年人有关的卖淫案中，行为人通过先与被害人谈恋爱，后以牟利为目的"动之以情"劝导被害人去卖淫的案件不少。不少被害人在被利用卖淫过程中感染上性病后仍被强迫卖淫，对未成年人的身心伤害极大。有学者对性侵犯罪未成年被害人的实证研究也表明，被害人所遭受性侵害的行为类型包括强奸，猥亵、侮辱，强迫、组织卖淫，引诱、容留、介绍卖淫，强奸且强迫卖淫，强奸且猥亵几种类型，其中被害人遭受强奸的占 58.1%，遭受猥亵或侮辱的被害人占 25.6%，遭受强迫卖淫或被组织卖淫的被害人占 3.5%，由此认为强奸是未成年人遭受性侵害的主要行为类型，猥亵和侮辱是仅次于强奸的未成年人容易遭受的性侵害的行为类型。❶

表 2-8　被害人遭受强奸和猥亵的犯罪情况

犯罪罪名	案件数（起）	百分比（%）	有效百分比（%）	累计百分比（%）
强奸罪	895	56.75	56.75	56.75
猥亵犯罪	682	43.25	43.25	100.00
合计	1577	100.00	100.00	

（四）被害人遭受性侵害的地点特征

侵犯未成年人性权利犯罪中被害人的被害地点，反映了该性质犯罪被害人被害的特殊性。通过对被害地点的分析，有利于强化对未成年人的监护，预防犯罪。表 2-9 统计结果显示，侵犯未成年人性权利犯罪最容易发生在行为人居住处和被害人居住处，还有旅社、宾馆等地。行为人居住处发生的性侵害案件占统计案件数的 25.68%，被害人居住处发生的性侵案件占 14.77%。在旅社、宾馆、酒店、酒楼发生的案件占 9.00%，学校、教室、学生宿舍等地发生的案件占 6.98%。发生在行为人居住处的案件，一般是行为人利用被害人到家里玩或被害人在行为人家附近独自玩耍，行为人利用零花钱、玩具、糖、看电视、打手机游戏等将被害人引诱到家，实施强奸或者猥亵犯罪，或者利

---

❶　徐剑：《性侵犯罪未成年被害人实证研究——基于北京市未成年人遭受性侵案件的分析》，《青少年犯罪问题》2015 年第 4 期。

用被害人到家借东西等情形对被害人实施性侵害。发生在被害人住处的性侵案件，一般是行为人见被害人独自在家，被害人熟睡时潜入被害人家，被害人精神有问题独自在家，尾随被害人到家，利用双方共同居住的便利，借宿到被害人家等对被害人实施性侵害。发生在旅社、宾馆、酒店、酒楼的案件，一般双方是朋友、恋爱关系，见面后带被害人到酒店、宾馆住宿或以网友关系见面后带被害人到宾馆、酒店住宿，双方一起吃饭喝醉后带被害人到酒店、宾馆，以物质引诱或者哄骗被害人到宾馆发生性关系，强行带被害人到酒店实施性侵害等。发生在学校、教室、学生宿舍的性侵害未成年人案件，犯罪主体有学校工作人员、食堂师傅、保安、教师，还有校外社会人员等，其中教师是发生在学校的性侵害案件的主要犯罪主体。教师往往以背书、辅导作业、检查身体，或者让被害人到宿舍打扫卫生、交作业、关心谈话、到宿舍帮忙改作业等为由，在教室讲台、学生座位、办公室、学生宿舍以及教师居住处对未成年学生进行性侵害，或者利用师生之间的从属关系对被害人使用暴力、威胁和其他手段对被害人进行性侵害。

除了行为人、被害人居住处以及宾馆、酒店容易发生性侵害未成年人案件外，被害人在缺乏有效监护的情况下，在小区独自玩耍或在路上、公园以及任何偏僻的地方，如废弃的房间、地下停车场、空地、山坡、小树林等地都容易发生性侵害。

表 2-9　被害人遭受性侵害的地点情况

样本情况	被害地点	案件数（起）	百分比（%）	有效百分比（%）	累计百分比（%）
有效	行为人居住处	405	25.68	26.49	26.49
	行为人车上	24	1.52	1.57	28.06
	行为人亲戚、朋友住处	19	1.20	1.24	29.30
	学校、教室、学生宿舍等	110	6.98	7.19	36.49
	行为人经营的店铺	27	1.71	1.77	38.26
	被害人居住处	233	14.77	15.24	53.50
	被害人亲戚家	4	0.25	0.26	53.76
	厕所	28	1.78	1.83	55.59
	楼道、楼顶、楼梯间、电梯口、电梯里	26	1.65	1.70	57.29
	地下室、地下停车场	5	0.32	0.33	57.62
	双方共同居住地	68	4.31	4.45	62.07

续表

样本情况	被害地点	案件数（起）	百分比（%）	有效百分比（%）	累计百分比（%）
有效	路上、公路上、街道上、上学路上、放学路上	86	5.45	5.62	67.69
	旅社、宾馆、酒店、酒楼	142	9.00	9.29	76.98
	行为人办公室	26	1.65	1.70	78.68
	山坡上、树林、菜地、稻田、废弃空置的房屋、桥上 / 下	60	3.80	3.92	82.60
	网吧、娱乐场所	12	0.76	0.78	83.38
	公园、花园	5	0.32	0.33	83.71
	其他	249	15.79	16.29	100.00
	合计	1529	96.96	100.00	
缺失	不详	48	3.04		
合计		1577	100.00		

（五）被害人遭受性侵害的时间特征

对侵犯未成年人性权利犯罪中被害人被害时间的考察，有利于研究犯罪主体的作案规律，有针对性地开展预防性侵害未成年人犯罪。从表 2—10 性犯罪未成年被害人被害月份的统计数据可以看出，3—10 月是性犯罪未成年被害人最容易被害的时期，占能够统计性犯罪未成年被害人被害月份案件的 76.67%，占总的性侵害未成年人案件的 72.92%。其中，6 月和 7 月是性犯罪未成年被害人最容易被害的月份，占能够统计性犯罪被害未成年人被害月份案件的 23.53%，占总的性侵害未成年人案件的 22.38%，8 月、9 月和 10 月也是性犯罪未成年被害人比较容易被害的月份，占能够统计性犯罪未成年被害人被害月份案件的 27.53%，占总的性侵害未成年人案件的 26.19%。在能够统计性犯罪未成年被害人被害月份的案件中，全年 12 个月中，性犯罪未成年被害人最不容易被害的月份是 2 月和 12 月，占能够统计性犯罪未成年被害人被害月份案件的 10.60%，占总的性侵害未成年人案件的 10.08%。

表 2-10　被害人遭受性侵害的时间情况

样本情况	被害月份*（月）	案件数（起）	百分比（%）	有效百分比（%）	累计百分比（%）
有效	1	93	5.90	6.15	6.15
	2	76	4.82	5.03	11.18

续表

样本情况	被害月份*（月）	案件数（起）	百分比（%）	有效百分比（%）	累计百分比（%）
有效	3	133	8.43	8.80	19.98
	4	128	8.12	8.47	28.45
	5	123	7.80	8.13	36.58
	6	176	11.16	11.64	48.22
	7	177	11.22	11.71	59.93
	8	134	8.50	8.86	68.79
	9	140	8.88	9.26	78.05
	10	139	8.81	9.19	87.24
	11	98	6.21	6.48	93.72
	12	83	5.26	5.49	99.21
	其他**	12	0.76	0.79	100.00
	合计	1512	95.88	100.00	
缺失	不详	65	4.12		
合计		1577	100.00		

注：* 未成年人多次、长时间被性侵害的，被害月份以第 1 次被性侵进行统计。

** 指被害人被害时间表述为"秋季、上半年、下半年、夏天和晚上"的案件。表述为秋季的案件 4 起、上半年的案件 1 起、下半年的案件 3 起、夏天的案件 3 起、晚上的案件 1 起。

在能够准确统计性犯罪未成年被害人具体被害时间的 547 起案件中，表 2-11 的统计数据显示，7—23 点是性犯罪被害未成年人容易被害的时间段，占总的能够统计时间的性侵害未成年人案件的 91.96%。其中，13—18 点是性犯罪未成年被害人容易被害的高发时间段，占总的能够统计时间的性侵害未成年人案件的 49.18%。性犯罪未成年被害人最不容易被害的时间是 4 点、5 点和 24 点，分别占能够统计时间的性侵害未成年人案件的 0.55%、0.37% 和 0.55%。另外，不容忽视的是，虽然没有明确具体的性侵害时间，但明确性犯罪未成年被害人被害时间是中午、下午、凌晨的案件也不少。其中，性犯罪未成年被害人中午被害的性侵案件占总的性侵未成年人案件的 1.01%，性犯罪未成年被害人下午被害的性侵案件占总的性侵未成年人案件的 2.79%，性犯罪未成年被害人凌晨被害的性侵案件占总的性侵未成年人案件的 1.20%。因此，无论是从具体明确性犯罪未成年被害人被害时间的案件，还是从没有明确性犯罪未成年被害人被害时间的案件进行考察，中午到凌晨都是未成年人容易遭受性侵害的时间段。

表 2-11 被害人遭受性侵害的具体时间情况

样本情况	被害时间（时）*	案件数（起）	百分比（%）	有效百分比（%）	累计百分比（%）
有效	1	9	0.57	1.41	1.41
	2	10	0.63	1.57	2.98
	3	11	0.70	1.73	4.71
	4	3	0.19	0.47	5.18
	5	2	0.13	0.31	5.49
	6	9	0.57	1.41	6.90
	7	19	1.20	2.98	9.88
	8	23	1.46	3.61	13.49
	9	17	1.08	2.67	16.16
	10	26	1.65	4.08	20.24
	11	24	1.52	3.77	24.01
	12	22	1.40	3.45	27.46
	13	39	2.47	6.12	33.58
	14	38	2.41	6.00	39.58
	15	37	2.35	5.81	45.39
	16	59	3.74	9.26	54.65
	17	55	3.49	8.63	63.28
	18	41	2.60	6.44	69.72
	19	27	1.71	4.24	73.96
	20	25	1.59	3.92	77.88
	21	20	1.27	3.14	81.02
	22	17	1.08	2.67	83.69
	23	11	0.70	1.73	85.42
	24	3	0.19	0.47	85.89
	其他**	90	5.71	14.13	100.02
	合计	637	40.39	100.02	
缺失	不详	940	59.61		
	合计	1577	100.00		

注：* 未成年人多次、长时间被性侵害的，被害时间以第 1 次被性侵的时间进行统计。

** 指被害人被害时间表述为"上午、中午、下午、凌晨"的案件。表述为上午的案件 11 起、中午的案件 16 起、下午的案件 44 起、凌晨的案件 19 起。

（六）同一案件被害人数情况特征

侵犯未成年人性权利犯罪中，同一案件的受害人往往不止 1 人，同一案件中多人受害的现象突出。表 2-12 的统计数据显示，能够明确性侵害未成年被害人人数的 1564 起案件中，同一起案件中被害人 2 人及以上的案件占13.81%，其中被害人为 3 人及以上的案件占 8.48%，被害人为 4 人及以上的案件占 6.52%，被害人为 5 人及以上的案件占 5.56%，被害人超过 20 人的案件占 0.58%，被害人人数最多的案件中未成年被害人达到了 52 人。"女童保护"2014 年以来发布的统计数据也表明性侵害儿童案件中被害人多人受害的比例居高不下。"女童保护"统计的 2015 年媒体曝光的 340 起性侵儿童案件中，犯罪人 1 人性侵多名儿童的案件 96 起，占 28%，1 人性侵 10 人以上儿童的案件达到 14 起，在多人被害案件中占 15%。2016 年媒体曝光的 433 起性侵儿童案件中，犯罪人 1 人性侵多名儿童的案件 61 起，占 14.09%。2017 年媒体曝光的 378 起性侵儿童案件中，犯罪人 1 人性侵多名儿童的案件 98 起，占 25.93%。2018 年媒体曝光的 317 起性侵儿童案件中，犯罪人 1 人性侵多名儿童的案件 87 起，占 27.44%，另有 31 起案件表述不详。其中，受害人 2 人及以上的案件 84 起，占 26.50%；受害人 5 人及以上的案件 22 起，占 6.94%；受害人 10 人及以上的案件 12 起，占 3.79%。无论是分析样本的统计数据还是"女童保护"近 4 年的统计数据，在一定程度上都表明侵犯未成年人性权利犯罪中被害人多人受害的可能性较大，这也是性侵害未成年犯罪区别于性侵害成年犯罪的典型特征，也充分体现了性侵害未成年犯罪具有严重的社会危害性，且犯罪人的人身危险性比较大。

表 2-12　同一案件被害人数情况

样本情况	被害人数（人）	案件数（起）	百分比（%）	有效百分比（%）	累计百分比（%）
有效	1	1348	85.48	85.81	85.81
	2	85	5.39	5.41	91.22
	3	29	1.84	1.85	93.07
	4	15	0.95	0.95	94.02
	5	17	1.08	1.08	95.10
	6	16	1.01	1.02	96.12
	7	12	0.76	0.76	96.88
	8	5	0.32	0.32	97.20
	9	2	0.13	0.13	97.33

样本情况	被害人数（人）	案件数（起）	百分比（%）	有效百分比（%）	累计百分比（%）
有效	10	8	0.51	0.51	97.84
	11	5	0.32	0.32	98.16
	12	3	0.19	0.19	98.35
	14	4	0.25	0.25	98.60
	15	2	0.13	0.13	98.73
	16	1	0.06	0.06	98.79
	17	2	0.13	0.13	98.92
	19	1	0.06	0.06	98.98
	20	1	0.06	0.06	99.04
	21	2	0.13	0.13	99.17
	23	2	0.13	0.13	99.30
	25	2	0.13	0.13	99.43
	26	1	0.06	0.06	99.49
	52	1	0.06	0.06	99.55
	＞3[*]	7	0.44	0.45	100.00
	合计	1571	99.62	100.00	
缺失	不详	6	0.38		
合计		1577	100.00		

注：[*] 指被害人被害次数表述为"多人"的案件。

（七）同一案件被害人被害次数情况特征

侵犯未成年人性权利犯罪中，同一案件不仅往往多人受害，同一被害人往往也多次受害。表2-13的统计数据显示，在能够统计性侵害未成年被害人被害次数的案件中，被害人遭受2次及以上次数的性侵害案件占25.77%，被害人遭受3次及以上次数的性侵害案件占21.65%，被害人遭受10次以上次数的性侵害案件占1.29%。在统计分析的案件中犯罪人实施性侵害的次数最多的达到100余次。"女童保护"2014—2018年发布的统计数据也显示，同一案件中被害人多次被害的比例趋高，呈高发态势。2014年媒体曝光的503起性侵儿童案件中，行为人1人多次对儿童实施性侵害的案件为135起，占26.84%。2016年媒体曝光的433起性侵儿童案件中，行为人1人多次对儿童实施性侵害的案件多达269起，占62.12%。2017年媒体曝光的378起性侵儿童案件中，行为人 1 人多次对儿童实施性侵害的案件多达 120 起，占 31.75%。2018 年媒体曝光的 317 起性侵儿童案件中，行为人 1 人多次对儿童实施性侵害的案件多达 124 起，占 39.12%。这在一定程度上体现了性侵害未成年人犯罪的隐蔽性和不易被揭发性，尤其是年幼的儿童没有接受过正式的家庭性教育和学校性教育，在行为人以做游戏、检查身体、教学需要等借口哄骗下，容易遭受性侵害，且被害人往往不知道自己已经遭受性侵害。当亲属为性侵害未成年被害人洗澡、换衣服或者发现被害人情绪、行为异常的情况时，性侵害行为才被揭发。同时，受传统保守性观念的影响，不少被害人的家属为了保全未成年人的名誉，会选择隐忍。这些原因都助长了行为人的侥幸心理，多次重复作案，在没有外界干预的情况下，行为人往往不会自动停止性侵害犯罪行为。

表 2-13　同一案件被害人被害次数情况

样本情况	被害次数*（次）	案件数（起）	百分比（%）	有效百分比（%）	累计百分比（%）
有效	1	1152	73.05	74.23	74.23
	2	64	4.06	4.12	78.35
	3	49	3.11	3.16	81.51
	4	22	1.40	1.42	82.93
	5	15	0.95	0.97	83.90
	6	13	0.82	0.84	84.74
	7	6	0.38	0.39	85.13
	8	2	0.13	0.13	85.26
	9	2	0.13	0.13	85.39
	10	1	0.06	0.06	85.45
	11	3	0.19	0.19	85.64
	12	1	0.06	0.06	85.70
	14	1	0.06	0.06	85.76
	21	1	0.06	0.06	85.82
	22	1	0.06	0.06	85.88
	23	1	0.06	0.06	85.94
	32	1	0.06	0.06	86.00
	38	1	0.06	0.06	86.06
	51	1	0.06	0.06	86.12
	> 10**	3	0.19	0.19	86.31
	> 20***	1	0.06	0.06	86.37
	> 30****	2	0.13	0.13	86.50

续表

样本情况	被害次数*（次）	案件数（起）	百分比（%）	有效百分比（%）	累计百分比（%）
有效	＞60*****	1	0.06	0.06	86.56
	＞100******	1	0.06	0.06	86.62
	＞3*******	207	13.13	13.34	99.96
	合计	1552	98.41	99.96	
缺失	不详	25	1.59		
合计		1577	100.00		

注：* 指被害次数为1—12次的，包括次数本数及以上。
** 指被害次数表述为"10余次"的案件。
*** 指被害次数表述为"20余次"的案件。
**** 指被害次数表述为"30余次"的案件。
***** 指被害次数表述为"60余次"的案件。
****** 指被害次数表述为"100余次"的案件。
******* 指被害次数表述为"多次"的案件。

（八）被害人与行为人的关系特征

表2-14的统计数据显示，侵犯未成年人性权利犯罪中，在能够确切统计的被害人与行为人是否相识的关系中，被害人与行为人之间相识的比例高达79.49%，不相识的比例仅20.51%。这在一定程度上表明，熟人最容易对未成年人实施性侵害。在预防侵犯未成年人性权利犯罪中，熟人是主要的预防对象。监护人不要把未成年人子女，尤其是年幼的未成年子女交给异性熟人临时照看。监护人应强化对未成年人的监护责任和义务，不能让年幼的子女单独行走以及在脱离监护人视线范围内玩耍，以免犯罪人有可乘之机实施性侵害。

表2-14　被害人与行为人的关系

样本情况	相互关系	案件数（起）	百分比（%）	有效百分比（%）	累计百分比（%）
有效	相识	1132	71.78	79.49	79.49
	不相识	292	18.52	20.51	100.00
	合计	1424	90.30	100.00	
缺失	不详	153	9.70		
合计		1577	100.00		

第三节　侵犯未成年人性权利犯罪的危害

犯罪对于被害人而言，就是一次危机，是一种身心遭受创伤的事件。朱迪斯·路易斯·赫尔曼在《创伤与复原》一书中认为："创伤事件通常是指那些对生命或身体意志有直接威胁的事件，或是与暴力或死亡亲密交锋的事件，它们通常会引起极度的恐惧、无助、无法控制局面和受死亡威胁的感觉。创伤事件动摇个人的整个人格系统，包括个人的自我保存、自我控制、对外联系系统、人生意义和信念。"❶性犯罪对于许多被害人而言无疑是一种最为严重的创伤事件，尤其是在我国性观念仍然普遍比较保守的社会环境下，针对未成年人实施的性侵害，无论对于未成年被害人还是其家庭来说都是灾难性的创伤事件，尤其针对未成年人的强奸更是如此。对女性未成年人的强奸行为是对女性未成年人性自由权、性自治权、性身体安全权等权益的侵害，是对女性内心、心灵的攻击和对女性隐私的破坏。强奸是一种侵略性的、违反人性的、侮辱人格的男性对女性实施的性支配行为。❷

一、对被害人的危害

无论是对未成年人实施非法的性行为，还是利用未成年人卖淫，利用未成年人进行淫秽表演和充当任何淫秽制品的题材，未成年人都是遭受性侵害和性剥削的受害者。性在本质上是一种权利，是人享有的一种人权，而不是商品，性不能作为交易的对象。在与未成年人有关的卖淫犯罪中，无论是组织、强迫未成年人卖淫犯罪，还是引诱、容留未成年人卖淫犯罪，由于性的人权属性和未成年人不具备卖淫的承诺能力，其本质都是强迫未成年人实施卖淫行为，未成年人都是被利用的被害人。侵犯未成年人性权利犯罪，无论是对刑法保护的未成年人的性权利的侵害，还是对未成年被害人造成的身体上的物质性伤害以及精神伤害都是极其严重的。性犯罪对未成年被害人造成的精神伤害往往大于肉体上的伤害。未成年人遭受性侵害往往影响未成年被害人的一生，童年时期遭受性侵害的经历往往如影随形，挥之不去。不少被害人因为童年遭受性侵害，长大后对异性怀有敌意，影响了成年后的性格、择偶以及婚姻和家庭的正常经营。

---

❶　转引自［美］安德鲁·卡曼：《犯罪被害人学导论》，李伟等译，北京：北京大学出版社，2010年，第2页。

❷　［美］约书亚·德雷斯勒：《美国刑法精解》，王秀梅等译，北京：北京大学出版社，2009年，第512页。

（一）对性侵害未成年被害人性完整权、性身体安全权等权利的危害

《儿童权利公约》是第一部保障儿童权利且具有法律约束力的国际性约定，是世界上最广为各国接受的国际公约之一。该公约旨在为世界各国儿童创建良好的成长环境，前41条的内容都强调18周岁以下的儿童的人权必须被重视和保护。该公约第19条明确各国应保护儿童免受身心摧残、伤害、凌辱、忽视、虐待或剥削，包括性侵犯。我国于1991年12月29日在第七届全国人民代表大会常务委员会第23次会议上批准《儿童权利公约》，该公约成为我国广泛认可的国际公约。《儿童权利公约》要求缔约国采取一切适当的国家、双边和多边措施，防止引诱或强迫未成年人从事任何非法的性活动，利用儿童卖淫或从事其他非法的性行为，利用儿童进行淫秽表演和充当淫秽题材的犯罪行为。《性权宣言》宣称，性是每个人人格之不可分割的部分，性权是基本的、普世的人权，认为性健康权亦为基本的人权。虽然我国性犯罪立法仅针对14周岁以下的儿童遭受性侵害进行严格、特殊的保护，但并不代表14周岁以上的未成年人就具备了完全的性自由权、性自治权，具备了性的承诺能力，能够自由处分自己的性，甚至把性作为交易的对象。性在本质上是人的一种人格的权利，不能交易。我国作为《儿童权利公约》的缔约国，应承担保护所有18周岁以下的未成年人的性权利免遭性侵害的义务。目前，针对未成年人实施的性侵害犯罪，通说观点认为犯罪客体是未成年人的身心健康。在强奸罪的犯罪客体表述中，针对已满14周岁的妇女实施的强奸，认为犯罪客体是妇女的性的不可侵犯的自由权利，针对未满14周岁的幼女实施的奸淫犯罪，犯罪客体是幼女的身心健康。在猥亵犯罪中，针对已满14周岁的未成年人实施的猥亵犯罪行为，通说观点认为犯罪客体是未成年人的性的羞耻心，针对未满14周岁的儿童实施的猥亵犯罪行为，通说观点认为犯罪客体是儿童的身心健康。在与未成年人有关的卖淫和色情制品犯罪中，一般认为犯罪客体是社会风尚的管理秩序、公民的人身权利和幼女的身心健康权利。目前，我国在法律上没有完全将未成年人作为性权利享有者来进行保护，更没有从人权的角度规制性侵害未成年人犯罪。无论是从《儿童权利公约》和《性权宣言》有关规定的角度，还是从我国是有关国际公约缔约国的角度，性侵害未成年人犯罪都应是对刑法保护的未成年人的性权利之性完整权和性身体安全权的侵害。

（二）对性侵害未成年被害人身体上的危害

性侵害未成年人犯罪不仅侵害我国刑法所保护的未成年人的性权利，更会对未成年被害人造成直接的或附随的物质性损害结果。性侵害犯罪给未成

年被害人造成的直接损害结果，主要有性器官的损害、身体受伤、性侵致死等，性侵害间接造成未成年被害人身体上的危害主要有怀孕，感染性病、妇科病，导致被害人自杀等严重的危害后果。

表 2-15 的统计数据显示，因犯罪人的性侵害行为造成未成年被害人性器官受损害的案件有 37 起，占前述总的性侵害未成年人案件数 1577 起的 2.3%，性器官的损害主要表现为性侵害未成年被害人的阴道充血、阴唇充血红肿、阴道裂伤大量出血、肛裂、阴茎轻伤等；性侵害犯罪造成未成年被害人怀孕的案件有 55 起，占总的性侵害未成年人犯罪案件的 3.49%。在统计分析的案件中，有的行为人长期被性侵害致数度怀孕，如行为人以要求 16 岁的邻居家女孩到蔬菜大棚帮忙干活为借口，长期对女孩实施性侵害，甚至夫妻二人挖地窖让被害女孩居住，造成未成年被害人三度怀孕堕胎，即使在被害人流产的短时间里，犯罪人仍然强行与被害人发生性关系。❶ 因为怀孕临产、婴儿月份太大或被害人年龄太小不得不生下孩子的案件有 6 起。其中，有一起案件因 13 岁的被害人生下孩子从窗户摔死婴儿而案发。导致未成年被害人怀孕 5个月以上堕胎的案件多达 8 起。2013 年湖南祁阳的 12 岁女童思思（化名）在被多人性侵以后生下一名女婴，经 DNA 检测，孩子的父亲竟是邻村 74 岁的老人。性侵害犯罪造成未成年被害人感染妇科病、性病的案件 5 起，占总的性侵害未成年人案件的 0.3%。因性侵害犯罪造成被害人感染妇科病、阴道炎的案件能够统计的有 4 起，感染性外阴湿疣的有 1 起。

在性侵害未成年人犯罪中，被害人被杀死或者性侵致死的案件也不少。在表 2-15 的统计中，性侵害未成年被害人被杀害的案件就有 10 起。性侵害造成未成年被害人死亡的案件中，绝大多数案件都是犯罪人实施强奸犯罪后，为了杀人灭口、隐藏犯罪行为而杀害被害人。例如，在向某某强奸、故意杀人案中，向某某使用暴力与 13 岁的少女黎某发生性关系未得逞后，恐罪行败露，产生杀人之心，将黎某推入煤洞的深水中，见黎某在水中挣扎，又捡五六块石头猛砸黎某的头部致其死亡。❷ 更有甚者，在强奸的过程中直接致被害人死亡。例如，2010 年 5 月 11 日晚 8 时许，发生在浙江省慈溪市长河镇宁丰村金小路的王某某强奸隔壁 6 岁女孩致死案，犯罪人将被害人按倒在床，用手掐被害人的颈部，强行与被害人发生性关系，当场致被害人窒息而亡。之后，犯罪人又拿来菜刀，朝被害人的阴部砍了数刀。❸ 还有的犯罪人为了达到性侵的

---

❶ 纪传胜强奸案，审理法院：山东省临沂市中级人民法院，发布时间：2000 年 6 月 19 日。

❷ 杨锐、吴含中：《无客观证据与被告人作同一认定的证据分析》，《人民司法》2014 年第 8 期。

❸ 最高人民法院指导性案例，王维喜强奸案，第 763 号。

目的，先将被害人置于无法反抗的境地，如将被害人掐晕、致死，再实施性侵害行为。2016 年 2 月 9 日 20 时许，被告人韦某某酒后在贵州省黔东南苗族侗族自治州某县自家新房门外遇到同村的 A 某（被害人，女，殁年 5 岁）在玩耍，遂以取鞭炮为由将 A 某骗至自家老房门口，双手掐 A 某颈部致其昏迷后抱到自家责任田内的红薯洞旁，又去老房拿来柴刀、锄头，先对 A 某实施奸淫，后将其放入红薯洞内，用柴刀切割 A 某的喉咙并用锄头挖泥土将 A 某掩埋。最终，被告人被黔东南苗族侗族自治州中级人民法院以强奸罪判处死刑，剥夺政治权利终身。❶ 因此，性侵害未成年人犯罪不仅挑战社会伦理道德底线，对被害人造成身体和精神上的严重伤害，且不少犯罪者犯罪性质恶劣，手段残忍，甚至威胁到被害人的生命安全，危害后果极其严重。

表 2-15　性侵害未成年被害人遭受的身体伤害情况

危害后果	案件数（起）	百分比（%）	有效百分比（%）	累计百分比（%）
性器官损害	37	2.35	34.58	34.58
怀孕	55	3.49	51.40	85.98
感染妇科病、性病	5	0.32	4.67	90.65
被杀害	10	0.63	9.35	100.00
合计	107	6.79	100.00	

（三）对性侵害未成年被害人精神上的危害

1. 性侵害对未成年被害人的精神伤害

性侵害未成年人犯罪对未成年人造成的精神伤害往往是强烈而持久的心灵创伤。对被害人的心理、精神健康的影响可以持续数月、数年，有的甚至会伴随被害人一生。年幼时遭受性侵害的被害人在成年后表面上好像已经忘却曾经被害的经历，但当身处某个特定的时刻或某些可能触及心灵深处伤害记忆的环境时，其内心潜藏的可怕的被害记忆也许会喷涌而出。❷ 安娜·沃尔伯特·伯吉斯和林达·霍姆斯特龙于 1974 年在美国波士顿医院就强奸对受害人的影响进行了跟踪调查，把妇女遭受强奸或强奸未遂后发生的情绪变化称为"强奸创伤综合征"。女性被性侵害后，会经历急性期和历时较长的重组期。急性期在遭受性侵害后立即开始，往往会出现恐惧、愤懑、焦虑和紧张

---

❶ 《韦明辉强奸案》，https://www.chinacourt.org/article/detail/2019/07/id/4203743.shtml，访问日期：2019 年 7 月 25 日。

❷ 杨杰辉、袁锦凡：《刑事诉讼视野中性犯罪被害人的特别保护研究——以强奸案被害人为主要视角的分析》，北京：法律出版社，2013 年，第 49 页。

的反应，但也有女性在遭受性侵害后的几个小时内会出现明显的掩饰自己的感情、冷漠、呆滞、行为迟缓等控制反应。在急性期，被害人因恐惧和担忧，在情感上会产生震惊、忧虑和沮丧情绪，往往不能讲述自己的遭遇或无法描述实施性侵害的犯罪人的特征。被害人被性侵害后，最初的反应常常是不想让近亲属知道自己被性侵害，不能让任何人知道这种让人感到耻辱的事情。在过渡期，被害人会从主观上否定被害的事实。之后，被害人会重现急性期的沮丧、自责、不安等情绪反应。随后被害人进入被害经历的内化阶段，并面对自己和性侵犯者的问题。此时被害人常常有自我罪恶感，认为自己的身体是不洁的并承认自己被害的事实。有的遭受强奸的被害人需要经历充满罪恶感和自责的阶段才能迈向心理整合的第一步。在重组期，受害人会感到更加强烈的困窘、自责，甚至会自杀，不少受害人还会患上精神分裂症。[1] 不少人在性犯罪的认知上往往将被害人遭受性侵害归于被害人的原因，如思想开放、穿着暴露、不良嗜好等，遭受性侵害的被害人俨然成了过错方和被害的制造者，这更加重了被害人的精神负担和心理伤害。

2. 性侵害容易对被害人造成精神上的二次被害

二次被害主要指被害人在刑事诉讼过程中所遭受的侵害。根据被害人遭受侵害原因的不同，可以分为广义的二次被害和狭义的二次被害。广义的二次被害指被害人在参与刑事诉讼过程中、与社会组织或者与周围人接触的过程中，遭受的忽视和打击，从而在心理上再次受害的情形。狭义的二次被害，一般还区分最狭义的二次被害。狭义的二次被害指被害人在参与刑事诉讼的过程中，因角色定位、权利规定和实现状况以及不当司法行为给被害人心理上造成的进一步伤害。最狭义的二次被害仅指被害人在刑事诉讼中因被公开隐私而受到的心理伤害。[2] 性侵害未成年被害人遭受的二次被害，是指狭义上的二次被害，主要指被害人在参与刑事诉讼的过程中，由于刑事诉讼程序规定的原因和司法工作人员不当的司法行为，给被害人造成的除性侵害给被害人造成的身体和精神上的伤害之外的心理上的二次被害。在办理性侵害未成年人犯罪案件中不当的调查、取证、作证方式也容易对未成年人造成二次被害。《性侵意见》第 5 条对办理性侵害未成年人案件中，避免性侵害未成年被害人遭受二次被害进行了明确规定："办理性侵害未成年人犯罪案件，对于涉及未成年被害人、未成年犯罪嫌疑人和未成年被告人的身份信息及可能推断

---

[1] ［德］汉斯·约阿希姆·施奈德主编：《国际范围内的被害人》，许章润等译，北京：中国人民公安大学出版社，1992 年，第 360 页。

[2] 杨杰辉、袁锦凡：《刑事诉讼视野中性犯罪被害人的特别保护研究——以强奸案被害人为主要视角的分析》，北京：法律出版社，2013 年，第 70 页。

出其身份信息的资料和涉及性侵害的细节等内容，审判人员、检察人员、侦查人员、律师及其他诉讼参与人应当予以保密。对外公开的诉讼文书，不得披露未成年被害人的身份信息及可能推断出其身份信息的其他资料，对性侵害的事实注意以适当的方式叙述。"第6条明确性侵害未成年人案件应当由熟悉未成年人身心特点的审判人员、检察人员和侦查人员办理，如果被害人系女性的，应当有女性工作人员参与。第7条明确了各级人民法院、检察院、公安机关和司法行政机关应加强与民政、教育、妇联、共青团等部门及未成年人保护组织的联系与协作，共同做好性侵害未成年人犯罪预防和未成年被害人的心理安抚、疏导工作，并且从有利于未成年人身心健康的角度，对其给予必要的帮助。在取证方面，第13条明确了办案人员到未成年被害人及其亲属、未成年证人所在学校、单位、居住地调查取证的，应当避免驾驶警车、穿制服或者采取其他可能暴露被害人身份、影响被害人名誉、隐私的方式。第14条对审判人员、检察人员、侦查人员和律师询问被害人的地点和方式进行了规定，询问地点应选择未成年人住所或者其他让未成年人心理上感到安全的场所，在询问方式上，规定应结合未成年人的身心特点，采取和缓的方式进行，并且以一次询问为原则，尽可能避免反复询问。

上述这些规定无疑对避免性侵害未成年被害人二次被害具有积极的意义和促进作用。但是，我国目前对性侵害未成年被害人精神损害的事后救济措施还不够完善，主要体现在性侵害未成年被害人的精神损害赔偿请求未给予支持。《关于依法惩治性侵害未成年人犯罪的意见》第31条规定，如果未成年人因为性侵害造成人身损害的，为进行康复治疗所支付的医疗费、护理费、交通费、误工费等合理费用，未成年被害人及其法定代理人、近亲属提出赔偿请求的，人民法院应给予支持。但该规定对性侵害未成年人案件中的精神损害赔偿没有作出明确的规定。有学者对342起性侵儿童案件进行统计分析显示，被害人及其亲属选择私下赔偿的案件有61起，刑事附带民事诉讼的案件有25起，其中8起案件因被害人及其亲属无法提供损害赔偿的凭证而被驳回诉讼，17起案件经判决仅获得交通费、医疗费等赔偿，没有支持精神损害赔偿。❶域外国家在性侵害未成年人案件的法院判决中，注重对儿童的保护和被害后救济。美国法院在性侵害未成年人案件中，秉承让儿童受害人尽可能得到足够的赔偿以重新回到受害前的状态的理念，在性侵害儿童案件的被害人赔偿判决中，不仅包括生理上的医疗费用，也包括对被害人造成的心理、精

---

❶ 李聪、曹虹：《论我国性侵害儿童犯罪防控机制的构建——以美国性侵害儿童犯罪防控经验为鉴》，《广西警察学院学报》2018年第6期。

神上伤害的护理费用以及被害人因犯罪人的侵害行为遭受的其他损失的费用。❶
目前，在性侵害未成年人的司法判决中，有法院在赔偿费用的判决上，开始尝试支持被害人因性侵害遭受的心理伤害方面的康复治疗费用。2017 年成都成华区法院在对性侵害儿童犯罪案件进行判决时，第一次支持心理康复的费用，被认为是性侵害儿童案件损害赔偿具有破冰意义的判决。❷ 在一定程度上，性侵害对被害人造成的身体上的伤害容易康复，但对被害人造成的心理和精神上的伤害是难以恢复的，不少被害人被性侵害的噩梦困扰一生。有被害人讲述，小学五年级时，因为长痘痘去医院看医生，被医生摸了胸部，医生还把手伸进了隐私部位等，被害人把被害经历告诉了父母，但是父母没有采取措施，每次去医院，被害人还是遭受性侵害。最后，因被害人拒绝去医院，性侵害才停止下来。被害人由于当时年纪太小，没有性常识，医生又是亲戚介绍的熟人，父母也没有引起重视，被害人处于无助、恐惧的状态。被害后很多年，被害人都没有好好睡过一觉，一直伴随着失眠、噩梦。

二、对被害人家庭造成的危害

（一）对被害人亲属造成的精神上的危害

侵犯未成年人性权利犯罪，不仅对未成年被害人造成身体和精神上的伤害，对未成年人的近亲属尤其是父母也会间接造成严重的危害。如果行为人是采用友好的方式进行性侵害，尤其是熟人或者是未成年被害人信任、依赖的行为人以关心为由实施的性侵害行为，不少年幼的被害人除了感觉不自在、不舒服外，感受不到更深刻的痛苦，但是当被害人随着年龄的增长，不断了解两性知识后，遭受性侵害时年龄较大的孩子，被害经历会在脑中呈现，不少被害人会出现担忧、害怕、恐惧等症状。也就是说，性侵害对被害人的精神伤害也许是阶段性的。未成年人遭受性侵害，对于未成年人的父母而言，往往是毁灭性的打击。被害人遭受性侵害后，被害人的父母更多考虑被害人的名誉问题和被害人的心理健康问题，甚至担心对未成年人成年后的恋爱、婚姻和家庭的影响，更害怕别人的指指点点，承受了巨大的心理和精神压力。尤其是性侵害未成年被害人遇害的案件，不仅给被害人家属造成精神上的打击，更是一生的丧子之痛。2011 年 10 月 5 日 10 时发生在黑龙江的韩某故意杀人强奸一案，行为人见邻居家 8 岁的贺甲和 7 岁的贺乙到自己家玩，遂起

---

❶ 最高人民法院刑事审判第一庭：《性侵害未成年人犯罪司法政策案例指导与理解适用》，北京：人民法院出版社，2014 年。

❷ 《儿童性侵案件首判心理康复费：有破冰意义》，http://www.sohu.com/a/207650097-99996733，访问日期：2019 年 6 月 6 日。

强奸之念。当行为人脱下贺甲的裤子，抠摸其阴部时，贺乙见状呼救，行为人捂住二人的口鼻致其昏迷后，将二人强奸。唯恐事情暴露，行为人产生了杀人之心，采用拳击贺乙面部，将其头放入水盆中，用手机数据线和塑料绳勒住贺乙的颈部，致贺乙机械性死亡。随后用线裤勒贺甲的颈部，致贺甲机械性窒息死亡。❶对于被害人父母而言，被害人遭受性侵害不仅给他们造成心理和精神伤害，更多的是永远的丧子之痛，甚至有的父母承受不了打击，自杀身亡。周某某强奸案中，周某某利用担任未成年人班主任和"干爹"的身份，2006年9月至2009年7月，在学校教师集体办公室、自己家中及被害人的家中多次对被害人实施强奸，致使被害人怀孕5个多月堕胎，并染上尖锐湿疣等疾病。但犯罪人矢口否认犯罪事实，被害人及其父母因对遭受的性侵害、治病所需高额费用以及行为人的抵赖感到悲愤，书写遗书后在医院病房服用农药自杀，被害人经抢救脱离危险，被害人的父母却双双死亡。❷

（二）对被害人家庭造成的物质上的损害

未成年人遭遇性侵害以后，为了躲避流言蜚语，给性侵害未成年被害人换一个新的成长环境，不少被害家庭不惜举家搬迁，到新的地方安家、工作，给未成年被害人换学校等，这对被害人家属而言不仅造成精神上的痛苦，还造成很重的经济负担。尤其是当被害人遭遇性侵害后，出现性侵害创伤综合征的情况下，需要专业的心理辅导和被害后心理健康康复治疗以及长期的跟踪辅导，这些都需要一笔高昂的费用来支撑。在司法实践中，当未成年人遭遇性侵害后，在刑事附带民事诉讼中，由于被害人及其家属往往拿不出相关的损害赔偿的合法证据，被害赔偿请求包括医疗费、护理费、交通费、误工费等合理费用往往都得不到法院的全部支持。在李某某强奸案中，附带民事诉讼原告人杨某甲诉称，因被告人李某某的强奸行为，其身体受到伤害，要求从重判处被告人李某某刑罚的同时，判令其赔偿医疗费2000元、精神抚慰金10万元，共计10.2万元。原告向法院提供了户口本复印件、普洱市第二人民医院病历本1本、门诊收费收据1张（金额6.40元）、普洱市第二人民医院检查分析报告。最后法院判决李某某赔偿附带民事诉讼原告人杨某甲医疗费6.40元，因为杨某甲其余诉讼请求无证据和法律依据，法院没有予以支持。❸目前，在司法实践中，性侵害未成年人的精神损害赔偿请求由于没有法律依据，不予以支持。当性侵害案件发生后，不少被害人及其亲属选择私下协商

---

❶　案件字号：（2013）黑刑三终字第55号，审结日期：2013年12月24日。

❷　案件字号：（2011）刑一复14461558号，审结日期：2011年7月3日。

❸　案件字号：（2014）思刑初字第229号，审结日期：2014年12月8日。

赔偿事宜，这样得到的赔偿通常比通过刑事附带民事诉讼高得多。在潘某某强奸案中，案发后，被告人潘某某家属与被害人杨某某家属就赔偿事宜达成协议，赔偿被害人经济损失 5.5 万元，被害人家属对被告人潘某某的行为予以谅解。❶ 但是，即使是庭外达成赔偿协议，不仅赔偿有限，也仅仅是少部分被害人获得赔偿，远远不能弥补被害人及其家属因为被害人遭受性侵害造成的经济上的损失及满足后期的治疗费用，而且给被害人及其家属带来的精神上的损害是难以用金钱予以衡量和计算的。

三、对社会造成的危害

刑法是最后保障法，具有谦抑性。刑法是保障其他部门法贯彻、实施的第二道防线。侵犯未成年人性权利犯罪行为，侵害了我国刑法所保护的社会关系之公民的人身权利之性权利。人身权利是人的基本权利，只有保证公民的人身权利不受侵害，才能行使其他的权利。侵害未成年人性权利犯罪具有严重的社会危害性。

（一）侵犯未成年人性权利犯罪是侵犯公民人身权利中严重的犯罪

贝卡里亚指出："公众所关心的不仅是不要发生犯罪，而且还关心犯罪对社会造成的危害尽量少些。"❷ 犯罪具有严重的社会危害性，是犯罪区别于一般违法行为的本质特征。保护公民的人身权利不受犯罪侵害是刑法的重要任务之一。《宪法》第 2 条规定："中华人民共和国的一切权力属于人民。"《宪法》第 33 条规定："国家尊重和保障人权。任何公民享有宪法和法律规定的权利。"我国公民享有广泛的人权，不仅包括人身权利和政治权利，也包括经济、文化、社会等各方面的权利。公民所享有的人权受刑法保护，在刑法中专章规定了侵犯公民人身权利、民主权利罪，对侵犯公民人身权利的犯罪行为予以制裁，保障公民的人身权利免受侵害。性权利是公民的人身权利之一，应受到刑法的保护。

侵犯未成年人性权利犯罪是侵犯公民个人权利中最严重的犯罪，在于该类型的犯罪具有严重的社会危害性。贝卡里亚对衡量犯罪的真正标尺进行了论述，认为衡量犯罪的真正标尺不是犯罪时所怀有的意图，不是更多地考虑被害者的地位，也不是考虑犯罪者的罪孽轻重程度，而是犯罪对社会的危害

---

❶ 案件字号：（2014）运盐刑初字第 419 号，审结日期：2014 年 11 月 7 日。

❷ ［意］切萨雷·贝卡里亚：《论犯罪与刑罚》，黄风译，北京：中国法制出版社，2008 年，第 79 页。

性。❶犯罪的社会危害性的大小是对犯罪适用刑罚的依据。刑罚与犯罪应具有相称性。贝卡里亚也指出，赏罚不当就会引起一种越普遍反而越被人忽略的矛盾，刑罚的对象正是它自己造成的犯罪。如果对两种不同程度的侵犯社会的犯罪处以同样的刑罚，人们就找不到更有力的手段去制止实施能带来较大好处的较大犯罪了。❷刑罚的适用应与犯罪的社会危害性相适应，做到罪刑相当，罚当其罪。我国目前将侵害未成年人性权利犯罪之强奸、猥亵型犯罪规定在侵犯公民人身权利犯罪之中，且在强奸罪中规定了最为严重的死刑，充分体现了刑法对未成年人性权利的保护力度。与未成年人有关的卖淫和色情制品犯罪，目前我国刑法虽然没有作为侵犯人身权利性质犯罪进行规定，而规定在妨碍社会管理秩序罪一章中，但仍然规定了比较严重的刑罚。在组织卖淫罪、强迫卖淫罪中，《刑法修正案（九）》虽然取消了死刑的适用，但最高也规定了10年以上的有期徒刑或者无期徒刑。同时，将所有的未成年人纳入了组织卖淫罪和强迫卖淫罪的特殊保护范围。行为人组织、强迫未成年人卖淫的，依照组织、强迫卖淫罪从重处罚。因此，侵犯未成年人性权利犯罪应属于刑法所保护的侵犯人身权利性质的严重犯罪。

（二）侵害未成年人性权利犯罪具有严重的社会危害性

未成年人是国家的希望，未成年人的发展塑造世界的未来，对未成年人权利的侵犯不仅是造成未成年人个人苦难的根源，也给社会的未来播下了罪恶的种子。那些从小基本权利没有得到很好保护和基本需求被剥夺的未成年人，尤其是基本权利遭受犯罪侵害、身心受到重大伤害的未成年人，别指望他们成长为尊重他人权利、关爱他人、有创造能力的成年人。未成年人的成长直接或间接地关系人类大家庭中每一位成员的生活，国家对未成年人的关爱是对一国未来的最好保证。❸把未成年人视为拥有权利的个体，从人权的角度加以法律保护，是国际社会的共识，也是一国的义务。

未成年人的性权利需要特殊的保护才不容易被侵害。未成年人作为权利主体最容易遭受侵害，尤其是年龄较小的儿童，他们需要成年人的全程监护和很好的照顾。侵害未成年人性权利犯罪中，不少未成年人遭受性侵害的原因都是缺乏监护人的有效监护，才使犯罪人有机可乘。在侵犯未成年人性权利犯罪中，熟人实施的性侵害未成年人犯罪案件占很大比例，这挑战着人们

---

❶　［意］切萨雷·贝卡里亚：《论犯罪与刑罚》，黄风译，北京：中国法制出版社，2008年，第82页。

❷　［意］切萨雷·贝卡里亚：《论犯罪与刑罚》，黄风译，北京：中国法制出版社，2008年，第79页。

❸　张爱宁：《国际人权法专论》，北京：法律出版社，2006年，第326页。

对性侵害犯罪的认知，违背社会的人伦道德底线，严重摧残未成年人的身心健康，社会影响恶劣，社会危害性严重。熟人性侵害未成年人犯罪中，不少性侵害案件是未成年被害人的监护人，如亲生父母、继父以及其他直系亲属等实施的案件，且这些对未成年人具有监护、保护和教育义务的特殊职责人员对未成年人实施的性侵害，往往具有性侵时间长、犯罪不易被揭发、危害后果难以恢复等特点。浙江一名 39 岁养父，持续 3 年时间性侵 13 岁的养女，致被害人怀孕，被上虞市人民法院判处有期徒刑 7 年。❶37 岁重庆男子蔡某某因自感夫妻性生活不和谐，多次猥亵、强奸不满 14 周岁的亲生女儿，被晋江法院一审以强奸罪和猥亵罪判处有期徒刑 8 年 6 个月。❷ 谢某某强奸侄女龚某一案中，由于被害人的父母长年在外打工，被害人被托付给姑父一家照顾，在一起居住期间，姑父谢某某在长达几年的时间内多次奸淫未满 14 周岁的幼女龚某，致被害人龚某被确诊为宫内早孕。❸ 除此之外，对被害人具有教育、培训、照顾义务的行为人实施的案件占熟人性侵害未成年人案件的比重较大。其中，教师主体实施的性侵害案件比较多，具有性侵时间长、遭性侵害的被害人多、同一被害人多次受害的特点。襄樊 50 岁教师李某在 3 年时间里，利用教师身份以各种理由将 21 名不满 14 周岁的女学生叫到学校为其安排的寝室内以发泄"兽性"，共作案 32 起，且威胁被害人不准告诉他人。最终襄樊市中级人民法院审理认为，犯罪人道德败坏，利用师生的特定关系，奸淫在校女学生多人、多次，时间长达 3 年，严重摧残幼女的身心健康，扰乱了学校的正常教学秩序，犯罪情节特别恶劣，社会危害性特别严重，依法以强奸罪一审判处李某死刑。❹ 在粟某强奸案中，粟某利用担任通化市某小学班主任的便利，从学生二年级到五年级长达 4 年的时间里，对班上 21 名学生中的 19 名学生进行长期的奸淫和猥亵，只有 2 名学生幸免于难，原因是 2 名学生的家长为校内老师和校外辅导员。被害学生稍有不从或对外声张就会招致粟某的拳打脚踢，并且他还威胁学生："谁敢走漏消息，就杀死谁。"在粟某的暴力淫威之下，在长达 4 年的时间里，学生个个当了"沉默的羔羊"。最终，一

---

❶　北大法意中国媒体案例库：《性侵女儿近三年致受孕，浙江一无良养父获刑罚》，审理法院：浙江省上虞市人民法院，发布时间：2013 年 6 月 18 日。

❷　北大法意中国媒体案例库：《男子性生活不和谐，多次强奸 14 岁亲生女》，审理法院：福建省晋江市人民法院，发布时间：2011 年 4 月 13 日。

❸　北大法意中国媒体案例库：《不顾人伦强奸侄女，色狼姑父被判十二年》，审理法院：湖南省沅陵县人民法院，发布时间：2010 年 5 月 11 日。

❹　北大法意中国媒体案例库：《襄樊 50 岁教师 3 年强奸 21 名小学女生被判死刑》，审理法院：湖北省襄樊市中级人民法院，发布时间：2009 年 3 月 2 日。

审法院判处粟某死刑。❶ 可见，性侵害未成年人犯罪不仅对被害人及其家庭的危害性严重，还具有恶劣的社会影响，挑战法律底线和公众的道德底线。

（三）侵犯未成年人性权利犯罪增加了性犯罪风险治理的难度

所谓风险就是对未来发生损害的预测和估计。侵害未成年人性权利犯罪与侵害成年人性权利犯罪相比，熟人性侵、性侵行为的隐蔽性和行为人重复作案的案件特征更为明显。对性侵害未成年人性权利犯罪的预防，注重对性犯罪人的特殊预防时，更应关注一般预防，倾向预防性犯罪的一般风险管理模式。有学者指出，在不同性质的犯罪中，最能引起民众歇斯底里讨伐的应为性侵害未成年人犯罪，其被单独作为危险中的危险加以防范。❷ 萨瑟兰认为："对婴儿或是未成年人的性攻击，这种行为是如此难以理解……只能是一个恶魔、疯子的行为。"❸ 其行为逾越人们基本的道德底线，触及心灵最敏感的神经。对于性犯罪人的刑事处罚，刑罚类型和刑期长短的选择不再完全取决于犯罪性质，而取决于犯罪人的人身危险性和再犯的风险评估。给予犯罪人更长期限的刑罚能够阻止犯罪人在执行刑罚期间再次发生犯罪。对于那些性侵害未成年人的累犯、再犯，性侵害多名未成年人的犯罪人，或者是被害人的监护人、父母、教师、医生等对未成年人负特殊职责人员实施的犯罪，则应判处更为严厉的刑罚。不少国家倾向于对性侵害未成年人犯罪加重处罚，尤其是特殊职责人员实施的犯罪普遍倾向于加重处罚。美国的佛罗里达州制定了杰西卡法案，规定对未满 14 周岁者实施性侵害的，最少判处 25 年有期徒刑，最高可判无期徒刑，终身不得释放。美国现已有 42 个州制定了类似的杰西卡法案。我国性犯罪立法中，虽然强奸罪中规定有死刑适用的加重情节，但在司法实践中，很少有性犯罪者被判处死刑的案件。判处死刑一般适用于对未成年人负有特殊职责的犯罪者性侵幼女人数较多，社会影响特别恶劣的案件，或者行为人性侵害未成年人犯罪中致被害人死亡的案件。如果行为人采取先奸淫后杀害被害人的，判处死刑也是强奸罪和故意杀人罪合并执行死刑。例如陈某故意杀人、强奸案中，犯罪人欲奸淫被害人时，因被害人的哭叫起杀人灭口之心，采取手掐颈部、用砖砸头部、扔入污水池等手段，致被害人颅脑损伤继发呼吸循环衰竭死亡，最后法院以故意杀人罪判处被告人死

❶　北大法意中国媒体案例库：《粟锋强奸案》，审理法院：吉林省通化市中级人民法院，发布时间：2002 年 7 月 1 日。

❷　牛旭：《性侵未成年人犯罪及风险治理——一个新刑罚学的视角》，《青少年犯罪问题》2014年第 6 期。

❸　Lyn Hinds, Kathleen Daly. The War on Sex Offenders: Community Notification in Perspective. http://www.griffith.edu.au/_data/assets/pdf_file/0018/50283/war_on_sex_offenders.pdf.

刑，剥夺政治权利终身，以强奸罪判处有期徒刑 3 年，数罪并罚决定执行死刑，剥夺政治权利终身。**❶**

（四）侵犯未成年人性权利犯罪导致惩治和预防犯罪的成本增加

1. 侵犯未成年人性权利犯罪的犯罪率居高不下，被判处有期徒刑以上刑罚占比大

"女童保护"公益组织 2013—2018 年的统计数据显示，媒体公开报道的性侵儿童案件数一直居高不下。**❷** 在域外国家，性犯罪率也很高，据美国研究者统计显示，自 1980 年以来，美国因性犯罪而在监狱服刑的人数每年增加 7.6%，因性犯罪入狱的比例超过其他性质的犯罪，且性犯罪更可能被判处监狱服刑，而非社区处遇。2000 年，美国各州因性犯罪被判刑的犯罪人中 84% 被关进监狱，最少服刑达 4 年 3 个月。**❸** 同时，与非性犯罪者相比较，性犯罪者服刑的期限更长，至少要服满 64% 的刑期，关押 69 个月，暴力犯罪只需服满 62% 的刑期，大约关押 56 个月。**❹** 1994—2004 年，英国 60 岁以上的男性性犯罪者呈 3 倍的速度增长，这也无疑造成公众对性犯罪者的担忧，导致政府政策和立法都严打性犯罪者，这也是造成英国监禁人口增加的原因之一。**❺** 在我国，根据《性侵意见》的有关精神，侵犯未成年人性权利犯罪的刑事司法政策倾向于从严惩处，如果性犯罪人是对未成年被害人具有监护、培训、教育、训练等特殊职责的人员，则要从严从重处罚。同样的性侵害犯罪，犯罪对象是未成年人时，则面临着比侵害成年人更重的刑罚，意味着犯罪人服刑的期限更长，则占用更多的监狱资源，意味着国家需要投入更多的人力、物力。据统计，2004 年我国监狱总支出就达 206.8 亿元，监狱行刑成本每人每年达 13326.7 元，在上海等经济发达地区关押 1 个犯人，每年的行刑成本高达 2.5 万—3 万元。

---

❶ 案件字号：（2009）刑四复 26942051 号，审理法院：最高人民法院，审结日期：2009 年 12 月 8 日。

❷ "女童保护"公益组织 2013—2018 年的性侵儿童案件统计及儿童防性侵教育调查报告显示：2013 年媒体公开报道的性侵儿童案件 125 起，2014 年媒体公开报道的性侵儿童案件 503 起，2015 年媒体公开报道的性侵儿童案件 340 起，2016 年媒体公开报道的性侵儿童案件 433 起，2017 年媒体公开报道的性侵儿童案件 378 起，2018 年媒体公开报道的性侵儿童案件 317 起。

❸ Sex Offender Risk Assessment. Institute of Public Policy University of Missouri — Columbia. http：//www.mosac.mo.gov/file.jsp？id=45355.

❹ Sex Offender Risk Assessment.Institute of Public Policy University of Missouri — Columbia. http：//www.mosac.mo.gov/file.jsp？id=45355.

❺ Mann，N. Aging Child Sex Offenders in Prison：Denial，Manipulation and Community. The Howard Journal of Criminal Justice，2012，5（1）.

2. 对侵犯未成年人性权利犯罪宣告缓刑进行严格限制

在司法实践中，侵害未成年人性权利犯罪的被告人被判处拘役、3 年以下有期徒刑，宣告缓刑的案件，具有以下几种情形。一是未成年人作案且自愿认罪，赔偿经济损失，取得被害人及其家属谅解的情形。在隋某某强奸案中，隋某某在自己的家中，在明知被害人宋某仅 13 周岁的情况下，而与其发生性关系。法院审理认为被告人与幼女发生性关系，其行为已构成强奸罪，依法应从重处罚。鉴于被告人犯罪时系已满 14 周岁未满 18 周岁的未成年人，且自愿认罪，主动赔偿被害人经济损失，取得了被害人及其家属的谅解，故依法减轻处罚，且被告人符合判处缓刑的条件，依法判处被告人隋某某有期徒刑 2 年，缓刑 2 年。❶ 二是未成年人作案且具有自首情节，主动认错的案件。在陈某强奸案中，陈某采用强按手段，与未成年女性强行发生性关系。案发后，陈某主动投案，具有自首情节，且多次向被害方表达歉意，系初次犯罪，人身危险性不大，被依法判处有期徒刑 2 年，缓刑 3 年。❷ 三是双方在恋爱关系的过程中，自愿发生性关系，且取得被害人家属谅解的案件。徐某强奸案中，犯罪人与被害人通过微信认识并发展成恋爱关系，恋爱期间明知被害人仅为 13 周岁的幼女，仍然与其发生性关系。案发后被害人及其亲属对被告人表示谅解，请求从轻处罚。鉴于被告人的犯罪情节和悔罪表现，对其适用缓刑对所居住的社区没有重大不良影响，最后判处被告人有期徒刑 3 年，缓刑 3 年。❸ 四是年满 75 周岁的老年人实施性侵害犯罪，且符合缓刑条件的一般也宣告缓刑。在郭某某强奸案中，年满 80 岁的郭某某多次以 2 元至 5 元不等的零花钱引诱隆昌县某小学 2 名分别为 7 岁和 9 岁的幼女，对其实施奸淫，依法应从重处罚，鉴于被告人年满 80 周岁，且自愿认罪，依法可以从轻处罚，最后郭某某被判处有期徒刑 3 年，缓刑 3 年。❹ 不仅性侵害未成年人犯罪适用缓刑率低，即使被告人被判处缓刑，不用在监狱服刑，实行社区矫正的费用也很高。在上海，年均社区矫正的支出费用为 3000 万元，按照年均接受社区矫正的服刑人员 5000 人计算，每名社区矫正的服刑人员的投入也在 6000

---

❶ 案件字号：（2014）安刑初字第 92 号，审理法院：吉林省安图县人民法院，审结日期：2014 年 7 月 10 日。

❷ 案件字号：（2014）东少刑初字第 0005 号，审理法院：江苏省东台市人民法院，审结日期：2014 年 7 月 18 日。

❸ 案件字号：（2015）云刑初字第 305 号，审理法院：江苏省云龙区人民法院，审结日期：2015 年 9 月 17 日。

❹ 案件字号：（2015）隆昌刑初字第 2 号，审理法院：四川省隆昌县人民法院，审结日期：2014 年 12 月 30 日。

元。[1] 因此，侵害未成年人性权利犯罪的被告人绝大多数都被判处较长刑期的有期徒刑、无期徒刑，这无疑耗费更多的监狱资源，增加国家对犯罪矫治的人力和经济投入。

---

[1]　王平：《社区矫正制度研究》，北京：中国政法大学出版社，2014 年，第 154 页。

第三章　侵犯未成年人性权利犯罪的原因

　　早期的犯罪学家无一例外地对犯罪行为为什么会产生、犯罪的根源何在等问题进行了阐述。龙勃罗梭在人类学和心理学研究的基础上，认为犯罪行为是一种由实施者的体格和心理特征所决定的自然现象。菲利则提出了"三元论"，认为人类行为，无论是实诚的还是不实诚的，是社会性的还是反社会性的，都是一个人的自然心理机制和生理状况及其周围环境相互作用的结果。有学者指出，对犯罪原因的考察，不能仅仅着眼于行为人犯罪动机的产生与环境的互动作用，将规定和认定犯罪的立法和司法活动排除在犯罪原因的范畴之外，是不可能科学地说明犯罪行为产生的客观过程的。只有明确立法对犯罪的规定和理解犯罪的全过程，才能探索预防犯罪的对策，提供应用性的理论支持。犯罪生成理论作为专门分析犯罪行为形成的动态过程的工具而提出，从事实和规范相结合的层面认为犯罪并不是一种单纯的由某人实施的危害社会的行为，而是以此为事实基础，结合其他主观和客观因素的综合作用，才成为具有现实犯罪性的特殊行为类别。对于犯罪行为的发生而言，具有特定身心结构的人，在特定情境中针对某一对象实施了危害行为，该行为由刑法最终评价而使作案人最终获得"犯罪人"的标定，即犯罪行为的产生是基于犯罪人人格、罪前情境和社会反应三者共同作用的结果。❶ 这些论述无不揭示、阐述犯罪人实施犯罪的原因。在侵犯未成年人性权利犯罪中，不仅要分析法律方面的原因、犯罪人方面的原因，还要分析被害人方面的原因、社会的原因，以构建多维度的预防未成年人遭受性侵害的综合防治体系。

第一节　法律方面的原因

　　人是社会的动物，需要秩序来规范人类社会生活的基本样式和基本逻辑，法将国家强制力严格限制在对人的存在和发展有必要性的领域内，即为自身的合法性而作出的自我约束，为社会生活建立秩序。法以社会行为的导向和

---

❶　张远煌：《犯罪学原理》，北京：法律出版社，2008年，第326–327页。

正义的标准建立秩序，前者指法通过其规范性设立的行为模式，协调社会成员的社会行为，从而将人的行为导向法的精神所追求的秩序；后者指作为社会成员的各法律人格之间发生冲突时，法以正义标准的名义，按照法的逻辑和程序，确定冲突双方或者各方的是非曲直，从而使冲突在特定的秩序范围内解决。人的行为需要法律的规制，使其在秩序范围内发展。人的权利不仅需要法律的确认，当遭遇不法犯罪行为侵害时也需要法律的保护。随着社会的发展、情势的变化和法治的现代化、国际化水平的提高，法的人权保障功能逐渐凸显。一国的立法应顺应国际立法趋势，更新法治理念。法不仅要惩治违法和犯罪，更应强化法对公民人权的保护价值，发挥法的预防违法和犯罪的功能。侵犯未成年人性权利犯罪问题是全球性的社会问题，各国都纷纷立法规制性侵害未成年犯罪行为，将性作为人身权利或者性权利来进行保护。现如今，各国不仅在刑事立法上注重对性侵害未成年人犯罪的惩处，更致力于预防侵犯未成年人性权利犯罪的立法。我国强化对未成年人权利的法律保护，保护未成年人的有关性犯罪立法日趋完善，但仍不能实现最大化保护未成年人免受性侵害的迫切需要。

一、现行刑法对未成年人性权利保护的不足

刑法规制的是具有严重社会危害性、刑事违法性和应受刑罚处罚的行为，具有行为规制的机能、秩序维持的机能和自由保障的机能。其中，刑法的秩序维持机能表现为法益保护和预防功能。法益就是法所保护的利益，保护的是那些虽然在其他的法领域也用种种形式进行着保护，但是以刑罚的手段保护得更彻底的利益。所以，保护的法益为只有在通过其他的法律不能进行充分的保护时，才应认可为刑法中的法益保护。预防机能包括使社会的一般人远离犯罪的机能和对特定的犯人发生的使其将来不犯同样的罪的机能。刑法在发挥其规制和秩序维持功能时，为防止国家公权对公民权利的侵害，则应确立刑法的边界，即刑法必须通过明确表示一定的行为是犯罪，对其科以一定的刑罚，来限制国家性刑罚权的发动，保障善良国民自由的同时保障犯人自身的自由。❶ 侵犯未成年人性权利犯罪之强奸和猥亵型犯罪，在我国刑法中是作为人身权利犯罪来进行规制的。《儿童权利公约》、《任择议定书》、欧洲委员会的《儿童保护——防治儿童性剥削和性侵害公约》都将我国刑法中规定在妨害社会管理秩序罪中的卖淫型犯罪和淫秽物品犯罪作为对儿童性剥削

---

❶　［日］大塚仁：《刑法概说》（总论），冯军译，北京：中国人民大学出版社，2009 年，第 25–26 页。

和性侵害犯罪进行规定，属于侵害儿童权利的犯罪。我国刑法除了对性侵害、性剥削的犯罪性质规定不足外，性犯罪中对未成年人还存在性别区别保护、不同年龄未成年人未进行区别特殊保护、特殊职责人员性侵害未成年人未进行刑法特别规制、精神障碍未成年人未进行特别保护、网络性侵害未成年人未进行特别规制等规定的不足。

（一）刑法还未完全将性作为人身权利来进行保护

性作为权利进行法律保护是一个逐渐发展的过程。性侵犯罪的立法就是从保护父亲和丈夫的财产到保护人的性权利的演变过程。在历史上，法律并不认可女性具有独立的人格地位，女性在出嫁前是父亲的私有财产，出嫁后是丈夫的财产。对女性的性侵害，就是对他人财产权的侵犯。法律对性侵犯的惩处只是为了保护对女性具有支配权的男性的财产利益。❶性侵犯罪中，强奸罪是古老的犯罪，在不同的历史时期、不同的国家，人们对强奸罪客体的认识经历了一个发展变化的过程。世界上很多国家对强奸罪的立法经历了从"侵害财产犯罪"到"侵害社会法益罪"，再到"侵害个人性自由权利罪"的过程。❷人们对强奸侵害的犯罪客体的不同认识，也决定了对性侵犯罪的惩罚方式的不同。古希腊、古巴比伦等国认为强奸是对被强奸妇女的父亲或者丈夫财产的侵犯，妇女遭遇强奸损害的是妇女在婚姻市场上的交易价格，对强奸罪的惩罚手段主要是罚金。在近代，域外不少国家将强奸视为侵犯社会法益的犯罪，将强奸罪作为"妨害社会风化罪"进行规定。1810年《法国刑法典》将强奸罪规定在"妨害风化罪"一章。1871年《德国刑法典》也将强奸罪作为"妨害风化的重罪及轻罪"进行规定。随着人们对性侵犯罪客体认识的变化，各国纷纷把性侵犯罪作为单独的性犯罪、侵犯人身权利犯罪和对性自由权利的侵犯进行规定。1974年《日本改正刑法草案》将强奸罪以"奸淫之罪"一章进行单独规定，体现了强奸罪是对妇女性权利的侵犯。1994年《法国刑法典》将原来规定在"妨害风化罪"一章中的强奸罪，规定在"侵犯人之身体及精神之罪"一章中，强化强奸罪是对人身权利的侵犯。1999年《德国刑法典》将性侵犯罪作为"针对性的自我决定的犯罪行为"一章进行规定。

现如今，除强奸罪、猥亵罪外，不少国家，尤其是《儿童权利公约》、欧洲委员会《儿童保护——防止儿童性剥削和性侵害公约》的缔约国，都将卖淫型犯罪、色情制品型犯罪规定在侵犯公民人身权利犯罪的章节之中，抑或

❶ 罗翔：《刑法中的同意制度——以性侵犯罪为切入》，北京：法律出版社，2012年，第6页。
❷ 谢慧：《侵犯公民人身权利犯罪热点、难点、疑点问题解析》，银川：宁夏人民出版社，2012年，第128页。

作为侵犯性自由犯罪的单独一章进行规定。将有关未成年人卖淫的犯罪作为性犯罪、妨害性自由、自决罪进行规定的，主要有德国、西班牙等国。《德国刑法典》将有关未成年人的卖淫犯罪在第十三章"妨害性自决罪"中进行规定，涉及的罪名有第 184 条散发淫秽文书、第 184 条 b 危害青少年的卖淫。❶《西班牙刑法典》将有关未成年人的卖淫犯罪规定在第八编"侵犯性自由及贞操罪"之第五章"诱使少女卖淫罪"的第 187 条、第 188 条的相关规定之中。❷还有将与未成年人有关的卖淫犯罪作为侵犯人身权利类犯罪进行规定的。《法国新刑法典》有关未成年人的卖淫犯罪是作为第二卷"侵犯人身之重罪和轻罪"的第五章"侵犯人之尊严罪"的第二节"淫媒牟利罪及类似罪"和第二节（B）"利用未成年人卖淫罪"中的，第二节中涉及未成年人卖淫犯罪的相关规定有第 225-7 条犯淫媒牟利罪和第 225-7-1 条针对 15 岁以下未成年人实施淫媒牟利罪；第二节（B）"利用未成年人卖淫罪"中涉及的条款有第 225-12-1 条、第 225-12-2 条、第 225-12-3 条、第 225-12-4 条。❸《新加坡刑法典》将与未成年人有关的卖淫犯罪规定在第十六章"侵犯人身的犯罪之绑架、劫持、奴役和强迫劳动"之中。第 372 条规定了出卖未成年人卖淫等，第 373 条规定了购买未成年人卖淫罪。❹将色情制品犯罪作为性自由、性自决犯罪的性犯罪在相关章节中进行规定的，主要有德国、瑞士等国。《德国刑法典》将有关未成年人色情制品罪规定在第十三章"妨害性自决罪"中，涉及的罪名有第 184 条散发淫秽文书。❺《瑞士联邦刑法典》将有关未成年人的色情制品犯罪规定在第五章"针对性纯洁的应受刑罚处罚的行为之色情书刊"的第 197 条色情书刊的相关规定之中。❻还有将色情制品犯罪以侵害人身权利犯罪进行规定的。《法国新刑法典》有关未成年人的色情制品犯罪规定在第二卷"侵犯人身之重罪和轻罪"的第七章第五节"置未成年人于危险罪"中，涉及第 227-22 条、第 227-23 条的相关规定。❼

　　然而，我国除了将强奸和猥亵未成年人的性犯罪规定在"侵犯公民人身权利、民主权利犯罪"一章中进行保护外，与未成年人有关的卖淫和色情制品犯罪仍规定在"妨害社会管理秩序罪"一章中。因此，在我国，与性有关的犯罪的刑法规制还没有从本质上作为人身权利或者性权利进行规制。从观

❶《德国刑法典》，许久生、庄敬华译，北京：中国方正出版社，2004 年，第 99 页。
❷《西班牙刑法典》，潘灯译，北京：中国检察出版社，2015 年，第 98-103 页。
❸《法国新刑法典》，罗结珍译，北京：中国法制出版社，2003 年，第 83-85 页。
❹《新加坡刑法典》，刘涛、柯良栋译，北京：北京大学出版社，2006 年，第 83-84 页。
❺《德国刑法典》，徐久生、庄敬华译，北京：中国方正出版社，2004 年，第 98 页。
❻《瑞士联邦刑法典》，徐久生、庄敬华译，北京：中国方正出版社，2004 年，第 66 页。
❼《法国新刑法典》，罗结珍译，北京：中国法制出版社，2003 年，第 83-85 页。

念上、法律上将性权利与人身权利之生命权、健康权、人格权等权利一样进行保护，才能从根本上改变人们传统的"谈性色变"的观念，从而提高人们与性犯罪，尤其是性侵害未成年人犯罪作斗争的积极性，勇于揭发性侵害未成年人犯罪，让犯罪分子无处可逃。

（二）未将男女未成年人的性权利进行平等保护

随着人权理念的不断深入和性认识的不断变化，与性有关的犯罪不再是侵犯他人财产或者是社会利益的犯罪，而是对人人享有的属于人权的性权利的侵害。侵犯未成年人性权利的犯罪，在本质上就是对未成年人性权利的侵害，在对未成年人性权利的保护上不应有性别差异。

1. 在侵犯型性犯罪之强奸犯罪中，对男女两性未成年人未进行平等保护

在强奸犯罪中，保护的只是女性被害人，对男性被害人未进行保护。自1979年《刑法》把强奸罪作为侵犯妇女人身权利的犯罪加以规定，学界对强奸罪的犯罪客体的论述也经历了不断变化发展的过程，尽管观点表述各异，但都认为强奸是对妇女有关权利的侵害。例如，有学者认为强奸罪的客体是妇女的身心健康、人格和名誉。有学者认为强奸罪的客体是妇女的性的不可侵犯的权利，即妇女拒绝与其合法配偶以外的任何男性发生性行为的权利。还有学者认为强奸罪的客体是女性的性自由权利和身心健康权利。更有学者认为强奸罪侵犯的是复杂客体，既侵犯女性的性权利，也侵犯女性的身心健康、人格和名誉。[1] 这几种观点对强奸罪侵害的客体从不同的角度进行了论述，但一致的观点都认为强奸罪的犯罪对象是女性，没有包括男性。我国强奸罪的成立只是男性对女性实施的单向的强奸行为，而非包括女性对男性实施的强奸意义上的行为。如果实施强奸罪的主体是女性，被害人是男性，即女性违背男性意志，强行将已满14周岁男性的阴茎插入了自己的性器官，或是将未满14周岁男性的阴茎与自己的性器官相接触，如果不考虑犯罪主体的女性特征，其对被害男性未成年人实施的性侵行为，与男性对女性未成年人实施的性侵害危害后果是相当的。在"男性阳具中心说"基础之上的男性阴茎插入女性阴道乃强奸之性交的传统观点下，甚至男性未成年人遭受性侵害比女性未成年人遭受性侵害在精神上受到的危害更严重。即便如此，根据我国刑法的规定，女性针对男性实施的强奸意义上的犯罪不能认定为强奸，在一定程度了导致大量的男性未成年人被性侵害的案件被隐藏，导致男性未成年人的性权利得不到刑法的有力保护。

---

[1] 谢慧：《侵犯公民人身权利犯罪热点、难点、疑点问题解析》，银川：宁夏人民出版社，2012年，第130–131页。

2. 在卖淫型犯罪中男性未成年人的性权利未得到平等保护

卖淫指接受或约定接受报酬，而与不特定的对方进行性交或者其他的淫乱行为。传统的观点认为卖淫类犯罪的对象只能是女性，实际上，男性卖淫的现象也存在，同样具有严重的社会危害性。世界上不少国家和地区都将针对男性的卖淫行为予以犯罪化，并且在有关惩治卖淫的国际公约中也予以认可。在联合国大会签署的《禁止贩卖人口及取缔意图营利使人卖淫的公约》中所称的"他人"就不仅特指女性，也包括男性在内。卖淫也不仅指传统的男女两性的性交行为，也包括性交之外的淫乱行为。在我国与未成年人有关的卖淫犯罪中，经过《刑法修正案（九）》的修改仍然存在对男女未成年人进行区别保护的情形。《刑法修正案（九）》在组织、强迫、引诱他人卖淫犯罪中，取消了男女未成年人进行区别保护的加重处罚情节之强迫不满 14 周岁的幼女卖淫和强奸后迫使卖淫的情节，代之以情节严重的兜底性条款规定了加重处罚的情形，以组织、强迫未成年人卖淫的，依照前款规定加重处罚，将所有的未成年人无性别区别地纳入平等保护。同时，删除了饱受争议的嫖宿幼女罪，但仍然保留了引诱幼女卖淫罪，而未将"引诱幼女"修改为"引诱未成年人"，以保持卖淫类犯罪对未成年人保护的协调一致性。

引诱卖淫一般是指以金钱、财物等物质或者精神利益为诱饵，勾引、诱惑没有卖淫习性的他人从事卖淫活动的行为。引诱卖淫罪的引诱对象不仅包括幼女，也应包括幼男。卖淫行为在卖淫犯罪中，也不仅仅是性交行为。由于性不能作为商品进行交易，且未成年人不具备性的自主能力，无论是组织未成年人卖淫行为，还是强迫未成年人卖淫行为，抑或是引诱未成年人卖淫行为，都只是行为人在客观方面的犯罪手段不同而已，其受害人都是未成年人，在本质上都是利用未成年人卖淫。从被害人角度来说，未成年人的性权利都受到了侵害。无论是未满 14 周岁的幼童还是已满 14 周岁的未成年人，在卖淫犯罪中都不能实际享有性自由权和性自治权，刑法将组织、强迫、引诱、容留、介绍卖淫规定为犯罪，保护的应是未成年人拥有的性完整权与性身体安全权，以及性的生理和心理健康权。在我国，法律上只有男女两性基于合法婚姻的性行为才是正当的、合法的、受法律保护的，其他一切形式的性行为都不受法律保护。尽管如此，随着性解放和性人权意识的不断发展、演变，无论是我国还是域外的性犯罪立法，对基于两性合意的未妨害他人合法性权利的非商业性的性行为在法律上均持宽容态度。❶基于最低化容忍性侵害未成年人，最大化保护未成年人性权利的理念，对于未成年人而言，无

---

❶ Sex Crimes. Gonzaga Law Review, 1977, 12（3）.

论行为人是以金钱、物质为对价与未成年人发生性关系，还是以暴力、胁迫和其他手段逼迫未成年人从事卖淫性行为，都明确了从严惩处的原则。因此，利用未成年人卖淫犯罪中，无论行为人采用什么手段使未成年人卖淫，都不应有性别区别保护。虽然引诱幼女卖淫犯罪单独成罪，弱化卖淫行为中的金钱、物质因素，打击针对幼女实施的引诱卖淫行为，最大化保护幼女免受不法性侵害。但实践中，犯罪者绝非只是引诱幼女进行卖淫，也有利用男童实施卖淫的情形，如果仅仅突出对女童的保护，反而违背我国缔结的《儿童权利公约》中对儿童进行性剥削之儿童卖淫的有关规定。

（三）未将不同年龄未成年人的性权利纳入刑法特殊保护

我国性犯罪立法将未成年人一分为二进行保护，对14周岁以下的未成年人的性权利进行特殊保护，对14周岁以上的未成年人的性权利以普通性侵犯罪进行保护。在强奸罪中，对14周岁以下的幼女实行严格保护，无论行为人是否使用暴力，被害幼女是否同意，只要与未满14周岁的幼女发生两性行为，就以强奸罪论处。同时，在既遂标准上，采用"接触说"，只要行为人的性器官接触到幼女的性器官就构成既遂，并不以男性阴茎插入女性阴道为既遂的标准。已满14周岁的未成年女性则纳入普通强奸罪进行保护。在客观方面，行为人必须使用暴力、胁迫或者其他手段，违背未成年女性的自由意志，强行发生性关系的才构成犯罪。在既遂标准上，采用"插入说"，只有男性阴茎插入已满14周岁未成年被害人的阴道的，才构成既遂；未插入的，以未遂论处。在猥亵犯罪中，对未满14周岁的儿童进行特殊保护，猥亵儿童的犯罪行为单独成罪，猥亵行为是暴力还是非暴力手段实施，在所不问。已满14周岁的未成年人，在《刑法修正案（九）》实施以前，只保护已满14周岁的女性未成年人，男性未成年人未进行保护。《刑法修正案（九）》实施以后，将已满14周岁的未成年人纳入强制猥亵、侮辱罪中进行保护，在客观上行为人必须使用暴力、胁迫或者其他手段实施，才构成犯罪。在卖淫型犯罪中，也只有14周岁以下的幼女和未成年人之分。《刑法修正案（九）》取消了原组织卖淫罪和强迫卖淫罪中加重处罚的五种情节的列举性规定，以"情节严重"的规定代替，废除了该罪的死刑。在该罪的第2款规定："组织、强迫未成年人卖淫的，依照前款的规定从重处罚。"从而强化了对未成年人的保护。然而，却保留了引诱幼女卖淫罪，男童被排除在保护范围之外。对于引诱已满14周岁的未成年人卖淫的行为，没有进行特别规制。根据有关的司法解释，引诱已满14周岁未满18周岁未成年人卖淫的，应立案追诉。《性侵意见》中也规定引诱未成年人卖淫构成犯罪的，应从重处罚；在淫秽物品犯罪中，只有传播淫秽物品罪明确了对未成年人的保护，如果行为人淫秽物品的传播对象是未成年人，应从重处罚。

总之，我国有关未成年人的性犯罪立法，"幼女""儿童""未成年人"的表述呈现错乱、前后矛盾的情况。在总体上注重对未满14周岁的幼童进行特殊保护，而对14周岁以上的未成年人，要么不进行任何的特殊保护，纳入普通的强奸罪和猥亵型犯罪中进行保护，要么笼统地规定对未成年人进行保护。在与未成年人有关的卖淫型犯罪中，组织、强迫卖淫罪，保护的对象是未成年人；但在引诱卖淫中，则将引诱幼女卖淫的犯罪行为单独成罪。

（四）特定关系人性侵害未成年人未进行刑法特别规制

实践中，对未成年人负有教育、监护、培训等特殊职责人员对未成年人实施的性侵害，往往具有隐蔽性强、受害人数多，同一受害人多次受害、受害时间长等特点。"女童保护"公益组织2014年以来连续4年的性侵儿童案件统计数据显示，熟人性侵儿童案件均占七成以上。其中，熟人性侵中教师性侵儿童的案件所占比重最大。无论是该类犯罪人对未成年人性侵害的社会危害性还是其人身危险性，明显都大于非特定关系人对未成年人实施的性侵害犯罪。目前，我国性犯罪立法未将特定关系人性侵害未成年人纳入专门规制，仅《性侵意见》第21条、第25条、第26条规定了特定关系人对未成年人实施的强奸、猥亵犯罪以及组织、强迫、引诱、容留、介绍未成年人卖淫等犯罪的依法从重从严惩处。然而，由于法律没有对之进行明确规定，所谓的从重、从严惩处只是酌定处罚情节而已。域外不少国家都对我国《性侵意见》规定的特殊职责人员意义上的特定关系人对未成年人实施的性侵害进行了特别规制。特定关系人性侵害未成年人刑法规制的立法模式，主要体现为单独成罪、作为相关侵害未成年人性权利犯罪的加重处罚情节和以侵害未成年人或儿童性犯罪的独立一款进行规定三种立法模式。特定关系人的刑法规制范围包括对未成年人具有教育、培训、监护、看管职责及双方具有从属关系的人，未成年人的尊亲属及具有一定亲等数的血亲或姻亲关系的亲属，对未成年人具有监管义务的国家机构工作人员等。在对不同年龄未成年人的保护方面，总体上对未满18周岁的人都进行保护，对不同年龄未成年人进行区别保护。不同国家对不同年龄未成年人的具体保护方式不一致，主要有特定关系人实施的性犯罪所保护的未成年人的年龄范围高于性同意年龄，特定关系人性侵害未成年人犯罪的保护对象与性同意年龄的规定保持一致和特定关系人性侵害对象没有年龄限制三种类型的规定；对特定关系人实施的性侵害未成年人犯罪的刑罚处罚总体上体现的是加重处罚的理念，主要处罚规定有特定关系人针对未成年人实施的犯罪独立规定刑罚的种类及幅度，与侵害性同意年龄未成年人性犯罪处以同样轻重的刑罚，比照一般性犯罪的刑罚幅度按一定的比例加重处罚几种情况。域外国家针对特定关系人性侵害未成年人犯罪的刑法规制，体现了最低容忍特定关系人性侵害未成年人，最大化保护未成年人免受任何形式的性侵害、性剥削的立法理念，彰显了刑法的惩罚性和预防性功能。

（五）精神障碍未成年人性权利未进行特别保护

身心正处于发育过程的未成年人是一个需要社会保护的特殊群体，尤其需要立法、司法上的特殊保护。对未成年人采取特殊的立法、司法保护是世界趋势。1899年美国伊利诺伊州颁布的《少年法庭法》是世界上最早的一部有关未成年人的专门刑事法规。20世纪初，英国、德国相继建立了少年院，制定了少年法规。法国、意大利、比利时等其他欧洲国家也纷纷出台了少年法。在亚洲，印度于1995年设立了少年法庭，日本从1923年开始，陆续颁布了一系列专门的青少年法规。目前，世界上大多数国家都有了自己的青少年法规。❶我国从社会保障上、实体上、程序上对未成年人进行保护的法律、司法解释和司法文件较为完善。专门对未成年人进行保护的法律有《未成年人保护法》《预防未成年人犯罪法》《义务教育法》等，这也说明未成年人的权利需要社会和法律的特别保护。

精神障碍未成年人作为精神、智力残疾人❷，是处于弱势地位的未成年人中的弱势群体，更需要社会和法律的特殊保护，尤其是当残疾未成年人的人身权利或者特定的权利遭受犯罪侵害时，更需要法律的特殊保护。我国《刑法》总则针对未成年人犯罪主体，不仅在刑事责任的承担上进行了一般性的从轻、减轻处罚的原则性规定，《刑法》第18条和第19条还对精神和生理上有缺陷的行为人的刑事责任问题进行了一般性的规定。第18条将精神病人按照完全无刑事责任能力人、限制刑事责任能力人和完全刑事责任能力人区分规定其刑事责任。第19条规定又聋又哑的人或者盲人犯罪，可以从轻、减轻或者免除处罚。相应地，有关的司法解释对有生理性缺陷的未成年人实施的危害社会的行为认定也进行了特殊规定。根据有关司法解释规定，达到刑事责任能力年龄的又聋又哑的或者是盲人的未成年人实施的盗窃行为，在认定是否构成犯罪时，更注重考量未成年人的犯罪情节和主观恶性，其次才考虑盗窃金额是否达到"数额较大"的标准。如果未成年人实施的盗窃犯罪情节较轻，盗窃次数未超过3次，且主观恶性不大，能够如实供述犯罪事实，且能够积极退赃的，即使达到了盗窃犯罪的"数额较大"的标准，也不认定为

---

❶　张蓉：《未成年人犯罪刑事政策研究》，北京：中国人民公安大学出版社，2011年，第2页。

❷　《中华人民共和国残疾人保障法》第2条规定，残疾人是指在心理、生理、人体结构上，某种组织、功能丧失或者不正常，全部或者部分丧失以正常方式从事某种活动能力的人。残疾人包括视力残疾、听力残疾、言语残疾、肢体残疾、智力残疾、精神残疾、多重残疾和其他残疾的人。

犯罪。❶ 同时，如果犯罪嫌疑人是未成年人，且是又聋又哑或者是盲人的，如果犯罪情节轻微，依照《刑法》规定不需要判处刑罚或者可以免除刑罚的，一般应该作出不起诉的决定。❷ 这些规定都是针对有精神障碍或生理缺陷的未成年行为人的。对于有精神病、智力障碍、痴呆或者身体缺陷的未成年被害人的保护，无论是总则还是分则都没有相关的规定。

在性侵犯罪中，在理论界，当行为人与智力障碍女性或者精神病人发生性关系时，是否构成强奸罪？通说的观点认为构成强奸罪，有学者认为行为人与精神病患者或者智力障碍的女性发生性交行为的，无论行为人采用何种手段，也不论被害人是否同意，均构成强奸罪。❸ 如果行为人明知被害人患精神病且是无性同意能力的妇女，无论行为人是否使用了强制手段，也不论被害人是否同意，只要与该妇女发生性关系的，均应以强奸罪论。❹《性侵意见》第 25 条明确了行为人针对严重残疾或者精神智力发育迟滞的未成年人实施强奸、猥亵犯罪的，从重从严处罚。在司法实践中，行为人往往采用强制手段或者利用零花钱、零食、言语诱骗等非强制手段与患有不同程度的精神分裂症、精神发育迟滞、智力障碍的未成年人发生性行为。不少性侵害未成年人犯罪中，行为人对被害人多次进行性侵害或者造成被害人怀孕的严重危害后果。

总之，精神智力残疾的精神病人因精神、智力缺陷，不具备完全的分辨和控制自己行为的能力，更容易遭受性侵害。当遭受性侵害时，由于缺乏反抗和自救的能力，更需要刑法的特殊保护。虽然《性侵意见》明确了针对严重残疾或者精神智力发育迟滞的未成年人实施的性犯罪应从重从严处罚，但因为我国刑法与未成年人有关的性犯罪规定未对未成年被害人进行明确的特殊保护，可能会出现同案不同罪或者不同罚的情况。这不仅对潜在的犯罪人不能起到应有的威慑作用，也不利于发挥刑法的特殊预防功能，更不能体现最大化保护精神智力障碍这一特殊未成年人群体的性权利。

（六）网络性侵害未成年人行为未进行规制

1.犯罪工具网络化，增加了未成年人遭受性侵害的风险

近年来，网络性侵害未成年人犯罪突出，主要以聊天软件接触被害人进而实施性侵害或者利用聊天软件直接实施性犯罪。网络性侵害未成年人案件

---

❶　2006 年 1 月 11 日最高人民法院《关于审理未成年人刑事案件具体应用法律若干问题的解释》第 9 条第 1 款的规定。

❷　2013 年 12 月 27 日最高人民检察院《人民检察院办理未成年人刑事案件的规定》第 26 条第 4 款的规定。

❸　齐文远：《刑法学》，北京：北京大学出版社，2011 年，第 436 页。

❹　谢慧：《侵犯公民人身权利犯罪热点、难点、疑点问题解析》，银川：宁夏人民出版社，2012 年，第 146 页。

呈现犯罪主体以成年人为主的特点，多人连续性侵同一被害人现象突出，宾馆、旅社系犯罪多发地点，被害人以在校中学生居多。行为人主要通过网络，胁迫未成年被害人进行视频"裸聊"，或者虚构身份，采取哄骗、引诱等手段，借助网络通信手段，以诱使女童暴露身体隐私部位或者做出淫秽动作等方式侵害未成年人的性权利。2018 年 11 月最高人民检察院发布第 11 批指导性案例，包括骆某通过 QQ 聊天猥亵女童，从重判刑 2 年一案。该指导案例进一步明确了通过网络通信工具，实施非直接身体接触的猥亵行为与实际接触儿童身体的猥亵行为具有相同的社会危害性，可认定构成猥亵儿童罪（既遂）。行为人还通过网络实施与未成年人有关的卖淫犯罪和色情制品犯罪。行为人主要通过网络 App、即时聊天工具、交友工具等添加被害人为好友，诱骗被害人见面，进而控制、逼迫被害人实施卖淫行为。行为人还通过创建虚拟社区，收集和分享、销售与未成年人有关的色情制品，引诱、逼迫未成年人进行网络淫秽表演等方式，危害未成年人的身心健康。[1] 为了打击网络性侵害未成年人犯罪，应严密法网，完善未成年人网络保护立法，对犯罪人形成足够的威慑力，严惩性侵害未成年人犯罪。

2. 刑法规制网络性侵害未成年人行为已成为世界各国的立法趋势

欧洲委员会制定的《儿童保护——防止儿童性剥削和性侵害公约》第 20 条规定各国应采取必要的立法或其他措施，以确保故意通过信息和通信技术有意识地上网观看儿童色情内容的行为犯罪化。域外有的国家的刑法对利用互联网实施的性侵害未成年人行为进行了规制。《西班牙刑法典》第 183 条规定，通过互联网、电话或其他信息技术与未满 13 岁的未成年人联系，旨在针对其实施本法典第 178 条性侵犯罪、第 183 条对 13 岁以下未成年人实施迷奸和骗奸犯罪及性侵犯、第 189 条与未成年人有关的淫秽物品犯罪所规定的行为，通过上述信息技术作出的提议构成了犯罪行为的实质性内容的，处以 1 年至 3 年徒刑或 12 个月至 24 个月罚金，该规定不影响该行为触犯其他规定而应承担的刑罚。通过强迫、威胁和欺骗手段实施上述行为的，在法定刑罚幅度内取较重半幅度处罚。该规定对以互联网为媒介联系未成年人实施的性犯罪行为进行了规制。

随着互联网的普及和发展，未成年人遭受网络性侵害的风险越来越高。在理论界，网络性侵害未成年人问题引起了极大的关注，学者们也开始专注于以网络为媒介接触未成年人，对未成年人实施性侵犯罪的特点和犯罪预防的研究，网络儿童色情制品的认定研究，以及通过网络实施的犯罪行为的罪

---

[1] 廖兴存:《网络儿童色情制品的认定与治理》,《成都行政学院学报》2018 年第 6 期。

与非罪的界限等问题的研究。最高人民法院也通过发布性侵害儿童犯罪指导性案例和典型案件，为司法实践中认定通过网络对未成年人实施的性侵害行为的罪与非罪、此罪与彼罪的界限提供了参考。但是，我国刑法还没有对网络性侵未成年人行为进行立法规制，在司法实践中可能会出现同案不同罪、同罪不同罚的情况。我国应与时俱进，将网络性侵未成年人行为纳入刑法规制，保障未成年人的性权利免受任何形式的犯罪侵害。

二、犯罪人视角的法律规制措施的不足

性侵害未成年人犯罪的预防是一个世界性的难题，采取何种措施预防具有性犯罪记录的犯罪人员再次实施犯罪，学界更是争论不休。世界各国除了在刑法惩处措施上加大处罚力度外，还针对性侵害未成年人犯罪人员实施一系列的预防措施，如性犯罪人员信息登记、公告制度，化学阉割制度，从业禁止制度，电子脚镣监控等。近年来，随着性侵害未成年人的恶性案件不断被曝光，我国重视并加强对性侵害未成年人犯罪的打击力度，强化性侵害未成年人犯罪的预防措施。《性侵意见》第 28 条明确强奸未成年人的成年犯罪分子限制适用缓刑，对宣告缓刑的犯罪分子，同时可以宣告禁止令。最高人民法院发布涉未成年人权益保护典型案例，强化对侵害未成年人合法权益犯罪行为的零容忍打击立场，其中就包括林某强制猥亵案。[1] 上海闵行区法院经过审理，判决罪犯林某自刑罚执行完毕之日起 3 年内禁止从事教育及相关工作。该案例也是全国首例性侵类宣告从业禁止案件，是全国法院的首创案例。该案对于推动涉性侵害人员的信息库建设，加强相关行业入职人员的审查管理，减少有性犯罪前科劣迹人的再犯机会，降低被害人被害风险具有积极的意义。目前，我国性侵害人员的信息库建设，性侵害未成年人犯罪人员信息公开制度等还处于探索、试点阶段。

（一）没有全面建立性侵害未成年人犯罪信息登记制度

1. 我国性侵害未成年人犯罪人员信息登记制度的现状

性侵害未成年人信息登记制度的目的，主要是预防性犯罪分子再次实施犯罪，对性犯罪分子进行适时的社会监督和网络监控。2012 年 5 月 10 日，最

---

❶ 林某强制猥亵案：2016 年 7 月 13 日 9 时 30 分许，被告人林某在其住处给被害人王某某（女，事发时年满 15 岁）补课后，强行抱住王某某并不顾其反抗，对其实施猥亵。案发后，王某某向母亲黄某某反映该事，黄某某与被害人林某交涉未果后，于 7 月 28 日报警。8 月 2 日，被告人林某被公安机关抓获归案。法院审理认为，被告人林某为满足性刺激而猥亵未满 18 周岁未成年人，其行为已构成强制猥亵罪。被告人林某违背教师职业要求和道德，利用补课便利对未成年学生实施猥亵，可对其处以从业禁止。依照《中华人民共和国刑法》相关条款规定，作出判决：（1）被告人林某犯强制猥亵罪，判处有期徒刑 2 年 6 个月；（2）被告人林某自刑罚执行完毕之日起 3 年内禁止从事教育及相关工作。

高人民法院、最高人民检察院、公安部、国家安全部、司法部印发《关于建立犯罪人员犯罪记录制度的意见》的通知，规定了犯罪人员犯罪记录制度的主要内容，包括建立犯罪人员信息库、建立犯罪人员信息通报机制、规范犯罪人员信息查询机制、建立未成年人犯罪记录封存制度、明确违反规定处理犯罪人员信息的责任等制度性框架，但是，对于各项制度的具体措施和内容却仍然是空白的。❶ 我国目前尚未建立全国统一的覆盖所有性犯罪人的专门的性犯罪人信息数据库，即使是普通的犯罪记录制度也仅仅处于起步阶段。有学者认为我国应建立和完善由公安机关具体负责的全国统一的性犯罪人信息登记制度，并对司法系统各自的数据库进行有效的整合以实现真正信息共享。同时，应明确规定具有恋童癖、性欲倒错等严重性犯罪人及多次实施性侵害的前科人员在刑满释放后必须进行信息登记，并建立未按时进行信息登记的惩罚机制。为了避免性犯罪者信息泄露或者滥用，保护犯罪人的人权，应建立责任倒查和追责机制。❷ 该观点明确了分级信息登记机制，即对具有恋童癖、性欲倒错等严重心理障碍的性犯罪人及多次实施性侵害的前科人员进行强制登记，非具有恋童癖、性欲倒错等严重心理障碍的性犯罪人及多次实施性侵害的前科人员进行非强制登记。为了保障犯罪人的人权和隐私，规定了泄露或者滥用性犯罪人信息的惩罚机制。

2019 年 2 月 12 日，最高人民检察院公布的《2018—2022 年检察改革工作规划》第 15 条明确规定："推行未成年被害人'一站式'询问、救助机制，建立健全性侵害未成年人违法犯罪信息库和入职查询制度。"该规定将把 5 年来有强奸猥亵儿童、组织卖淫、强迫卖淫等罪行的犯罪人员，录入信息库。同时要求接触未成年人的一些行业在人员招聘上严格比对黑名单信息库，禁止性侵害未成年人犯罪人从事与未成年人密切接触的工作。目前，我国一些地方已经开始建立性侵害未成年人犯罪人信息数据库。2019 年浙江宁波鄞州区人民检察院联合 9 家单位出台了《性侵害违法犯罪人员信息查询工作制度》，率先建立覆盖全国的性侵害违法犯罪人员基本信息数据库。依据性侵害违法犯罪人员基本信息库，将在辖区内推动建立入职信息查询机制。截至 2019 年 7 月，这个信息库已经收集全国范围内的该类人员基本信息 30 万余条。该信息库不但收集被刑事处罚的严重性侵犯人员信息，而且将涉嫌性侵的行政违法人员信息一并收录。由于该信息库主要用于入职查询的考虑，

---

❶ 刘军：《性犯罪记录制度的体系性构建——兼论危险评估与危险治理》，北京：知识产权出版社，2016 年，第 6 页。

❷ 王金鑫：《域外性犯罪人信息登记和公告制度的本土化思考》，《河南警察学院学报》2015 年第 1 期。

收录入库范围为年龄在 18—60 周岁的具有从业资格的人员。[1] 该信息库将所有性侵犯罪人员和行政违法人员全部纳入信息登记范围，对于最大化预防性侵犯罪人利用职业、职务便利性侵害未成年人具有重要的意义。但是，该信息库收录年龄为 18—60 周岁的具有从业资格的人员，具有一定的局限性，不能最大化预防所有性犯罪人对未成年人实施性侵害。在性侵害未成年人犯罪中，年满 60 周岁的老人对未成年人实施的性侵害案件不少，在本书统计的性侵害未成年人案件中，能够明确统计性犯罪人年龄的 153 起案件中，年满 60 周岁的老人实施的案件 29 起，占 19%。因此，为了最大化保护未成年人的性权利，应将所有年龄的性犯罪人纳入性侵害违法犯罪人员基本信息数据库。

2. 西方国家性侵害未成年人犯罪人信息登记制度

西方国家犯罪人信息登记制度的理论与实践都已经非常成熟和完善。西方国家普遍建立了包括登记、公告、追踪与监视、查询、复权等一系列制度的专门的"性犯罪人犯罪记录制度"。通过构建统一的数据库，以性犯罪人"再犯危险性"为指标对登记在案的罪犯采取分级管理、定期报到、数据实时更新等措施，在一定时期内对性侵害人进行监控和跟踪，甚至对再犯危险性高的性犯罪人采取电子监控的措施，对预防性犯罪人再犯，形成持续的威慑，起到了良好的预防与防控犯罪的效果。美国和英国等国都建立了完备、科学的性犯罪人信息登记制度。

美国的《性犯罪人登记与公告制度》详细规定了性犯罪人信息登记制度，对性侵害犯罪人的分级管理、登记要求或义务、登记内容、登记期限、定期验明正身等几项内容进行了详细规定。美国将性犯罪人实行分级管理，划分为第一级性犯罪人、第二级性犯罪人、第三级性犯罪人。[2] 其中，第三级性犯罪人的罪行最重，再犯危险性最大。还依据所分类别在登记期限、核查身份的频率、信息披露的范围等方面进行区别对待。在登记要求和义务的规定上，要求每个司法管辖区都要设立涵盖本辖区的"性犯罪人登记处"。登记的义务

---

[1] 《一听要查"性侵害记录"，宁波一些培训机构老师主动离职！》，https://mbd.baidu.com/newspage/data/landingshare? pageType=1&isBdboxFrom=1&context=%7B" nid" %3A" news_8331181237503297447" %2C" sourceFrom" %3A" bjh" %7D，访问日期：2019 年 8 月 12 日。

[2] 根据《性犯罪人登记与公告制度》的规定，第一级性犯罪人，是指除第二、三级之外的被定罪的性犯罪人。第二级性犯罪人，是指应当判处 1 年以上有期徒刑、第三级性犯罪人之外的性犯罪人，而具有针对未成年人的性侵犯或性剥削行为（如针对未成年人的非法性交易、侵犯性的性接触行为，利用未成年人进行性表演，教唆未成年人卖淫、生产或者传播儿童色情物品等行为），或者曾经被列为第一级性犯罪人的。第三级性犯罪人，是指应当判处 1 年以上有期徒刑的性犯罪人，而具有严重的性侵犯行为（如强奸）、针对不满 13 周岁的未成年人的侵犯性的性接触行为，或者属于非父母或监护人而绑架未成年人，或者曾经被列为第二级性犯罪人的。转引自刘军：《性犯罪记录制度的体系性构建——兼论危险评估与危险治理》，北京：知识产权出版社，2016 年，第 186 页。

主体则是被划分为第一、二、三等级的性犯罪人，初次登记的时间为监禁刑执行完毕释放前，如果被执行的是非监禁刑则在判决后 3 个工作日内进行初次登记。要求其在居住、工作或者学习的每一个司法管辖区都进行登记，并且需要提供最新的登记信息，在重要信息发生变化后 3 个工作日必须到至少其中 1 个登记处进行变更登记，并及时通知其他登记处，违反登记规定者将受到处罚；❶ 登记内容需要性犯罪人提供包括姓名、社会保障号码、现住址和将来住址、雇主姓名及住址、学习所在学校及地址、驾驶的机动车车牌号及特征描述、司法部长所要求的任何其他资料。登记处需要保障性犯罪人的外貌特征、所犯罪行、犯罪历史记录、最近照片、指纹及掌纹、DNA 样本、有效驾驶执照或者身份证复印件以及司法部长所规定的任何其他资料等。不同级别的性犯罪人登记期限不同，第一级性犯罪人登记期限为 15 年，第二级性犯罪人登记期限为 25 年，第三级性犯罪人登记期限为终身登记。同时，还规定了减免登记的情形，第一级性犯罪人如果保持无犯罪记录达 10 年，可以减免登记 5 年；第三级性犯罪人如果是未成年人，且保持无犯罪记录达 25 年，可以免于登记。性犯罪登记人需要定期到登记处进行身份验证，第一级性犯罪人每年至少 1 次，第二级性犯罪人每半年至少 1 次，第三级性犯罪人每 3 个月至少 1 次。

英国 1997 年《性犯罪人法》是英国性犯罪记录制度的标志性立法，正式确立了性犯罪记录制度。该法规定了报告义务的主体、报告义务的期限、报告个人信息的内容和方式、不履行报告义务的刑事责任，还规定了禁止令。从该法的内容规定来看，英国对性犯罪人采取的是"报告制度"。性犯罪人需要向警察机关报告的内容包括姓名、曾用名、出生日期、家庭住址以及这些信息的变动情况。2001 年经过修正的《性犯罪人法》增加了采集照片与指纹、出入境报告、发布禁止令等内容。2003 年新颁布实施的《性犯罪人法》强化了对性犯罪的防控以及对登记在案的性犯罪人的危险管理，主要表现在要求登记的信息更加细致全面，在之前的《性犯罪人法》的基础上，增加了性犯罪人的出生日期、国家社会保障号码、接受审判或者被治安警官警告的时间等信息，并要求性犯罪人每年都需要对应纳入登记的信息进行报告；增加了报告义务期限的规定，即受到"终身约束令"的性犯罪人报告期限为无限期，并增加了兜底性的两种情形，受治安警官告诫的，报告期限为 2 年，附条件不起诉或者在苏格兰为缓刑的，报告期限为附条件的期限或者缓刑期限；增

---

❶ 刘军：《性犯罪记录制度的体系性构建——兼论危险评估与危险治理》，北京：知识产权出版社，2016 年，第 186 页。

加了在国外犯罪的被告人报告的命令和性犯罪预防命令，性犯罪人违反该法规定的命令并且从事了命令中的禁止行为，将构成犯罪并要受到刑事追究。规定了最长时间不超过6个月的禁止出国令，包括指定禁止出行的目的地国家，或者规定禁止出行国家除外的国家，或者直接禁止出行所有的国家。规定了最长时间不超过2年的性侵犯危险预防命令。因此，性犯罪人如果违反报告命令、性犯罪预防命令、禁止出国令、性侵危险预防命令，并从事了这些命令所禁止的行为将构成犯罪并承担刑事责任，从而更好地保护未成年人免受被告人的侵害。

除美国和英国外，越来越多的国家也建立了自己的性犯罪记录制度。截至目前，加拿大、澳大利亚、法国、韩国、日本、爱尔兰、南非等国家都建立了性犯罪记录制度。加拿大安大略省早在2001年就建立了犯罪人登记制度，加拿大于2004年4月1日通过《性犯罪人信息登记法》，建立了国家层面的性犯罪人信息登记部门、登记系统和数据库。澳大利亚于2004年在各州或者地区建立性犯罪人登记制度的基础上，建立了"澳大利亚国家侵害儿童性犯罪人名册"，且澳大利亚全国各州的警察机关都能够使用该侵害儿童性犯罪人名册，其目的在于协助警察机关登记、监视性犯罪人，共享各州司法辖区内登记的性犯罪人信息，当性犯罪人跨州行动时，该网络系统会发出警告并告知该州的警方，从而全面系统地保护未成年人的权益。法国于2005年建立了"国家性犯罪人自动化数据库"，韩国、日本也建立了性犯罪人信息登记制度。

（二）没有全面建立性侵害未成年人犯罪信息公开制度

1. 我国性侵害未成年人犯罪人员信息公开制度的现状

我国尚未建立全国统一的性侵害未成年人犯罪信息公开制度，仅有部分地方在进行尝试、探索和试点。2016年，浙江省慈溪市人民检察院联合该市法院、公安局、司法局制定出台《性侵害未成年人犯罪人员信息公开实施办法》（以下简称《办法》）。该《办法》规定对符合条件的实施严重性侵害未成年人行为的犯罪人员，在其刑满释放后或者假释、缓刑期间，通过发文、各单位的门户网站、微信公众号、微博等渠道对其个人信息进行公开，方便公众随时查询。同时，列举了公开犯罪者信息的6种情形。❶ 公开的期限一般为

---

❶ 《性侵害未成年人犯罪人员信息公开实施办法》列举的公开犯罪者信息的情形包括：因强奸、猥亵未成年人，引诱、容留、介绍未成年人卖淫或者组织、强迫未成年人卖淫，被判处5年以上不满10年有期徒刑的；多次猥亵未成年人或者猥亵多名未成年人的；曾因强奸、猥亵犯罪被判处刑罚，5年内又犯的；曾因猥亵被多次行政处罚，2年内又实施此类犯罪的；经鉴定，有性侵害病态心理的，如恋童癖、性控制能力弱等；以及可能再次实施性侵害未成年人、人身危险性大的。

5 年，《办法》还列举了终身公开犯罪信息的情形。2017 年 12 月 1 日，江苏省淮安市淮阴区宣布启动由政法委、法院、检察院、公安局、关工委、教育局等 9 家单位共同发布的《关于性侵害未成年人犯罪人员从业禁止及信息公开制度》。根据规定，所有性侵害未成年人的严重刑事犯罪人员，在法院判决生效后均应当公开个人信息。但是，作案时不满 18 周岁和被判处有期徒刑以下刑罚的情形除外。信息公开的内容包括犯罪人员的姓名、身份证号、照片、年龄、性别、案由等事项。列为信息公开的信息将通过司法机关的门户网站、微信公众号、微博等渠道向社会进行公开。性侵害未成年人犯罪形势严峻，性侵害未成年人犯罪熟人性侵害比例高，具有性犯罪前科的性犯罪人再次实施犯罪比例相对较高，因犯罪未被及时发现，受害人往往被长时间多次性侵，这些特点使遭受性侵害的未成年人，不但身体受到伤害，心理创伤更难以恢复。曝光性侵害未成年人罪犯的信息，能够使人们随时提高警惕，从而采取恰当的措施，对保护未成年人免受性侵害具有积极的意义。公开性犯罪人的信息涉及犯罪人隐私保护的法律问题，应在法律层面建立更加规范、科学的性犯罪人员信息公开制度，在全国范围内实行，保障未成年人远离潜在的危险，预防性侵害未成年人犯罪悲剧的再次发生。

2. 域外国家性侵害未成年人犯罪信息公开制度

域外国家在性侵害未成年人信息公开问题上的做法不一。美国、韩国不仅实行性侵害未成年人犯罪人员信息登记，还实行性侵害未成年人犯罪信息公开制度。英国、加拿大、澳大利亚等国一般只对性犯罪人进行信息登记，特殊情况才予以公开，即以信息登记为原则，信息公开为例外。

美国和韩国是实行社区公告国家的典型代表。20 世纪 90 年代，美国一些州率先建立了社区公告制度，华盛顿州早在 1990 年、明尼苏达州早在 1991 年就已出台社区公告相关的立法。华盛顿州的《社区保护法》不仅要求性犯罪人进行登记，还要求在一定时期内报告任何的变动情况，否则会构成犯罪，并保证社会公众可以获知性犯罪人的信息。明尼苏达州的《性侵害犯罪人登记法》规定，性犯罪人在结束监禁予以释放之前需要由专门的委员会进行危险等级评估和划分，被列为三级高危险等级的性犯罪人的信息需要进行社区公告。❶1994 年 10 月 31 日，新泽西州立法机关制定实施《犯罪登记与社区公告法》，即《梅根法》，建立了较为完备的性犯罪人社区公告制度。《梅根法》是为了纪念新泽西州年仅 7 岁的性侵害被害人梅根·康卡（Megan Kanka）而

---

❶ Terry Thomas. The Registration and Monitoring of Sex offenders: A Comparative Study. London and New York: Routledge. Taylor & Francis Group, 2011, pp. 42–43.

以其名字命名的法案。1994 年 7 月，梅根·康卡受心怀不轨的邻居邀请去看他家养的一只小狗，结果被这名患有恋童癖且有两次性侵害犯罪记录的性侵暴力惯犯邻居强奸并杀害。梅根被害是因为公众无从知晓犯罪人是具有性犯罪记录的惯犯，因此被害人的监护人不能采取恰当的措施保护自己的孩子，随后发起一项要求公开性犯罪记录，赋予公民对性犯罪记录进行查询的权利运动。《梅根法》要求已确定有罪的性犯罪人必须向执法机关登记，并根据性犯罪人对社区可能构成的危险程度、信息的变更等提供各种层次的社会公告，以提醒社区公众提高警惕，预防犯罪的发生。随后，美国的路易斯安那州、田纳西州、阿拉斯加州等，都先后建立了性犯罪记录登记与公告制度。截至 1994 年，共有 24 个州建立了性犯罪记录登记与公告制度。[1] 迄今为止，美国的 50 个州都建立了性犯罪记录登记与公告制度，各州根据保护公众安全的需要，规定信息公开的犯罪。[2]《性犯罪人登记与公告法》是美国当前唯一有效的事关性犯罪人登记与公告制度的联邦法律，该法对性犯罪人的登记、查询、通报、公告等内容进行了详细的规定。韩国是继美国之后第二个通过设立网站进行性犯罪人信息公开的国家。从 2000 年开始，韩国开始实行性侵害未成年人信息公开制度，"青少年保护委员会"专门负责性侵害儿童犯罪者的信息登记和披露工作。2009 年韩国通过《儿童、青少年性保护法》，该法规定法务部可以通过网络或媒体定期向社会公开登记信息，并向犯罪者居住地区内有未满 19 周岁儿童或青少年的家庭发送信件。性侵害儿童犯罪者信息公开制度使国家掌握的犯罪信息成为社会公共信息，极大地提高了防范性犯罪工作的公众参与度，使性侵害未成年人犯罪的防范措施更具有针对性。

英国、加拿大、澳大利亚等国实行有限制的性犯罪人信息公开制度。这些国家严格限制性犯罪人信息公开的条件和范围，既注重对儿童权益的保护，也注重对犯罪人隐私权的保护。英国只有在当警方认为性犯罪人具有严重危险性时，或者未定期进行信息登记且去向不明、具有高风险性时才进行公告。同时，警方还通过专门网站对未依照法律规定定期进行信息登记且去向不明、具有高风险的性犯罪前科人员进行公告。加拿大只实行性犯罪人登记制度，并未实行全国性的性犯罪人社区公告制度，但加拿大部分省如曼尼托巴省、卑斯省依然存在社区公告制度。澳大利亚不支持将性犯罪人详细信息向社区和公众公开，采取有限制的性犯罪信息披露。

---

[1]　Terry Thomas, The Registration and Monitoring of Sex Offenders: A Comparative Study. London and New York: Routledge. Taylor & Francis Group, 2011, p. 45.

[2]　王春媛、廖素敏:《性侵害未成年人犯罪人员信息登记和有限公开机制研究》,《青少年犯罪问题》2016 年第 6 期。

三、被害人视角的法律保护措施的不足

实践中，行为人往往利用被害人年幼、容易被哄骗、性知识匮乏以及利用与未成年人之间形成的信任、依赖和从属关系等，在长时间内多次对同一被害人实施性侵害，或者性侵害多名被害人。侵犯未成年人性权利犯罪，行为人往往选择缺乏有效监护且年龄较小的留守儿童、流动儿童、智障儿童作案。在犯罪时间选择上，犯罪人实施强奸犯罪多选择夜晚或者凌晨作案，猥亵犯罪则多在白天。❶犯罪人在作案时，为了逃避法律责任，在犯罪的时间、地点、时机的选择上，会有意选择没有监控或者监控死角的地方或者较为偏僻且四周出入人员较少的地方作案，犯罪往往发生在只有行为人、被害人在场的较为封闭、隐蔽的场合和地点。❷在司法诉讼中，由于侵犯未成年人案件的特殊性以及办理侵犯未成年人性权利犯罪案件程序的不规范性，存在言词证据复杂多变，犯罪嫌疑人的供述与辩解存在避重就轻、反复翻供或者坚持无罪辩护的情况，特别是缺乏完整的有关犯罪嫌疑人、被害人、关键性证人的同步录音、录像，客观证据的采集方面也不规范、不全面，如人身检查局限于被害人生殖器官的检查，鉴定材料的提取、流转不规范，如DNA样本提取时相关笔录的完整情况，保留、流转过程是否规范等都成为能否依法追究犯罪嫌疑人刑事责任的难题，不利于对犯罪人的惩治。

对于性侵害未成年被害人而言，未能很好地贯彻落实特殊、优先保护未成年人的原则和理念，缺乏性侵害未成人报告机制，在办理性侵未成年人犯罪案件中，容易对未成年被害人的隐私造成侵害，在侦查起诉过程中容易对被害人造成二次伤害。同时，针对性侵害未成年人的法律援助、心理疏导、损害赔偿等方面救助措施的不足，在一定程度上是造成我国性侵害未成年人犯罪的隐案率较高，很多案件难以进入司法视野的主要原因之一。

（一）对性侵害未成年被害人隐私保护不足

有学者认为隐私利益包括空间隐私、人身隐私和信息隐私。❸目前，在我国宪法中未明文规定"隐私权"这项权利，在其他的成文法中，对"隐私权"的内涵和外延的界定也很模糊，但不影响将隐私权视为宪法权利的保护

---

❶　郑蕾、施倩：《解析性侵未成年人犯罪案件证据审查——以浙江省杭州市172起案件为样本》，《人民检察》2017年第8期。

❷　王嘉懿：《浅析性侵案件中对未成年被害人询问工作的功能定位与发展问题》，《预防青少年犯罪研究》2018年第4期。

❸　赵秉志、孟军：《我国刑事诉讼中的隐私权保护——以刑事被追诉人为视角》，《法治研究》2017年第2期。

地位。在我国的刑罚体系中也未剥夺隐私权。隐私应根据权利人的主观意思来界定，而不应以社会认知为依据。一般而言，被公开的照片、姓名、性别等信息属于应保护的隐私权的内容。在现代陌生人的社会里，人们的隐私观念强烈而普遍。没有隐私就没有真正的自由，❶尤其在我国总体上还处于"谈性色变"的社会大环境下，被害人遭遇性侵害后，对于被害人而言，在一定程度上保护被性侵害的隐私信息比追究犯罪嫌疑人的刑事责任更为重要。正是基于害怕暴露隐私的心理，不少被害人及其家人更多地选择隐忍，而不是报案诉诸法律来保护自己的性权益。我国相关法律对隐私保护进行了规定，《民法总则》第111条规定："自然人的个人信息受法律保护……不得非法买卖、提供或者公开他人个人信息。"《刑法》第253条规定了"侵犯公民个人信息罪"。《刑事诉讼法》第150条第2款规定："侦查人员对采取技术侦查措施过程中知悉的国家秘密、商业秘密和个人隐私，应当保密。"第183条第1款规定："人民法院审判第一审案件应当公开进行。但是有关国家秘密或者个人隐私的案件，不公开审理。"基于法律的规定，性侵害被害未成年人的真实信息，无论是在公开的司法判决书上，还是在媒体曝光的性侵害未成年人案件中都没有被公开透露，性侵害未成年被害人的隐私在公众面前得到了很好的保护。《性侵意见》第13条关于被害人的隐私保护也进行了明确规定："办案人员到未成年被害人及其亲属、未成年证人所在学校、单位、居住地调查取证的，应当避免驾驶警车、穿着制服或者采取其他可能暴露被害人身份、影响被害人名誉、隐私的方式。"这一规定从公安机关办案开始就强调对性侵害未成年人的隐私权进行保护，避免办案人员以外的人知悉被害人遭受性侵害的隐私，这对将被害人遭受性侵害后的精神伤害降到最低，鼓励被害人与犯罪作斗争具有积极的意义。但是真正保护性侵害未成年被害人的隐私权，仅对司法工作人员调查取证的方式进行规范还不够，应扩大对案件知情人员的规制范围，将所有了解案情的人员纳入法律约束，且规定泄露被害人隐私应承担的法律责任，以保障性侵害未成年被害人的隐私信息不被泄露。

（二）避免性侵害未成年被害人"二次被害"的措施不足

性侵害未成年被害人"二次被害"的原因是多方面的，不仅包括不当司法行为引起的"二次被害"，表现为司法人员对未成年被害人需要的不关心和漠视，对未成年被害人的不尊重，对未成年被害人隐私的不尊重等；也包括不合理的程序设置给被害人造成的"二次被害"，主要有在法庭审理的过程中，被害人为了维护自己的性合法权益，需要再次重复被害经历。在证据收集中，由

---

❶ 王利明：《没有隐私就没有真正的自由》，《当代贵州》2015年第25期。

于被害人的陈述是重要的证据，且被告人具有对质询问的权利，在陈述与质询的过程中，性侵害未成年被害人也会遭受一定程度的"二次被害"。❶

1. "二次被害"的含义

性侵害未成年被害人遭受性侵害后有可能遭受"二次被害"或者说是"再度被害"。何为"二次被害"，国内外学者有不同的阐释，国内学者有的认为二次被害指被害人在遭受犯罪行为侵害后，在随之而来的调查与诉讼过程中，因不得不接受警方询问、出庭作证或者进行控诉、辩论等活动，而再次遭受的物质损失、人格侮辱与名誉损害以及精神刺激；❷有的认为二次被害是指被犯罪者加害后，由于社会对被害事件的正式反应或不正式反应不妥当，导致被害人权益再次受损的情形；❸有的认为二次被害是司法者的不当司法而使刑事被害人遭受的再度损害；❹还有的认为二次被害是指被害人在传统刑事司法中的角色错位和不当刑事司法行为给被害人精神上所造成的伤害；❺或者认为二次被害是指在诉讼过程中，由于公开被害人的隐私或者描述其被害过程而使被害人受到情感上的侵害。❻国外学者关于"二次被害"的观点主要有：认为二次被害指被害人在遭受侵害后因制度和个人对其的反应而招致的伤害，这种伤害并不是犯罪行为造成的，具体包括制度主要是刑事司法系统造成的二次被害、其他机构以及个人造成的二次被害；❼认为二次被害指除犯罪造成的直接损害外，因与刑事司法制度以及其他社会服务机构的联系而另外带给被害人的压力与不便；❽或者认为二次被害是指期待给予帮助的警察、法官、亲友等人员对被害人的态度和行为使被害人觉得自己被拒绝、背叛并感到失望，使其心理上再次受到伤害。❾国内外学者有关被害人遭受"二次被害"含义的论述，尽管在引起"二次被害"的原因的认识上不一致，但都肯定在刑事诉讼过程中被害人遭受的损害。一般意义上的被害人"二次被害"主要是

---

❶ 杨杰辉、袁锦凡：《刑事诉讼视野中性犯罪被害人的特别保护研究——以强奸案被害人为主要视角的分析》，北京：法律出版社，2013年，第71–73页。

❷ 许章润主编：《犯罪学》，北京：法律出版社，2016年，第143页。

❸ 孙仁丕：《论完善性犯罪被害者诉讼保护及防止二次被害的措施》，《通化师范学院学报》2005年第1期。

❹ 曾康：《论不当司法下刑事被害人的"二次被害"》，《学术论坛》2004年第1期。

❺ 杨正万：《刑事被害人问题研究——从诉讼角度的观察》，北京：中国人民公安大学出版社，2002年，第361页。

❻ 莫洪宪：《刑事被害救济理论与实务》，武汉：武汉大学出版社，2004年，第128页。

❼ William G Doerner, Steven P. Lab. Victimology. Anderson publishing Co, 1998, p. 124.

❽ Ui Ort. Secondary Victimization of Crime Victims by Criminal Proceedings. Social Justice Research, 2002, 15（14）.

❾ Andrew Kamen. Crime Victims：An Introduction to Victimology. Wadsworth/Thomson Learning, 2004, p. 158.

指被害人在诉讼过程中因隐私被公开而受到的心理上的伤害。这里指的性侵害未成年被害人的"二次被害"指未成年被害人在参与刑事诉讼的过程中，因诉讼程序设置的不合理和司法工作人员的不当司法行为给被害人造成的心理上的二次被害。

2. 我国有关性侵害未成年被害人"二次被害"保护的现状

《性侵意见》第 14 条第 2 款规定："询问未成年被害人，应当考虑其身心特点，采取和缓的方式进行。对与性侵害犯罪有关的事实应当进行全面访问，以一次询问为原则，尽可能避免反复询问。"这个规定充分体现国家司法机关对性侵害未成年被害人在刑事诉讼中有可能遭受的"二次被害"的重视，但这样的指导性意见是不够的，缺乏具体的操作规范，且该规定不具备应当性。根据该规定司法工作人员只有注意义务，非必然义务，只是尽可能避免反复询问。如果以工作需要为由，仍然可以反复询问。被害人仍然有可能陷于一遍遍回忆被害经历的痛苦之中。因此，该规定对司法工作人员的约束力不强。同时，该规定对参与司法过程的其他人员的行为规范没有任何的约束性要求，不能保证性侵害未成年被害人不受"二次被害"。在司法实践中，检察机关、司法机关更多地关注证据的收集是否足以认定犯罪嫌疑人的犯罪事实，从而对案件作出司法裁判，很少关注被害人的心理，而仅把被害人作为证据的来源来对待，从而会多次反复询问被害人。被害人面对侦查人员、检察官、法官和律师的询问，不得不多次回忆和表达自己被害的痛苦经历。被害人在审判中的共同感受是想哭，感觉自己受到了侮辱。[1]海南万宁"校长开房"事件发生后，案件中的未成年被害人被要求做了 3 次笔录，不得不反复向有关部门描述性侵害发生的细节，导致未成年被害人情绪失控，在家哭泣，要求不要继续诉讼。[2]

有些案件，需要性侵害未成年被害人出庭作证。作证中未成年被害人将痛苦地回忆被害的经过或者面对被告辩护人的不当提问。伯吉斯和霍姆斯特龙报道了一起强奸被害人在法庭上的经历，面对被告的律师，被害人的感受是："我讨厌被告律师的询问，我觉得有罪的被告反而被证明无罪的，我想被告律师真是开了一个大玩笑，我想他与我们的谈话，就像我们是白痴，倘若我们不能记住那些要点，他就会问我们为什么记不住，虽然强奸已经不可避免地发生了，但我们害怕被杀，当你产生了死亡的恐惧时，就不会再考虑什

---

[1] 杨杰辉、袁锦凡：《刑事诉讼视野中性犯罪被害人的特别保护研究——以强奸案被害人为主要视角的分析》，北京：法律出版社，2013 年，第 73 页。

[2] 陈璇：《如何安抚遭受性侵未成年人的心理创伤》，《中国青年报》2013 年 6 月 5 日。

么了。"❶性侵案件，尤其是性侵害未成年人案件中年幼的被害人，认知和判断能力有限，对被害经过的描述不是很清楚，且不少案件是发生在晚上和凌晨，被害时的恐惧、被害后的精神折磨，都使被害人难以清晰地描述犯罪人的犯罪行为和被害经历。尽管如此，司法工作人员、律师还是会一遍遍地询问。尽管《性侵意见》第18条规定未成年被害人、证人出庭作证时，应在外貌和声音上进行保护性处理，在有条件的情况下，还可以提供经过保护措施处理过的被害人陈述的视频。但是对于视频方式作证没有硬性的要求，被害人还是有可能到法庭再次重述被害的痛苦经历。除此之外，有的司法鉴定结果因各种原因，其公信力难以服众，司法机关在各种压力之下，不得不做性侵害有关的检查、鉴定，这对于被害人而言，无疑是一种"二次被害"。

3. 没有配备专业的性侵害未成年人犯罪案件的办案人员

《性侵意见》第6条规定："性侵害未成年人犯罪案件，应当由熟悉未成年人身心特点的审判人员、检察人员、侦查人员办理，未成年被害人系女性的，应当有女性工作人员参与。"该规定只强调办理性侵害未成年人案件的工作人员应熟悉未成年人身心特点，且只有被害人是女性时，才规定应当有女性工作人员参与。然而，域外国家和地区除规定应由熟悉未成年人身心特点的工作人员承办性侵害未成年人案件，还特别强调工作人员应具备性侵害相关的专业知识，受过专门的培训和训练。在美国，一些警察部门组建了由经过专门训练的女侦探组成的性侵害案件工作队。英国对性侵害未成年人案件的调查，由经过特殊训练的警察在警察局的特别房间进行。❷在日本，为了对性犯罪案件提供全面专业的指导意见，收集并分析性犯罪发展变化的趋势，每一个地方警察分局会在指挥中心一级任命一名经过专业培训的性犯罪侦查指导主任和性犯罪侦查指导人员；在大警察局里，侦查部门有专业的女性警察主办严重性侵犯罪案件，并且由女性警察询问被害人、收集证据和护送被害人到医院或其他必要的场所。❸因此，我国也应明确规定由经过性侵害防治专业训练的专职警察、检察官处理性侵害案件。

4. 没有建立专门的取证场所，以减少对未成年人的"二次被害"

侵犯未成年人性权利犯罪案件具有特殊性，应建立专门的取证场所，最大化减少对性侵害未成年人的"二次被害"。许多国家和地区均规定设立专门场所对被害人调查取证。在日本，在犯罪现场会在一种专门的特殊车中对被

❶ ［德］汉斯·约阿希姆·施奈德：《国际范围内的被害人》，许章润等译，北京：中国人民公安大学出版社，1992年，第360页。
❷ 王燕：《我国性犯罪未成年被害人的司法权益保护》，《中国性科学》2014年第11期。
❸ 卢建平、王丽华：《日本的被害人保护制度及其启示》，《理论探索》2007年第5期。

害人进行询问或将被害人带到一些必要的场所，在日本的警察局有专门的房间用于对被害人的询问。❶在美国，有作为儿童的友好型场所的专门的儿童保护中心，美国司法部的少年司法与犯罪预防办公室为社区提供资金建立儿童保护中心和加强儿童保护中心建设。儿童保护中心能够为儿童提供一系列的服务，许可法律执行者、儿童保护工作者、检察官、受害人保护者、医疗专业人员和精神卫生治疗师在侦查、起诉和对待儿童受害人方面合作。对儿童的调查性询问在装有单面镜子和录音录像设备的儿童保护中心进行，可以采取录音录像的方式将儿童询问记录下来。❷我国还未普遍建立专门的场所对被害人进行取证，且没有建立"一站式"取证制度。但有的地方在尝试建立专门场所，推行"一站式"取证。2015年开始，上海市未检部门全面推进"一站式"取证场所建设和性侵害未成年被害人"一站式"取证制度，指导有条件的区、县设立宽松、舒适的专用办案场所。上海市青浦区与面向全区青少年心理咨询的心语工作室建立各种衔接机制，对被性侵害未成年人的第一次询问地点从原来的派出所改为心语工作室并进行同步录音录像。奉贤区检察院及金山区检察院则推动公安机关根据区域划分，择取适宜基层派出所和案审中心建设未成年被害人"一站式"取证场所，模拟家居环境，营造安全亲切的谈话氛围，设置询问室和监控室。❸因此，我国应加快专门的性侵害未成年人案件"一站式"取证场所的建设，以营造舒适亲切的氛围，使性侵害未成年被害人能够相对放松地陈述。在谈话室应配备摄像器材录下整个访谈过程，避免多次询问对被害人造成"二次被害"。

（三）对性侵害未成年被害人被害后救助措施不足

性侵害案件中的未成年被害人除了遭受肉体上的伤害外，精神上承受着巨大的创伤。未成年被害人需要及时、持续的专业心理疏导，更需要国家公权力维护自己的合法权益，以获得心理上的抚慰和安全感。性侵害给未成年被害人造成的肉体和精神上伤害的修复更需要经济上的支撑，尤其是对于贫困的家庭而言，性侵害给被害人及其家人造成的经济上的损失更是雪上加霜。应以性侵害未成年被害人的创伤恢复为保护的出发点，强化性侵害未成年被害人被害后救助。

---

❶ ［日］太田达也：《刑事被害人救助与刑事被害人权利在亚洲地区的发展进程》，武小凤译，《环球法律评论》2009年第3期。

❷ 犯罪受害人国家保护中心：《儿童在刑事司法系统中的特殊条款》，http: //www.ncvc. orgncvcmain.aspx ? dbName=Document Viewwr & .Document ID=32472，访问日期：2019年8月8日。

❸ 樊荣庆、钟颖等：《论性侵害案件未成年被害人"一站式"保护体系构建——以上海实践探索为例》，《青少年犯罪问题》2017年第2期。

1. 没有设立专门的保护机构

《性侵意见》第3条规定："办理性侵害未成年人犯罪案件，应当充分考虑未成年被害人身心发育尚未成熟、易受伤害等特点，贯彻特殊、优先保护原则，切实保障未成年人的合法权益。"然而，我国对性侵害未成年被害人没有专门的保护机构。很多国家和地区为了更好地保护未成年被害人设立了专门的保护机构。日本早在1983年就设立了东京强奸救援中心，此后针对不同被害人的情况，实施不同形式的援助活动，使被害人感受到来自社会的关怀和国家的保护。被害人咨询室、被害人援助中心、被害人对策室、全国被害人支援网等各种被害人援助机构先后成立。❶美国设置了为被害人提供紧急医疗、心理咨询和其他救助的强奸及性犯罪危机处理中心及儿童性虐待咨询所。❷韩国在全国范围内为性犯罪被害人建立了由非营利组织进行管理的指导中心或庇护场所。❸我国香港地区在政府的社会福利处设立了儿童保护科及临床心理服务科，警务处内部设有专门的儿童保护科，承办儿童性侵犯等有关的案件。

2. 缺乏专业而持久的被害后心理救助

遭受性侵害的未成年被害人，尤其是遭受强奸的未成年被害人会出现做噩梦、不愿见人、沮丧、自责等心理创伤反应。有学者认为遭受强奸的被害人，在被害后的一瞬间、数小时或者数天会因忧虑和恐惧而产生震惊、疑虑和沮丧情绪，并不能自述被害遭遇及实施侵害的行为人，不想让父母以及其他任何人知道自己遭受性侵害。之后被害人会经历一个否认被性侵害的过渡期，过渡期过后，被害人会出现强烈的震惊反应，被害后短期的震惊、疑虑和沮丧等情绪反应会重现，并进入创伤经历内化阶段。被害人常常感到自己有罪、不洁或者受害了，有的被害人需要经历一个充满罪恶感和自责的阶段才能迈向心理整合阶段的第一步。❹遭受性侵害的被害人在情绪和精神健康上的影响可能会持续数月、数年甚至是一生。情绪方面主要表现为恐惧、抑郁、焦虑、性功能障碍及情感疏离，精神方面主要表现为缺乏安全感，不再认为自己是纯洁的，自我价值感降低等，从而有可能使

---

❶　卢建平、王丽华：《日本的被害人保护制度及其启示》，《理论探索》2007年第5期。

❷　李丽、谢光荣：《儿童性虐待认定及其存在的问题》，《中国特殊教育》2012年第5期。

❸　[日]太田达也：《刑事被害人救助与刑事被害人权利在亚洲地区的发展进程》，武小凤译，《环球法律评论》2009年第3期。

❹　[德]汉斯·约阿希姆·施奈德：《国际范围内的被害人》，许章润等译，中国人民公安大学出版社，1992年，第360页。

被害人患上强奸创伤综合征。● 针对性侵害被害人情绪和精神上的影响，《性侵意见》第 7 条规定："各级人民法院、人民检察院、公安机关和司法行政机关应当加强与民政、教育、妇联、共青团等部门及未成年人保护组织的联系和协作，共同做好性侵害未成年人犯罪预防和未成年被害人的心理安抚、疏导工作，从有利于未成年人身心健康的角度，对其给予必要的帮助。"目前，我国只有部分地区的司法机关和妇联、共青团等部门较为关注性侵害未成年被害人的心理疏导问题，并开展了一些对性侵害未成年被害人的心理疏导工作。上海市未检部门要求各基层未检部门指派有心理咨询师资质的检察官承办性侵害未成年人案件，通过访谈、心理测评等形式，对未成年人的心理状态进行评估，适时开展疏导。同时，指导相关区院与高校、专业心理咨询机构建立合作机制，委托专业人员对心理问题严重的未成年人进行个案疏导。如青浦区检察院未检部门与区教育局、区妇联三家单位联合，共同建立"心语工作室"，由心理老师通过"房树人"分析、沙盘模拟、意象对话、个别面询等方式，为来访的未成年被害人及其家属提供专业的咨询、疏导、支持，为其进行测试分析、评估，制订来访者辅导计划与方案，建立来访者咨询档案并对其进行维护。❷

目前，探索并针对性侵害未成年被害人开展专业心理疏导的地区，虽然多部门联动，尽可能整合能够利用的专业心理疏导资源，对未成年被害人的心理辅导有一定的积极作用，但由于多部门联动往往缺乏具体的责任部门和责任人，也没有建立专门有效的规范制度进行监督和约束，诸如心理疏导人员的专业水平的评估、心理疏导的介入时间和介入方式等一系列问题缺乏规范，以致心理疏导工作实际有效开展的并不多。有些心理疏导工作只流于形式，受性侵害的未成年被害人真正切实受益于心理疏导的十分有限，针对性侵害未成年被害人开展的心理疏导的实际效果不佳。

3. 对性侵害未成年被害人的法律援助措施不足

侵犯未成年人性权利犯罪的被害人，绝大多数年龄都集中在 14 周岁以下，且不少被害人是缺乏有效监护的留守儿童、精神和智力发育迟滞的未成年人。被害人在肉体和精神遭受双重打击的情况下，更需要及时专业的法律援助，但一部分被害人家庭由于经济困难，无法承担委托诉讼代理人的费用。我国《刑事诉讼法》只对未成年犯罪嫌疑人、被告人的法律援助作出全面的

● 杨杰辉、袁锦凡：《刑事诉讼视野中性犯罪被害人的特别保护研究——以强奸案被害人为主要视角的分析》，北京：法律出版社，2013 年，第 49 页。

❷ 樊荣庆、钟颖等：《论性侵害案件未成年被害人"一站式"保护体系构建——以上海实践探索为例》，《青少年犯罪问题》2017 年第 2 期。

规定，没有对未成年被害人的法律援助作出规定。但《最高人民法院关于适用〈中华人民共和国刑事诉讼法〉的解释》第 473 条规定："未成年被害人及其法定代理人因经济困难或者其他原因没有委托诉讼代理人的，人民法院应当帮助其申请法律援助。"《人民检察院办理未成年人刑事案件的规定》第 16 条第 2 款规定："对未成年犯罪嫌疑人、未成年被害人或者其法定代理人提出聘请律师意向，但因经济困难或者其他原因没有委托辩护人、诉讼代理人的，应当帮助其申请法律援助。"《性侵意见》第 15 条规定："人民法院、人民检察院办理性侵害未成年人案件，应当及时告知未成年被害人及其法定代理人或者近亲属有权委托诉讼代理人，并告知其如果经济困难，可以向法律援助机构申请法律援助。对需要申请法律援助的，应当帮助其申请法律援助。法律援助机构应当及时指派熟悉未成年人身心特点的律师为其提供法律帮助。"该条规定明确了告知义务，限定了申请法律援助的条件为经济困难，对法律援助机构指派的律师提出了应熟悉未成年人身心特点的要求。根据该规定，法律援助需要经过有申请资格的主体进行申请，而非只要经济困难就可以获得法律援助。《刑事诉讼法》第 277 条第 2 款规定："人民法院、人民检察院和公安机关办理未成年人刑事案件，应当保障未成年人行使其诉讼权利，保障未成年人得到法律帮助，并由熟悉未成年人身心特点的审判人员、检察人员、侦查人员承办。"第 278 条规定："未成年犯罪嫌疑人、被告人没有委托辩护人的，人民法院、人民检察院、公安机关应该通知法律援助机构指派律师为其提供辩护。"根据该规定，对于处于加害人地位的未成年犯罪嫌疑人、被告人而言，不管经济是否有困难，只要没有委托辩护人的，都可以得到法律援助。相反，处于无辜受害者地位的未成年人却是附条件地获得法律援助，无法彰显法律的人权保障功能。

4. 对性侵害未成年被害人的损害赔偿法律救济措施不足

性侵害未成年被害人往往面临身体和精神上的双重伤害，尤其是精神上的伤害需要长期的治疗，这对于被害人家庭，尤其是那些家境贫困的未成年人家庭而言，家庭经济必然会陷入更大的困境。《性侵意见》第 31 条规定："对于未成年人因性侵害而造成的人身损害，为进行康复治疗所支付的医疗费、护理费、交通费、误工费等合理费用，未成年被害人及其法定代理人、近亲属提出赔偿请求的，人民法院依法予以支持。"其中，康复治疗费用包括进行身体医治和精神诊治所支出的费用。性侵害未成年人犯罪，对被害人最大的伤害往往是精神和心理上的伤害，被害人到医院进行精神康复治疗所支付的医疗费，不同于精神抚慰金，对于该部分医疗费，被害人提出赔偿请求并提供相应证据的，比如医院病历、收费凭证等，人民法院依法予以支持。同时，《性侵意见》第32条规定："未成年人在幼儿园、学校或者其他教育机构学习、生活期间被性侵害而造成人身损害，被害人及其法定代理人、近亲属据此向人民法院起诉要求上述单位承担赔偿责任的，人民法院依法予以支持。"该规定强化了未成年人教育机构对未成年人学习生活期间遭受教育机构工作人员性侵害和教育机构以外的人员性侵害的注意义务和损害赔偿责任，主要考虑性侵害案件发生在校园或者幼儿辅导培训机构，为了保障被害人损失得到有效弥补，同时，通过对幼儿园、学校或其他教育机构民事赔偿责任的归责，在一定程度上督促相关单位对未成年人履行好教育、管理职责，预防、减少性侵害未成年人犯罪的发生。根据《侵权责任法》，未成年人在教育机构遭受性侵害的，教育机构不是一律承担赔偿责任，如果被害人是无民事行为能力人，只有在教育机构不能举证证明其已经尽到教育、管理职责的情况下才承担赔偿责任。如果被害人是限制民事行为能力人，只有被害人能够举证证明教育机构未尽到教育、管理职责的，教育机构才承担补偿责任。如果被害人在教育机构遭受教育机构以外的人实施的性侵害，侵害人承担赔偿责任，只有在被害人能够举证证明教育机构未尽到管理职责的，教育机构才承担补充赔偿责任。如果被害人无法举证证明教育机构未尽到管理职责，侵害人又无力承担赔偿责任或者法院因各种原因不支持赔偿请求，被害人的赔偿请求也会落空。在实践中，教育机构承担赔偿、补偿责任的案件很少。2019年，上海市率先出台《关于建立涉性侵害违法犯罪人员从业限制制度的意见》，明确有"性侵前科"的人员禁止进入教育领域。上海一家培训机构就因为聘请了一个劣迹斑斑的老师，导致学员遭受猥亵，被学员家长告上法庭。上海市长宁区人民法院一审判决该培训机构用人"失察"，放纵猥亵发生，支付学员精神损失赔偿金。法院认为，培训机构在未取得教育培训资质时，进行招生培训，存在重大瑕疵。事发时，被害人念念年仅8周岁，系无民事行为能力人。在培训机构没有取得教育培训资质的情况下，出于对学生的保护，仍然有教育和管理的义务。培训机构对念念遭受林某猥亵行为的侵害存在过错，未就林某已经填写的简历做调查审核，致使培训机构未发现林某曾有猥亵儿童的前科。培训机构安装监控不等于完全履行了管理职责，对学生举报林某的猥亵行为处理不及时是对林某猥亵行为的放纵。最终法院判决培训机构给付念念精神损害赔偿金3万元。❶

---

❶ 陈颖婷：《上海培训机构教师猥亵儿童 法院除追究刑责外，判培训机构赔偿精神损害》，https：//www.sohu.com/a/327296300_99996733，访问日期：2019年12月10日。

目前，法律没有规定性侵害未成年被害人的精神损害赔偿，法院也不支持。在司法实践中，性侵害未成年被害人由于各种原因拿不出有效合法的证据，所以精神损害赔偿之外的，为了进行康复治疗所支付的必要的医疗费、护理费、交通费、误工费等合理费用，在刑事附带民事诉讼中都难以获得法院的支持。有学者对强奸未成年人案件数据进行分析，被害人能够从经济上获得的赔偿比例极低，有 80.1% 的被害人没有得到任何补偿，仅有 13.43% 的被害人获得数额很少的赔偿，且获赔数额在 5 万元以上的被害人占总人数的2.07%，获赔 1 万—5 万元的被害人占 7.45%。❶ 在有关性侵害未成年人的案件中，被害人获得比刑事附带民事诉讼更高的经济赔偿，主要是通过案件审理过程中，被告人及其亲属主动赔偿被害人的经济损失，获得被害人及其家属谅解，从而获取法院酌情从轻处罚的方式获得一定的经济补偿。例如，2013年秋天，被告人王某将被害人张某骗至魏县回隆镇汽车站附近一招待所房间内，强行将张某裤子脱下，欲强行与其发生性关系，后因有人敲门，强奸未遂。案发后，被告人王某的家属主动赔偿被害人损失 2.5 万元，并取得被害人的谅解，最终，法院以强奸罪判处王某有期徒刑 3 年，缓刑 4 年。在法律不支持性侵害精神损害赔偿的情况下，刑事附带民事诉讼之外的被告人主动赔偿，无疑能够缓解因性侵害给被害人带来的经济损失，也有利于犯罪人改过自新。

四、没有专门的未成年人性权利保护法

惩治侵犯未成年人性权利犯罪是刑法的本质和功能使然。侵犯未成年人性权利犯罪被害人低龄化、被害人遭受重复侵害的比例高、被害人因缺乏有效监护容易被害、犯罪人多为熟人、犯罪手段以非强制性为主等特点，则在一定程度上表明，预防与惩治性侵害未成年人犯罪的措施同等重要，应强化对性侵害未成年人犯罪的预防。

目前，世界各国除了强化刑法对未成年人性权利的保护外，不少国家还制定了专门的未成年人性权利保护法和规范。美国制定有《美国儿童性侵害案件处理指南》，该指南包括联邦和州的法律规定、美国性侵害案件的刑事和民事诉讼程序、证据问题、性侵害与特殊场所责任、未成年人犯罪者与儿童性侵害、对男性未成年人与儿童卖淫以及残疾儿童法律保护、特殊法庭规定和其他形式的法律帮助、有关未成年人性犯罪者登记与社区通告的法律规

---

❶　魏红、方庆展：《强奸未成年人犯罪特征及发展趋势分析》，《行政与法》2018 年第 5 期。

定、法庭与媒体等内容。❶ 美国还制定有《被害人及证人保护法》。❷ 英国制定了《1976 年性犯罪（增补法）》《性犯罪法令》。❸ 日本制定了《有关儿童买春、色情行为等的处罚及儿童保护等的法律》《对嫖雏妓和儿童色情行为的处罚及儿童保护法》《防止虐待儿童法》《对利用网络异性介绍业务引诱儿童的行为等进行规制的法律》。❹ 韩国特别重视对未成年人性权利的保护，早在 2004 年就制定了《性交易禁止法》。从 2008 年 9 月 1 日开始，对有强奸犯罪的前科者佩戴"电子脚镣"实施 24 小时的定位追踪，以便掌握行踪，预防再次犯罪。2009 年，韩国将儿童性侵犯罪最高刑期从 15 年提高到 30 年，之后更进一步提高到 50 年。通过修改《儿童、青少年性保护相关法律》，强化对性侵害未成年人犯罪的处罚，甚至处罚力度重于杀人罪。2013 年 3 月 25 日，韩国大法院量刑委员会审议并议决了《杀人罪及犯罪修订量刑基准案》，该法案新设针对 13 岁以上的青少年实施的强奸杀人罪，将强盗强奸罪的基本建议刑量上调至 9—13 年，有加重因素时，可判处 12—17 年徒刑。后来韩国又通过了《性侵害防治修正案》，大幅度提高了对性侵幼童、残障人士等性暴力犯罪行为的惩罚力度。不仅如此，韩国还制定了《性犯罪惩治及其被害人保护法》《性犯罪被害人询问指南》，2013 年 3 月 19 日开始施行的《性暴力犯罪者的性冲动药物治疗相关法律》修订案，将化学阉割惩罚范围从只适用于侵犯不到 16 岁的未成年人的罪犯，扩大到侵犯所有年龄的被害人的罪犯。

　　总之，我国目前对性侵害未成年人犯罪进行惩治和预防的相关规定，除了《刑法》对性侵害未成年人犯罪行为进行规制外，2013 年 9 月教育部、公安部、共青团中央、全国妇联发布《关于做好预防少年儿童遭受性侵犯工作的意见》，2013 年 10 月最高人民法院、最高人民检察院、公安部、司法部联合发布《关于依法惩治性侵害未成年人犯罪的意见》，2018 年 12 月教育部办公厅印发《进一步加强中小学（幼儿园）预防性侵害学生工作的通知》，2019 年 2 月最高人民检察院公布的《2018—2022 年检察改革工作规划》明确了建立健全性侵害未成年人违法犯罪信息库和入职查询制度。这些规定从依法从重从严惩治性侵害未成年人犯罪和强化学校性教育以及强化性侵害未成年人犯罪人的入职审查方面建构防治性侵害未成年人的惩罚、预防网络，在一定程度上强化了对未成年

---

❶　黄尔梅主编：《性侵害未成年人犯罪司法政策案例指导与理解适用》，北京：人民法院出版社，2014 年，第 272 页。

❷　孙秀艳：《美国联邦反儿童性侵害犯罪立法沿革及评价》，《青少年犯罪问题》2009 年第 3 期。

❸　王燕：《我国性犯罪未成年被害人的司法权益保护》，《中国性科学》2014 年第 11 期。

❹　付玉明、席晓运：《防范校园儿童性侵害的法律对策》，《江西社会科学》2014 年第 5 期。

人性权利的保护。但这些规定没有从法律层面进行专门的立法，贯彻落实大打折扣，不能最大化惩治、预防性侵害未成年人犯罪。

第二节　犯罪人方面的原因

犯罪人方面的原因是指导致、触发行为人实施犯罪行为的生物、生理、心理特质与观念结构等主体的内在素质及其相互关系。[1] 犯罪人个体方面的原因是犯罪行为最终危及社会这一"进程"的最后一道媒介。在侵犯未成年人性权利犯罪中，既有犯罪人生理、心理方面的原因，也有观念方面的原因，是多种因素综合影响性侵害犯罪人实施犯罪。

一、犯罪人生物生理方面的原因

（一）男性与侵犯未成年人性权利犯罪

弗洛伊德认为性冲动不仅是性行为的动因，甚至是所有行为的终极动因。在美国加州犯罪的研究中，认为暴力强奸犯雄性荷尔蒙比值远远高于非罪犯、对儿童进行性骚扰者和较少使用暴力的强奸犯。迈图格在《社会心理学引论》中认为，性是复杂的、具有先天性的，同时还会影响身心倾向的，是可看见的、能感觉到的、具有行动性的。[2] 性具有积欲与解欲的过程，两者之间具有密切的关系，积欲就像堆积木材，解欲就像将木材点火，火焰的蹿升。积欲到一定程度，就会产生性冲动，男性就会接触女性，当然女性也有积欲和解欲的表现，但没有男性表现得明显。单身男性、独居老人、远离配偶的人等，他们遭受长期的性压抑，容易产生性冲动，容易实施性侵害。例如，单身六旬老汉奸淫 6 岁女童案中，年逾 60 岁的杨某一直没有结婚，常年独居生活让其心理产生了扭曲，看到隔壁 6 岁小女孩童童放学后经常独自一人回家，遂产生奸淫的邪念。2013 年 12 月的一天下午，见童童放学路过其家门前，以喝饮料进行诱骗，把童童带回家中进行奸淫，并在事后给童童 1 元钱，吓唬童童回家不准和他人说起此事。随后几天，杨某见其奸淫童童的事情未败露，又先后两次将童童骗回家中进行了奸淫。最终杨某被法院以强奸罪判处有期

---

[1] 许章润主编：《犯罪学》，北京：法律出版社，2016 年，第 211 页。
[2] 转引自［英］哈夫洛克·霭理士：《性心理学》，贾宁译，南京：译林出版社，2015 年，第 13 页。

徒刑 6 年。❶ 古稀老翁谢某强奸幼女案中，年已古稀的独居老翁谢某利用邻家幼女的天真和无知，在长达 4 年多的时间将被害人进行控制，实施长期猥亵。在 2011 年看着被害人逐渐发育的身体，谢某不再满足于猥亵，于 2011 年 11 月的一天将被害人带回家中，在许以小利并加以言语威胁下，将未满 14 周岁的被害人奸淫，此后多次将被害人拘禁在家中并实施奸淫。直到 2012 年 8 月的一天，谢某再次将被害人拘禁在家中，不准回家，到半夜将其奸淫。第二天，被害人趁谢某不备逃回家中，将情况告诉家人，家人报案。谢某落网后，其长期猥亵和奸淫被害人的恶行才被揭发。谢某被清远市清城区法院以强奸和猥亵儿童罪，数罪并罚判处有期徒刑 7 年。❷ 有医学专家表示，远离配偶的务工人员、长期远离配偶外出务工的农民工，长期的性压抑必然导致性能量的积蓄，极易冲动。倘若没有合理宣泄，长期压抑冲动可能导致心理疾病，严重者走上犯罪之路。❸ 在赵某某强奸、故意杀人死刑复核案中，被告人赵某某系浙江省湖州市某温泉洗浴有限公司的务工人员。2013 年 10 月 26 日下午，赵某某驾驶助力车至湖州市吴兴区织里镇杨某某所开淘宝店玩耍，被害人韦某某（女，殁年 3 岁）也到店里玩耍，当日 21 时，赵某某产生奸淫韦某某之念，遂以带韦某某出去玩为由，让韦某某站在其助力车踏板处，将韦某某带至其暂住的湖州市吴兴区八里店镇公司宿舍内。赵某某采用手捂韦某某口鼻、膝盖压住腹部等手段制止韦某某反抗、哭喊，强行抚摸被害人的下体，并用一根金属条插入韦某某阴道，致韦某某昏迷。后赵某某因自身原因奸淫未得逞，因恐事情败露，赵某某又产生杀人灭口的念头，遂将韦某某从房间阳台窗户抛到楼下。经法医鉴定，韦某某因被捂压口鼻部致机械性窒息死亡，高坠加速了死亡的进程。最终，赵某某被最高人民法院依法以故意杀人罪判处死刑，剥夺政治权利终身；以强奸罪判处有期徒刑 10 年，决定执行死刑，剥夺政治权利终身。❹ 有研究者以"如果你这次犯罪的目的是为了性满足，那么具体原因是什么？"分别以与爱人关系不好、爱人不能满足、对异性有新鲜好奇感、受黄色文化影响、求偶失败、本能发泄、变态心理与冲动、坏人唆使为具体原因进行调查，结果显示，"本能发泄"因素在个体犯罪行为原因中所

---

❶ 北大法意中国媒体案例库：《奸淫六岁留守女童，六旬老汉被判六年》，审理法院：广东省中山市中级人民法院，发布时间：2014 年 6 月 7 日。

❷ 北大法意中国媒体案例库：《为老不尊老色狼，强奸幼女终获刑》，审理法院：广东省清远市清城区人民法院，发布时间：2013 年 4 月 6 日。

❸ 许章润主编：《犯罪学》，北京：法律出版社，2016 年，第 218 页。

❹ 北大法宝：《赵天亮强奸、故意杀人死刑复核案》，审理法院：最高人民法院，审结时间：2015 年 4 月 30 日。

占比例相当突出。❶这在一定程度上说明，性侵犯常常与行为人性需求的生理方面的原因有关。

（二）年龄与侵犯未成年人性权利犯罪

有研究者通过不同年代、不同研究者、不同研究方法和渠道的统计数据分析得出，不同年龄段的成员其犯罪比例差别甚大。一般来说，"青少年犯罪"总是居于突出位置，老年人犯罪同样不可忽视。

1. 青少年与侵犯未成年人性权利犯罪

青少年犯罪，尤其是未成年人实施的性侵害犯罪，涉及未成年人特定年龄段的生物、生理特征，年幼无知、道德意识薄弱以及反社会的叛逆意识等都有可能成为其实施性侵害的原因。长期以来，我国对青少年的性教育非常缺乏，受传统保守的性观念的影响，甚至会谈性色变，性被视为不能公开谈论的话题。在没有科学的性教育的大环境下，性充满神秘感，含有低级庸俗内容的性信息泛滥，很容易对缺乏判断力的青少年产生不良的影响，从而诱发性犯罪。在司法实践中，临时起意实施性犯罪的青少年，往往是在对性知识处于全然无知状态下，接触到色情淫秽内容，从而产生不良的性需要。在杨某某强奸案中，2012年2月12日23时许，被告人杨某某在家门口用手机观看黄色影片而欲火焚身，其见13岁的堂妹杨某去上厕所，遂萌发强奸歹意，便尾随其后将正在如厕的杨某拉到位于两家住房后耕地内的烤烟房旁，强行与其发生了性关系。鉴于杨某某系刚满14周岁的未成年人，且杨某某之父给予了被害人一定的经济补偿，并得到了谅解。最后，贵州省威宁彝族回族苗族自治县人民法院以强奸罪判处被告人杨某某有期徒刑2年，缓刑3年。❷刘某强奸案中，被告人刘某系北京市平谷区某中学初一学生。因听别人说过黄色录像片，受到强烈的诱惑，于2003年7月10日10时许，把本村不满14周岁的幼女倪某哄骗至本村一空地处，趁无人之机，将倪某强奸。最终，北京市平谷区人民法院以强奸罪判处被告人刘某有期徒刑2年，缓刑2年。❸张某故意杀人、强奸案中，未满18周岁的张某，初中二年级就辍学，在家无所事事，经常观看淫秽录像片，从而产生非分之想。2003年1月27日上午，张某伙同其不满14周岁的弟弟将一邻居家8岁的女孩诱骗至家中，趁被害人不备，将其掐晕，兄弟俩先后对其实施奸淫，然后将其杀死，将尸体、

---

❶ 许章润主编：《犯罪学》，北京：法律出版社，2016年，第218页。

❷ 北大法意中国媒体案例库：《观看黄片难耐欲火 强奸堂妹少男获刑》，审理法院：贵州省威宁彝族回族苗族自治县人民法院，发布时间：2014年6月7日。

❸ 北大法意中国媒体案例库：《刘某强奸案》，审理法院：北京市平谷区人民法院，发布时间：2004年7月20日。

衣物装入编织袋后抛至附近池塘内。同年 4 月 12 日，张某又以同样的手段将另一邻居家年仅 6 岁的女孩骗至家中，调大录音机的音量，不顾小孩反抗，将其掐昏后欲实施奸淫，未遂后将其掐死，残忍地将尸体肢解成 9 块，分装在 6 个塑料袋中，分别抛至垃圾堆中以掩盖罪行。犯罪手段残忍，情节特别严重，安徽省马鞍山市中级人民法院一审以强奸罪和故意杀人罪依法判处其无期徒刑，剥夺政治权利终身。❶

青少年不仅由于心智发育不健全，辨别和控制能力差，抵御不了黄色淫秽物品的引诱实施性犯罪，也容易因为早恋，缺乏法律知识的教育，对法律缺乏了解而触犯刑法，构成犯罪。在司法实践中，不少未成年人与不满 14 周岁的未成年人早恋，双方自愿发生性关系，而招致刑法上的惩罚后果。在孙某强奸案中，17 岁的孙某与未满 14 周岁的石某网上结识，成为网友，彼此产生爱慕之情。2002 年 8 月 12 日下午，孙某与石某在网上聊天后，遂邀石某到孙某家果园的一简易房内，畅饮啤酒，天黑后仍未回家，并于当晚 10 时许发生两性关系。此后，二人又在果园发生性关系。❷ 该案中，虽然二人系恋爱期间自愿发生性关系，但孙某明知被害人是幼女，仍然与其发生性关系，无论使用什么手段，被害人是否同意，均应以强奸罪论处，体现了刑法对未满 14 周岁未成年人性权利的最高限度的严格保护精神。

2. 老年人与侵犯未成年人性权利犯罪

如前所述，在收集的 1577 份判决书的分析样本中，能够确切统计被告人年龄的案件有 153 起，其中 60 周岁以上的老年人实施的侵犯未成年人性权利犯罪达 29 起，占能够统计年龄案件的 19%。这在一定程度上说明性侵害犯罪，尤其是性侵幼童的犯罪中，老年人实施的犯罪不可忽视。有学者指出容易导致老年人实施犯罪的个体原因主要有三个方面。一是老年人的孤独感。进入老年期后，儿女大多成家立业，年迈的父母在心理上会产生一定的孤独感，如果子女忙于工作或者由于其他原因无法对老年人尽精神赡养义务，可能会导致老年人产生孤独怨恨心理。二是因为身体衰退带来的恐惧或者因为病痛折磨而产生的心理变态。随着年龄的增长，身体的各项机能逐渐衰退，老年人会感到力不从心。如果没有对老年人进行及时的心理疏导和心理调节，老年人就有可能行为失控，实施猥亵、奸淫幼女的犯罪行为。三是失落感和绝望感。随着年龄的增长，老年人觉得生命的终点就在不远处，尤其是年轻

---

❶ 北大法意中国媒体案例库：《张某故意杀人、强奸案》，审理法院：安徽省马鞍市中级人民法院，发布时间：2004 年 4 月 27 日。

❷ 北大法意中国媒体案例库：《孙某强奸案》，审理法院：河北省肃宁县人民法院，发布时间：2003 年 7 月 15 日。

时碌碌无为的老年人，会因为没有机会弥补而产生失落感。还有的老人，由于在孩子身上倾注的精力太多，孩子事业或者对自己的报答未能达到预期，也会产生怨恨和报复心理。❶也有观点从性心理学的角度分析认为，性衰退也是导致老年人实施性犯罪的原因。不仅女性到绝经的年龄，其性欲可能被影响，男性在即将进入老年时，其性冲动也会突然变得紧迫。勒普曼就曾说过，除了性的衰老，在性心理现象中，实在找不出其他的先天变态让一个男性做出专门性侵女童的事情。有学者认为，性欲突发的倾向的确会出现在老年人身上，但也要承认，随着年纪的增长，人的性情会变得自私，同情心也会慢慢下降，让性欲脱离自我的控制。❷因为性功能的日渐萎缩，只要得到一些表面的性接触就会满足。年纪越老的人越容易满足，也越不知羞耻。很多年前，勃罗亚德尔曾提出，性侵犯行为人年纪越大，被侵犯之人年纪就越小，这种增减的趋势很整齐。但是并不是每个老年人都有，只要老年人有一个健康的身体和清醒的大脑，就算出现冲动也很容易克制，就算这种行为代表着对当事人的喜爱，并且还含有一些性的成分，这也不是一种病态的现象。然而，克拉夫特·埃平和勒普曼就认为，就算一个老年人拥有健康的神志，也有可能对女童做出性侵犯行为。❸在吴某某强奸案中，被告人吴某某已年满75周岁，2013年10月5日中午，被告人吴某某见本村8岁的吴某甲和下汤镇社楼村5岁的张某某在其侄子吴某乙家玩耍，心生邪念，将两名被害人骗至屋内，将二人抱到床上，先后进行了奸淫。最后，吴某某被河南省鲁山县人民法院依法以强奸罪判处有期徒刑5年。❹该案中，被告人归案后能够如实供述自己的罪行，认罪态度也很好，说明老年人拥有健康的身体和清醒的神志，但仍然将犯罪的魔爪伸向了年幼无知的幼童，其犯罪情节恶劣，社会危害性很大。

二、犯罪人智力文化水平的原因

近代启蒙主义使人们深信自己是在理智地进行行为选择，认定行为人实施会给自己带来惩罚的犯罪行为是愚蠢的，进而推断实施愚蠢行为的人是愚蠢的、弱智的和低能的，犯罪学家龙勃罗梭对此观点是毫不怀疑的。后来龙勃罗梭也意识到情形并非一定如此，但是，他仍然坚信所有的犯罪人，包括

---

❶　许章润主编：《犯罪学》，北京：法律出版社，2016年，第224页。
❷　［英］哈夫洛克·霭理士：《性心理学》，贾宁译，南京：译林出版社，2015年，第197页。
❸　［英］哈夫洛克·霭理士：《性心理学》，贾宁译，南京：译林出版社，2015年，第198页
❹　案件字号：（2014）鲁刑初字第35号，审理法院：河南省鲁山县人民法院，审结日期：2014年3月21日。

那些天才的犯罪人，在某一方面存在着智力缺陷。❶ 到了 20 世纪初叶，越来越多的学者用智力测验来证明智力低下和犯罪人之间存在着因果关系，亨利·H. 格达德（Henry H. Goddard）在著作中估计，50% 以上的罪犯的智力是低下的，"再也不能否认，违法犯罪最重要的和唯一的原因是由于低等的智力状况。多数犯罪的原因都是由于智力低下"。❷ 随着智力测量技术的成熟以及大量的统计数据的问世，犯罪是智力低下所导致的行为失范的观点，受到了越来越多的质疑，甚至有学者认为智力与犯罪呈负相关。❸ 不过对于高智商的犯罪并不意味着特定个体因为智力和知识的原因而实施某种犯罪。人们仍然相信通过教育手段可以改变人的智力和知识水平，从而使其更加遵守社会规则和控制自己的行为。龙勃罗梭曾从受教育程度的角度分析个体智力与犯罪之间的关系，不过其认为"对累犯和未成年人进行教育是徒劳无益的"。❹ 智力也许并不是绝对能触引或促发犯罪的因素，但该因素对个体如何实施犯罪行为以及实施怎样的犯罪行为肯定是有一定的影响的。❺ 有研究者认为在强奸犯罪中，强奸犯大多是一些干体力活或者身体比较好的男性，诸如搬运工、汽车驾驶员、森林工作人员等。❻ 在前述能够统计犯罪人职业的案件中，农民、务工人员、门卫、保安和司机等实施的性侵害未成年人的犯罪，占到了将近 30% 的比例。其中，农民和务工人员实施的性侵害未成年人犯罪占到了 20%，门卫、保安实施的性侵害未成年人犯罪占到了 3.7%，司机实施的性侵害未成年人犯罪占到了 1.1%。这在一定程度上也显示，受教育程度低的人，由于法律意识淡薄，道德观念意识不足等，对犯罪行为缺乏有效的控制，容易在特定条件下实施性侵害未成年人的犯罪。在周某某强奸幼女案中，周某某系仅有小学文化水平的农民，因盗窃罪被判处有期徒刑 9 年，刚刑满释放。2008 年 10 月 11 日晚，潘某某与 13 岁的被害人张某某、13 岁的王某某应邀到被告人周某某处吃晚饭。其间，被告人周某某看中被害人张某某，准备将其带到贵阳后做老婆。于是饭后就将门反锁，阻止张某某离开。当晚 11 时许，被告人周某某将张某某拉到卧室强行奸淫。次日凌晨，被害人张某某在被带到贵

---

❶　［意］切萨雷·龙勃罗梭：《犯罪人论》，黄风译，北京：中国法制出版社，2000 年，第 143 页。

❷　转引自［美］里查德·昆尼等：《新犯罪学》，陈兴良等译，北京：中国国际广播出版社，1988 年，第 59 页。

❸　刘强：《美国犯罪学研究概要》，北京：中国人民公安大学出版社，2002 年，第 111 页。

❹　转引自许章润主编：《犯罪学》，北京：法律出版社，2016 年，第 226 页。

❺　许章润主编：《犯罪学》，北京：法律出版社，2016 年，第 226 页。

❻　［美］伦那德·D. 塞威特兹等：《性犯罪研究》，陈泽广译，武汉：武汉出版社，1988 年，第 35 页。

阳的途中逃脱。由于被告人周某某是累犯，贵州省黔西县人民法院以强奸罪判处被告人周某某有期徒刑 9 年。❶

当然，侵犯未成年人性权利犯罪中，也不乏文化水平、社会地位较高的国家工作人员、校长、普通教师、医生等犯罪者实施的犯罪。尤其在近年来媒体公开的案件中，教师性侵害学生的案发率一直居高不下。这些犯罪者由于身份特殊，对未成年人具有一定的教育、保护义务，其实施的性侵害未成年人犯罪社会危害性严重，社会影响恶劣。2007—2008 年，贵州省习水县发生政府官员多次参与被害人众多的恶性嫖宿幼女案件，涉及 5 名公职人员，且均被判刑。❷ "官员强奸多名幼女，高院核准执行死刑"案件中，被告人李某某犯罪前系永城市委副秘书长、市委办公室副主任。2012 年 5 月，经一名受害女童的母亲报案，警方在永城市某中学门口抓获了再次伺机作案的李某某，一起涉嫌强奸、猥亵 11 名幼女的案件浮出水面。经审理，河南省商丘市中级人民法院一审认定被告人李某某犯强奸罪，判处死刑，剥夺政治权利终身；犯猥亵儿童罪，判处有期徒刑 2 年，两罪合并决定执行死刑，剥夺政治权利终身。河南省高级人民法院二审，依法裁定驳回上诉，维持原判，报请最高人民法院核准，被告人李某某被执行死刑。❸ 小学副校长王某强奸学生案件中，王某系湖北省荆门市沙洋县一小学副校长兼教导主任、学校会计，在先后担任五、六年级班主任和代课教师期间，利用师生从属关系和为学生申请贫困生指标的工作便利条件，对其班上 11 名女学生进行奸淫、猥亵。2011 年 5 月，王某被抓获。湖北省沙洋县人民法院判决王某犯强奸罪，判处有期徒刑 15 年；犯猥亵儿童罪，判处有期徒刑 4 年，决定执行有期徒刑 18 年。❹ 这些具有国家公职和教师身份等的犯罪人实施的性侵害未成年人案件，不胜枚举。随着社会文化的发展，我国传统的性伦理、性道德观念，已经不能适应现代社会的变化，逐渐失去了对人们性观念、性行为的约束力，新的能够普遍为人们接受的现代社会性行为的道德观念还没有完全形成，从而造成性道德规范教育的缺失，造成法律观念薄弱、自我约束和控制能力不强的行为人对自己的行为失去控制。

---

❶ 北大法意中国媒体案例库：《刚刚刑满释放，又强奸幼女》，审理法院：贵州省黔西县人民法院，发布时间：2010 年 6 月 11 日。

❷《贵州习水嫖宿幼女案 5 名公职人员获刑》，http://sjb.qlwb.com.cn/qlwb/content/20131025/ArticelA04005FM.htm，访问日期：2019 年 6 月 23 日。

❸ 北大法意中国媒体案例库：《官员强奸多名幼女，高院核准执行死刑》，审理法院：最高人民法院，发布时间：2013 年 6 月 20 日。

❹ 北大法意中国媒体案例库：《副校长丧心病狂，强奸学生获刑 18 年》，审理法院：湖北省沙洋县人民法院，发布时间：2012 年 2 月 8 日。

三、犯罪人非观念层面的心理原因

非观念层面的因素即犯罪的心理原因，指导致行为人实施犯罪行为的一切人格、个性因素，诸如情绪、情感、意志、动机、气质、能力等与行为密切相关的要素以及个体心理过程的特点。❶ 由于这些因素和活动，并不能完全被个体理性地认知和把握，并且相对于观念层面，非观念层面的因素更加隐蔽和位处深层，与一个人的生理素质的联系也更加紧密，因此很难进行改变。总体而言，情绪、情感，需要和动机，个性心理特征以及变态心理，是与犯罪具有密切关系的非观念层面的因素。

（一）情绪、情感与性侵害未成年人犯罪

情绪、情感是人们对外在客观世界好恶态度的一种体验，具体表现为快乐、愤怒、恐惧、悲哀等，且快乐、愤怒、恐惧、悲哀被认为是人最基本、最原始的情感和情绪。尤其是当犯罪人在不良情绪的情感状态下时，容易实施犯罪。行为人在受到打击、遭受变故与灾难等无法调节自己的精神状态的时候，就容易表现为痛苦、失意、愤怒和仇恨等不良情绪。这些不良情绪具有极强的破坏性。行为人在愤怒、仇恨和报复心理的情况下，就有可能采取极端行为，导致犯罪。现实中，行为人可能因为微不足道的委屈和挫折就引发愤怒和仇恨，个体就很可能寻找比自己更加弱小的对象进行报复，以发泄仇恨，舒缓愤怒，以求心理平衡。性侵害未成年人犯罪中，不少犯罪人因为夫妻情感不和，两性生活不协调，或者工作、情感遭受变故等产生报复心理，将犯罪的魔爪伸向年幼的未成年人。在郭某强奸案中，被告人就是因为感情受挫，产生报复心理而实施犯罪行为。出生于江苏省一个普通农民家庭的郭某，17岁来到了辽宁省鞍山市馒头厂打工做力工。郭某既能干活又老实本分的人品让厂里一个叫马某的鞍山女孩看在眼里喜在心上，从此女孩跟郭某好上了。但郭某心里一直没底，担心马某的父母看不上他这个乡下人。不出所料，马某的父母听说自己的宝贝女儿要嫁给一个没啥本事的乡下人，死活不同意。在这种情况下，马某与郭某私奔了。在吉林省某地两人租房同居，后来马某怀孕了。两人想用这种生米煮成熟饭的办法逼马某的父母改变主意。然而，马某的父母丝毫没有让步，最后逼女儿做了流产。马某最终屈服，与郭某分手。分手后，郭某开始痛恨女人，他发誓要报复女人。1997年5月28日，郭某来到鞍山师范学院的女厕所，潜伏在暗处等待时机。一个女孩进来了，郭某冲上去掐住了对方的喉咙，强奸了被害人。因女孩一直反抗，最后

---

❶ 许章润主编：《犯罪学》，北京：法律出版社，2016年，第227页。

郭某把被害人掐死了。在接受记者采访时，郭某说："不知怎么搞的，我把她当成马某了，就过去把她强奸了，最后又掐她喉咙，直到把她掐死。"就这样，郭某在前后 5 年的时间里共强奸了 14 名少女。2002 年 4 月，郭某在作案时被警方抓获。2003 年 3 月 12 日，鞍山市中级人民法院判处郭某死刑，剥夺政治权利终身。辽宁省高级人民法院核准了鞍山中级人民法院对郭某的死刑判决。❶

不良情绪对人具有致命的打击和伤害，如果不能得到专业的心理援助，内心情绪得不到有效的发泄，报复、仇恨心理就会埋下犯罪的种子。重庆 37 岁男子蔡某元自感夫妻性生活不和谐，竟将犯罪的魔爪伸向了自己不满 14 周岁的亲生女儿。2009 年 9 月中旬和 2010 年 7 月的一天晚上，蔡某元趁妻子不在家之机，在晋江紫冒的出租房内奸淫了女儿。2010 年 7—11 月，他趁女儿熟睡之机，多次猥亵女儿。2010 年 11 月 3 日晚，他趁女儿熟睡时，爬到女儿床上，对其进行猥亵，后被妻子发现并制止。蔡某元落网后，给检察官和法官写了一封 20 多页的忏悔书。据办案法官介绍，庭审上，蔡某元自称后悔犯下的罪行。最后法院一审以犯强奸罪和猥亵罪判处蔡某元有期徒刑 8 年 6 个月。❷ 在李某酒后强奸养女一案中，该家庭悲剧的发生，缘于李某想通过强奸前妻的女儿来报复夜不归宿的妻子。李某与前妻都属于二婚重组家庭，婚后和前妻带着 17 岁的养女一起生活。不料天不遂人愿，结婚不到两年，二人便因感情不和于 2011 年 5 月离了婚。因为李某暂时不想回自己家里住，所以与前妻居住在原来租住的房子里。自离婚后李某的心情就一直不好，再加之前妻经常夜不归宿，李某的心情就更加抑郁。2011 年 6 月 4 日凌晨，李某在外喝醉酒回到家中见前妻还未回家，顿时怒火从心中起，此时见养女小玉独自在屋中睡觉，李某便产生了强奸小玉来报复前妻的恶念。于是李某轻轻打开房门，来到小玉的床前，小玉听到声响就醒来了，模模糊糊中看见被告人，就问："叔叔，你干吗？"李某立即用手捂住小玉的嘴，并用言语威胁小玉，然后把小玉的衣裤全部脱光并实施了强奸。2011 年 9 月 27 日，荔浦县人民法院一审以被告人李某犯强奸罪，判处其有期徒刑 3 年 7 个月。❸

---

❶ 北大法意中国媒体案例库：《郭强强奸案》，审理法院：辽宁省高级人民法院，发布时间：2003 年 3 月 12 日。

❷ 北大法意中国媒体案例库：《男子性生活不和谐 多次强奸 14 岁亲生女》，审理法院：福建省晋江市人民法院，发布时间：2011 年 4 月 13 日。

❸ 北大法意中国媒体案例库：《报复前妻夜不归宿 男子酒后强奸养女》，审理法院：广西壮族自治区荔浦县人民法院，发布时间：2011 年 9 月 29 日。

（二）需要、动机与性侵害未成年人犯罪

1. 需要与性侵害未成年人犯罪

动机是基于内部需要和外部刺激而引发的、推动人们去行动的动力。1943 年，美国心理学家亚伯拉罕·马斯洛在《人类激励理论》一文中指出，人的需求分为生理需求、安全需求、社交需求、尊重需求和自我实现需求。低一层次的需求获得满足后，才会进而产生高一级的需求。犯罪人具有不同的需要，基于需要的实现而去实施犯罪。犯罪人并非因为非正当的需要才实施犯罪，非常正当的需要得不到满足时也会导致犯罪行为的发生。性侵害未成年人犯罪的犯罪人往往因为生理上的性的需要与需求刺激、侥幸心理等而实施犯罪。性是人的一种本能，人具有性自由权和性自治权，有与他人实施性行为的权利，也有拒绝他人实施性行为的权利。但这只是针对能够、有能力实现性自由权和性自治权的成年人而言的，且成年人的性本能、性冲动也是需要引导和控制的。无论是宗教、道德和社会习惯，还是任何一个国家的法律，对性冲动都有限制。每当人的性冲动要前进时，不是被宗教阻碍，就是被道德限制和法律控制。性冲动的满足需要他人的配合才能得以实施，而他人的出现和配合，就会延展到社会、道德和法律的领域。对于未成年人，尤其是未满 14 周岁的未成年人而言，由于其生理发育和年龄的原因，未成年人及其性权利受到国际法和国家法律的保护，其性完整权、性身体安全权等更需要国家法律的保护。任何人不能因为满足自己的性需要的实现，而对未成年人实施性侵害。

2. 追求刺激与性侵害未成年人犯罪

随着社会的发展，物质越来越丰富，不少人摆脱了为了生计而奔波的处境，有了更多的闲暇，也变得越来越不满足，反而出现了无意义感和无聊感。消极的人可能会出现一些追求刺激的越轨行为，传统的道德观念和法律对自身行为的约束弱化，出现了扭曲的人生观和性价值观，为寻求性刺激，实施性侵害未成年人犯罪行为。在杨某某和李某强奸案中，两名被告人就是在深夜闲逛时，为了寻求刺激而事前商量对未成年被害人吴某某实施的暴力强奸行为。在 2013 年 8 月下旬某日的深夜，被告人杨某某和李某伙同两名男子在彝良县城闲逛后，提出找几个女的来再要一下，被告人杨某某便叫王某某开车到一位在县城打工的少女吴某某的租住房处，将吴某某叫上车后，被告人李某某又到街上将其认识的另一名女子叫来，几人一同到县工业园区院坝内吃宵夜饮酒。次日凌晨 2 时许，两名被告人与另外两名男子将两名女性带到出租屋内，两名被告人暗中密商伺机与吴某某发生性关系。当被害人吴某某发现被告等人对其欲行不轨时，便两次借故离开出租屋，但均被杨某某强行拉回，并让吴某某在卧室的床上睡觉，杨某某也随同进入卧室与被害人睡在一起。当被告人杨某某外出上厕所时，被告人李某便趁机进入室内上床欲与被害人吴某某发生性关系，但遭到吴某某的竭力反抗而无法得逞，被告人杨某某回到室内见状便上前按住被害人吴某某的手脚，协助被告人李某强行脱下被害人吴某某的裤子后对其实施了奸淫。被告人杨某某在一旁看着被告人李某对被害人吴某某奸淫完毕后，又上床强行对被害人吴某某实施了奸淫。两名被告人施暴满足了兽欲后昏然入睡，被害人趁机逃离出租屋，不顾黎明前的黑暗冒雨步行回到家中，向家人哭诉了被害经过，被害人家人将其带到公安机关报了案。2014年6月12日，彝良县人民法院依法开庭不公开审理了该案，认为被告人杨某某、李某目无国法，违背妇女意志，公然使用暴力共同强行对同一未成年少女实施奸淫，其行为构成强奸罪，应依法从重处罚，遂依法判处被告人杨某某有期徒刑12年，判处被告人李某有期徒刑10年。❶

3. 腐朽的性观念与性侵害未成年人犯罪

不少人迷失了人生方向后，腐朽的性观念将自己推下犯罪的深渊。尤其是具有国家工作人员身份的少数工作人员，人前光鲜亮丽，满嘴仁义道德，其内心龌龊的心理驱使其实施生活腐化、思想堕落的行为，将犯罪目标盯向了未成年人，为了"买处"或者满足自己的兽欲而实施性侵害未成年人犯罪。四川省宜宾市国税分局原局长卢某某强奸幼女案就是一个典型案例。2008年10月，被告人让个体户牟某为他找处女"破处"，牟某则通过侄女牟某某帮忙，通过其他未成年人找到不满14周岁的被害人何某，并于2008年12月20日将何某带至牟某处，被告人卢某某支付6000元给牟某后，在被害人不情愿的情况下，将被害人奸淫。2009年8月3日，四川省宜宾市翠屏区人民法院经过审理，以强奸罪判处卢某某有期徒刑10年。卢某某不服判决，提出上诉，四川省宜宾市中级人民法院经过审理认为，原审判决定罪准确，量刑适当，审判程序合法，遂驳回上诉，维持原判。❷

没有责任压力的青少年更容易滋生无意义感，从而为寻求性刺激实施越轨行为，乃至犯罪行为。随着网络的普及，青少年很容易接触到不良的黄色文化，受不良性信息、性观念的影响和黄色文化的刺激更容易实施性犯罪。在未成年人谭某强奸8岁放学女童一案中，被告人谭某就是因为观看淫秽作

---

❶　北大法意中国媒体案例库：《雨夜少女遭蹂躏　法庭重拳惩色狼》，审理法院：云南省彝良县人民法院，发布时间：2014年6月18日。

❷　北大法意中国媒体案例库：《四川宜宾国税分局局长强奸幼女案终审维持原判》，审理法院：四川省宜宾市中级人民法院，发布时间：2010年1月12日。

品后实施的性侵害未成年人犯罪。2012年3月12日下午4点左右，被告人谭某窜至株洲县砖桥乡马迹小学，看到8岁女童谢某放学后从后山走路回家，便尾随其后，在快到山顶时，突然追上去抓住被害人，对被害人实施了奸淫行为。被告人因是未成年人且认罪态度较好，株洲县人民法院判处被告人有期徒刑1年6个月。❶

（三）变态心理与性侵害未成年人犯罪

变态心理是相对于非变态心理而言的，包括感知觉变态、思维过程变态、情绪情感变态、意志变态和人格变态。❷这里主要关注犯罪人的人格变态。人格变态主要包括精神病后遗性人格变态、变态人格和性变态三大类。变态心理与犯罪主要关注的是性变态。性变态主要指在性意向、性行为方面与众不同，主要表现为恋童癖和性虐待。恋童癖指行为人对青春期前的孩子表现出性兴趣，主要表现为对儿童存在持久的性意图，进行性幻想，有迫切的性需求，与儿童发生性行为等。恋童癖多见于男性，性侵的对象是儿童，有同性恋童癖、异性恋童癖以及双性恋童癖之分。在医学上，它是一种精神心理疾病，产生的原因有生物学因素、心理因素、社会因素等多方面的原因。从生物学的角度来说，恋童癖的形成可能与遗传和体质因素有关，心理因素多与性心理发育障碍以及父母对子女不当的性教育有关。恋童癖以幼童为性侵对象，对幼童的身心伤害非常严重，容易引起社会恐慌。域外国家对恋童癖的惩治严厉。欧美国家针对恋童癖者和惯犯普遍实行"化学阉割"，主要通过对恋童癖者和性犯罪惯犯注射药物的方式，以减少男性荷尔蒙来抑制性冲动，以在一定期限内使恋童癖者失去性犯罪的能力。韩国是第一个实行"化学阉割"的亚洲国家。2011年7月，韩国针对严重性犯罪进行"化学阉割"的法案获得通过，规定对性侵犯未满16岁的儿童的初犯者和再犯者进行强制"化学阉割"，在犯罪者出狱前2个月开始实施"化学阉割"，最长的期限可达15年。有的国家甚至还规定对性犯罪者可以实施"物理阉割"，捷克就是可以对性犯罪者实施物理阉割的国家。有专家认为"化学阉割"是缓解遭遇极度性紊乱的犯罪者性冲动的最成功的方法。在美国，恋童癖者即使单纯表现出性侵害女童的倾向，也将面临重刑。据《太阳报》报道，美国37岁的兰德尔·基思·米德基夫（Randall Keith Midkiff）被法院判处30年监禁。因为他向自己在社交媒体平台认识的单亲妈妈称，自己可以和她结婚，但前提是他

---

❶ 北大法意中国媒体案例库：《8岁女童放学路上被强奸 16岁少年看淫秽作品后所为》，审理法院：湖南省株洲县人民法院，发布时间：2012年9月3日。

❷ 许章润主编：《犯罪学》，北京：法律出版社，2016年，第236页。

可以每周两次性侵其 9 岁的女儿。检察官称，兰德尔试图搬去和那位单亲妈妈一起住，以获取性侵女童的权利。他还向单亲母亲承诺，自己会照顾好家庭。法庭上，兰德尔还承认，自己曾对另一个女童动过邪念。当时他到一个家庭帮忙修理空调，随后他在社交媒体上联络这个家庭中的女儿，询问对方是否愿意给他提供性服务。最后，法庭判决兰德尔 30 年监禁。刑满出狱后，兰德尔将面临终身缓刑期。❶ 对性侵害未成年人的行为应实行"零容忍"，尤其针对有可能对儿童实施性侵害的恋童癖者应采取特殊的预防措施，以最大化保护未成年人的性权利。

四、犯罪人观念层面的心理原因

犯罪人观念层面的心理原因，指支配犯罪人行为的观念及其理据，犯罪人对其具有明确的意识并且信守不渝。❷ 古典犯罪学理论认为，犯罪是经过犯罪人理性思考后而实施的犯罪，犯罪行为反映了行为人犯罪意识的卑劣性。在司法实践中，犯罪人多缺乏法律意识，其价值观、道德观、成就观等与社会对人们的共同生活要求、与社会的主流价值观相背离，行为人对自己行为的社会评价和法律评价出现偏差和错误，从而实施触碰道德、法律底线而为社会所不能容忍的行为。"心理强制主义的刑法学说"的代表费尔巴哈认为人人都有追求快乐、避免痛苦的本能。他说："人欲求快乐，所以努力获得一定的快乐。人又要逃避一定的痛苦……因而人可能获得较大的快乐时，就断绝较小快乐的意念；而可能避免较大的痛苦时，就忍受较小的不快乐。"❸ 犯罪总是行为人在快乐与痛苦两相权衡之后作出的理性的选择行为。康德认为人是有理性的，人的意志是自由的，犯罪是有自由意志的个人违反理性的绝对命令的行为。黑格尔也认为人是有自由意志的，而且他人的自由意志是不可能被强制的。犯罪是除小孩、白痴、疯子等没有自由意志的人之外的理性人的自由意志的产物。❹ 犯罪与一个人的价值观、道德观和法律意识等观念层面的心理原因有密切的关系。

（一）犯罪人的价值观与性侵害未成年人犯罪

价值观是人认定事物、辨别是非的一种思维或取向，从而体现人的价值

---

❶　罗伊晴：《美国恋童癖男子迎娶单亲妈妈 只为"一周两次"性侵 9 岁女儿》，https://baijiahao.baidu.com/s？id=1638092711894445969&wfr=spider&for=pc&sa=kf，访问日期：2019 年 7 月 4 日。

❷　许章润主编：《犯罪学》，北京：法律出版社，2016 年，第 238 页。

❸　［日］山口邦夫：《19 世纪德国刑法学研究》，东京：八千代出版股份公司，1979 年，第 27 页。

❹　转引自：《西方法律思想史资料选编》，北京：北京大学出版社，1983 年，第 395 页。

和作用。价值观对人的动机具有导向作用，也反映人们的认知和需求状况。价值观具有稳定性、持久性、主观性等特征。人的价值观一旦形成，在条件不变的情况下其认知不会改变。人在区分好与坏的标准时，也是根据个人内心的尺度进行衡量和评价的。价值观与犯罪具有密切的关系，性侵害未成年人犯罪与犯罪人扭曲的人生成就意识、性满足的犯罪动机等密切相关。

1. 人生成就的认知影响个体对自己行为的评价，指引个体的行为取向

现代工商社会的悖论在于，成功与善恶在人们的意识中分解为可以互相割裂开来的评价标准。作恶并不影响其功名，工商社会不加掩饰的功利准则更加强化了成功与善恶评价的分离。现实社会中，人事业上的成功有时能够淡化善恶标准，成功与失败的结果甚至有时可以取代善与恶的标准。善带来的好处是不确定的和不能量化的，成功带来的好处却是显而易见的，尤其是当人行恶并不一定带来恶报，相反能够满足自己的私欲时，其追求私欲所带来的满足感是促成行为人犯罪的动因。2019 年 6 月 30 日 22 时许，上海市普陀警方接到王女士报案，称其女儿被朋友周某从江苏老家带至上海并入住上海市一家酒店，其女儿在房间内遭受一男子猥亵。至此备受媒体关注的上市公司新城控股董事长王某猥亵 9 岁女童一案进入公众视野。王某作为上市公司董事长，将罪恶的魔爪伸向 9 岁的女童，经过验伤，受害女童阴道疑为手指造成的撕裂伤，构成轻伤。这样的行为违背社会对人们共同行为准则的要求，触犯公众的道德底线和法律底线，且猥亵犯罪行为是行为人王某有目的、有意识实施的。理由在于被害人是由被害人母亲的朋友周某以带被害人到上海迪士尼乐园游玩为由带进行为人所在酒店的，且一起送进行为人所在酒店的还有一名 12 岁的女孩，事后周某获取了 1 万元的报酬。在曝光王某此次猥亵犯罪之前，王某也许不止猥亵 9 岁女童这一次犯罪行为。2013 年新城控股发起名为"七色光计划"的公益活动，支持教育平权、儿童健康等公益事业。该计划希望用"七色光"照亮学生的未来，"用温暖照亮童年"，同时"让幸福变得简单"。❶ 然而，王某给儿童带来的不是光明，而是罪恶的阴影，是其自身的行为让儿童的幸福变得不简单，正是行为人在事业上的成功和伪装的善行遮盖了他的罪恶。行为人之所以在实施猥亵幼童的犯罪行为之后，内心不害怕受到制裁，不害怕遭受媒体曝光，是因为行为人拥有一定的势力网络，相信自己是足够安全和能够受到保护的。

2. 性欲型动机与性侵害未成年人犯罪

---

❶ 《9 岁女童被母亲朋友带走"有偿猥亵"，律师：熟人关系性侵占比近 70%》，https：//mbd. baidu.com/newspage/data/landingshare？pageType=1&isBdboxFrom=1&context=%7B"nid"%3A"news_9762725981047207405"%2C"sourceFrom"%3A"bjh"%7D，访问日期：2019 年 7 月 7 日。

有学者对现代社会中犯罪人最常见的犯罪动机和目的进行统计显示，1990年、1993年、1996年和1999年，犯罪人因性满足而实施犯罪的比例分别为6.5%、10.1%、9.5%、8.2%。❶ 歪曲的性意识、腐朽的人生观和世界观是性欲型动机犯罪人最主要的心理特征。性欲型动机犯罪指以淫乐性动机作为主要犯罪动机，以满足性欲为目的或以性行为为手段达到其他目的的犯罪行为，是一种违背社会道德规范和法律规范、侵犯他人性权利、妨害家庭和社会秩序的犯罪。❷ 这里的性欲型动机犯罪是指我国刑法所禁止并予以惩罚的性犯罪行为。性欲型动机犯罪具有严重的社会危害性，其行为侵犯他人的性权利，对被害人身心造成难以恢复的伤害，削弱公众的安全感，尤其是对未成年人实施的性侵害，严重侵蚀未成年人的身心健康。性欲型动机犯罪的产生不仅受犯罪人生理、心理因素的影响，也受社会环境中的性观念和性价值观的影响。满足性欲是性欲型动机犯罪的主要目的，除此之外也有基于性侵犯的欲望，或者是出于好奇、追求刺激的需要等。犯罪人在实施性犯罪之前往往情绪激动，丧失理智，千方百计地寻找或设法接近被害对象，精心选择时间和地点。实施性犯罪时，其目的主要集中在性欲的满足和性刺激上，很少考虑行为的严重危害后果，在被害人的反抗中以野蛮的行为摧残被害人，给被害人带来严重的身心伤害。2012年在江西省吉安市发生的影响恶劣的"5·11"奸淫幼女案中，被告人曾某从1993年9月走上强奸犯罪道路至2011年9月，18年来奸淫成性，四度入狱释放后，仍恶性不改。2012年5月，曾某又预谋奸淫女性，5月10日，经过踩点，他选定在吉安市吉州区天龙花园小区的一栋房屋顶楼作案，并选定作案对象为小女孩卢某。次日下午，曾某潜入该小区，尾随刚放学的卢某，哄骗被害人帮其送信到顶楼人家，待被害人到达楼顶后，曾某趁其不备，用鞋带勒紧被害人卢某的颈部，致其不能动弹后实施了奸淫，后卢某死亡。被告人曾某被吉安市中级人民法院以强奸罪判处死刑，剥夺政治权利终身，并赔偿附带民事诉讼原告人即被害人卢某的父母经济损失376927元。❸

性欲型动机犯罪人在犯罪的过程中，利用被害人心理的情形比较突出。主要表现为以下几种情况。

第一，犯罪人往往会选择未成年人女性或者弱小的儿童作为犯罪对象。因为未成年人女性或者年龄较小的儿童一般面对性侵害犯罪分子，尤其是采用暴力实施的性犯罪者时比较恐惧和软弱，不敢揭发犯罪人的恶行。不少被

❶　许章润主编：《犯罪学》，北京：法律出版社，2016年，第240页。

❷　罗大华：《犯罪心理学》，北京：中国政法大学出版社，2014年，第138页。

❸　北大法意中国媒体案例库：《18年来奸淫成性 奸淫幼女案主犯获死刑》，审理法院：江西省吉安市中级人民法院，发布时间：2012年8月23日。

害人，尤其是未成年人自己或者其家长在传统的性观念的影响下甚至会选择忍气吞声。2010 年 9 月至 2011 年 6 月，安徽省望江县某小学年近五旬的教师杨某以学生做错题目为由，趁将学生叫到讲台或到学生座位指导做题之机，猥亵班级学生 10 余人。2011 年 6 月 10 日下午，杨某在上课时，以 7 岁女生小丽做错题为借口，将其叫到班级讲台前，并对其进行猥亵，导致女生下体受创出血，并于次日住院治疗。案发后，受害人家长却因为种种原因不愿走法律途径。犯罪人最终受到刑事追究，是因为一位知情人获悉后，通过上网发帖的方式揭露该教师的犯罪行为，该教师在潜逃途中被抓获。最终，望江县人民法院以猥亵儿童罪判处该老师有期徒刑 2 年。❶

第二，犯罪分子利用未成年人思想不成熟、容易哄骗等身心发育特点对未成年人实施性侵害。行为人采用给零食、零花钱、玩具等诱骗被害人脱离监护，诱骗被害人到偏僻处或者犯罪人居住地等场所实施性侵。2003 年 6 月 11 日 11 时 50 分许，被告人魏某某途经上海市浦东新区张江镇环东中心村钟家宅某号处，见与不到 4 岁的被害人施某某一起玩耍的孩子四散走开，留下施某某独自一人，被告人魏某某遂掏出人民币 5 角给施某某让其买糖吃，然后将施某某抱至旁边的矮墙上，脱下施某某的裤子，欲对其实施奸淫，因被害人的母亲冉某某及时发现而未果。被告人随后逃逸，后在逃跑途中被抓获。最终，被告人被以强奸罪判处有期徒刑 3 年 6 个月。❷

第三，犯罪分子利用与被害人之间的信任、依附、从属关系及被害人在情感和经济上的依赖等心理特点和弱势地位对未成年人实施性侵害。这种情况通常发生在被害人与亲属、教师、医生、未成年救助机构的工作人员之间。尤其是亲属主体对未成年人实施的性侵害犯罪中，通常表现为具有抚育关系的亲生父亲、继父或者与未成年人共同生活的亲属对未成年人实施的性侵害。由于未成年人在情感上和经济上对亲属都有依赖，且通常发生在家庭内部，隐蔽性较强，被害人一般选择忍气吞声，更不易被人揭发，甚至有的案件中母亲也成为父亲犯罪的帮凶。在王某强奸继女案中，母亲改嫁给王某后，女儿小王跟着母亲和继父一起生活。继父经常打骂小王，有时甚至不给饭吃。小王的母亲因为是再婚，生怕丈夫抛弃自己，对丈夫的行为一味迁就。2001 年 10 月的一天，小王的继父提出让 15 岁的小王陪他"高兴高兴"，其母亲不仅未加阻拦，反而劝说女儿："让你继父高兴了，想要什么都行。"小王表示

---

❶ 北大法意中国媒体案例库：《猥亵十余名小学生 五旬男老师获刑两年》，审理法院：安徽省望江县人民法院，发布时间：2012 年 3 月 27 日。

❷ 案件字号：（2013）浦刑初字第 3988 号，审理法院：上海市浦东新区人民法院，审结日期：2013 年 11 月 19 日。

拒绝，其母亲以打骂相威胁，并帮助丈夫实施了强奸行为。2001 年 10 月至 2003 年 11 月，小王多次在母亲知情的情况下被继父强奸。2003 年 11 月，小王再也无法忍受痛苦的生活，在老师的帮助下，向公安机关报案。最终小王的继父和母亲分别被判处有期徒刑 12 年和 7 年。❶

第四，利用被害人害怕揭发隐私的心理实施性侵害。随着网络技术的迅速发展，利用网络实施的性侵害未成年人案件也呈不断上升趋势。犯罪人主要通过诱骗被害人发送裸照或者利用被害人的照片合成裸照，或是诱骗被害人与其发生性关系后录视频等方式，利用被害人害怕隐私暴露的心理，重复对被害人实施性侵害或者以此手段多次实施性侵害犯罪。霍某某强奸案中，被告人从 2006 年 7 月至 2011 年 4 月将近 5 年的时间里，以虚假身份通过网络聊天、手机短信聊天等方式，获取未成年在校女学生或者其他女网友的真实身份材料后，以公开经其引诱进行的有淫秽内容聊天的记录、利用被害人头像合成的裸体照片等方式相威胁，或者以帮助安排工作、教绘画为由，逼迫、诱骗被害人见面，先后在上海市、江苏省南京市，安徽省合肥市、滁州市、天长市、全椒县等地的宾馆、旅店及被告人经营的儒林画院，共对 25 名被害人实施了强奸行为，强奸既遂 16 人，其中聋哑残疾人 3 人、幼女 5 人；强奸未遂 3 人；犯罪预备 6 人，其中幼女 2 人。滁州市中级人民法院依法对霍某某执行了死刑。❷在该案中，虽然被告人霍某某受到了法律的追究，但其犯罪行为给 25 名被害人，特别是给多名未成年被害人和幼女造成的身心伤害是巨大的，给被害人的亲属也带来无尽的痛苦，这也警示未成年人的监护人要强化监护身心未成熟的未成年人。网络交友需谨慎，虚拟屏幕后的淫贼狂，看似甜蜜实则险恶。

第五，利用被害人精神智力异常，对被害人实施性侵害。六旬老汉许某某强奸智障女罗某某就是典型案例，2011 年 9 月至 2012 年 4 月 10 日，被告人使用诱骗手段将邻居家智障女罗某某带到自己的家中，与其强行发生性关系多达十余次，每次事毕后都给被害人一两元零花钱，直至案发。令人痛心的是 15 岁的智障被害人怀孕三个月自己浑然不知，其父亲也没有发现女儿身体上的变化。事发后公安机关通过 DNA 鉴定锁定被告人，广东省乐昌市人民法院以强奸罪判处被告人有期徒刑 7 年。❸精神病患者更需要家庭的良好监护，

---

❶　北大法意中国媒体案例库：《王某强奸案》，审理法院：北京市丰台区人民法院，发布时间：2003 年 11 月 25 日。

❷　最高人民法院公布八起侵害未成年人合法权益典型案例之四：霍霖祯强奸案，审理法院：最高人民法院，审结日期：2014 年 7 月 16 日。

❸　北大法意中国媒体案例库：《智障少女怀孕浑然不知　DNA 锁定邻居作孽人》，审理法院：广东省乐昌市人民法院，发布时间：2012 年 9 月 4 日。

作为监护人应强化对智障未成年人的监护责任，不给犯罪人可乘之机。

（二）道德观与性侵害未成年人犯罪

道德观是人们对行为的是非、善恶等意义的认识、情感和意志，包括道德判断、道德情感、道德意志与道德信念等内容。一个人的道德观促使行为人形成道德动机并外化为道德行为，道德观与人的犯罪具有密切的关系。德国古典唯心主义创始人康德的刑法道义责任论，明确提出了责任原则。他说："……责任的原则是理性绝对地、并且客观地和普遍地以命令的形式向个人提出的关于他应该如何行事的号令。因此，道德科学的最高原则是：依照一个普遍法则那样有效的准则来行事，不符合这个条件的准则，就是违背道德，就要承担道义上的责任。"❶一个人道德评价的偏差会使自己产生错误认识，导致行为失范。在性犯罪中，犯罪人的性伦理和性道德观念的偏差容易引发犯罪人实施性侵害未成年人犯罪。有的犯罪人受传统性观念的影响，有"处女"情结，当情感生活中，发现妻子或者女朋友不是"处女"的时候，容易产生心理不平衡，从而诱发性犯罪。江西省泰和县男子刘某因妻子不是处女产生报复心理，于 2011 年 3 月至 2012 年 2 月，在回家途中尾随放学回家的女学生，猥亵 6 名女学生。2012 年 1 月，刘某尾随受害人詹某至其宿舍欲对其进行猥亵，因受害人反抗未得逞。❷

道德情感的错位可能使行为人丧失起码的羞耻感。道德情感是促使人将道德认识转化为道德行为的重要力量。只有当行为人产生向善之心，在善行中获得情感满足，对善充满真实向往的情绪，对恶具有厌恶感和羞耻感时，才能真正使自己的行为符合社会对人的共同道德要求。相反，一个人道德情感缺失，对自己的恶行缺乏羞耻感，就会使自己的行为偏离基本的伦理道德轨道，诱发犯罪行为。尊老爱幼是基本的社会公共道德规范。然而，在性侵害未成年人犯罪中，不少老年人，为老不尊，将幼童作为自己性欲发泄的对象，毫无羞耻感，其作恶行径挑战道德底线。家住广西壮族自治区桂平县石龙镇某村的 59 岁的卫某某，将魔爪伸向天真无邪的幼女。2011 年 10 月的一天中午 13 时许，卫某某以给水果吃为由，哄骗同村未满 14 周岁的女孩小玉、小玲、小清到家中玩耍，继而分别抚弄三人的阴部。同年 11 月 17 日 13 时许，卫某某用上述手段，再次哄骗三名被害人到家中玩，然后抚摸三人的阴部。2011 年 11 月 20 日 12 时许，卫某某路过小玉奶奶的旧屋时，窥见三名被

---

❶ 转引自：《西方法律思想史资料选编》，北京：北京大学出版社，1983 年，第 398 页。

❷ 北大法意中国媒体案例库：《男子因妻非处女生报复，猥亵 7 女性获刑 10 年》，审理法院：江西省泰和县人民法院，发布时间：2012 年 8 月 17 日。

害人在旧屋内玩耍，不禁色心顿起，以给零用钱为诱饵，先后对三名被害人实施了奸淫。奸淫后分别给三名被害人各两元钱后逃离现场。被告人卫某某奸淫猥亵未成年人数罪并罚，依法被判处有期徒刑 17 年。❶

（三）法律意识与性侵害未成年人犯罪

随着社会的发展，法治现代化水平越来越高，法的公平、公正的价值日益彰显，公民权利和人权处于法律优先保护的地位，对个人法律素养也提出了新的要求。法律意识通常指知道国家法律规定的内容或者拥有一定的法律知识，并将法的规定和掌握的法律知识内化为个体行为体系中一个决策因素。缺乏基本的法律素养和法律意识不利于个人的社会交往，也容易使自身因不知法而走上违法犯罪道路。

1. 法律意识的缺失与性侵害未成年人犯罪

社会瞬息万变，法律也随着社会的发展不断修改完善，新的法律、规范不断出台，使得每个公民都需要不断地学习、了解法律知识以应对社会生活的需要。在侵害未成年人性权利犯罪中，不少犯罪人因为缺乏法律意识，意识不到自己正在实施的行为是犯罪行为而面临法律的制裁，给被害人及其家属也造成不可弥补的伤害。比如犯罪人与未满 14 周岁的未成年人发生两性行为时，主观地认为只要没有采取暴力、胁迫等强制手段，双方自愿发生两性行为就不构成犯罪。殊不知，我国对未满 14 周岁的未成年人实行特殊保护，不管未满 14 周岁的未成年人是否自愿，也不管行为人是否采用暴力手段，只要双方发生了两性关系就构成奸淫幼女罪。在奸淫幼女是否既遂的认知上，有的行为人认为，只要男性生殖器没有插入女性的阴道就不构成犯罪。殊不知我国在强奸的既遂标准上，针对行为人对已满 14 周岁的女性和未满 14 周岁的幼女实施的强奸行为，认定既遂的标准不一致。根据我国刑法基本理论，犯罪既遂以犯罪构成要件齐备说作为标准。就普通强奸罪而言，行为人是否完成性交行为是认定强奸罪既遂与否的标准。完成性交的认定标准，学界主要有接触说、插入说和射精说三种观点。我国刑法理论通说的观点以插入说作为强奸既遂的认定标准。但是，对于将幼女作为奸淫对象的犯罪，为了体现最大化保护幼女性权利的立法精神，以接触说作为奸淫幼女既遂的认定标准，即只要行为人的生殖器官接触到幼女的生殖器官，就构成强奸罪的既遂。在司法实践中，不少行为人在与未满 14 周岁的幼女恋爱的过程中，双方自愿发生性关系，不少行为人自己也是未成年人，尽管如此，触犯刑律仍然要受

---

❶ 北大法意中国媒体案例库：《猥亵强奸三幼女 六旬老汉获刑 17 年》，审理法院：广西壮族自治区桂平县人民法院，发布时间：2012 年 8 月 7 日。

到刑事追究。在吴某某强奸案中，被告人吴某某犯罪时未满 18 周岁。2013 年 1 月，被告人与被害人黄某某（1999 年 9 月 16 日生）通过 QQ 聊天认识并在互联网上以"男女朋友"交往，在聊天过程中，被告人吴某某得知被害人黄某某 13 周岁，2013 年 2 月 18—22 日双方自愿先后在宾馆和被告人家中 5 次发生性关系。根据我国现行刑法，尽管双方自愿发生性关系，但黄某某奸淫未满 14 周岁幼女的行为仍应以强奸论。鉴于被告人犯罪时未满 18 周岁，如实供述主要犯罪事实，予以从轻处罚，被告人黄某某犯强奸罪，被判处有期徒刑 3 年 6 个月。目前我国没有建立强奸"年龄相近豁免制度"。域外不少国家，在性犯罪中，规定有年龄相近豁免原则，双方年龄差一般为 3—5 岁，体现对未成年人的双向法律保护。

2. 法律意识扭曲与性侵害未成年人犯罪

法律意识扭曲一般指行为人明知自己的行为是法律禁止的犯罪行为，心存侥幸心理实施犯罪行为，以及随着法律的不断完善，同一行为是否犯罪因法律前后规定不一致，而行为人没有掌握或者理解新的规范的情况下，想利用法律的漏洞实施犯罪。在侵犯未成年人性权利犯罪中，尤其当性侵害的对象是年龄幼小的儿童时，任何心智正常、有同情心和人性的人即使不清楚自己的行为是犯罪行为，至少都明白此行为至少是违反伦理道德的行为，为国家法律所禁止的行为。在这种情况下，仍然实施犯罪行为，其根源在于行为人缺乏对国家法律的敬畏、尊重以及缺乏基本的守法意识。在司法实践中，绝大多数的行为人都是知法犯法，并不是他们不知道自己的行为是犯罪行为，而是心存侥幸心理。行为人在主观上相信自己的行为是安全的、隐秘的，不容易被人揭发的，才使行为人肆无忌惮地长期实施丑恶的犯罪行为。山东省无棣县某村小学 49 岁的教师方某，2005 年至 2007 年 11 月，利用担任班主任接触学生的便利条件，以各种借口将女学生叫到办公室实施奸淫或猥亵，且被奸淫和猥亵的学生均未满 9 周岁。被告人方某对幼女实施奸淫 60 余次，猥亵儿童 100 余次。最终被山东省无棣县人民法院依法以强奸罪和猥亵儿童罪数罪并罚，判处有期徒刑 17 年。❶ 再如，行为人在以金钱、物质为对价与未成年人发生性关系或者明知被害人是被强迫卖淫的幼女仍然与其发生性关系时，主观上应是明知自己的行为是犯罪的，但是怀着侥幸心理仍然实施犯罪，最终构成了奸淫幼女罪。

---

❶ 北大法意中国媒体案例库：《伪装为人师表，撕下面具入狱》，审理法院：山东省无棣县人民法院，发布时间：2008 年 3 月 3 日。

第三节 被害人方面的原因

"被害人"源于古代社会宗教仪式上对神的祭祀品这一概念，被害人仅指被杀后供于祈祷仪式上的人或者物。❶域外国家法律中，"被害人"一词的出现也是不断发展的过程，在法国的法律中首次出现"受害人"的表述是在1970年一部关于司法监管措施的法律中，其认为考虑受害人的痛苦可以突出政府公共安全政策的积极作用。法国政府一直试图提高对受害人权利的保障，受害人救助也逐渐成为刑事政策的一项重要内容。正如克里斯蒂娜·拉塞杰认为的，重视受害人的法律"传达出关于国内安全和消除受害人的被遗忘感和不安全感的信息"。❷重视受害人是恢复人民对国家信任特别是司法信任的一种方式。随着社会的发展，被害人有了更广泛的含义，学界对"被害人"概念的阐释，尽管表述不同，但都认为被害人是因某种暴力或者致命性的伤害而遭受精神、财产、健康等方面损失的人。有学者就认为被害人指因各种原因而遭受伤害、损失或困苦的人，包括各种事故的受害者、自然灾害的受害者、性别歧视的受害者和犯罪的受害者等。❸在刑事犯罪领域最早关于被害人的探讨是从犯罪学的角度进行的。刑事被害人的概念有广义和狭义之分。广义上的被害人指合法权益遭受犯罪侵害的人，包括直接或间接受到犯罪行为侵害的个体被害人、团体被害人、社会被害人。狭义上的被害人指犯罪行为所侵害的个体被害人。❹犯罪被害人是指因他人的犯罪行为而受到伤害、损失或困苦的个人和实体。❺在侵犯未成年人性权利犯罪中，被害人是指因犯罪人的性侵害行为而直接承受物质损害和精神损害的未满18周岁的未成年人和间接受到伤害的亲属。侵犯未成年人性权利犯罪的发生有着复杂的原因，既有犯罪人方面的原因，也有被害人方面的原因。被害人方面的原因包括直接受性侵害人的原因和间接受到伤害的被害人，主要是未成年人监护人方面的原因。

在司法实践中，性侵害未成年被害人方面的原因，主要有因年龄幼小心智未健全，容易受诱惑、哄骗，缺乏性知识和性侵害防范意识，无法识别行为人实施的侵犯行为是性侵害等，因此未成年人容易成为性犯罪人侵害的对象。随着网络的发展，未成年人接触有关两性问题的信息越来越便利，受不

---

❶ 郭建安：《犯罪被害人学》，北京：北京大学出版社，1997年，第5页。

❷ ［法］雅克·博里康、朱琳：《法国当代刑事政策研究与借鉴》，北京：中国人民公安大学出版社，2011年，第192页。

❸ 黄瑛琦：《被害人行为导入定罪机制研究》，北京：法律出版社，2011年，第5页。

❹ 汤啸天等：《犯罪被害人学》，兰州：甘肃人民出版社，1998年，第2-3页。

❺ 郭建安：《犯罪被害人学》，北京：北京大学出版社，1997年，第5页。

良社会风气和开放性文化的影响，不少未成年人过早地恋爱，也容易遭受性侵害。不少被害人缺乏自我防范意识，单独约见行为人，或者因为酗酒，行为人趁被害人醉酒意识不清实施性侵害等。

一、被害人年幼无知

在人一生的发展历程中，会经历童年时期、青少年时期和成年期。童年是人生发展的成长期或幼稚期，成年是人生发展的成熟期，青少年处于童年和成年的中间阶段，是个体从不成熟走向成熟、从儿童走向成人的一个过渡时期。我国法律意义上的未成年人指未满 18 周岁的人，不仅包括处于 14 周岁以下的儿童，也包括年龄处于青少年期的未成年人。我国发展心理学界一般把青少年界定为十一二岁至十七八岁。不过西方发展心理学界对青少年的界定则更为宽泛，认为青少年期是指从青春期开始直至完成大学学业这一阶段，即十一二岁至二十一二岁。也有青少年心理学家将青少年划分为青少年早期、青少年中期和青少年晚期三个年龄段。处于青少年中期段的年龄是 11—18 周岁，青少年晚期则指 18—21 周岁。在青少年群体中，未满 18 周岁的未成年人占了绝大部分。从各国立法规定来看，对儿童的保护基本以 18 岁为上限。从有关的国际法律文件的规定亦可以看出，国际立法的普遍趋势是将儿童定义为 18 岁以下的人。联合国《儿童权利公约》第 1 条规定："儿童系指 18 岁以下的任何人。"无论如何，缔约国不应免除自己根据《儿童权利公约》对年龄在 18 岁以下的人的义务，即使根据国内法律其已达到成年人的年龄。除此之外，其他的国际文件，如《联合国保护被剥夺自由少年规则》第 11 条规定："少年系指未满 18 岁者。"国际劳工组织于 1921 年发布的《确定准许使用未成年人为扒炭工或司炉工的最低年龄公约》第 2 条规定："凡 18 岁以下的未成年人，不得受雇用或工作在船舶上充任扒炭工或司炉工。"国际劳工组织于 1999 年发布的《关于禁止和立即行动消除最有害的童工形式公约》第 2 条规定："儿童一词适用于 18 岁以下的所有人员。"❶

未满 18 周岁的未成年人容易受伤害，在于他们是弱小的，需要成年人从各个方面给予他们充分的帮助，尤其在幼年时期，需要特殊的照顾才能使其免受伤害。《世界人权宣言》第 25 条第 2 款规定："母亲和儿童有权享受特别照顾和协助。"《经济、社会和文化权利国际公约》第 10 条第 3 款规定："应为一切儿童和少年采取特殊的保护和协助措施，不得因出身或其他条件而有任何歧视。"《公民权利和政治权利国际公约》第 24 条规定："每一儿童应有权享

---

❶ 转引自张爱宁：《国际人权专论》，北京：法律出版社，2006 年，第 327 页。

受家庭、社会和国家为其未成年地位给予的必要保护措施。"因此，未满 18 周岁的人，因年龄幼小的原因，在认知和辨别能力上是有欠缺的。在侵犯未成年人性权利犯罪中，未成年人尤其是未满 14 周岁的未成年人在面对行为人的小恩小惠、以关心为名或在谎言等的诱骗下实施的性侵害行为时，无法认知自己正在面临侵害和危险。尤其是在面临熟人性侵害时，其无法分辨是关心还是性侵害。有的被害人还把行为人当成好人。在单某猥亵儿童案中，单某从 2002 年初到 2003 年 4 月，曾多次以玩游戏，购买小食品，给零花钱为诱饵，将 12 名不满 14 岁儿童骗到自己家中，然后反复观看淫秽录像，对 12 名儿童进行猥亵，其犯罪情节恶劣，情节严重，最终单某以猥亵儿童罪，被判处有期徒刑 5 年。❶ 有的犯罪人以虚假身份行骗，未成年人尤其是年幼的未成年人辨别能力不强，容易信以为真，遭受性侵害。在何某某猥亵儿童案中，犯罪人窜到龙田镇二村路段，见 8 岁的女学生孙某某路过去上学，本是农民的何某某却谎称自己是教育局的人，调查有关小学生"非典"的情况，后将被害人带至一小巷内，以检查是否患有"非典"为名，对被害人进行猥亵，并叫被害人下午放学后在原地等候。当天下午 5 时许，被害人孙某某路过上述地点时，被告人再次将其往小巷里拉，被孙某某的父母当场抓获。最终何某某以猥亵儿童罪，被判处有期徒刑 3 年 6 个月。❷

二、被害人缺乏性侵害防范知识和意识

家庭、学校性教育的普遍缺失，共同导致未成年人普遍缺乏性侵害防范相关知识和意识。未成年人尤其是年幼的未成年人不知晓什么是性侵犯，不了解预防性侵犯的知识，遭遇性侵犯后不知道如何寻求他人帮助。未成年人尤其是年幼的未成年人容易遭受性侵害，特别是对未成年人负有监护、教育、培训、医疗、看护等特殊职责人员，以"关心""做游戏""医疗"等名义对未成年人实施性侵害时，被害人不知道行为人对自己实施的行为是性侵害，导致性侵害未成年人犯罪案件呈现隐蔽性强、多人受害、一人多次被害可能性大的特点。很多性侵害未成年人案件都是因为被害人的异常表现、染上妇科病、怀孕或者家长为孩子清洗内裤发现血迹或者精液等而案发。

---

❶　北大法意中国媒体案例库：《单某猥亵儿童案》，审理法院：辽宁省葫芦岛市龙港区人民法院，发布时间：2004 年 6 月 2 日。

❷　北大法意中国媒体案例库：《何文奇猥亵儿童案》，审理法院：福建省福州市中级人民法院，发布时间：2003 年 5 月 9 日。

（一）家庭对未成年人缺乏性侵害防治教育意识

1. 家庭对未成年人性侵害防治教育的现状

目前，我国家庭对未成年人的性侵害防治教育处于普遍缺乏状态。无论是处于小学阶段的未成年人还是处于中学阶段的未成年人，接受来自家庭的性教育比例都较低。有学者对肇庆市某小学就读一年级和二年级学生的 534 名家长进行调查显示，高达 68.21% 的家长没有对子女进行过早期的性教育。在对子女进行过性教育的家长中，母亲对子女进行性教育的比例均占到了 40% 以上。性教育的内容主要集中在性别教育、性器官的卫生保健、生命来源教育、防性骚扰教育。其中，对子女进行过性别和性器官教育的比例均达 60% 以上。❶ 有学者对小学高年级的学生接受家长性教育的情况的调查显示，超过 80% 的家长认为对孩子进行性教育就是对孩子讲解青春期发育相关的知识和两性性行为。超过 66.78% 的家长不会主动承担对子女性教育的责任，且在孩子主动问起关于性的问题时，近半数的家长选择回避孩子提出的问题。❷ 另有学者对上海市普陀区 269 位中学生家长进行调查显示，仅有 32% 的男性家长和 37.8% 的女性家长主动对子女进行过性教育和生殖健康方面的教育。其中，男性家长更多地对子女进行性发育知识、青春期保健知识和健康性心理的教育；女性家长倾向于对子女进行怎样和异性交往、性发育知识、青春期保健知识及健康性心理的教育。❸ 还有学者对北京、上海和西安三个城市的孩子家长进行问卷调查显示，85% 的家长从未对孩子进行过性教育，92.4% 的父母在过去的一年中没有跟孩子探讨过性行为中哪些是对的行为，哪些是不恰当的行为。❹ 有学者对高中学生的家长进行调查显示，81.90% 的家长没有对子女进行过早期的性教育，高达 82.35% 的家长没有主动和学生谈论过性问题，当孩子主动提及性问题时 54.3% 的家长不会回避。❺ 在我国，无论是年幼的未成年人还是较为年长的未成年人，从家庭接受性知识教育，尤其是性侵害防治教育的比例都比较低，整体上我国家庭性侵害防治教育还处于普遍缺失的状态。

2. 被害人缺乏家庭性侵害防治教育的原因

未成年人缺乏家庭性侵害防治教育的原因是多方面的，有传统性文化、

---

❶ 罗京滨：《低年级段小学生家庭性教育现状的调查与对策》，《成人教育》2012 年第 10 期。

❷ 刘晓西、李海云：《小学高年级学生家庭性教育现状调查》，《江苏教育研究》2019 年第 28 期。

❸ 金梦华、赵瑞等：《上海市普陀区中学生家长家庭性教育开展现况及其影响因素分析》，《中国健康教育》2019 年第 9 期。

❹ 张钰：《美国家庭性教育的启示》，《柳州职业技术学院学报》2013 年第 5 期。

❺ 肖巧玲、颜淑莹：《中学生家庭性教育情况调查分析——以福建省尤溪县为例》，《福建教育学院学报》2018 年第 12 期。

性教育观念的原因，也有家长本身缺乏性知识、不具备性教育能力等原因。有学者对肇庆市某小学就读一年级和二年级学生的 534 名家长进行调查显示，子女缺乏性教育主要原因在于父母性知识匮乏，不知道如何对子女进行性教育以及感觉与子女谈性问题难为情，不知道如何开口。其中，家长没有接受过正规的性教育，家长了解性知识的渠道来自学校教育的仅占 19%，主要是通过书籍、报刊资料、互联网以及父母和朋友，通过报刊书籍了解性知识占 48.9%，通过父母了解性知识的仅占 5.3%。[1]同时，有学者对小学高年级学生家长进行的调查显示，90% 的家长不了解性知识，家长获取的性知识 90.37% 来源于电视、网络。[2]另有学者对中学生家长的调查显示，没有对子女进行性教育比较集中的原因是孩子年龄还比较小、不好意思对孩子谈性、自身性知识缺乏等。[3]家庭性教育存在障碍主要由于家长性观念传统以及不好意思开口与子女公开谈论性问题，但也有家长自身缺乏性知识及工作忙等多方面原因。[4]家长对性教育的认知是阻碍家庭性教育最重要的原因，北京师范大学儿童性教育课题组编写的《珍爱生命——小学生性健康教育读本》系列教材，以图文并茂的方式告诉孩子如何保护自己，却被家长和媒体评论尺度太大，对孩子幼小的心灵会造成不利的影响。对待孩子性教育问题不应遮遮掩掩，家长与孩子探讨性问题应像重视孩子吃饭、穿衣问题一样对待。性问题不应是难以启齿的问题，对孩子进行性教育是一种健康和爱的教育。

（二）学校普遍缺乏对未成年人的性侵害防治教育

1. 我国加强学校性教育的有关规定

2007 年 2 月教育部制定《中小学公共安全教育指导纲要》（以下简称《纲要》）。《纲要》预防和应对社会安全类事故的教学内容中，分别对小学 4—6 年级、初中和高中阶段，明确了预防性侵害的要求。小学阶段要求学生了解预防遭受性侵害的方法，中学阶段要求学生具备处理诸如性侵害等突发事件的基本技能，高中阶段要求学生建立健康的异性交往方式，懂得用法律保护自己。2013 年 9 月，教育部、公安部、共青团中央、全国妇联发布《关于做好预防少年儿童遭受性侵工作的意见》（以下简称《意见》）。《意见》第 1 条明确了科学做好预防性侵犯教育。要求各地教育部门、共青团、妇联组织要通

---

[1] 罗京滨：《低年级段小学生家庭性教育现状的调查与对策》，《成人教育》2012 年第 10 期。

[2] 刘晓西、李海云：《小学高年级学生家庭性教育现状调查》，《江苏教育研究》2019 年第 28 期。

[3] 金梦华、赵瑞等：《上海市普陀区中学生家长家庭性教育开展现况及其影响因素分析》，《中国健康教育》2019 年第 9 期。

[4] 肖巧玲、颜淑莹：《中学生家庭性教育情况调查分析——以福建省尤溪县为例》，《福建教育学院学报》2018 年第 12 期。

过课堂教学、讲座、班队会、主题活动、编发手册等多种形式开展性知识教育、预防性侵犯教育，提高师生、家长对性侵犯犯罪的认识。2018 年 12 月，教育部办公厅印发《进一步加强中小学（幼儿园）预防性侵害学生工作的通知》（以下简称《通知》）。《通知》第 1 条明确要深入开展预防性侵安全教育。要求各地教育行政部门和学校要从性侵害学生案件中吸取教训，把预防性侵害教育工作作为重中之重，通过课堂教学、讲座、班会、主题活动、编发手册、微博、微信、宣传栏等多种形式开展性知识教育、预防性侵害教育。要通过案例加强警示教育，提高学生自护意识和自救能力。教育学生特别是女生提高警觉，离家时告知父母出行情况，尽量避免外出独行；牢记父母电话和报警电话，掌握基本安全常识，主动远离危险环境。要确保预防性侵害教育落实到每一位学生、每一位家长，重点对小学学生、留守学生、寄宿学生、乡镇农村学校学生及其家长加强宣传教育。尽管如此，由于我国没有从法律上保证学校性教育的统一实施，没有专门的课时规定，也没有指定的教学内容，更没有性教育的专门师资，而且也没有统一的教学大纲和可供选择的教材，学校性侵害防治教育处于普遍缺失的状态。

2. 我国各层级学校的性侵害防治教育普遍缺失

据媒体报道，2005 年，武汉市天门墩中学成立了首个"青春期性教育基地"。该基地通过专家授课和提供心理咨询等形式，开展性侵害防治教育活动。因学校对专家所讲的性知识感到难为情，该基地已经于 2011 年摘牌。❶"女童保护"公益组织 2014 年以来连续 4 年对我国儿童防性侵害教育现状进行调查显示，我国儿童性教育处于普遍缺失的状态。"女童保护"公益组织 2014 年对 3482 名（1346 名男生、2136 名女生）中小学生调查显示，仅 20% 的学生知道什么是"性教育"，在对 394 名教师的访问调查中，超过49.7% 教师表示从未对学生开展过性教育。2015 年"女童保护"公益组织对4719 名学生（2170 名男生、2549 名女生）进行随机调查显示，只有 39% 的学生知道男女内裤覆盖的地方属于隐私部位。家长对学校开展性教育不支持的原因调查显示，53% 的家长认为还不到进行性教育的时候，26% 的家长认为学校进行性教育会教坏孩子，21% 的家长认为性是不能公开谈论的。2016年"女童保护"公益组织对北京、上海、河南、江西等 6 个省份的未满 14 周岁的男生 1050 名、女生 952 名的调查结果显示，多达 86.55% 的中小学生未接受过防性侵课程教育。

---

❶ 柯美杰.《武汉中小学性教育"羞答答" 尺度难把握只讲青春期生理卫生》，http://hb.sina. com.cn/news/s/2011-10-28/13667.html，访问日期：2019 年 7 月 20 日。

三、精神障碍被害人缺乏抵御性侵害的意识和能力

（一）精神障碍人概述

人达到一定的年龄并且精神健全，随着智力的发展及知识增加到一定程度，辨认和控制自己的能力就开始具备，并以达到成年年龄作为其能力具备的标志。在刑法上，所谓的辨认能力和控制能力是针对行为人而言的。辨认能力指行为人在实施危害行为时具备的、对其行为的社会意义的分辨和认识能力。行为人具备了认识和分辨的能力，就能明辨是非，区分合法与非法，判断罪与非罪。控制能力指行为人实施危害行为时具备达到对其行为是否实施的决定和推动能力。行为人只有具备了控制能力，才能自由地支配自己的行为，从而才有可能选择是否发动或坚持实施刑法所禁止的危害行为。❶ 在刑法上，精神病人可以分为完全无刑事责任能力的精神病人、完全负刑事责任能力的精神病人和介于两者之间的限制刑事责任能力的精神病人。精神病人的鉴定必须同时具备医学标准和心理学标准。医学标准指行为人基于精神病理的作用而实施特定危害社会行为的精神病人。心理学标准指从心理学、法学的角度看，患有精神病的行为人的危害行为，不但是由精神病理机制直接引起的，而且由于精神病理的作用，使其实施危害行为时丧失了辨认或控制自己触犯刑法之行为的能力。其中，限制刑事责任能力的精神病人指尚未完全丧失辨认和控制自己行为能力的精神病人。有学者认为刑法意义上的限制刑事责任的精神病人应作广义的理解，包括两类：一是处于早期或部分缓解期的精神病患者，由于精神病理机制的作用使其辨认和控制行为的能力有所减弱；二是某些非精神病性精神障碍人，包括轻至中度的精神发育迟滞者，脑部器质病变（如脑炎、脑外伤）或精神病（如精神分裂症、癫痫症）后遗症所引起的人格变态者，神经官能症中少数严重的强迫症和癔症患者等。❷ 精神障碍人的行为能力具有层级划分，尽管各国对精神障碍人行为能力层级划分不一致，但从 19 世纪以来，伴随心理学、精神医学和刑法学的发展，精神障碍者责任能力的程度存在差异，在精神医学和刑法学界受到重视，推动了不少国家在刑法上增加对精神障碍者刑事能力的规定。❸

（二）国际社会对于精神障碍未成年人的特殊保护

精神障碍未成年人是需要特殊保护和关注的群体。随着法律的人权保护理

---

❶　齐文远：《刑法学》，北京：北京大学出版社，2011 年，第 101 页。

❷　高铭暄、马克昌主编：《刑法学》，北京：北京大学出版社、高等教育出版社，2012 年，第 92 页。

❸　黄丽勤：《精神障碍者刑事责任能力的程度分级问题探讨》，《政治与法律》2010 年第 8 期。

念的深入和精神医学的发展和进步，对精神障碍者的基本权利的保护已成为国际社会的潮流。联合国《世界人权宣言》《智力迟钝者权利宣言》《残废者权利宣言》等都规定了智力残疾者所享有的各项权利，明确了智力残疾者在最大可能内与正常人具有相同的平等权，并享有适当的监护权利。❶世界精神卫生联盟《卢克索尔人权宣言》指出精神障碍者享有与其他公民同等的基本权利。世界各国从法律上保护精神障碍者和心智缺陷者的权益和监护权成为国际大趋势，强化监护人对未成年人负特殊的保护责任，尤其对精神障碍未成年人的监护责任。我国无论是《民法通则》，还是《未成年人保护法》都没有对精神障碍未成年人的权利进行特殊的保护。在刑法上仅就完全无刑事责任能力的精神病人、限制刑事责任能力的精神病人以及完全刑事责任能力的精神病人应承担的刑事责任进行了规定。刑法上未将父母及其监护人损害未成年人权益的行为以及监护失职，造成被害人严重的人身和财产损害的行为进行明确的特殊规制。

（三）精神障碍未成年被害人遭遇性侵害的情形

行为人往往利用被害人是限制责任能力的精神障碍人并且在其缺乏有效监护的情况下，对其实施性侵害犯罪行为。通常是精神障碍未成年被害人独自在家、独自玩耍、独自到行为人家串门等时候，行为人采用金钱诱惑、哄骗等方式对被害人实施性侵害，或者强行实施性侵害。行为人正是利用被害人轻中度精神发育迟滞或者智力障碍，其不能正确地了解自己行为的性质和后果以及不能根据自己的自由意志选择发生或者不发生性关系的自由的精神缺陷实施性侵害。在前述统计的791起强奸未成年人案件中，行为人针对未满18周岁的精神障碍人实施的案件就达18起，被害人精神状况主要表现为精神分裂症、痴呆、轻中度精神发育迟滞或智力发育迟滞，其中1起案件的被害人为极重度智力缺陷，还有1起案件的被害人为四级智力残疾。在18起案件中行为人采用强制手段实施的案件仅3起，其他案件都是行为人利用零花钱、零食、言语哄骗等方式对被害人实施的性侵害，且危害后果严重。其中，性侵害精神障碍未成年人两次以上的案件5起，性侵害行为致被害人怀孕的案件2起。在刘某某强奸案中，行为人就是以金钱引诱的方式，对精神发育迟滞的未成年人实施强奸行为。2013年7月29日晚9时许，被告人刘某某行至湾里区活动中心附近时碰见15岁的被害人袁某，在明知被害人精神不正常的情况下，表示欲与袁某发生性关系，并答应给袁某90元钱。在征得袁某的同意后，将袁某带至湾里区工具厂一茅棚内，将袁某和自己的裤子脱掉，

❶ 中国社会科学院法学研究所：《国际人权文件与国际人权机构》，北京：社会科学文献出版社，1993年，第463—464、475—477页。

趴在袁某身上，亲袁某的脸，并用手摸袁某的阴部。因被告人刘某某自身原因未能将生殖器插入被害人袁某体内，被告人刘某某遂用手指塞进袁某生殖器里进行抠弄，后刘某某看了手机已到 10 点多遂停止，并约袁某第二天接着"玩"。第二天晚上被告人刘某某被袁某的亲属扭送至公安机关。经江西省精神病司法鉴定所鉴定，被害人袁某患有轻度精神发育迟滞，无性的自我防卫能力。最终，被告人刘某某以强奸未遂，从轻处罚，被判处有期徒刑 3 年。❶该案中被害人为已满 14 周岁的未成年精神发育迟滞者，行为人与精神病人或痴呆患者发生性行为的认定，学界通说的观点认为只要行为人明知被害人是丧失辨认和控制能力的痴呆、精神病患者，仍然与其性交的，不管被害人是否同意均构成强奸。❷ 即如果行为人明知被害人是痴呆、精神病妇女，丧失辨认和控制自己行为能力而趁机奸淫，虽然被奸淫者无抗拒表示，行为人的奸淫行为仍然构成强奸罪。该案中，行为人以金钱对精神发育迟滞的精神病患者进行引诱，让被害人与自己发生性关系，形式上没有违背女性意愿，实质上被害人是不具备辨认自己行为性质和控制自己行为能力的，因而行为人的行为构成犯罪。在曹某强奸案中，被告人就是见弱智的被害人独自玩耍，将被害人哄骗到自己家中实施的强奸行为。2012 年 6 月 28 日 18 时许，被告人曹某在路过资兴市三都镇宝源煤矿 12 村 ×× 号王某家门口时，看见 11 岁患弱智的王某独自在玩，便采用哄骗方式将王某带至资兴市三都镇宝源煤矿 1 村 ×× 号自己的家中，哄王某上床，并将自己和王某的衣服脱光，强行与王某发生了性关系，后被前来寻找王某的父亲发现。被告人曹某被判处有期徒刑 4 年。❸ 因此，应强化父母及其监护人对精神障碍未成年人的监护职责和责任，应将因监护不力或者不履行监护责任的不作为行为，造成精神障碍未成年人权益，尤其是其人身权利严重受侵害的，上升到刑法层面进行规制。

四、被害人早恋和性认识观念的偏差

未成年人是国家的希望、民族的未来，对未成年人应进行特殊的保护。在未成年人性权利的保护上，各国法律在未成年人性同意能力上都进行了限制。各国都规定与一定年龄以下的未成年人发生性行为，无论未成年人是否

---

❶　案件字号：（2014）吉刑初字第 182 号，审理法院：江西省吉水县人民法院，审结日期：2014 年 10 月 20 日。

❷　高铭暄、马克昌主编：《刑法学》，北京：北京大学出版社、高等教育出版社，2012 年，第471 页。

❸　案件字号：（2012）资刑初字第 153 号，审理法院：湖南省资兴市人民法院，审结日期：2012 年 8 月 29 日。

同意，都构成犯罪，这里的"一定年龄"即性同意年龄。性同意年龄的规定各国并不统一，但通常都规定具体的性同意年龄。有学者认为确定一国的性同意年龄，要综合考虑人的性成熟期、社会的性开放程度和国家的司法控制能力。但是，年龄界限与性成熟期并不完全相同。❶我国的性同意年龄为14周岁。事实上，不少国家将与未成年人发生性行为的都规定为法定犯罪，不仅特别保护年龄幼小的未成年人的性权利，也特别保护其他未成年人的性权利。根据《德国刑法典》第174条对被保护人的性滥用罪的规定，只要行为人与受自己教育、培训、监护的未满16岁的人实施性行为；受自己教育、培训或监护的未满18岁的人，或在职务或工作上与自己有从属关系的不满18岁的人实施性行为；或自己的未满18岁的亲生子女或养子女实施性行为，或让其与行为人自己实施性行为的，都是犯罪，且处5年以下自由刑和罚金刑。为使自己或受保护人得到性刺激而在受保护人面前实施性行为的，或让受保护人在自己面前实施性行为的，即使犯罪未遂，也要处3年以下自由刑或罚金刑。第180条促使未成年人为性行为罪，保护对象为未满18周岁的人，根据实施的犯罪行为和犯罪者与被害人是否具有教育、培训、监护、职务或工作上的从属关系的不同，最少处以3年以下自由刑或罚金刑，且未遂的也要处罚。❷

随着社会的发展，电视、网络媒体、社交平台的发达，未成年人接触非正规的性知识的途径多样化。不少未成年人到了青春期，家长和老师缺乏对未成年人恋爱、性知识方面的引导和教育，出于好奇心理而追求性生活体验。未成年人，尤其是未满14周岁的未成年人，在智力发育和生殖器官发育方面都处于不成熟的状态，对性侵害，尤其是性交的性质、后果缺乏辨认能力，身体对过早的性交也缺乏承受能力，未满14周岁的未成年人的性承诺无效。司法实践中，主要表现为未成年人在恋爱期间，或约见网友时，未满14周岁的未成年人自愿与行为人发生性关系，或者行为人采用暴力手段强奸已满14周岁被害人的情形。近年来，以网络为媒介接触被害人实施性侵害或者以网络为平台对未成年人实施猥亵犯罪的案件越来越多。其中，又以网络为媒介接触被害人实施性侵害和以恋爱或网恋为名对被害人实施性侵害居多。在陈某某强奸案中，2014年11月的一天，行为人经朋友介绍认识13岁的被害人张某某，并与被害人谈恋爱。恋爱期间，行为人明知被害人是幼女，与被害人交往十几天后至2015年3月7日前，在自己租住的位于紫阳县高客站的廉

---

❶ 罗翔：《刑法中的同意制度——以性侵犯罪为切入》，北京：法律出版社，2012年，第132页。

❷ 《德国刑法典》，徐久生、庄敬华译，北京：中国方正出版社，2004年，第95页。

租房内同居，并多次对被害人实施奸淫。根据我国《刑法》和相关司法解释的规定，即使双方是在恋爱期间，且被害人自愿发生性关系，但被害人是未满 14 周岁的幼女，行为人陈某某的行为仍然构成强奸罪，最终被依法判处有期徒刑 4 年零 6 个月。❶ 以网络为媒介接触被害人性侵害犯罪中，行为人往往以恋爱为名约被害人线下见面或者诱骗被害人发不雅照以此相威胁要求见面实施性侵害，通常表现为被害人自愿与非自愿发生性关系。在孙某某强奸案中，行为人就是利用 QQ 聊天方式搭识 15 周岁的被害人万某某，以有被害人不雅照并欲公布相威胁，将被害人骗至其驾驶的别克商务车内，并将车开至上海市浦东新区北艾路附近一路边偏僻处，强行对被害人实施了奸淫。❷

第四节　被害人监护人及其家庭的原因

未成年人遭受性侵害在很大程度上是监护人及未成年人所在家庭教育的原因。司法实践中，未成年人遭受性侵害，往往与其父母及监护人缺乏对未成年人的有效照顾和监管，家庭性教育的缺失与性认知的偏差，传统性观念的影响，对犯罪分子的纵容等有关。

一、监护人缺乏对未成年人的有效监护

（一）我国有关未成年人监护问题的法律规定

我国《民法通则》关于未成年人监护持家庭照顾与监督管理的理念。"家庭照顾"明确了父母是未成年人的监护人，只有当父母死亡或者没有监护能力时，未成年人的祖父母、外祖父母、兄、姐及关系密切的其他亲属才可以成为未成年人的监护人。如果担任未成年人的监护人有争议的，由未成年人父母所在单位或者未成年人住所地的居民委员会、村民委员会在近亲属中进行指定。监护人集权利与义务于一身，有保护被监护人身体健康、照顾被监护人的生活；管理被监护人财产；代理被监护人进行民事活动；在被监护人的权益受到侵害时代理被监护人进行诉讼的权利和义务。其中，重要的权利和义务就是要对未成年人身体健康进行保护，更要照顾监护未成年人的生活，保障未成年人起码的生存、安全。监督管理是指监护人承担着监督和管理被

---

❶　案件字号：（2015）紫刑初字第 00036 号，审理法院：陕西省紫阳县人民法院，审结日期：2015 年 8 月 19 日。

❷　案件字号：（2012）浦刑初字第 585 号，审理法院：上海市浦东新区人民法院，审结日期：2012 年 3 月 7 日。

监护人的职责，包括保护被监护未成年人的权利免受侵犯和监督管理被监护未成年人、防止被监护未成年人的行为给他人造成损害两个方面的内容。《未成年人保护法》在第二章家庭保护中，明确了父母和其他监护人对未成年人的监护职责和抚养义务，关注未成年人的生理、心理状况和行为习惯，正确履行监护职责，抚养教育未成年人，保障未成年人依法入学，接受并完成义务教育，在作出与未成年人权益有关的决定时，应根据未成年人的年龄和智力发展情况告诉本人并听取意见，不能亲自履行监护义务时，应当委托有监护能力的其他成年人代为监护。在对未成年人的司法保护规定中，明确了父母或者其他监护人不履行监护职责或者侵害被监护人合法权益，如果经教育不改的，人民法院可以撤销其监护人资格。但监护权的撤销是以有关人员和单位的申请为条件的。还可以由其所在单位或者居民委员会、村民委员会予以劝诫、制止；构成违反治安管理行为的，由公安机关依法给予行政处罚。❶但这些规定都没有将父母对未成年人的监护上升到刑法层面进行规定，以最大程度保护未成年人受到良好的监护。

（二）国际公约及域外国家的立法对未成年人受监护权的规定

国际公约及域外国家的法律体现了最大化保护未成年人权利免受伤害的立法理念，不仅强化我国法律意义上的监护人对未成年人的监护和照顾责任，还强化具有特殊职责人员对未成年人的责任和义务以及一般公民对未成年人的普遍保护义务。

1. 强化特殊责任人员的责任与义务及其法律后果

《儿童权利公约》第 19 条第 1 款规定："缔约国应采取一切适当的立法、行政、社会和教育措施，保护儿童在受到父母、法定监护人或者其他任何负责照管儿童的人照料时，不致受到任何形式的身心摧残、伤害或凌辱、忽视或照料不周，虐待或剥削，包括性侵犯。美国和加拿大许多州、省规定，12 岁以下儿童 24 小时不得脱离监护（年龄规定各不相同，最小 9 岁，最大 16 岁）。也就是说，在孩子不在校期间，家长或其委托的监护人必须全程陪同孩子，不能令其单独活动，脱离自己视线；12—14 岁青少年可在同龄人陪伴下单独活动，但除非有成年监护人陪同，否则不得在外留宿。这些措施有效减少了幼童"单独暴露"的风险。

2. 针对特殊职责人员实施的侵害未成年人人身权利犯罪的刑罚倾向于加重处罚

《德国刑法典》第 171 条明确"侵害照顾或者教育义务罪"，规定行为人

---

❶ 孙光永主编：《未成年人刑事法律选编》，北京：人民出版社，2013 年，第 7、12—13 页。

严重侵害其对 16 岁以下的人负有的照顾或者教育义务，因此给受保护者造成严重损害其身体或者心理发展的、导致其走向犯罪生活的或者从事卖淫的危险的，处 3 年以下的自由刑或者金钱刑。在刑罚规定上，域外国家针对特殊职责人员侵犯未成年人人身权利犯罪的规定倾向于加重处罚。《俄罗斯联邦刑法典》第 151 条第 2 款规定："父母、教师或者其他依法对未成年人负有教养义务的人实施引诱未成年人经常饮用酒类、吸食麻醉药、从事卖淫、流浪或乞讨行为的，判处 3 年以下剥夺自由，或者 4 个月以上 6 个月以下监禁，或者 5 年以下剥夺自由，可以并处 3 年以下剥夺担任一定职务或从事某种工作的权利，而一般主体对未成年人实施的上述行为最低处以 180 小时至 240 小时强制性工作，最高为 4 年以下剥夺自由。"《葡萄牙刑法典》第 177 条加重情节规定：如果行为人是对未成年人负有特殊职责人员，实施第 171 条至第 176 条规定之罪的，则按照第 171 条至第 176 条相应罪的最低与最高刑罚限度加重 1/3 进行处罚。《西班牙刑法典》中有关特殊职责人员实施第 183 条之罪的处罚规定，一般行为人实施第 183 条第 1 款、第 2 款、第 3 款行为的，分别处以 2 年至 6 年徒刑、5 年至 10 年徒刑、8 年至 12 年徒刑。如果是未成年人的上级或尊亲属的，则在各自法定刑幅度内取较重半幅度处罚。

另外，域外国家还强化公民保护未成年人的一般义务。美国鼓励对虐待和忽视儿童的可疑情况进行举报，联邦《儿童虐待防止和治疗法》为各州制定虐待和忽略儿童的法律提供了基本的指导方针。美国法律规定任何人有理由相信儿童正处于或可能处于虐待、遗弃、伤害的困境中时，有义务报告给儿童福利局或其他社会服务部门。

（三）司法实践中未成年人因缺乏有效监护而遭受性侵害的现状

未成年人缺乏有效监护是未成年人遭受性侵害的重要原因之一。缺乏有效监护的未成年人，尤其是父母为了生计远走他乡外出打工，缺乏有效监护的留守儿童容易成为犯罪分子性侵害的对象。2013 年，全国妇联根据中国 2010 年第六次人口普查数据推算，中国共有 6102.55 万农村留守儿童。2016 年多部门联合开展的农村留守儿童摸底排查工作统计，认为全国不满 16 周岁、父母外出务工的农村留守儿童数量为 902 万。❶2012 年 9 月教育部公布的数据显示，义务教育阶段留守儿童达 2200 万。留守儿童遭遇性侵害的案件

---

❶　留守儿童数量从 6102 万下降到 902 万有以下几点原因。（1）留守儿童统计的年龄界限不同。6102 万的统计数据是以不满 18 周岁为年龄界限进行统计的，902 万的统计数据是以不满 16 周岁为年龄界限进行统计的。（2）统计范围上的差异。6102 万的统计数据是以父母一方外出即算留守儿童进行统计的，902 万的统计数据是以父母双方均外出务工，或一方外出务工而另外一方无监护能力的，才算是留守儿童进行统计的。

不断曝光,《性侵意见》第 25 条也明确规定:对农村留守儿童实施强奸、猥亵犯罪的,应当依法从重、从严处罚。据"女童保护"统计,2018 年媒体曝光的 317 起儿童被性侵案件中,有 71 起发生在农村,占 22.4%,有 117 起发生在城市,占 36.9%。虽然从统计数据来看,农村曝光的性侵案件占比低于城市,但并不意味农村儿童遭受性侵害的可能性小,因为城市及城镇地区儿童比农村地区儿童能够获得来自家庭、学校及社会的更好监护,其性侵害案件也更容易被发现。在司法实践中,未成年人缺乏有效监护遭受性侵害,主要表现为以下几种情形。

1. 被害人独自玩耍或者独自行走遭遇性侵害

监护人由于种种原因,没有尽到监护的注意义务,从而使行为人有可乘之机。侵犯未成年人性权利犯罪中,不少被害人都是因为在没有监护人的情况下,独自在外玩耍,或者独自在行为人家附近玩耍,或者独自行走,独自在上学、放学的路上遭受犯罪分子的性侵害。行为人往往趁被害人独自行走之机,进行跟踪,伺机实施性侵害行为。2018 年 10 月 4 日发生的广西灵山女童卖百香果返途遇害案,就是与被害女孩同村的 29 岁杨某毅看到被害人杨某某独自外出卖百香果,遂在杨某某返家途中必经的一竹丛中守候,对被害人杨某某实施奸淫,最终致被害人死亡并抛尸。2019 年 7 月 18 日,钦州市中级人民法院对此案作出宣判,法院审理认为被告人杨某毅以暴力行为奸淫幼女,致其死亡,犯罪动机极其卑劣,手段极其残忍,情节极其恶劣。据此以强奸罪一审判决被告人杨某毅死刑,剥夺政治权利终身。❶ 其他情形,如趁被害人独自玩耍之机,采用言语、给零花钱、零食、玩具等方式对被害人进行诱骗对其实施性侵害。在 87 岁的龚某某强奸案中,被告人龚某某见 7 岁的被害人独自一人玩耍,以零花钱为诱饵对被害人实施了猥亵、奸淫行为。2015 年 5 月 1 日中午,被告人龚某某见姚某某(女,2007 年 8 月 18 日出生)独自一人在外玩耍,于是递给姚某某十元现金,并牵着姚某某到自己的卧室。在卧室内,被告人龚某某要姚某某爬到床上,然后自己也上床,先后脱下姚某某和自己的裤子,接着用手抠摸了姚某某的阴部后才让姚某某离开。次日中午,被告人龚某某坐在自家门口空地上晒太阳,又见姚某某独自一人在玩耍,遂起奸淫之心。被告人龚某某采取相同的手段,用十元现金将姚某某诱骗至卧室,以生殖器接触被害人阴部的方式,对被害人实施了奸淫行为。当日中午,被害人姚某某和小朋友龚某某(男,7 岁)各拿十元现金到本村的小卖部购

❶ 《广西 10 岁女孩卖百香果回家途中遭性侵遇害:嫌犯一审获死刑》,https://wxn.qq.com/cmsid/20190719A0NIWT00,访问日期:2019 年 7 月 22 日。

物时，因两名小孩携带的现金较多，被店主带至姚某某的外婆处，询问现金的来源，被害人姚某某如实陈述了龚某某给付现金时的所作所为。之后，被害人姚某某的外婆立即向当地的公安机关报案而案发。被告人因为年满75周岁，且患有严重疾病，认罪态度较好，如实供述自己的罪行，被以强奸罪判处3年有期徒刑，缓刑4年。❶因为没有大人的陪同，年幼的未成年人独自行走或者玩耍遭遇性侵害甚至丧命的案件不胜枚举，充分表明在法律上强化监护人对未成年人的监管和照顾注意义务，保障未成年人人身权利免受侵害的重要性。

2. 被害人独自在家，或者监护人在家，但疏于照看，行为人乘机对被害人实施性侵害

在李某某强奸案中，被告人到被害人家找其父母说事，趁被害人独自在家之机对被害人实施了强奸行为。2010年10月8日下午，被告人李某某到汝阳县城关镇建设路凤鸣小区以找15岁的被害人父母说事为由进入杨某家。晚8时许，李某某强行将杨某拉进卧室内，将杨某按在床上强奸，并用手机拍摄杨某的裸体照片数张，以此威胁杨某不要报案也不要告诉家人。被告人犯强奸罪，被判处有期徒刑5年。❷该案不仅暴露了监护人没有对年幼的未成年人进行有效的监护，而且也没有对年幼的未成年人进行防范性侵害教育。还有未成年人与监护人一起，但因为监护人一时疏忽，或者没有防范性侵害意识，行为人趁机对年幼的未成年人实施性侵害。在孟某宇强奸案中，行为人就是趁被害人的监护人张某会午休之际将其女儿奸淫。2014年7月6日中午12时许，被告人孟某宇在鲁山县居民张某会家吃过午饭，趁张某会午休之际，将张某会女儿张某某按到客厅地上，脱下张某某内裤，对其实施奸淫。经鉴定，被告人孟某宇属于尚未完全丧失辨认、控制自己行为能力的精神病人，且当庭自愿认罪，态度较好，被以强奸罪判处有期徒刑2年。❸

3. 未成年人独自与行为人相处遭受性侵害

未成年人遭遇性侵害，不少案件都是行为人利用被害人独自到自己住处玩耍之机实施性侵害。在曾某佳强奸案中，行为人就是利用被害人到自己家玩耍之际，趁无他人在家对被害人实施的奸淫行为。2011年4月5日15时

---

❶　案件字号：（2015）干刑初字第44号，审理法院：江西省新干县人民法院，审结日期：2015年7月22日。

❷　案件字号：（2011）汝刑初字第9号，审理法院：河南省汝阳县人民法院，审结日期：2011年1月24日。

❸　案件字号：（2014）鲁刑初字第256号，审理法院：河南省鲁山县人民法院，审结日期：2014年12月9日。

许，被告人曾某佳将 8 岁的堂妹曾某某叫到中方县中方镇长塘村何家组家中玩，因见家里没有其他人，遂将曾某某叫到二楼自己的卧室，在床上对曾某某实施了奸淫。同月 9 日，曾某某因下身流血被其亲属送进医院治疗，被害人曾某某受轻微伤。被告人自首且与被害人家属达成了谅解协议，被告人曾某佳犯强奸罪，被判处有期徒刑 3 年 2 个月。❶ 行为人还利用受被害人亲属委托照顾被害人之机实施性侵害。在蒋某强奸案中，2012 年 1 月 14 日下午，被告人蒋某在崇明县某农场某队某号仓库门口平房内，就是利用帮忙照看幼女费某某之机，用生殖器接触被害人的外阴部，对其实施了奸淫。最终蒋某以强奸罪被判处有期徒刑 4 年 6 个月。❷ 还有行为人利用被害人到自己经营的商店或者亲属经营的商店购物或者玩耍之机实施性侵害。在龙某某强奸案中，行为人就是利用被害人到父亲开的小卖部买冰淇淋之机对被害人实施的性侵害。2008 年 7 月的一天，被告人龙某某在永州市零陵区水口山镇坪夫桥村三组其父亲开设的小卖部里，将到小卖部购买冰淇淋吃的肖某进行了奸淫。2009 年 4—5 月的一天，被告人龙某某在该小卖部利用肖某购买东西之机，对肖某进行了奸淫。经鉴定，被害人肖某受轻微伤。被告人龙某某以强奸罪被判处有期徒刑 5 年 6 个月。❸ 综上所述，监护人对被害人缺乏有效监护，是致使行为人有可乘之机对未成年人实施性侵害的主要原因之一。

二、未成年人的父母及监护人性侵害认识的偏差

谈及性犯罪，人们首先想到的就是强奸、猥亵犯罪，殊不知除此之外，卖淫型犯罪和色情制品型犯罪也是性侵害犯罪。除了对性侵害犯罪类型的认识不完全，对性侵害犯罪的主体和犯罪对象认识也有偏差。提及性侵害的犯罪主体，认为只有男性才会实施性侵害犯罪，女性不会实施性侵害犯罪；只有陌生人才会对被害人实施性侵害，殊不知，在侵犯未成年人性权利犯罪中，绝大多数犯罪都是熟人实施的犯罪，且对未成年人负有特殊职责的监护人、教师、亲属等实施犯罪的可能性大，且危害后果更为严重。提及性侵害的被害人，未成年人的父母、亲属、监护人等首先认为女孩才容易遭受性侵害，男孩不会遭受性侵害。提及性教育，不少未成年人的监护人、社会公众都认

---

❶ 案件字号：（2011）方刑初字第 31 号，审理法院：湖南省中方县人民法院，审结日期：2011 年 8 月 5 日。

❷ 案件字号：（2012）崇刑初字第 93 号，审理法院：云南省崇明县人民法院，审结日期：2012 年 4 月 17 日。

❸ 案件字号：（2013）零刑初字第 187 号，审理法院：湖南省永州市零陵区人民法院，审结日期：2013 年 4 月 17 日。

为未成年人不需要性教育，长大以后自然会懂，对未成年人提及性问题是难以启齿的，也容易把孩子教坏，如此等等。因此，未成年人监护人及其家庭对性问题认识的偏差也是未成年人遭受性侵害的主要原因之一。

（一）对性侵害犯罪类型认识的偏差

性侵害犯罪一般人认为就是指强奸和猥亵犯罪，尤其强奸罪是性侵害犯罪的主要类型。强奸罪是西方法律史上最古老的犯罪之一，西方将强奸犯罪视为对社会秩序的安定和广大公民的人身自由权利危害严重的犯罪，因此，西方各国历代统治阶级都十分重视对强奸犯罪的处罚。我国也重视对强奸犯罪的处罚，认为其侵犯的是妇女的性自主权利和幼女的身心健康权，犯强奸罪的最高可处以死刑，最低处以 3 年以上 10 年以下的有期徒刑。在我国现行刑法中，性犯罪只有强奸和猥亵犯罪是规定在侵犯公民人身权利、民主权利罪中的。强奸罪依据侵害对象的年龄、犯罪人犯罪手段和被害人是否同意发生性关系等方面要件的不同分为两种类型。第一种是普通强奸。普通强奸指违背妇女意志，使用暴力、胁迫或者其他手段，强行与妇女发生性交的行为。第二种是奸淫幼女。奸淫幼女指故意对不满 14 周岁的幼女实施奸淫行为。猥亵犯罪包括强制猥亵他人罪和猥亵儿童罪。除此之外，我国刑法规定在妨害社会管理秩序罪中的卖淫型犯罪和色情制品型犯罪也属于性侵害犯罪的范畴。《性侵意见》第 1 条也明确性侵害未成年人犯罪，包括《刑法》第 236 条、第 237 条、第 358 条、第 359 条、第 360 条第 2 款规定的针对未成年人实施的强奸罪，强制猥亵、侮辱妇女罪，猥亵儿童罪，组织卖淫罪，强迫卖淫罪，引诱、容留、介绍卖淫罪，引诱幼女卖淫罪，嫖宿幼女罪❶等。因此，性犯罪类型认识的偏差，容易削弱民众与犯罪作斗争的积极性，在一定程度上也放纵了犯罪分子，不利于犯罪的特殊预防与一般预防功能的发挥。

（二）认为只有男性才会实施性侵害犯罪，女性不会实施性侵害犯罪

诚然，性侵害犯罪之强奸、奸淫幼女犯罪，就我国现行刑法规定而言，是单向的男对女的犯罪，即只有男性针对女性和幼女实施的强奸和奸淫行为才构成强奸犯罪。女性对男性和男童实施的具有强奸意义上的行为不构成犯罪。司法实践中，从国内已判决的男性被"强奸"的案例来看，如果造成男性被害人轻伤或者重伤的，则被告人一般定性为故意伤害罪。2011 年 1 月，北京市朝阳区人民法院不公开审理被告人李某故意伤害罪一案，检方指控，

---

❶ 《刑法》第 360 条第 2 款嫖宿幼女罪：嫖宿不满十四周岁的幼女的，处五年以上有期徒刑，并处罚金。该款已被 2015 年 8 月 29 日全国人大常委会审议通过的《中华人民共和国刑法修正案（九）》删除。

2010 年 5 月 9 日深夜 11 时许，李某在保安宿舍内对 18 岁的男同事王军（化名）实施"强奸"，"强奸"过程中导致被害人轻伤。法院认为，李某故意将他人致伤，且造成轻伤后果，故意伤害罪成立，判刑 1 年。如果未造成轻伤以上伤害后果，则被告人被定性为猥亵罪、猥亵儿童罪或者面临无法可依的尴尬局面以调解结案。2003 年 7 月，云南男青年王某屡遭丈母娘性侵犯，在向有关部门求助时，控告丈母娘强奸自己，却遭遇到无法可依的尴尬，不但没有得到法律应有的保护，反而因为双方之间的亲属关系，弄得"里外不是人"。❶ 随着性权利意识的觉醒，对强奸行为的惩处，是为了从法律上保护人权中的性权利。对强奸行为方式的认定，也并不局限于传统的异性之间的生殖器性交，还应包括手淫、口淫、鸡奸、使用成人用具等非传统意义上的强奸行为，因为这些行为相对于被害人而言，造成的伤害与生殖器之间的性交造成的伤害无异。不少国家已经将男奸女以外的男奸男、女奸男、女奸女的行为规定为强奸犯罪。在英国，1994 年的《刑事司法与治安法》针对性行为指向、受害人和非法性交三要素进行了修改。根据第 142 条的规定，违背对方意愿实施的传统意义上的男性对女性阴道性交行为、男性对男性肛门进行的性交行为，都是强奸行为。这从法律上明确了强奸罪的受害人包括男性和女性。❷ 即便如此，性侵害犯罪不仅指强奸罪，还包括猥亵犯罪、卖淫型犯罪和色情制品型犯罪等类型，后三种类型的犯罪都没有犯罪主体性别的限制，年满 16 周岁且具有刑事责任能力的自然人都可以成为犯罪主体。

（三）认为只有女性未成年人才会遭受性侵害，男性未成年人不会遭受性侵害

传统的性观念认为，女性是性侵害犯罪的受害对象，男性是性侵害犯罪的实施者。从而人们普遍的认知是只有女性未成年人才会被性侵害，男性未成年人不会遭受性侵害。如前所述，在我国男性未成年人遭受强奸意义上的性侵害，由于在刑法上女对男的强奸不构成犯罪，如果没有造成轻伤及以上的危害后果，一般不会进入司法视野，即使造成轻伤及以上的危害后果，在司法实践中也是以猥亵犯罪论处。猥亵男性未成年人犯罪以及与男性未成年人有关的卖淫犯罪和色情制品犯罪被曝光的案件确实比女性未成年人少，但这并不意味着男性未成年人就不会被性侵害。据哈佛大学肯尼迪政治学院的一份学术研究报告显示，世界各国男性未成年人遭受性侵害的比例并不比女

❶ 《某男屡屡遭遇丈母娘性侵犯，求助法律》，http://news.sina.com.cn/s/2003-07-12/0755365674s.shtml，访问日期：2019 年 8 月 1 日。

❷ 杜江：《中英刑法上强奸罪之比较》，《现代法学》2007 年第 3 期。

性未成年人低多少，甚至有的国家男性未成年人遭受性侵害的比例比女性未成年人遭受性侵害的比例高。全球男性未成年人遭受性侵害比例较高的国家有南非、约旦、坦桑尼亚、以色列、西班牙、澳大利亚、哥斯达黎加等。其中，南非男性未成年人遭受性侵害的比例高达 60.9%，相反，女性未成年人遭受性侵害的比例仅为 43.7%。约旦次之，男性未成年人遭受性侵害的比例为 27%。全球男性未成年人遭受性侵害的平均比例为 7.9%，我国男性未成年人遭受性侵害的比例为 4.8%。❶ 据《京华时报》报道，河北 16 岁男孩晓飞（化名），在张家口市宣化县第一中学上学三年间，多次被学校政教处老师李某带回家中猥亵。行为人利用自己是政教处老师主管初一军训的便利，物色了多名包括晓飞在内的男学生，以签订保密协议、自己当过兵、会武术能随时收拾被害学生和家人，将猥亵视频全部放到网上等手段进行威胁。三年来，李某将被害人晓飞每周两到三次拉到自己的家中进行猥亵，被害人晓飞生活在极度的恐惧和压力下，出现易怒、多疑，甚至自杀自残倾向的精神症状，被医院诊断为"应激性精神障碍"。行为人李某不止猥亵晓飞一名学生。被害人晓飞说，行为人电脑里视频非常多，有些孩子他认识，更多的孩子他不认识。最终李某因为涉嫌猥亵男童先后被刑事拘留、依法执行逮捕。❷ 该案中，多名男童被猥亵且持续三年的时间，无一人告发，如果不是因为晓飞反常的表现使政教处不准其继续上学，父母到校了解情况，发现被害人出现目光呆滞、反应迟钝、精神恍惚等精神问题，在心理医生的干预下，孩子将屈辱遭遇说出来，不知行为人还伤害了多少学生。另据东北网—新晚报报道，10 岁男孩小刚和同班的另外一名男孩周一至周五寄宿在 26 岁班主任王某家补课，遭遇班主任用手碰男孩私处，并经常用注射器向两名男孩肛门内注水的方式进行猥亵。因为小刚一直哭闹，还不停地说下身疼。家人脱下小刚的内裤，发现内裤上有血迹。小刚说班主任经常用手碰他的私处，被害人父亲报案才案发。❸ 2016 年 1 月 3 日，大连某私立中学一名初三男学生回家告诉父母，班主任当着全班同学的面抚摸、亲吻他的下体，课后还把他带回家，做了"很恶心的事情"。因为这个不堪欺辱的学生的勇敢发声，揭发了班主任两年多来

---

❶ 《全球约 1/5 的未成年人遭受性侵：非洲危险，中国隐蔽》，http://data.163.com/14/0106/00/9HS70IPG00014 MTN.html，访问日期：2019 年 7 月 22 日。

❷ 《河北多名初中男生遭男老师猥亵 屈辱难以启齿》，http://edu.sina.com.cn/zxx/2014-06-29/1049425796.shtml，访问日期：2019 年 7 月 22 日。

❸ 高阳、孙莹、张旭升：《两名寄宿男孩遭班主任猥亵 教师家中搜出注射器等工具》，https://heilongjiang.dbw.cn/system/2010/07/30/052650408.shtml，访问日期：2019 年 7 月 22 日。

猥亵班上 10 多名男生的罪行。❶ 未成年人的监护人应更新性犯罪认识和观念，强化对男童的性知识和性侵害防治知识的教育，树立男性未成年人和女性未成年人都容易遭受性侵害的防治理念。

（四）认为对未成年人实施性侵害的都是陌生人，熟人不会对未成年人实施性侵害

熟人性侵害是未成年人遭受性侵害不同于成年人遭受性侵害的典型特征之一。学界对性侵害未成年人犯罪的研究，在论述性侵害未成年人犯罪的特征以及公开性侵害未成年人犯罪人员信息必要性时，指出了熟人性侵害未成年人犯罪的特点。有学者认为性侵害未成年人犯罪中熟人作案比例高，熟人凭借受害人家长的信任，有接触孩子的便利，更容易接近被害人，并在性侵害未成年人后，采取诱哄、胁迫等方式威胁被害人不要说出去，从而能够在长时间内掩盖犯罪事实。❷ 有学者认为，熟人作案的特点要求性侵犯罪人所在社区知悉其前科信息。熟人包括未成年人的家庭成员，对未成年人负有教育、培训职责的教师，亲属和邻居等。❸ 还有学者对上海市第二中级人民法院及辖区法院 2012—2015 年性侵害未成年人案件进行实证研究分析，认为性侵害未成年人案件中被害人与罪犯之间多为熟人关系，占 62.37%。熟人关系中，有朋友、邻居、恋人、师生、父女、雇佣、顾客、租客、同学、同事。其中，朋友关系占比是最高的，占 26.34%，其次是邻居，占 21.51%，之后依次是恋人、师生关系，分别为 3.77% 和 2.69%，占比最少的是同事，占 0.53%。❹ 性侵害犯罪具有很大程度上的私密性，熟人之间相互信任、了解，一般没有防备心理，行为人更容易利用未成年人家长的信任、与未成年人共同居住等便利条件接触未成年人，对未成年人实施性侵害。

三、家庭缺乏对未成年人的性侵害防治教育

（一）全面性教育权是人应有的性权利内容之一

1999 年《性权宣言》明确了 11 项性权利内容，其中就包括了全面性教育

---

❶ "女童保护"微信公众号：《"女童保护"儿童防性侵手册（家长／教师版 2017）》，发布时间：2017 年 11 月 24 日。

❷ 徐可、张艳等：《性侵害未成年人犯罪保护预防机制调查报告——以 J 市 W 区为例》，《金华职业技术学院学报》2018 年第 7 期。

❸ 裘菊红、王晓青：《性侵害未成年人犯罪人员信息公开制度探析》，《青少年犯罪问题》2017 年第 4 期。

❹ 张华、沙兆华等：《性侵害未成年人犯罪法律适用研究——上海市第二中级人民法院及辖区法院 2012—2015 年性侵害未成年人案件实证调查》，《预防青少年犯罪研究》2017 年第 1 期。

权。以科学调查为基础之性资讯权、全面性教育权和性保健权等权利应是人人享有的性权利。根据《性权宣言》的规定，以科学调查为基础之性资讯权，不仅性信息产生的过程要科学合理，传播的方式也要适当。全面性教育权，指从人一出生贯穿到人的一生都需要进行性教育，而且应该包括各种社会教育制度。性保健权是其他性权利得以实现的物质性保障，应该有相应的预防和治疗措施，保证人们在性方面的困惑、性问题和性心理、生理障碍得以解决和救济。因此，未成年人有通过正规渠道获得科学的性信息的权利，在成长的过程中有获得符合各阶段身心发育特点的性教育的权利。每个人从出生到死亡，大部分时间都生活在家庭里，家庭是社会中最基本也是最普遍的一种组织，是未成年人成长和社会化的主要场所。未成年人从一个基本依靠本能生活的婴儿发展成一个合乎社会角色要求的、被社会环境认可和接纳的人，家庭教育起到重要的塑造和影响作用。性教育要从娃娃抓起，对未成年人的父母及监护人进行性侵害防治知识的培训，指导家长针对不同年龄段孩子进行相适宜内容的性教育，提高家庭性教育的有效性，促进家庭性教育的常态化发展。

（二）我国家庭性教育的现状

长期以来，人们对性话题欲说还"羞"、欲说还休，俨然成为社会、家庭的一大特色。其结果导致青少年性教育缺失，造成严重的医疗卫生问题和社会问题。❶《"女童保护"2015年性侵儿童案件统计及儿童防性侵教育调查报告》显示，39%的家长从未向孩子讲过预防性侵害的知识。其中，没有对孩子进行防性侵教育的主要原因是认为孩子还小，占42%；其次是家长想教育但不知道如何开口，占29%。《"女童保护"2016年性侵儿童案件统计及儿童防性侵教育调查报告》显示，近七成的家长没有对孩子进行过系统的防性侵教育。❷近年来，随着性侵儿童恶性案件的不断曝光，不少家长也意识到对孩子进行性教育的重要性，但是当他们想对孩子进行性教育的时候，因为自身没有接受过专门的性教育，不了解性教育的专业知识，更不懂性教育的原则和方法，不知道怎么开口。现如今，不少专业的

---

❶ 童立：《性教育要从娃娃抓起》，http：//www.jkb.com.cn/healthyLiving/gender/2019/0506/452700.html，访问日期：2019年7月22日。

❷ 2016年，"女童保护"对全国31个省份的9151位家长的调查问卷显示，68.63%的家长没有对孩子进行过系统的防性侵教育，31.37%的家长表示有过。41.37%的家长在教育孩子的过程中从没有提及过防性侵方面的知识，39.39%的家长提过3次（含）以上，19.23%的家长提过3次以下。假如孩子遭遇性侵害，50.61%的家长不能确定是否可以从孩子言行中识别，16.85%的家长不能识别。29.12%的家长认为性侵害的危险只可能发生在女童身上，男童没有危险，13.20%的家长对此不确定。21.44%的家长认为性侵害离孩子很遥远，30.32%的家长不确定儿童性侵害是否会发生在身边。

报纸和公益组织致力于对家长进行儿童防性侵害的知识介绍和培训。《健康报》开设《知"性"爸妈》栏目，以真实案例为基础、年龄为线索，采用案例呈现、专家解读、策略建议的基本思路，针对不同年龄段孩子所遭遇的性问题、性心理问题对症下药，提高家庭性教育的有效性。该栏目对不同年龄段性教育应有的侧重点、性教育的时间和重点作了梳理。比如，针对学龄前0—3岁孩子，认为性教育最重要的是教会孩子对自己身体的认识，知道各个身体器官的名称，以及对性别的认知，如何区分男孩还是女孩，为什么男孩站着小便、女孩蹲着小便。孩子到了3—6岁，应该注意隐私保护的教育，让他/她学会说"不"，以及让他/她学会拒绝令其感到不舒适的身体接触。❶《"女童保护"儿童防性侵标准教案（家长版）》发布，内容包括儿童防性侵的常见误区，如何教孩子保护自己，孩子的哪些异常值得警惕，发现孩子被性侵怎么办，国内外有关法律法规。在旧版的基础上，"女童保护"又发布了《"女童保护"儿童防性侵手册（家长/教师版2017）》，对内容进行了修改和完善，涉及家长的内容包括女童保护简介、关于儿童防性侵的常见误区、父母需要养成的五个习惯、如何教孩子保护自己、孩子可能遭遇性侵害的十个信号、发现孩子被性侵怎么办、国内外关于性侵儿童的相关法律法规等内容。但由于我国没有形成家庭、社区、学校一体化的性教育机制，无论是对家长的培训还是儿童所受到的性侵害防治教育覆盖范围都是有限的。"女童保护"从2013年成立以来，截至2019年4月底，儿童防性侵害教育虽然覆盖家长超过了52万人，但家庭对儿童防性侵教育的真正重视和系统的教育任重道远，需要全社会观念的更新、社会各部门的参与和共同努力。

（三）家庭性教育的缺失是未成年人遭受性侵害的重要原因之一

性侵害未成年人犯罪中，犯罪人往往多次、长期对未成年人实施性侵害，且不易被揭发，很大原因在于未成年被害人年龄小，没有接受过家庭性教育，不知道犯罪人对其实施的是性侵害，犯罪人实施性侵害后往往又采用哄骗的方式，例如"这是我们之间的秘密，不能告诉任何人"等让被害人死守秘密，或者采用殴打、恐吓等方式长期控制被害人以实施性侵害，还有的行为人以"关心"、做游戏、辅导作业等为由对被害人实施性侵害，而缺乏性知识的年幼的未成年人分辨不清行为人对自己实施的是"关心"还是"性侵害"。武汉市黄陂区六指街一小学吴姓教师猥亵儿童案被揭发，是因为10岁学生小花在

---

❶ 童立：《性教育要从娃娃抓起》，http://www.jkb.com.cn/healthyLiving/gender/2019/ 0506/452700. html，访问日期：2019年7月22日。

其他同学都按时回家后，唯独她没有回家，父母打听获悉，小花被语文老师吴某留下来辅导作业。小花回家吃饭时，爸爸关心地问她功课补得怎么样？天真无邪的小花说，老师把她裤子脱了。小花父母听闻后，连忙检查小花的身体，发现小花的阴部有点红肿，这时小花才说吴老师已经有好几次用手摸她了。小花父母找到学校，后教育局纪检部门接到举报介入调查，才发现吴某在2010年9月至2011年10月长达一年多的时间里，以单独补课为由，猥亵多名女生，最大的受害人11岁，最小的受害人9岁。有的被害人被吴某"辅导"了7次到8次，最少的也有3次。最终，吴某被以猥亵罪判处有期徒刑3年。❶还有的行为人利用年幼的未成年人容易哄骗的特点，伪装成被害人的老师或者国家工作人员，对未成年人实施诱骗进行性侵害。在庞某某强奸、猥亵儿童案中，庞某某谎称是市教办干部，以关心被害人的学习生活情况为幌子让被害人消除心理戒备，其后，对被害人谎称自己会看病，并为被害人把脉、掐头，最后提出要到玉米地里为被害人全面检查身体。当年幼的被害人懵懵懂懂地随其进入玉米地时，庞某某连哄带骗，对被害人实施极尽的猥亵之后将其强奸。事后，庞某某威胁被害人不准向任何人声张，并骗被害人考试时可以多加分。被告人除了对被害人实施猥亵、强奸之外，还伪装成市教办干部，以调查学校乱收费需填写调查表为名，将本村两名小学女生骗至村旁一间空房子里，分别实施了猥亵和强奸。最终，被告人庞某某被处以有期徒刑12年。❷

---

❶　北大法意中国媒体案例库：《老师猥亵女童获刑　称对女生身体好奇》，审理法院：武汉市黄陂区人民法院，发布时间：2012年5月2日。

❷　北大法意中国媒体案例库：《庞军仓强奸案》，审理法院：河北省定州市人民法院，发布时间：2001年10月20日。

第四章　侵犯未成年人性权利犯罪防治的立法措施

　　法是调整社会关系的规范，它通过规范人们的行为而达到调整社会的目的，但法只调整它认为重要并且适合由法律进行调整的社会关系。法律规范之所以区别于其他的社会规范，在于法是由国家制定或认可的普遍适用于一切社会成员的规范。法具有高度的统一性、极大的权威性，具有普遍的约束力，任何国家机关、团体和个人都不得超越法律或者凌驾于法律之上。法通过规定人们的权利和义务，以权利和义务为机制，影响人们的行为动机，指引人们的行为，调节社会关系。法和其他社会规范一样，都有保证其实施的社会力量，都具有某种强制性。然而，不同社会规范的强制性在性质、范围、程度和方式等方面都是不尽相同的。法是由国家强制力保证实施的，对违法和犯罪行为，国家通过一定的程序对行为者进行强制制裁。[1] 作为人权的性权利是应由法律进行保护的重要社会关系。通过法律确认人的性权利，并通过法律对侵害性权利的行为进行法律规制，惩治侵害他人性权利的违法和犯罪行为，是人拥有的具体的性权利得以实现的重要保障。世界各国法律对未成年人及未成年人享有的权利都是进行特殊保护的。未成年人的性权利作为人权，在刑法层面进行特殊保护，是世界各国通行的做法。将未成年人的性权利作为人身权利性质犯罪和专门的性权利犯罪进行保护，是域外各国对未成年人性权利刑事保护的立法趋势。除此之外，域外国家强化性犯罪防治的专门立法，强化对侵害未成年人性权利的惩治与预防立法。目前，我国性犯罪惩治与预防立法日趋完善，对司法实践中惩治和预防性犯罪的现实困境进行了及时的回应。但我国未凸显对未成年人性权利的专门特殊保护，不能最大化程度保护未成年人性权利免受犯罪侵害。我国仍需在性人权的理念下，立足我国性犯罪立法和预防措施的不足，结合我国缔结的儿童权利保护的相关国际公约的规定以及域外国家的立法规定，以儿童权利最大化为原则，建构我国保护未成年人性权利的严密法网。

---

[1]　张文显：《法理学》（第四版），北京：高等教育出版社、北京大学出版社，2017年，第45–47页。

第一节　完善刑法对未成年人性权利的保护

刑法具有补充性、谦抑性。日本刑法学家平野龙一指出："即使行为侵害或者威胁了他人的生活利益，也不是必须直接动用刑法。可能的话，采取其他社会统制手段才是理想的。可以说，只有在其他社会统制手段不充分时，或者其他社会统制手段（如私刑）过于强烈、有代之以刑法的必要时，才可以动用刑法。"❶ 对于侵犯公民合法权益的行为，刑法仅对具有严重社会危害性、刑事违法性和应受刑罚处罚的行为进行规制。目前，世界各国都将侵犯未成年人人身权利的行为纳入刑法规制，且侵犯未成年人性权利犯罪相对于侵犯成年人性权利犯罪而言，普遍规定了较重的刑罚，总体上体现了加重和从重处罚犯罪人、最大化保护未成年人的性权利免受不法侵害的立法理念。刑法是保护未成年人性权利免受不法侵害的最后一道屏障，我国性犯罪立法对未成年人性权利的保护存在不足，应加以完善，以体现最低容忍侵犯未成年人性权利犯罪，最大化保护未成年人性权利免受犯罪侵害的刑事立法精神。

一、将侵犯未成年人性权利犯罪作为人身权利类罪进行规定

有学者认为性权利是人性之源，是应该得到法律的承认与保护的合理性基础，它扎根于人性之中，源于人类的需求，根植于人作为一种多元性感的动物的自然冲动之中，是由人的性行为生发的，与人的性行为相关的，关涉人的自由、平等、追求幸福、免于侵害等各种权利的总称。❷ 李银河教授指出，在所有的公民自由权利中，性自由和性权利在中国最脆弱，最容易受到攻击。其他自由权利不管有还是没有，总没有人敢公开说，它是不该有的；但是性自由权利却是人们敢公开宣称"不该有的一种权利"。❸ 在我国还没有真正形成性是一种权利的意识，在法律上更没有将其作为一种人权来进行保护。

性作为人享有的权利对其进行法律保护是逐渐发展的过程，尤其在中国这样有着长期的性禁锢、性神秘传统的国家中，社会道德和习俗对性权利和性行为的调整力度和调整范围远远超过法律。美国性研究者贺兰特·凯查杜里安指出："性行为是一种受习俗高度制约的行为，不仅社会对公开的性行为

---

❶ 转引自陈兴良：《刑法的价值构造》，北京：中国人民大学出版社，2006 年，第 303 页。

❷ 李拥军：《性权利存在的人性基础——中国当代性行为立法不能省略的维度》，《华东政法大学学报》2008 年第 3 期。

❸ 李银河：《性的问题·福柯与性》，北京：文化艺术出版社，2003 年，第 76 页。

方式表示出关注，而且其规范力图渗透到我们私生活的每个缝隙之中。"❶ 在男权社会中，婚姻是为了实现男性对拥有的性资源的互不侵犯，婚姻是男人与男人之间的权利与义务的关系，女人在婚姻中既不是义务的主体，更不是权利的主体，对女性尤其是未婚女性实施性侵犯，侵害的是男性拥有的财产权和传统的婚姻、伦理、贞操道德。现如今，性权利作为一项基本的人权，越来越受到国际社会的关注，《巴伦西亚性权宣言》和《性权宣言》是真正对性权利进行全面、具体规范的专门的国际性权利公约，从根本上承认了人的性自由权利，即个人有拒绝所有形式之性剥削和性虐待的权利。《儿童权利公约》明确了与未成年人有关的一切形式的色情剥削和性侵犯都是侵犯未成年人权利的行为，因此，包括与未成年人有关的卖淫犯罪和色情制品犯罪都应作为侵犯人身权利犯罪进行规定。

在当代，保护儿童免受性剥削和性虐待，给予儿童特殊的性保护已成为国际社会的共识。我国 2006 年修订的《中华人民共和国未成年人保护法》首次将"性侵害"一词引入法律，增加了"禁止对未成年人实施性侵害"的规定。我国是《儿童权利公约》和《任择议定书》的缔约国。在我国刑法中，即使未能将性犯罪作为专门的侵犯性权利性质的犯罪进行规定，至少应将目前作为妨害社会管理秩序罪进行规定的与未成年人有关的组织、强迫、引诱、容留、介绍未成年人卖淫罪和与未成年人有关的制作、贩卖、传播淫秽物品罪，与作为侵犯公民人身权利犯罪的强奸罪、强制猥亵他人罪、猥亵儿童罪一起，以侵犯公民人身权利犯罪进行规定。无论是与未成年人有关的卖淫犯罪还是与未成年人有关的淫秽物品犯罪，在本质上都是对未成年人性权利的侵害，而非对国家、社会风尚管理秩序的侵害，在这些犯罪中未成年被害人都是单纯的被剥削者、被强迫者，未成年被害人的性权利才是被侵害的犯罪客体。

二、对男女未成年人的性权利进行平等保护

随着性权利意识的不断增强和性观念的不断发展变化，性是人权逐渐得到认可，也受到相关的国际公约的认可，世界各国也将男女未成年人的性权利纳入刑法的同等保护的范畴。传统的性犯罪规定发生了质的变化，无论是强奸还是猥亵犯罪都将男女未成年人纳入平等保护的范畴。在英国曾有一条古老的"赫尔斯"法则，作为判定强奸既遂与未遂的标准，即只有当男性生

---

❶ [美] 贺兰特·凯查杜里安：《人类性学基础》，李洪宽等译，北京：农村读物出版社，1994年，第 538 页。

殖器插入女性阴道并且射精，才能认定为强奸既遂。在此基础上又形成了"假定无能力强奸法则"，该法则基于 14 周岁以下的少年没有达到青春期，不会射精，不具有生育的能力，而在法律上假定 14 周岁以下的男性不具有性犯罪能力，不构成强奸罪，最多只能构成强奸未遂、伤害罪或者猥亵罪。❶随着 1994 年英国的《刑事司法与治安法》将强奸罪的犯罪对象规定为"他人"，包括男性和女性，性权利被认为是人人平等享有的权利。在对未成年人性权利的刑法保护中，我国刑法经过多次修正，《刑法修正案（九）》之后，与未成年人有关的性犯罪中，涉及对未成年人进行性别区别保护的罪名有强奸罪、奸淫幼女型强奸罪和引诱幼女卖淫罪。无论是强奸罪还是与未成年人有关的卖淫犯罪中对未成年人的性别区别保护，在一定程度上都与人们对强奸和卖淫的传统观念有关，认为强奸就是男性对女性的强奸，卖淫就是妓女卖淫。事实上，男性遭受强奸和被利用强迫卖淫也是客观存在的。

（一）性侵犯罪中未成年人性权利的平等保护

1. 域外国家的立法及其借鉴

域外国家强化对未成年人性权利的特殊保护，在未成年人性权利的刑法保护趋势上，无论是大陆法系国家还是英美法系国家大多对男女未成年人进行平等保护。侵害对象是未成年人的性犯罪中，大多使用中性的"儿童""未成年人""不满多少岁的人"进行表述。在《德国刑法典》中，第 174 条对被保护人的性滥用，其保护对象使用的是"未满 16 岁的人""未满 18 岁的人"，在第 176 条"对儿童的性滥用"、第 176 条 a 款"严重的对儿童性滥用等罪"的规定中，使用的是"不满 14 岁之人"的表述，在第 180 条"促使未成年人为性行为"、第 182 条"对少年的性滥用"等罪的规定中，也使用的是"不满 16 岁之人"的表述。❷在《意大利刑法典》第 609 条 –2 "性暴力"与第 609 条 –3 "加重情节"中使用的是"不满 16 岁的人""不满 10 岁的人"，在第 609 条 –4 "与未成年人发生性行为罪"中使用的也是"不满 14 岁的""不满 16 岁的"，在第 609 条 –6 "腐蚀未成年人罪"中使用的也是"不满 14 岁未成年人"。❸还有《法国刑法典》《瑞士联邦刑法典》《加利福尼亚州刑法典》等有关性犯罪的保护对象是未成年人的，都使用"未满多少岁的未成年人""未满多少岁的儿童"进行表述，大多数国家都对未成年人性权利实行无性别区别保护。

---

❶ ［美］伦那德·D. 塞威特兹等：《性犯罪研究》，陈泽广译，武汉：武汉出版社，1988 年，第 7 页。

❷ 《德国刑法典》，徐久生、庄敬华译，北京：中国方正出版社，2004 年，第 91–97 页。

❸ 《意大利刑法典》，黄风译，北京：中国政法大学出版社，1998 年，第 171–173 页。

2. 我国性侵犯罪中未成年人性权利的平等保护

第一，强奸罪中未成年人的平等保护。我国强奸罪的保护对象仍然只是女性，强奸是单向的男性性器官接触幼女阴部或者插入已满 14 周岁女性阴道的行为。女性对男性、男性对男性和女性对女性实施的强奸意义上的性行为不构成强奸，大多以猥亵犯罪进行认定或者认定为不构成犯罪。男性，尤其是男性未成年人遭受性侵害是客观存在的，在强奸罪中对男女未成年人进行同等保护是世界各国的立法趋势，我国也应将男性未成年人纳入强奸罪保护对象进行保护。理论界通说的观点认为，应修改强奸立法，将男性也纳入强奸立法进行保护。有学者认为我国应改变传统强奸立法中的"性别假定"，明确规定男女性都可以成为强奸罪的犯罪主体和受害人。除了传统的男对女单向的强奸行为外，法律应承认男子强奸男子、女子强奸男子、女子强奸女子的情形也构成强奸罪。❶ 也有学者认为，为切实平等地保护男女幼童的性权利，应将奸淫幼女罪中的幼女修改为"儿童"。❷ 针对男童和男性未成年人以及成年男性遭受性侵害的客观现实，在强奸立法中应实行中立化立法，尤其涉及强奸对象是未成年人时，可以借鉴域外国家的立法，规定为与未成年人发生性行为罪和与儿童发生性行为罪。与未成年人发生性行为罪的保护对象是已满 14 周岁未满 18 周岁的未成年人，与儿童发生性行为罪的保护对象是未满 14 周岁的幼童。

第二，猥亵型犯罪中未成年人的平等保护。《刑法修正案（九）》在性侵立法上的主要修改在于将已满 14 周岁的男性纳入了强制猥亵犯罪进行规定，将修订前的强制猥亵、侮辱妇女罪，修改为强制猥亵他人、侮辱妇女罪，并在第 2 款中增设了"有其他恶劣情节的"的规定。根据《性侵意见》的规定，实施猥亵儿童犯罪和对已满 14 周岁的未成年男性实施猥亵，造成轻伤以上后果，符合《刑法》第 232 条或者第 234 条规定的，以故意伤害罪或者故意杀人罪定罪处罚。该规定按照想象竞合犯，从一重罪论处，强化了对未成年人性权利的特殊保护。猥亵犯罪将已满 14 周岁的男性未成年人纳入了强制猥亵犯罪进行规定，对其进行特殊保护。未成年人作为需要国家和社会特殊保护的弱势群体，其性权利理应得到特殊、优先保护。对未成年人进行特殊保护也是我国《未成年人保护法》的基本要求，在刑事立法中对未成年犯罪人"从宽"处罚也是基本的立法理念。对于在强制猥亵犯罪中处于受害者地

---

❶ 刘芳：《中国性犯罪立法之现实困境及其出路研究》，沈阳：东北大学出版社，2015 年，第 57–58 页。

❷ 钱叶六、朱彤：《域外刑法中强奸罪立法之新趋向及借鉴》，《宁波大学学报（人文社会科学版）》2006 年第 6 期。

位的已满 14 周岁的未成年人，更应进行特殊保护，《性侵意见》也明确了性侵害未成年人从重从严处罚的基本要求。因此，在猥亵犯罪中应体现对未成年人的特殊、优先保护精神，可以明确规定：猥亵未成年人的，从重或者加重处罚。

（二）与未成年人有关的卖淫犯罪中未成年人的平等保护

《刑法修正案（九）》第 48 条废除了组织、强迫卖淫罪的死刑设置，还以"情节严重"代替了原规定中的 5 种加重量刑情节，增设了新的第 2 款：组织、强迫未成年人卖淫的，依照前款的规定从重处罚，第三款即犯前两款罪，并有杀害、伤害、强奸、绑架等犯罪行为的，依照数罪并罚的规定处罚。该规定将所有的未成年人纳入了特殊保护，只要组织、强迫卖淫的对象是未成年人的，都要对犯罪者进行从重处罚。同时，《刑法修正案（九）》还废除了嫖宿幼女罪，将所有形式奸淫幼女的行为都纳入强奸罪进行同等保护。除了组织强迫卖淫罪体现对未成年人的特殊保护外，在引诱、容留、介绍卖淫罪中，未对所有未成年人进行特殊保护，保留了引诱幼女卖淫罪，并规定了比侵害对象是 14 周岁以上妇女犯罪更重的刑罚。性作为一种人权，不能作为商品来买卖，未成年人更不具备卖淫的承诺能力。域外国家性同意年龄低于 18 周岁的国家，在卖淫领域适用的都是 18 周岁的同意年龄，英国、法国、德国、加拿大、俄罗斯、新西兰等国均是如此。❶ 因此，对于未成年人而言，无论在组织、强迫卖淫罪中，还是在引诱、容留、介绍卖淫罪中，未成年人都是被利用者，都是对未成年人的强迫卖淫。在引诱、容留、介绍卖淫中，应明确规定犯罪对象是未成年人的从重处罚。

另外，在引诱卖淫犯罪中，单独规定了引诱幼女卖淫罪，强化了对幼女性权利的特殊保护。在引诱卖淫犯罪中，通说的观点认为被引诱卖淫的对象并非仅限于女幼童。有学者对引诱行为进行了界定，认为引诱指行为人以金钱、物质或者其他利益为诱饵，勾引、拉拢、唆使他人从事卖淫活动。❷ 还有学者认为此处的引诱是指以金钱、物质或者腐朽的生活方式勾引、诱惑没有卖淫习性的他人从事卖淫活动的行为。❸ 即该罪规制的是使未成年人从事卖淫的居间引诱人，而不是指对以金钱、物质等为交易与未成年人发生性关系的人，男幼童也有可能成为被引诱卖淫的对象。在组织、强迫未成年人卖淫犯

---

❶　赵合俊：《中国同意年龄法的缺陷与完善——保护儿童特别是女童免于性侵害的视角》，《妇女研究论丛》2015 年第 3 期。

❷　王作富：《刑法分则实务研究（下）》，北京：中国方正出版社，2010 年，第 1631 页。

❸　熊选国、任卫华主编：《刑法罪名适用指南——组织 强迫 引诱 容留 介绍卖淫罪》，北京：中国人民公安大学出版社，2007 年，第 8 页。

罪中也包含组织、强迫幼女卖淫的情形,《刑法修正案（九）》却没有对幼女进行特殊保护。行为人同样是实施了引诱未成年人卖淫的行为，只因引诱对象的性别和年龄不同，在刑法上形成截然不同的刑罚效果，是违背罪责刑相适应原则的，建议将引诱幼女卖淫罪修改为引诱未成年人卖淫罪，体现对所有未成年人的特殊保护。

三、对不同年龄未成年人的性权利进行区别保护

未成年人容易遭受不法侵害，尤其容易遭受性侵害是学界的共识。不同年龄未成年人面临性侵害的危险和抵御性侵害的意识和能力不同，决定了不同年龄段的未成年人的性权利需要区别保护。《"女童保护"2018 年性侵儿童案例统计及儿童防性侵教育调查报告》显示，在 750 名受害者中，除了 9.60% 的被害人的年龄不能确定外，14 岁以下的儿童最容易遭受性侵害，占 80%，其中，12 岁以下的儿童遭受性侵害的比例为 48.13%，7 岁以下的儿童受害比例为 21.33%，7—12 岁的儿童受害比例为 26.80%。12—14 岁的儿童受害比例为 31.87%，14—18 岁的未成年人遭受性侵害的比例为 10.40%。[1] 这在一定程度上说明，越年幼的未成年人越容易遭受性侵害。域外国家在性犯罪中也倾向于对不同年龄的未成年人进行区别保护。随着刑法立法的国际化发展趋势，结合我国不同年龄段未成年人遭受性侵害的危险可能性的不同，我国的性犯罪立法也应在将所有未成年人的性权利纳入刑法特殊保护的基础上，将不同年龄未成年人的性权利进行区别保护，以保障不同年龄未成年人的性权利得到最大化保护。

（一）在性侵犯罪中不同年龄未成年人区别保护

1. 不同年龄未成年人性权利保护的现状

目前，我国强奸罪和猥亵犯罪都将未成年人划分为两个年龄段进行一分为二保护。在强奸罪中，未满 14 周岁的幼女以奸淫幼女罪进行特殊保护，法律拟制未满 14 周岁的幼女没有性同意能力，并确立了从重处罚的原则。已满 14 周岁未成年女性与成年女性一样进行保护。行为人只有在使用暴力、胁迫或者其他手段下，违背未成年人的意志，强行发生性关系的才构成犯罪。在既遂的认定标准上，奸淫幼女犯罪以接触说为认定标准，强奸已满 14 周岁未成年人则以插入说为既遂的认定标准，以男性的生殖器官插入被害人的阴道为既遂。在猥亵犯罪中，将未满 14 周岁的儿童纳入猥亵儿童罪进行特殊保

---

[1] "女童保护"公众号：《"女童保护"2018 年性侵儿童案例统计及儿童防性侵教育调查报告》，发布时间：2019 年 3 月 23 日。

护，已满 14 周岁未成年人与成年人一样进行保护。即行为人针对已满 14 周岁的未成年人实施的猥亵行为，只有在使用强制手段时才构成犯罪。在司法实践中，侵犯未成年人性权利犯罪以诱骗、哄骗等非强制手段实施的犯罪比例较高，且强奸和猥亵犯罪是性侵害未成年人犯罪的主要类型。由于现行强奸和猥亵犯罪立法，未将已满 14 周岁的未成年人纳入特殊保护对象，则意味着更多以非强制手段对已满 14 周岁未成年人实施的性犯罪行为无法进入司法视野，更多的已满 14 周岁未成年人的性权利得不到刑法的保护。因此，在强奸和猥亵型犯罪中，不仅要对男女未成年人进行同等保护，还要对不同年龄未成年人进行区别保护。

2. 域外国家不同年龄未成年人性权利保护的立法趋势

针对未成年人的性犯罪一般都单独成罪，并对处于特定年龄阶段以下的未成年人进行特殊保护。《德国刑法典》针对儿童和未成年人实施的性犯罪是单独成罪的。针对儿童的性犯罪有第 176 条"对儿童的性滥用罪"，保护的对象为不满 14 周岁的人；第 176 条 a 款"严重对儿童的性滥用罪"，对严重的儿童性滥用行为进行列举时的规定。第 176 条 b 款"致儿童死亡的性滥用罪"也是针对儿童性犯罪的规定。针对未满 18 周岁的未成年人实施的性犯罪有第 174 条"对被保护人的性滥用罪"，保护的对象是受保护人教育、培训和监护的未满 16 周岁的人或者未满 18 周岁的人，以及与被保护人在职务上或工作上有从属关系的不满 18 周岁的人，还有保护人自己未满 18 周岁的亲生子女或养子女。第 180 条"促使未成年人为性行为罪"，保护的对象是未满 16 周岁和未满 18 周岁的未成年人。❶《西班牙刑法典》以专章对处于不同年龄阶段的未成年人的性权利进行保护，第八编侵犯性自由及贞操罪的第二章专门规定了对 13 周岁以下未成年人实施迷奸和骗奸犯罪及性侵犯的相关具体犯罪条款。❷ 从以上国家与我国强奸和猥亵犯罪类似的立法规定来看，不仅对处于性同意年龄以下的未成年人进行特殊保护，还针对不同的犯罪主体实施的性犯罪，规定不同年龄的未成年人保护对象，以实现对不同年龄未成年人的区别保护。

3. 我国不同年龄未成年人性权利的应然保护

在性侵犯罪立法中，可以借鉴域外国家的做法，将强奸和猥亵未成年人的犯罪单独成罪，以体现对未成年人性权利的最大化保护精神。在对所有未成年人进行特殊保护的前提下，以 14 周岁性同意年龄为分界线，规定与未成年人实施性行为罪和与儿童实施性行为罪，猥亵未成年人罪和猥亵儿童罪。

❶ 《德国刑法典》，徐久生，庄敬华译，北京：中国方正出版社，2004 年，第 91-97 页。

❷ 《西班牙刑法典》，潘灯译，北京：中国检察出版社，2015 年，第 93-101 页。

行为人对未满 18 周岁的未成年人实施的任何性插入行为或者猥亵行为，不管未成年人是否自愿，也不管行为人是否采用暴力，原则上都构成犯罪。但是，在具体保护方式上，对未满 14 周岁的未成年人实行严格责任保护，对已满 14 周岁的未成年人实行责任主义保护原则。在案件的追诉上，如果犯罪对象是未满 14 周岁的未成年人，则一律追诉；如果犯罪对象是已满 14 周岁的未成年人，且行为人采用非强制手段实施的性犯罪，以自诉处理。这样既保护了未成年人的性权利，又尊重了具备一定民事行为能力未成年人对自身性权利以公权力进行保护的意愿。

（二）与未成年人有关的卖淫犯罪中不同年龄未成年人区别保护

1. 域外国家的立法趋势

域外国家在卖淫犯罪中对未成年人的保护，不仅单独成罪，还对不同年龄未成年人进行区别保护，且保护的年龄一般都高于该国的性同意年龄。德国的性同意年龄为 14 周岁，但《德国刑法典》与未成年人有关的卖淫犯罪的保护对象都是未满 18 周岁的未成年人。第 180 条 a 款"剥削卖淫罪"和第 184 条 b 款"危害青少年的卖淫"，保护对象都是未满 18 周岁的人。根据《西班牙刑法典》第 187 条第 1 款的规定，行为人引诱、鼓励、促成未成年人或无行为能力者卖淫或者为卖淫提供便利的构成犯罪；第 2 款将引诱、鼓励、促成未满 13 周岁的未成年人实施第 1 款行为的，作为加重处罚情节进行规定。第 180 条第 2 款"对未成年人或者无行为能力人的保护"，规定：强迫未成年人或无行为能力人沦为娼妓或持续卖淫的，处以 4—6 年徒刑。第 3 款规定被害人如果是未满 13 周岁的未成年人的，处以 5—10 年徒刑。❶《葡萄牙刑法典》在与未成年人有关的卖淫犯罪中，也是单独成罪的。引诱未成年人卖淫罪的保护对象是已满 14 周岁未满 18 周岁的未成年人，为未成年人淫媒罪则没有具体规定保护对象的年龄。同时，还以单独的条款规定了犯引诱未成年人卖淫罪和为未成年人淫媒罪的加重处罚情节。其中，当被害人为不满 16 周岁和不满 14 周岁的未成年人时，则要分别按照该罪刑罚的最低与最高限度加重 1/3 和 1/2 处罚。❷《法国新刑法典》不仅在淫媒牟利罪中，对未成年人和 15 周岁以下的未成年人进行了特殊保护，分别规定了比侵害对象为成年人更重的刑罚幅度，还单独规定了利用未成年人卖淫罪，对未成年人和 15 周岁以下的未成年人进行保护。❸因此，从域外国家有关未成年人卖淫犯罪的立法趋

---

❶《西班牙刑法典》，潘灯译，北京：中国检察出版社，2015 年，第 98—99 页。

❷《葡萄牙刑法典》，陈志军译，北京：中国人民公安大学出版社，2010 年，第 83、85 页。

❸《法国新刑法典》，罗结珍译，北京：中国法制出版社，2003 年，第 83—85 页。

势来看，大多以单独成罪的方式对未满 18 周岁的未成年人进行保护，而且还对不同年龄的未成年人进行区别保护，规定不同幅度的刑罚。

2. 在卖淫型犯罪中我国应对不同年龄未成年人区别保护

在我国组织、强迫卖淫罪将所有的未成年人纳入特殊保护，引诱、容留、介绍卖淫罪只将幼女进行特殊的立法保护。在司法实践中，行为人基于不同的犯罪动机对未成年人尤其是幼女实施性侵害，不少行为人有变态的"处女"情结，为寻求心理刺激或满足感，专以幼女为性侵害对象，从而形成了需求旺盛的买方市场。不少犯罪分子为了牟利丧失人性与良知，专门组织、强迫、引诱、容留、介绍未成年人或者幼女卖淫。《刑法》专门规定引诱幼女卖淫罪，无疑对引诱幼女卖淫的犯罪分子起到巨大的威慑和惩治作用。但单独规定引诱幼女卖淫罪，未体现对男性幼童的保护。因此，为避免我国未成年人遭受各种形式的性剥削，强化对不同年龄未成年人的区别保护的立法理念，应将与未成年人有关的卖淫犯罪单独成罪，将卖淫型犯罪的特殊保护年龄提高到 18 周岁，规定为组织、强迫未成年人卖淫罪，引诱、容留、介绍未成年人卖淫罪。同时，建议取消引诱幼女卖淫罪的规定。将犯罪对象为 14 周岁以下未成年人的，作为相关罪的加重处罚情节进行规定。

（三）与未成年人有关的色情犯罪中不同年龄未成年人区别保护

我国刑法对色情制品犯罪行为的规制采取的是不加区分的立法模式。我国色情制品犯罪立法关注的是国家与性有关的或者是与性道德风尚有关的文化市场的管理秩序的保护，较少关注淫秽物品犯罪中处于被利用地位的被害人的性权利的保护，仅在传播淫秽物品罪中有针对未满 18 周岁未成年人的保护条款。域外国家有关色情制品犯罪的刑法规制，强化对未成年人的保护，主要针对采取各种方式向未成年人传播淫秽物品的行为，将未成年人作为淫秽制品题材或者利用儿童进行淫秽表演的行为进行规制。其中，作为淫秽题材的儿童既包括现实存在儿童，也包括利用网络技术合成的虚拟儿童形象。在色情产业非常发达的美国，针对儿童色情制品犯罪的惩治却是"零容忍"，持有儿童制品的行为都构成犯罪。在加利福尼亚州，与儿童有关的色情制品犯罪规定了比其他针对未成年人的性犯罪更重的刑罚，一般可判 5 年以上 20 年以下的监禁，如果行为人是累犯的，则可判处 15 年以上 40 年以下的监禁。我国作为《儿童权利公约》及《任择议定书》的缔约国，应履行公约义务，起码将利用未成年人作为淫秽题材的行为和生产、贩卖、复制、传播、出口、进口、持有等涉及未成年人色情制品的行为，以及利用未成年人进行淫秽表演的行为规定为犯罪。在此基础上，应将利用幼童实施上述犯罪的，作为相关罪的加重处罚情节进行规定。

四、将特定关系人性侵害未成年人犯罪纳入刑法特别规制

域外国家强化特定关系人性侵害未成年人的刑法规制。立法模式主要有单独成罪、作为相关罪的一款和作为加重处罚情节进行规定。特定关系人规制范围主要包括对未成年人负有监护、教育、训练等特殊职责的人，一定亲等数的尊亲属、姻亲属以及具有监管义务的机构工作人员。保护对象一般都高于性同意年龄人，有的国家没有保护对象的年龄限制。刑罚规定上，无论是单独适用刑罚，还是比照非特定关系人实施的性犯罪加重处罚，都体现了加重处罚特定关系人性侵害未成年人的理念。基于最大化保护未成年人性权利免受不法侵害的理念，我国应将特定关系人性侵害未成年人纳入刑法专门规制。在立法模式上，性侵犯之强奸和猥亵犯罪单独成罪，与未成年人有关的卖淫和色情制品犯罪作为加重处罚情节进行规定。特定关系人的刑法规制范围，至少应包括与未成年人具有三代以内血亲的尊亲属和对未成年人负有监护、教育、训练等特殊职责的人；保护对象上，未满18周岁的未成年人都应纳入保护范围；刑罚设置上，总体上应体现加重处罚特定关系人性侵害未成年人的原则。

（一）我国性犯罪立法应将特定关系人性侵害未成年人纳入专门规制

我国性犯罪立法没有对特定关系人性侵害未成年人犯罪行为进行专门规制。仅《性侵意见》第9条、第21条、第25条、第26条规定了特定关系人范畴内的，对未成年人负有监护、教育、训练、救助、看护、医疗等特殊职责的人员实施强奸、猥亵犯罪以及组织、强迫、引诱、容留、介绍未成年人卖淫等犯罪的依法从重从严惩处。然而，由于法律没有对之进行明确的规定，所谓的从重从严惩处只是酌定处罚情节而已。在实践中，特定关系人尤其是对未成年人具有教育、监护职责的教师、亲属对未成年人实施的性侵害，往往具有隐秘性强、受害人数多，同一受害人多次受害、受害时间长等特点。"女童保护"公益组织2014年以来连续4年的性侵儿童案件统计及儿童防性侵害教育调查报告显示，熟人性侵儿童案件均占七成以上。其中，熟人性侵中教师性侵儿童的案件所占比重最大。无论是该类犯罪人对未成年人性侵害的社会危害性还是其人身危险性，明显都大于非特定关系人对未成年人实施的性侵害犯罪。我国刑法应借鉴域外国家的立法经验，将特定关系人对未成年人实施的性侵害犯罪纳入刑法专门规制，以彰显刑法的惩罚性和预防性功能，最大化保护未成年人免受性侵害。

（二）特定关系人性侵害未成年人犯罪的立法模式

我国性侵害未成年人犯罪立法中，特定关系人实施的性犯罪没有特别规定。在保护对象的规定上，也存在对未成年人性权利保护不力的情况。在性侵犯之强奸和猥亵型犯罪中，一般情况下只对未满14周岁的儿童进行特殊保护，在犯罪手段和被害人同意与否上没有特殊要求。对已满14周岁未成年人的保护与对成年人的保护一致，犯罪人只有采取强制手段实施的强奸和猥亵行为才构成犯罪。在与未成年人有关的卖淫犯罪中，《刑法修正案（九）》强化了对未成年人的保护，除了引诱幼女卖淫罪以外，其他与未成年人有关的性犯罪的保护对象都是未成年人，但是没有犯罪手段上的区别立法。在与未成年人有关的色情制品犯罪中，除了传播淫秽物品罪以外，其他罪未专门体现对未成年人的保护。然而，特定关系人对未成年人实施的性侵害，往往利用相互之间存在的依赖、信任、从属等关系，仅仅以轻微的强制和威胁就足以使未满14周岁或者已满14周岁的未成年被害人就范，进行多次或者长期的性侵害，且不易被揭发。同时，特定关系人对未成年人实施的性侵害主要以性侵犯之强奸和猥亵型犯罪为主，与未成年人有关的卖淫和色情制品犯罪的犯罪比例相对较低。为了惩治犯罪人，预防犯罪，保护未成年人的性权利，特定关系人对未成年人实施的性侵害的刑法规制，在不同的性犯罪类型中应区别立法。在性侵犯罪中应单独成罪，规定特定关系人性侵害未成年人罪，在与未成年人有关的卖淫和色情制品犯罪中可以作为相关罪的加重处罚情节进行规定。

（三）性侵害未成年人的特定关系人刑法规制的范围问题

特定关系人性侵害未成年人的刑法规制范围问题解决的是哪些特定关系人实施的性侵害应纳入刑法规制的问题。域外不同国家主要将父母和具有教育、培训、监护、看管及具有从属关系的人、尊亲属及具有一定亲等数的血亲或姻亲关系的人以及对未成年人具有监管义务的相关机构的工作人员纳入刑法规制的范围。然而，在我国究竟应将哪些与未成年人具有特定关系的人纳入刑法规制呢？《性侵意见》第9条将对未成年人负有监护、教育、训练、救助、看护、医疗等特殊职责的人员界定为负有特殊职责的人员，第21条明确了负有特殊职责的人员与幼女发生性关系的强奸性质，第25条、第26条明确了负有特殊职责的人员对未成年人实施强奸、猥亵犯罪和组织、强迫、引诱、容留、介绍未成年人卖淫等性侵害犯罪的，应从重从严处罚的原则。在司法实践中，对未成年人实施性侵害的特定关系人主要有亲属（包括父亲、继父、爷爷、哥哥、伯父、舅舅等。其中，父亲和继父对未成年人实施性侵害的比重最高，特别是继父）、与未成年人有共同家庭生活关系的人（主要表现为未成年人母亲的同居男友）、❶教师（小学教师性侵害未成年人的比例最大，课外培训班辅导教师次之）、❷对未成年人负有监管义务的相关机构工作人员等，除此之外，还有医生假借医疗之名实施的性侵害等。因此，结合域外相关国家的规定和司法实践的现状，在我国性侵害未成年人的特定关系人刑法规制范围除了《性侵意见》第9条规定的对未成年人负有特殊职责的人员外，至少还应包括尊亲属、与未成年人有共同家庭生活关系人等。其中，根据我国亲属亲疏远近的代数关系和《婚姻法》的相关规定，尊亲属控制在三代以内的直系血亲和旁系血亲的范围之内较为合适，这样既能惩治犯罪分子，又不至于扩大打击面。

（四）特定关系人性侵害未成年人刑法规制保护对象的年龄范围问题

我国在性侵犯罪立法中，对已满14周岁的未成年人未进行特殊保护。仅《性侵意见》第21条规定："对已满14周岁的未成年女性负有特殊职责的人员，利用其优势地位或者被害人孤立无援的境地，迫使未成年被害人就范，而与其发生性关系的，以强奸罪定罪处罚。"其规定仍然需要以行为人的强制手段实施为条件，只是相对于暴力、胁迫而言在强制的程度要求上有所减弱而已。域外国家，涉及特定关系人对未成年人实施的性侵害犯罪，无论是我国刑法意义上的性侵犯之强奸、猥亵性质的犯罪，还是与未成年人有关的卖淫和色情制品犯罪，其保护的对象一般都是高于性同意年龄的未成年人。虽然有的国家规定的保护对象的年龄等同于性同意年龄或者没有年龄限制，但是，在刑罚规定上都是比照性侵害性同意年龄未成年人加重处罚或者相对非特定关系人实施的性犯罪加重处罚的。我国有关特定关系人实施的性侵害未成年人的特殊保护范围，不应仅限于未满14周岁的未成年人，应扩大到所有未满18周岁的未成年人为宜。

（五）特定关系人性侵害未成年人犯罪的刑罚适用问题

域外国家特定关系人性侵害未成年人的三种刑罚规定模式都体现了严惩特定关系人性侵害未成年人的犯罪行为，最大化保护未成年人性权利的理念。独立规定刑罚处罚幅度的模式，刑罚幅度的规定是高于非特定关系人实施同类型的性犯罪的。与性侵害性同意年龄未成年人处以同样幅度的刑罚规定，也体现了从严处罚的刑事政策。比照非特定关系人实施的性犯罪的刑罚规定

---

❶ 龙正凤：《未成年人性权利的刑法立法保护研究》，天津：天津社会科学院出版社，2018年，第157页。

❷ 龙正凤：《未成年人性权利的刑法立法保护研究》，天津：天津社会科学院出版社，2018年，第154页。

加重一定比例处罚，也体现了严惩特定关系人性侵害未成年人的刑罚理念。从我国《刑法》分则具体性犯罪及刑罚的规定来看，除引诱幼女卖淫罪的刑罚规定实质上是加重处罚外，其他性侵害未成年人犯罪的刑罚规定都是比照性侵害成年人的犯罪从重处罚。《性侵意见》中有关对未成年人负有特殊职责的人员实施的强奸、猥亵犯罪以及卖淫型犯罪，也只体现了从重从严处罚的原则。然而，特定关系人对未成年人性侵害的危害后果的严重性和犯罪人的人身危险性都是非特定关系人实施的性犯罪无法比拟的。域外国家针对特定关系人实施的性犯罪的刑罚规定，无论哪一种刑罚规定模式都是加重处罚，而非从重处罚。针对特定关系人对未成年人实施的性侵害应坚持加重从严处罚的原则。在具体的规定上，在性侵犯类型的犯罪中单独规定刑罚种类和幅度，采取非强制手段实施的，可以规定与性侵害性同意年龄之下的未成年人同样的刑罚种类和幅度；采取强制手段实施的或者侵害对象是性同意年龄之下未成年人的，则规定比非强制手段实施性侵害更重的刑罚。在与未成年人有关的卖淫和色情制品犯罪中，坚持加重处罚的原则，当采用强制手段或者被害人是性同意年龄之下的未成年人时，则单独规定更重的刑罚种类和幅度。

五、将精神障碍未成年人的性权利纳入特别保护

精神障碍未成年人缺乏完全的辨认能力和自我保护能力，行为人往往趁被害人缺乏有效监护时对其实施性侵害。在司法实践中，遭受性侵害的精神障碍未成年人往往是精神分裂症、轻度精神发育迟滞、中度精神发育迟滞、痴呆以及极重度智力缺陷者，这些身体具有缺陷的人是未成年人群体中的弱势群体，需要法律的特殊保护。我国现行《刑法》第18条仅对不同程度的精神病人的刑事责任能力和应承担的刑事责任进行了规定，未对处于被害人地位的精神障碍人的权利进行特别保护，在性侵害犯罪中更没有对精神障碍未成年人的性权利进行特殊保护。《性侵意见》第25条将对严重残疾或者精神智力发育迟滞的未成年人实施强奸、猥亵犯罪的，作为应当从重从严处罚的情节进行规定，强化了对精神障碍未成年人的司法保护。

（一）域外国家对精神障碍未成年人性权利的保护立法

域外国家大多对精神障碍未成年人的性权利进行特殊保护规定，但具体的立法规定模式不一，通常是将性侵害精神障碍未成年人的行为作为专门的罪进行规定，或者作为有关性犯罪的加重处罚条款或者作为与未成年人有关的性犯罪的加重处罚情节进行规定。

1. 单独成罪进行规定

《德国刑法典》就是将性侵害精神障碍未成年人作为单独的罪进行规定的。第 179 条"对无反抗能力之人的性滥用罪",根据该罪第 1 款的规定,行为人利用被害人病理性精神错乱、深度的意识障碍、心智薄弱或其他严重的精神异常而无反抗能力,或身体上无反抗能力的情况与之实施性行为的,或者让被害人对自己实施性行为的,处以 6 个月以上 10 年以下自由刑;如果行为人虐待前款无反抗能力之人,让其与第三人实施性行为或让第三人与其实施性行为的,处与前款相同之刑罚。第 3 款明确规定,犯罪未遂的,亦应处罚。第 4 款对处以 1 年以上自由刑的情形进行了规定,包括行为人与被害人性交或对被害人实施了或让其与自己实施奸入身体的类似行为,数人共同实施此等性行为,行为人因其行为使被害人遭受严重危害其健康,或严重损害其身体或心理发育的危险。第 5 款规定犯第 1 款、第 2 款和第 4 款之罪,情节较轻的,处以 3 个月以上 5 年以下自由刑,第 6 款对触犯第 176 条"对儿童的性滥用罪"之 176 条 a 款"严重的对儿童性滥用"和 176 条 b 款"致儿童死亡的性滥用"的,按照其规定处罚。从第 179 条"对无反抗能力之人的性滥用"的规定来看,该罪的法定刑是高于一般的对儿童的性滥用罪,并且犯罪未遂的,亦明确给予处罚。

2. 作为有关性犯罪的加重处罚条款进行规定

《土耳其刑法典》就是将性侵害精神障碍未成年人的犯罪行为,作为相关性犯罪的加重处罚条款进行规定的。第 102 条"性侵害罪"第 3 款第 1 项明确规定:"针对因为身体或者精神残疾而无力自卫的人实施第 1 款和第 2 款犯罪行为的,依照刑罚规定加重 1/2 处罚。"其中,第 1 款规定:"任何人力图侵害他人的性安全的,被害人告诉才处理,处 2 年以上 7 年以下监禁。"第 2 款规定:"以某一器官或者工具插入身体的方式实施性侵害罪的,处 7 年以上 12 年以下监禁。针对配偶实施本款行为的,按照被害人的告诉提起侦查或者起诉。"

3. 作为未成年人有关的性犯罪的加重处罚情节进行规定

该立法模式是较多国家对精神障碍未成年人性权利进行刑法保护的方式之一。意大利、法国、葡萄牙等国家都采用这种立法保护方式。根据《意大利刑法典》第 600 条 –6"加重情节和减轻情节"规定中第 2 款的规定,针对处于自然的或后发的疾病或精神缺陷状态的未成年人实施的,刑罚在一半至 2/3 的幅度内增加进行处罚。《法国新刑法典》将行为人针对具有身体或者精神缺陷,明显极易攻击或罪犯明知极易攻击的人实施强奸罪和强奸之外的性侵犯罪和淫媒牟利罪的，作为加重处罚的情形之一进行处罚。《日本改正刑法草案》第 301 条第 2 款规定，对处于精神障碍状态的不满 18 岁的女子的具有保护或者监督责任的人，利用其地位对被害人实施奸淫的，处 5 年以下惩役。《葡萄牙刑法典》第 175 条"为未成年人淫媒罪"第 2 款将利用被害人精神上的无能力或者任何困厄状况实施犯罪的情形，作为加重处罚情节进行规定，处以 2 年至 10 年监禁；利用精神正常被害人实施犯罪的，仅处 1 年至 5 年监禁。

（二）我国应将性侵害精神障碍人作为相关罪的加重处罚情节进行规定

精神障碍未成年人不具备性的承诺能力，且遭受性侵害后，由于被害人往往不知道是性侵害及不能正确表达被侵害的客观事实，该类案件很难被揭发。犯罪人往往采用哄骗、诱骗或者强迫的方式长期或者多次对被害人实施性侵害，社会危害性严重，犯罪情节恶劣。性犯罪立法理应体现对精神障碍未成年人的特殊保护，依法严惩性侵害精神障碍未成年人的犯罪行为。域外国家无论将性侵害精神障碍未成年人进行单独成罪规定，还是以有关性侵害罪的加重处罚条款及有关性侵害未成年人罪的加重处罚情节进行规定的立法模式，其立法理念都是加重处罚性侵害精神障碍未成年人的犯罪行为。为体现罪之谦抑的刑法理念，性侵害精神障碍未成年人可以作为我国有关性犯罪的加重处罚情节进行规定，以彰显我国刑法对性侵害未成年人犯罪的零容忍，最大化保护精神障碍未成年人免受性侵害的权利的实现。

六、将网络性侵害未成年人行为纳入刑法规制

随着网络信息技术的发展，犯罪人实施性犯罪从传统的物理空间转向网络空间，以网络为媒介接触或者直接以网络为载体实施的犯罪日益增多，且成为一种新型的性侵害未成年人犯罪方式。我国刑法未对通过网络实施的性犯罪行为进行明确的规定，导致在司法实践中，网络性侵害未成年人的行为难以认定。猥亵儿童犯罪，传统的观点认为猥亵行为通常表现为行为人让儿童对自己的敏感区或者行为人在儿童的性敏感区抠摸、舌舔、吸吮的行为。依据该观点，行为人对未成年人的猥亵行为只能在双方处于同一物理空间才能实施。如果行为人以满足性欲和性刺激为目的，利用网络平台，逼迫、哄骗未成年人进行一对一地裸聊，要求被害人对着镜头抚摸自己的敏感部位或者按照行为人的要求做淫秽动作，或者行为人要求被害人面对镜头观看自己抚摸性敏感部位，做淫秽动作等以达到性满足和性刺激目的。这些行为的实施，因行为人没有与未成年人进行直接身体接触式的猥亵行为，则有可能被认定为不构成犯罪。在客观上，行为人通过网络实施的能够满足性欲和性刺

激的损害未成年人性健康的行为，与行为人在物理空间实施的猥亵未成年人的行为对被害人造成的危害后果是一样的，理应构成犯罪。网络性侵害未成年人犯罪严重损害未成年人的身心健康，社会危害性大。随着最高人民法院公布网络猥亵儿童典型案例，❶强化了依法严惩通过网络实施的无身体接触的猥亵未成年人犯罪的坚定立场，彰显了"儿童利益最大化"的保护原则。

（一）将利用网络信息技术对未成年人实施性侵害的行为进行刑法规制

网络信息技术包括互联网、网络通信工具或其他信息技术等。网络性侵害未成年人犯罪包括行为人通过网络信息技术手段联系被害人实施性犯罪行为及直接利用网络信息平台对被害人实施的性犯罪。这两种网络性侵害未成年人行为都应在刑法中进行明确规制，可以将网络性侵害未成年人行为作为相关性犯罪的处罚条款进行规定。

1. 行为人通过网络技术手段联系被害人，意在实施符合相关性犯罪构成要件的犯罪行为

联系行为指行为人基于性犯罪的目的，以网络为媒介联系、接触被害人。司法实践中，行为人通常使用微信附近人、摇一摇、漂流瓶等功能，利用QQ聊天软件、QQ邮件等功能，利用陌陌或其他交友软件与平台等，与被害人取得联系，并以网友见面、介绍工作、谈恋爱为名哄骗未成年人见面。双方见面后，以欺骗、哄骗方式与被害人开房发生性行为或者实施猥亵行为，或者以暴力、胁迫的方式控制被害人，强迫、威逼被害人实施卖淫行为。行为人还利用被害人网络社交平台发布的照片和头像合成裸照，以在互联网公布裸照进行威胁、恐吓被害人见面，进而实施强奸、猥亵和逼迫被害人卖淫的行为。还有的行为人在对被害人实施性侵害的过程中，故意拍下被害人的裸照和性侵害过程的视频，以公布裸照和视频威胁被害人，不准报案和告诉其他人，进而达到长期控制被害人，实现重复性侵害被害人的目的。

2. 直接利用网络信息平台实施性犯罪

行为人为了追求性刺激，以满足其变态的性欲为目的，通过网络信息平

---

❶ 最高人民法院公布的典型案例之蒋某猥亵儿童案：2015年5月至2016年11月，被告人蒋某虚构身份，谎称自己代表"星晔童星发展工作室""长城影视""艺然童星工作室"等单位招聘童星，在QQ聊天软件上结识女童。以检查身材比例和发育情况等为由，要求被害人在线拍摄和发送裸照，并谎称需要面试，诱骗被害人通过QQ视频裸聊并做出淫秽动作。对部分女童还以公开裸照相威胁，逼迫对方与自己继续裸聊。经查，蒋某视频裸聊猥亵儿童达到31人。法院经审理认为，被告人蒋某为满足自身变态欲求，以视频裸聊方式猥亵儿童，其行为已构成猥亵儿童罪。而且，其诱骗被害人多达30余名，遍布全国各地，多数被害人未满12周岁，最小的不到10周岁，有些被害人被猥亵两次以上，依法应当认定为"有其他恶劣情节"。据此，以犯猥亵儿童罪依法从重判处被告人蒋某有期徒刑11年。

台对被害人实施非接触式的猥亵犯罪行为，或者组织未成年人进行网络色情表演、观看色情视频，利用网络传播儿童色情制品等。在司法实践中，通常表现为行为人通过网络信息平台接触被害人，然后以引诱、欺骗、哄骗的方式，诱使被害人拍摄隐私部位的不雅照片、视频供观看，或者进行裸聊，或者诱使被害人按照指示做淫秽动作等以达到性刺激和满足性欲的目的。还表现为行为人通过网络传播含有未成年人色情的视频与音频文件、电子刊物、图片、文章、短信息，组织未成年人进行网上淫秽表演等。网络传播的隐蔽性、便利性、及时性、对象的不特定性等，都决定了利用网络实现的性侵害未成年人行为比传统的接触式的性侵害行为的社会危害性更为严重。

（二）对行为人利用强制手段通过网络实施的性犯罪加重处罚

行为人通过暴力、威胁和其他手段实施的性侵害，与非强制手段实现的性犯罪相比，无论是犯罪的社会危害程度，还是行为人的主观恶性都是较大的。贝卡里亚认为犯罪时所怀有的意图、被害人的地位、罪孽的轻重程度都不是衡量犯罪的真正标尺，只有对社会的危害是衡量犯罪的真正标尺。[1] 没有社会危害性就没有犯罪。在我国，犯罪不仅有罪质要求，也有罪量要求，只有社会危害性达到严重程度的才构成犯罪。为了体现对未成年人性权利的特殊保护，无论是奸淫幼女罪，还是猥亵儿童罪，都没有犯罪手段上的要求。但是，行为人使用强制手段对未成年人实施的性侵犯罪的社会危害性和行为人的主观恶性大小是不同的，但目前的性犯罪立法，在刑罚的罪种和刑度的规定上与非强制手段实施的性犯罪都没有区别。在立法模式上，域外有的国家采取将非强制手段对未成年人实施的性犯罪，处以与暴力、胁迫和其他手段针对一般被害人的性侵害同样的刑罚，将暴力、胁迫和其他手段实施的性侵害处以与非强制手段实施的性侵害相比更重的刑罚，一般单独规定较重的刑罚种类和幅度。有的国家比照非暴力手段对未成年人实施的性侵害的刑罚规定按一定比例加重处罚。因此，建议将通过网络以暴力、胁迫和其他手段实施的性侵害未成年人行为，予以加重处罚。

第二节　制定专门的性侵害犯罪防治法

目前，我国没有专门的性侵害犯罪防治法。域外国家不仅重视性犯罪立

---

[1] ［意］切萨雷·贝卡里亚：《论犯罪与刑罚》，黄风译，北京：中国法制出版社，2005 年，第 82–83 页。

法，还通过制定专门的性侵害犯罪防治法，或者专门的性侵害未成年人处理指南等方式惩治和预防性犯罪，注重从犯罪人和被害人双重角度规定相应的预防措施。犯罪人角度的预防措施，如强化对犯罪人的身心治疗或辅导教育，通过警方录取性犯罪者的指纹、气味和 DNA 等信息，公开犯罪人信息，或者通过特定的性暴力侵犯者或者具有性侵犯前科者佩戴 GPS 定位器、电子脚镣、手腕警告标志，实行"化学阉割"等措施对性侵害未成年人犯罪进行预防。被害人角度的预防措施，如强化家长对被害人的有效监护，重视家庭和学校层面的性侵害防治教育等。

一、域外国家性侵害犯罪防治法的有关规定

（一）美国有关性侵害防治措施的规定

美国制定有预防性侵害犯罪的法律和法令。美国强化学校在性侵害儿童中的注意义务和预防措施，强化对在家庭内发生的性侵害的被害儿童的保护，强化对包括未成年人在内的性犯罪者的信息登记与社区通告，强化对性侵害犯罪的社区预防，强化对未成年人的性教育，多维度建构性侵害未成年人犯罪的严密防治网络。

1.制定有完备的预防性侵害犯罪的专门法

2000 年美国通过《校园性犯罪防治法》，该法从保护校园以及信息通报的角度，进一步将犯罪登记制度拓展到教育领域，要求已经登记的性犯罪人必须如实告知其所工作或学习的高等学校，如若有任何变动亦应及时告之。要求必须立即将按照该法收集的信息报告给地方执法机关，并及时登入州犯罪记录系统。教育机构有义务公布校园安全政策和校园犯罪统计数据，也有义务公布如何获得已登记性犯罪人信息的途径。❶2003 年美国制定《为终止儿童剥削的检诉救济以及其他方法法令》，该法令扩展了对性犯罪人的监督性释放条款，加大了对某些性犯罪的惩罚力度。如通过对儿童服务提供者和志愿者进行指纹扫描以确定其是否具有不良犯罪记录，对某些性犯罪的犯罪嫌疑人允许使用电子监视，要求执法机构向全国犯罪信息中心报告所有不超过21 岁的失踪人口，指导司法部长任命一位全国的"安播警报"协调员，要求各州在 3 年之内建立新犯罪人登记信息的网络，并且州与州之间的网站要建立链接。❷2006 年《亚当·沃尔什儿童保护与安全法》是美国关于性犯罪记

---

❶ 转引自刘军：《性犯罪记录制度的体系性构建——兼论危险评估与危险治理》，北京：知识产权出版社，2016 年，第 182 页。

❷ 转引自刘军：《性犯罪记录制度的体系性构建——兼论危险评估与危险治理》，北京：知识产权出版社，2016 年，第 182–183 页。

录最为全面的法律。该法规定了 7 个主题的内容，包括性犯罪人登记与公告法，增强联邦刑法以保护儿童免于性侵害和其他暴力犯罪，对危险性犯罪人的民事禁闭，为防止儿童遭受性犯罪人伤害的移民改革，阻止儿童色情作品，儿童与社区安全的拨款、研究与程序，网络安全法。❶2008 年美国《排除性侵害犯罪人利用网络法》规定总检察长可以要求性犯罪登记人提供以前适用或者将来适用的任何形式的网络身份代码，以便进行监控。同时，为了遵照《隐私法》的相关规定，网络身份代码排除在公告范围之外。允许为性犯罪人安装具有 GPS 定位功能的追踪装置，允许 24 小时监控。❷ 这些法律法令规定强化校园的报告义务、对儿童服务提供者和志愿者进行指纹扫描、对性犯罪人实行电子监控、要求性犯罪登记人提供以前适用或者将来适用的任何形式的网络身份代码等措施，强化了对性侵害儿童犯罪的防治，多途径、多形式建构了保护儿童免受性侵害的严密法网。

2. 强化学校在性侵害儿童中的注意义务和预防措施

美国强化学校在性侵害儿童中的责任和义务，学校不仅要对我国刑法意义上的性犯罪行为承担责任，还要对在学校发生的性骚扰行为承担责任。老师对学生的性骚扰行为和学生对学生的性骚扰行为，学校都有可能要负责任。

弗兰克·沃尔得罗普案确立了学校可能为老师对学生的性骚扰行为造成的伤害后果负责任。1998 年，美国最高法院在裁决格布泽与 Lago Vista 独立学区的案件中，认定学校因没有预防教师对学生实施性骚扰行为或者对教师骚扰学生的行为没有作出反应，因此使学校承担责任是非常重要的。在该案中，Lago Vista 独立学区的高中老师弗兰克沃尔得罗普在其小组讨论课上，对学生说出了一些带有性暗示的评论，并且该教师与学生有了性接触，在几个月的时间里与学生保持了性关系。学生也没有向学校领导报告教师的不当行为，直到老师被警察抓获。法庭认为在教师性骚扰学生案件中，要使学校负责任，必须至少满足两个最低标准：一是当事人必须表明能够采取措施的学区领导，对于"禁止的行为"实际上已经注意到了；二是尽管已经注意到了"禁止的行为"，但是教育机构却故意采取漠视的态度，没有积极采取正确的行为作出反应。因此法庭认为，Lago Vista 学区不知道弗兰克·沃尔得罗普和学生格布泽的关系，从而没有予以注意，认为学区不应当对性骚扰行为造成的损害承担责任。学校管理者如果已经知道或者应该知道教师对学生实施了

---

❶ 转引自刘军：《性犯罪记录制度的体系性构建——兼论危险评估与危险治理》，北京：知识产权出版社，2016 年，第 183–184 页。

❷ 转引自刘军：《性犯罪记录制度的体系性构建——兼论危险评估与危险治理》，北京：知识产权出版社，2016 年，第 183–184 页。

性侵害行为或者具有相应的倾向时，一般就可以推断学校对实施性侵害或者性骚扰的老师负有雇用、留用和监督方面的责任。

学生对学生的性骚扰行为，根据美国1982年联邦法典的规定和普通法关于疏忽的理论，学校可能承担相应的责任。典型的案件是戴维斯诉门罗县教育委员会案。在该案中，五年级的学生戴维斯在长达5个月的时间里受到同学言语上的性骚扰，在被害人本人及其母亲努力要求学校的管理者和老师注意到这种不恰当的行为并采取措施的情况下，学校并没有严格管理学生。因此，联邦最高法院认定学校接受了教育拨款，对如此严重、普遍和具有违法性的性骚扰行为故意漠视，阻碍了受害人获得教育的机会，学校应对戴维斯受到同学的性骚扰行为承担责任。同时，根据普通法上的疏忽理论，学生控诉学区没有对实施性侵害或者性骚扰的学生进行有效监督，学区就有可能对学生遭受性侵害承担责任。一般情况下，只要学生能有证据证明老师许可学生待在教室而没有人监管，或者有证据证明老师许可学生独自外出或者与可能有危险性的同伴一起，学区就要对被害学生遭受的性侵害承担责任。

3.强化家庭内发生的儿童性侵害的被害人保护

美国基于儿童的需要和保持家庭完整之间平衡的理念，在对发生在家庭内部的性侵害儿童案件，需要采取措施对受害儿童进行寄养安置时，准许儿童与以后继续生活的父母保持联系。也有法学学者基于政府干预措施可能对儿童和家庭带来伤害或者破坏的观念，认为利用儿童的信任实施一些与性有关的行为并不构成政府进行干预的当然根据。尤其是在对性侵害界定不够明确，且发生在家庭内部的性侵害和喜爱形式在文化冲突的情况下难以区分时，或者仅仅在证据完全依赖被害人陈述的情况下，当儿童遭受性侵害后立即采取干预措施可能导致儿童创伤性癫痫、将儿童带离家庭的后果。但是如果父母对儿童实施或者企图威胁伤害儿童时，政府必须依职权采取干预措施，保护被害儿童免受持续的家庭范围内的性侵害。

4.强化未成年人在内的性犯罪者信息登记与社区通告

美国强化对性犯罪者的信息登记和社区通告，目的是保护儿童免受性剥削和暴力犯罪的侵害。尽管美国不少州建立了适用于未成年人和成年人的两套不同的司法体系，但是针对未成年人实施的性侵害行为，法律倾向于作出与成年犯罪者一样的处理。2006年7月26日，国会签署了《亚当·沃尔什儿童保护与安全法》(AWA)，该法案将之前由各州管辖的登记要求规定得更明确，将性犯罪定义为"涉及性行为或者其他性接触的犯罪行为"。如果未成年人已满14周岁且实施了性侵害行为，也要被登记。根据犯罪者的犯罪严重程度分别规定在第一级、第二级和第三级三个等级中，其中，第三级的犯罪人罪行是最严重的。同时，AWA 法案要求联邦政府积极参与推动各州执行性犯罪者登记和社区通告的要求。

1994 年的《雅各布法案》和 1996 年的《梅根法》为 AWA 法案奠定了基础，《雅各布法案》要求对儿童和成人的性暴力行为实施者予以登记，允许各州的法律执行机构为了保护公众的安全，对性犯罪者予以社区通告有一定的裁量权，但没有作出强制要求。1996 年国会对《雅各布法案》进行了修改，将"可以公布"修改为"应当公布"，从而统一了 50 个州对性犯罪者社区通告的标准，并且允许州的法律规定登记信息可以因为任何目的而被发布。同时，国会通过了《1996 年帕姆性犯罪者和识别法案》，创建了联邦信息登记数据库。2005 年，司法部建立了国家网络性犯罪者信息登记数据库。针对未成年人性犯罪者，即使是在未成年被害人同意的情况下实施的性侵害行为被指控的，也要进行性犯罪者信息登记。对于未成年人性犯罪者信息的社区通告，不少州免除或者限制了社区通告的程度。在路易斯安那州，未成年性犯罪者的信息实行免除社区通告制度。在得克萨斯州实行的是限制性的社区通告制度，只有未成年人实施了"暴力性侵害犯罪"，在释放后，才通过信件的方式将性侵害的信息邮寄给所居住的社区。不少州也通过对未成年性犯罪者采取风险等级评估系统予以评估后决定社区通告的程度，被害人的年龄影响对未成年性犯罪者公告的程度，被害人年龄越小，未成年性犯罪者被划分为更严重等级的可能性就越大，社区通告的程度就越高。

5. 强化对性侵害犯罪的社区预防

美国社区预防性犯罪包括社区监督和社区再融入两方面的措施。社区监督通过指派专人盯住一些潜在的犯罪者，通过社区公告宣传的方式让性犯罪者从思想上认识到自己的行为是错误的和有害的，并告知社区公众可以通过热线电话寻求帮助。同时，通过监测性侵害行为是否在发生或可能发生，以防治犯罪，保护儿童，并及时报告犯罪事实。要求侵害者的家属、朋友、同伴注意社区环境的监控，从而及时获取性犯罪行为。社区再融入指通过帮助已经实施过性侵害犯罪的犯罪者快速融入社区生活，以防止他们再次去实施犯罪。需要强调的是，在美国除了杀人、抢劫等严重的暴力侵害人身权利犯罪外，性犯罪者遭受的惩罚是最为严重的。一般的犯罪者刑满释放后，可以通过改过自新，重新融入社会。而性犯罪者即使刑满释放，自由却被终身限制，被贴上性犯罪者的标签。无论其身在何处，都必须在规定时间内到所在社区登记自己的行踪和更新个人信息，警方还会将性犯罪者信息上传到互联网并进行社区公告。有的州还要求性犯罪者必须在自己的窗户上贴上醒目标记，以提醒他人预防性侵害犯罪的发生。

6. 强化对未成年人的性教育

美国的性教育受其社会文化和历史背景的影响，在不同的时期呈现出不同的教育模式，主要有禁欲模式和综合模式。19 世纪末至 20 世纪初，美国开始对年轻人开展禁欲模式的性教育，且由负责体育课的老师负责授课。禁欲模式性教育主要通过向年轻人传授性道德和规范，告诫学生要绝对地拒绝婚前性行为、婚外性行为，以预防和减少性传播疾病。非特定情况下，不能向 12—18 岁的青少年提供避孕和安全进行性行为的知识，尤其是学校和教师，要禁止向学生教授避孕套的使用方法，以及其他有关避孕的方法和措施。然而，禁欲模式并不能抑制美国青少年发生婚前性行为。有资料显示，美国 90% 的人都会有婚前性行为，青少年平均在 17 岁左右发生第一次性行为。❶

20 世纪 60 年代，美国开始了综合的性教育模式。1991 年综合性教育工作组颁布了综合性教育模式中第一个国家层面的教育规划，即《综合性学校的性教育指导纲要：从幼儿园高班到 12 年级》，该指导纲要能够帮助教育工作者评估现有课程和制定新的课程。目标在于让教育工作者、家庭和政策制定者通过出版物、网站、培训和其他资源等，获取科学、准确的性知识，使所有人都能接受全面、综合的性教育和优质的性生殖健康服务，从而获得终身的健康。综合性教育将性教育的目标分为知识，态度、价值观和见解，人际关系技能和责任四个方面。在性健康内容中，包括了生殖健康、避孕和产前护理、堕胎、性传播疾病、艾滋病、性虐待、强奸、性暴力和性侵害。❷

美国国家级和州级的政府机构和非政府组织在学校性教育的标准和政策的制定中都发挥着重要的作用。在国家层面没有制定独立的学校性教育标准，而是将性教育融入健康教育的相关标准之中。在《国家健康教育标准》中性教育的内容没有得到明确的规定。2006 年美国公立学校首席教育官委员会依照《国家健康教育标准》制定《美国州际联合评价学生标准》，并规定了预防饮酒和其他毒品的使用、伤害预防、营养、体育活动、家庭生活与性等 9 个领域内容。其中，"家庭生活与性"对性教育的内容作出了明确的规定，包括家庭与关系、生长发育、艾滋病和其他性传播疾病的预防、性行为和预防妊娠等内容，在初中阶段就要对学生进行性行为和预防妊娠内容的教育。在州

❶ Santelli J Ott, M A Lyon. Abstinence and Abstinence—only Education: A Review of US. Policies and Programs, Joural of Adolescent Health, 2006, 38（1）.

❷ 郭新丽、刘良华：《美国的性教育模式及其启示》，《外国中小学教育》2018 年第 11 期。

级层面，美国各州都规定了性教育的相关标准和适用的年级。华盛顿制定有《体育与健康教育标准》《性健康信息和疾病预防指南》，在《体育与健康教育标准》中涉及性教育的主要领域是性健康，内容包括生长与发育、生殖过程、艾滋病和性传播疾病的预防、预防妊娠、自我认同、健康关系、性健康服务、性犯罪相关的华盛顿法律。阿肯色州的《体育与健康教育标准》涉及性教育的主要领域有人类生长发育、疾病预防、健康生活技能和关系、个人健康与安全，具体内容包括生长发育时期的身体、心理、情绪、社会的变化，以及性行为的责任和后果、识别和预防性虐待等。❶另外，非政府组织在学校性教育的相关标准和政策的制定中也起着重要的作用，在全面性教育领域具有影响力的美国性信息和教育委员会制定和出版的《全面性教育指南》，为开展学校性教育需包含的关键概念、主题和信息提供了基本框架。同时，美国健康教育协会、美国学校卫生协会等多个非政府组织制定的《国家性教育标准》弥补了全国范围内性教育实施的不一致性和课时有限性的缺陷。

美国已发展了针对不同年龄儿童如何预防性侵害的相关教育项目，且被逐渐整合到了学校的安全和健康教育的课程中。预防性侵害的教育项目，目的在于教给儿童识别危险情境并阻止侵害发生的技能，内容涉及识别什么是违规行为，什么样的抚摸和接触方式是儿童不能接受的，怎么拒绝邀请，当受到侵害时如何寻求帮助等内容。比较有影响的是"谈谈抚摸项目"，该项目覆盖了从幼儿园到小学1—3年级的学段，包括15个方面的内容，每课30分钟。根据教育对象年龄的不同，教授的内容也不同，旨在教会孩子在有危险和可能会出现虐待行为的情境下保护自己的基本技能。❷

（二）英国有关性侵害防治措施的规定

英国在实践和专家、学者呼吁的推动下，尤其在儿童保护组织的倡导下，借鉴美国经验逐步建立和不断完善性侵害惩治与预防机制。英国的《性犯罪人法》《性犯罪法》以及多元机构公共保护安排、跨政府部门行动计划、性侵儿童的犯罪人信息披露制度等构建性侵害儿童的防治网络。

1. 英国的《性犯罪人法》

英国早在1956年就颁布了第一部正式的《性犯罪法》。在20世纪80年代一些报道就倡导建立"性魔登记簿""向性魔宣战"等相关的性犯罪记录。自20世纪80年代末，英国一些地方上的儿童保护委员会已经开始实施非正

---

❶　聂慧敏、余小鸣等：《美国学校性教育相关课程标准及政策分析》，《中国学校卫生》2018年第8期。

❷　Committee for Children. Talking about Touching：Overview–A Personal Safety Curriculum. http：//www.cfchildren.org/programe/tat/overview，访问日期：2019年8月6日。

式的针对性侵儿童的成年犯罪人的登记工作。1996 年 10 月 18 日《性犯罪法》公布，性犯罪记录制度的建立正式提上议事日程。1997 年 3 月 21 日《性犯罪人法》开始正式实施，该法的重要内容之一就是规定了旨在让犯特定性侵害罪的犯罪人向警方报告其个人信息的"性犯罪人报告制度"。具体规定了报告义务的主体、报告义务期间、报告个人信息的内容和方式、不履行报告义务的刑事责任以及禁止令。报告个人信息的内容包括性犯罪者的姓名、曾用名、出生日期、家庭住址，曾经居留地信息有任何变更，都需要在 3 日以内向警察机关重新报告。该法案还强化了性犯罪者信息变更报告的义务，如果报告义务人在没有任何正当理由的前提下疏于履行报告义务，或者在履行报告义务中提供虚假信息的，将依法认定为犯罪，并被判处最高不超过 5 个标准级别的罚金刑，或者被判处不超过 6 个月的监禁刑。❶2001 年生效的修正后的《性犯罪人法》，在登记性犯罪者的姓名、曾用名、出生日期、家庭住址、曾经居留地信息的基础上，增加了采集照片、指纹等报告内容。

2003 年英国的《性犯罪人法》更加强化对性犯罪的防控以及对登记在案的性犯罪人的危险管理，规定了一些预防性犯罪的重要措施和制度。首先，要求登记的性犯罪人信息更加全面，性犯罪者的出生日期、国家社会保险号码、接受审判或者被治安警官警告的时候以及注册登记之时的姓名、曾用名和家庭住址、注册登记之时的经常居住地和停留地。性犯罪者在报告个人信息时，警察机关为了识别身份，可以要求采集指纹以及对身体任何部位进行拍照。❷其次，强化英国人在国外犯性犯罪的报告义务。如果被告人居住在该辖区，或者警长相信被告人正在或者打算来到该辖区，在符合该法规定的三个法定条件❸之下，警长可以向治安法庭申请"报告命令"。治安法庭必须发布"报告命令"，要求被告人按照该条款对报告期间的修正履行报告义务。再次，强化性犯罪预防命令和性侵犯罪危险预防命令。在犯罪预防命令的规定上，基于保护社会公众或者特定人群的目的，对于严重的性犯罪和严重的暴力犯罪的犯罪人，在必要的前提下，禁止被告人在最高不超过 5 年的期限内

---

❶ 转引自刘军：《性犯罪记录制度的体系性构建——兼论危险评估与危险治理》，北京：知识产权出版社，2016 年，第 194 页。

❷ 转引自刘军：《性犯罪记录制度的体系性构建——兼论危险评估与危险治理》，北京：知识产权出版社，2016 年，第 197 页。

❸ 三个法定条件分别为：（1）被告人在英国以外的国家因为实行了本法规定的性犯罪行为，依据在该国正在生效的法律被定罪，因为精神病或者无刑事责任能力而被判决无罪，或者受到治安警官的告诫；（2）满足第一个条件是在 1997 年 9 月 1 日以后（即《性犯罪人法》生效之后），虽然在此日期之前，但是处理是在此日期之后，或者被告人被拘留、监管或者其他类似的处置是在该日期之后；（3）依据本法规定的报告义务期间尚未期满。

从事一些行为，如果被告人从事了禁止的行为，将构成犯罪，并承担相应的刑事责任。在性侵危险预防命令的规定上，如果被告人的性行为涉及儿童或者当时有儿童在场，导致或者煽动儿童观看成人性行为、性爱视频或者图片，给予儿童任何与性行为相联系或者引起性行为联想的物品，在与儿童的谈话中涉及性爱，而且在两个以上的场合存在类似行为的，当地警长可以向治安法庭申请"性侵危险预防命令"，治安法庭可以根据警长的申请发布"性侵危险预防命令"，在最长不超过 2 年的期限内，禁止被告人从事命令中规定的任何行为。被告人从事了禁止行为的，将构成犯罪，会被追究刑事责任。最后，还规定了禁止出国命令。基于保护儿童的目的或者为了使特定的儿童免受被告人的侵害或者危险，法庭可以发布命令时效最长不超过 6 个月的"禁止出国令"，可以指定禁止出行的目的地国家，或者制定禁止出行除外的国家，或者直接禁止出行所有的国家。

2. 强化多元机构，跨政府部门合作开展性犯罪记录工作

英国除了有专门的《性犯罪法》，还注重多元机构、跨政府部门合作开展性犯罪记录工作。比较重要的性犯罪记录制度有"多元机构公共保护安排"、跨政府部门行动计划和性侵儿童的犯罪人信息披露制。"多元机构公共保护安排"是指一系列制定法"安排"，以评估和管理特定的性犯罪人和暴力犯罪人可能存在的对公共安全的威胁。"多元机构公共保护安排"最初是在 2000 年《刑事司法与法院工作法》第 67 条"特定犯罪人之危险评估"中提出的。2003 年《刑事司法法》第 325 条予以强化。警察机关、缓刑委员会、监狱机构共同组成主管当局，通过在机构之间交换性犯罪人的个人信息，从而对性犯罪人进行更多的监督与管理。❶2008 年在"多元机构公共保护安排"机制下，来自警察机关、缓刑委员会、监狱机构的核心工作人员，已经能够在同一信息系统平台开展工作，从而提高了对性犯罪人的危险评估、管理、介入、干预，确保了预防犯罪的实效和及时性。

为了协调政府各部门和地方政府共同应对性暴力以及性虐待行为，英国政府于 2007 年 4 月发布"针对性暴力与性虐待的跨政府部门行动计划"。该计划主要通过分析性暴力和性虐待犯罪发生的原因、背景、影响因素、危害后果等，协调各部门工作和政策，采取措施共同应对性暴力和性虐待犯罪。"针对性暴力与性虐待的跨政府部门行动计划"由内政部主导，包括教育与技术培训部、卫生部、宪法事务部、外交和联邦事务部、社区部、总检察长办

---

❶ 转引自刘军：《性犯罪记录制度的体系性构建——兼论危险评估与危险治理》，北京：知识产权出版社，2016 年，第 201 页。

公室以及地方政府等参加的一个综合治理型的犯罪预防计划。该行动计划的主要目标和行动内容包括健康支持与卫生服务、刑事司法响应和犯罪预防。犯罪预防包括三个层面的预防：第一个层面是普通干预措施，主要通过教育工作预防犯罪，提高针对性暴力和儿童性虐待的公众意识；第二个层面包括预防被害和预防犯罪两个方面的干预措施；第三个层面包括预防再次被害和预防再次犯罪。跨部门行动计划，协调各部门共同应对性暴力和性虐待犯罪，有利于最大化预防犯罪，减少对儿童的性侵害，创造更加安全的成长环境。

性侵害儿童的犯罪人信息披露制度，在 2008 年《刑事司法与移民法》中进行了详细规定。"信息披露制"包括裁量披露和法定披露。第 327A 条第（1）款对裁量披露进行了规定，可以由主管当局依据其职责决定是否将其所掌握的、在其管辖范围内的、已被定罪的性侵儿童的犯罪人的信息向任何特定的社会公众进行披露。第 327A 条第（2）、第（3）、第（4）款对法定披露进行了规定，如果主管当局有合理理由相信，其管理下的一个性侵儿童的犯罪人可能对其辖区或者其他任何辖区内的任何特定儿童或者某种特征的儿童存在造成严重伤害的危险，而且将该犯罪人的相关信息向特定公众披露对防止造成伤害是必要的，则应当进行披露。根据有关信息披露的规定，英国实行的是有限披露制度，即主管当局只向其认为有关的人员进行披露，而且在披露时可以附加条件防止其再向任何其他人员披露犯罪人的信息；在理性可行的情形下，应当尽快向相关人员披露犯罪人信息；对信息披露的决定、信息披露的理由、信息披露的附加条件、信息披露对象的基本信息等都要记录在案。同时，还特别规定，不得披露未成年性犯罪人的信息。无论是裁量披露还是法定披露都体现了英国的信息披露在基于保护社会公众、个人信息和性犯罪人再社会化和回归社会之间建立一个合理的平衡点。

3. 强化对未成年人的性教育

英国为了帮助儿童、青少年发展现在和未来经营自己生活所必需的知识、技能，在 2000 年将"个人、社会、健康、经济教育"正式确定为公立学校包括 1—11 年级的一门非法定的国家基础课程。其中，涉及性教育的课程内容结构为性和关系教育，主要内容包括青春期的身体和心理变化，性行为、生殖健康、避孕、怀孕、性传播疾病和艾滋病以及高危行为对个人、家庭和社会的影响，媒体与青少年身体和健康，尊重差异和多样性。教育目标旨在提高儿童、青少年的个人认同感，培养健康生活方式，掌握有效处理风险的方法，建立积极的人际关系，了解文化的多样性和尊重个体差异。在学校性教育的实施上，采取多种教学方式，开展丰富多彩的课程活动。❶ 目前，性教育已经成为中学生的必修课程。英国前教育秘书长贾丝廷·格里宁认为："所有4岁以上儿童都必须接受关于安全、健康的人际关系教育，而中学生除了人际关系外还要接受性教育。"❷ 英国曝光的性教育材料中，在针对5岁儿童的性教育漫画、电影以及课本中，使用成人语言描述，且有男女两性关系的图片。在《我是如何出生的?》一书中，刊出的一对夫妇赤身裸体亲热的漫画插图，用了直白的术语露骨地描述了性爱行为。2019年2月28日，英国下议院发布了英国性教育改革方案，并计划2020年9月开始实施。要求学生从5岁开始就必须接受性启蒙，到初中时需要了解性侵犯相关知识。小学生（5—11岁）将学习人际关系教育，其中，5—7岁了解身体的特征、学习互相尊重以及掌握两性交往常识；7—11岁学习青春期生理、情感以及态度的变化，包括在性问题上尊重人与人之间的差异性等。中学生（11—16岁）将学习包括性行为、生殖、避孕和性传播疾病等生理知识。

（三）日本有关性侵害防治措施的规定

日本除了刑法典专门规制性犯罪外，还专门制定了规制性犯罪行为的条例和针对性侵害未成年人的特别刑法，强化对性侵害危险行为的防治和对一切性剥削和性虐待行为的特别刑法规制。

1. 日本强化对性侵害危险行为的法律防治

日本《关于规制跟踪行为等法律》规定了处罚性犯罪相关的特定跟踪行为，从而将性犯罪的可能性降到最低。该法第2条将所处罚的跟踪行为规定为8类行为，具体为：（1）纠缠、守候、堵住来往通路或在住所、工作单位等对象人经常待的地方的附近进行监视，或者强行闯入对象人住所的行为；（2）通过明示或暗示的方法让对象人认识到其行动已经受到监视；（3）要求对象人与自己见面、交往等他人并无义务实施的行为；（4）向对象人使用特别粗鲁和野蛮的言语；（5）拨通对象人电话却又什么也不说，或者明明被拒绝过了却仍然连续打电话或送传真；（6）向对象人送付污秽物、动物的尸体以及其他让人产生明显不愉快或厌恶情感之物，或者将这些东西放置成对象人能够发现的状态；（7）告知要损害对象人名誉的事项，或将其放置成对象人能够知晓的状态；（8）告知对象人能够伤害其性羞耻心的事项，或将其放置成对象人能够知晓的状态，或者是给对象人送付能够伤害其性羞耻心的文

---

❶ 余小鸣、张芯等：《学校性教育政策的国际间比较》，《中国学校卫生》2018年第8期。

❷ 《与中国教育不同 英国政府全面普及性教育或成必修课》，http://www.myzaker.com/article/58c0db981bc8e0455d000006/，访问日期：2019年8月10日。

书、图画等物或者将其放置成对象人能够知晓的状态。依据该法规定，以发泄爱恋等好意情感，或者是因这些情感未能获得回应而产生的怨恨情感为目的，针对特定的对象或其配偶、直系或同居亲属等关系亲密者反复实行第（1）至（4）类"跟踪"行为，侵害到这些人的身体安全、住所安宁、名誉或者令这些人担心其行为自由受到严重侵害的，处6个月以下的有期徒刑或50万日元的罚金；实施第（5）至（8）类"跟踪"行为的，处以"禁止命令"。❶同时，日本地方政府强化对骚扰行为的规制，《东京都防止骚扰条例》第5条第1款规定："任何人不得在公共场所或公共交通工具内对人实施令人感到强烈羞耻或不安的卑劣言行。"如果违反该条款规定的，最高将被处以1年以下的有期徒刑或1000万日元的罚金。卑劣行为包括从女性内衣外面触摸女性身体的行为和偷拍女性隐私部位的行为，且对一般人而言，与被害人处于同一处境会对卑劣行为感到强烈的羞耻和不安。

2. 日本针对性侵害未成年人制定了专门的处罚法

日本针对儿童卖淫、让儿童从事淫行的行为和利用网络介绍异性的业务引诱儿童从事"援助交际"的行为都进行了专门的刑法规定，最大化防治针对未成年人的性剥削和性虐待行为。日本在1999年制定了旨在防止性剥削和性虐待儿童的《儿童卖淫、儿童色情处罚法》，并于2004年在法律第106号中修正。该法第4条规定，进行了儿童卖淫的人，处5年以下的惩役或者300万日元以下罚金。"儿童卖淫"是指给儿童本人、儿童性交斡旋者、儿童监护人或儿童支配人提供报酬，或者是约定提供报酬，对相关儿童进行性交等。"性交等行为"是指进行性交或者性交类似行为，或者以满足自己的性好奇心为目的触摸包括性器官、肛门以及乳头等儿童的性器官，或者让儿童触摸自己的性器官等行为。第5条规定，进行了卖淫斡旋的人，处5年以下的惩役或者500万日元以下罚金，或者进行并科。以进行儿童卖淫斡旋为业的人，处7年以下的惩役或者1000万日元以下罚金。第6条规定，以进行儿童卖淫斡旋为目的，劝诱他人进行儿童卖淫的，处5年以下的惩役或者500万日元以下的罚金，或者进行并科。出于前项的目的，以劝诱他人进行儿童卖淫为业的人，处7年以下的惩役及1000万日元以下的罚金。第7条规定，提供儿童色情物，处3年以下的惩役或300万日元以下的罚金。第8条规定，以使儿童成为儿童卖淫中性交等的对象为目的，或者以描写第2条第3项所列举的某种儿童姿态、制造儿童色情制品为目的，买卖有关儿童的人，处1年以上10年以下的惩役。以前项

---

❶ "禁止命令"的内容分为两类：一是不得继续实施相关的"跟踪"行为；二是为了防止该行为继续发生而采取的必要措施。

的目的，将被掠取、诱拐或者买卖的居住在外国的儿童移送到该儿童居住国以外的日本国民，处 2 年以上的有期惩役。前两项之罪的未遂，也予以处罚。

日本《儿童福祉法》第 34 条第 6 款规定，禁止让儿童从事淫行的行为。违反该规定，将被处以 10 年以下有期徒刑或 50 万日元以下罚金。同时，日本很多地方政府的《青少年保护育成条例》均规定，禁止与儿童发生淫行行为，违反规定的，最高可处以 2 年以下有期徒刑。

随着网络的发展，利用网络对未成年人实施性侵害成为一种新形式的性犯罪，日本制定了专门规制利用网络介绍异性的业务，引诱儿童从事"援助交际"的行为。《规制利用网上介绍异性的业务引诱儿童的法律》第 6 条明确规定，任何人都不得利用网上介绍异性的业务从事以下行为：（1）引诱儿童成为性交等行为的对象；（2）引诱成年人成为与儿童进行性交等行为的对象；（3）表示愿意提供报酬，引诱儿童成为与他人进行异性交际的对象；（4）表示愿意接收报酬，引诱他人成为与儿童进行异性交际的对象。违反该规定的，根据该法第 33 条的规定，将被处以 100 万日元以下的罚金。

3. 强化保护人和法人对性侵害未成年人犯罪的刑事责任

日本无论是刑法规定还是专门针对性侵害未成年人的刑法立法，都强化对未成年人具有保护和监督义务的人对未成年人实施的性侵害犯罪的惩治。同时，强化对法人的代理人、使用人以及其他从业人员，利用法人的业务，实施性侵害儿童犯罪的惩治。根据日本《儿童卖淫、儿童色情处罚法》第 2 条第 1 款的规定，儿童的保护人是指行使亲权者、未成年人的监护人以及其他实际上监护儿童的人。1974 年的《日本改正刑法草案》第 301 条规定："对基于身份、雇佣、业务或者其他关系由自己所保护或者监督的不满 18 岁的女子，使用诡计或者威力进行奸淫的，处 5 年以下惩役。保护或者监督处于精神障碍状态的女子的人，利用其地位奸淫该女子的，与前项同。"《儿童卖淫、儿童色情处罚法》第 11 条规定，法人的代表人或者法人或者人的代理人、使用人以及其他从业人员，就其法人或者人的业务，犯了第 5 条至第 7 条（儿童卖淫斡旋、劝诱罪，提供儿童色情物等罪，以儿童卖淫为目的的人身买卖罪等）之罪时，除了处罚行为人之外，对其法人或者人科以各条的罚金。

二、我国应制定专门的性侵害犯罪防治法

（一）我国预防性侵害犯罪有关的规定现状

改革开放以来，我国保护未成年人权益的法律体系日益健全，司法保护力度不断增强，未成年人权益保护取得积极的进展。近年来，我国未成年人

遭受强奸、猥亵犯罪的侵害，或者行为人组织、强迫、诱骗未成年人卖淫，以及未成年人被利用进行淫秽表演和充当淫秽题材的恶性案件时有发生，并产生了恶劣的社会影响。相应地，我国惩治和预防性侵害未成年人犯罪的法律规定和措施有所加强和完善，但还是不能满足对未成年人性权利保护的现实需要，有待进一步的完善。

1.《刑法》对未成年人性权利的保护

我国《刑法》有关性侵害未成年人的犯罪，包括第236条、第237条、第358条、第359条针对未成年人实施的强奸罪，强制猥亵他人、侮辱妇女罪，猥亵儿童罪，组织卖淫罪，强迫卖淫罪，引诱、容留、介绍卖淫罪，引诱幼女卖淫罪，以及第363条、第364条、第365条规定的制作、复制、出版、贩卖、传播淫秽物品牟利罪，传播淫秽物品罪，组织播放淫秽音像制品罪，组织淫秽表演罪。2015年8月29日第十二届全国人民代表大会常务委员会第十六次会议通过的《刑法修正案（九）》取消了嫖宿幼女罪，不仅将所有未满14周岁幼女的性权利纳入强奸罪进行平等的立法保护，还将所有未成年人纳入有关的卖淫犯罪进行特殊保护。同时，也将所有的男性纳入强制猥亵犯罪进行保护，从而在刑法立法上实现了平等保护男女未成年人的性权利和区别保护不同年龄未成年人的性权利。

2.《依法惩治性侵害未成年人犯罪的意见》的规定

2013年，最高人民法院、最高人民检察院、公安部、司法部就惩治性侵害未成年人犯罪工作进行了深入调研，全面收集、分析调研结果，广泛征求各方意见，在对法律政策适用等方面存在的问题进行系统梳理的前提下，并借鉴域外国家和地区惩治性侵害犯罪及保护未成年人性权利的有益立法经验的基础上，进行反复研究论证，通过了《依法惩治性侵害未成年人犯罪的意见》（以下简称《性侵意见》）。《性侵意见》共34条，体现了"最大化保护未成年人免受性侵害"和"最低限度容忍性侵害未成年人犯罪行为"的指导思想，着重从依法严惩性侵害犯罪、加大对未成年被害人的保护力度两个方面进行规定。强化了办案机关及时立案和收集、固定证据职责，重点明确了奸淫幼女等性侵害犯罪的认定原则。在办案工作要求、避免对被害人造成"二次被害"、为被害人提供法律援助、法定代理人代为出庭陈述意见、加大民事赔偿和司法救助力度等方面，最大化保护未成年人免受性侵害。《性侵意见》最主要规定了依法及时发现和制止性侵害罪行，严厉惩处性侵害幼女行为，严惩"校园性侵"等犯罪行为，加重处罚在教室等场所当众猥亵等行为，对强奸、猥亵犯罪的7种情节从重处罚，严惩组织、强迫未成年人卖淫等犯罪，从严控制缓刑适用，强化对未成年被害人隐私权利的保护，切实避免对未成年被害人造成"二次被害"，为未成年被害人构建三重保护网络，依法保护未成年犯罪嫌疑人、未成年被告人权益等 11 个方面的内容。❶

3. 未成年人保护的相关法律法规

我国有关性侵害未成年人犯罪的防治措施，在立法方面，除《刑法》性侵害未成年人犯罪的相关规定以及司法解释的相关规定外，2012 年 10 月 26日新修订的《中华人民共和国未成年人保护法》第 41 条以"禁止对未成年人实施性侵害"进行了概括性的规定。然而，在第六章"法律责任"的有关规定中，没有明确侵害未成年人性权利行为的法律责任，仅在第 60 条概括性地规定："违反本法规定，侵害未成年人的合法权益，其他法律、法规已规定行政处罚的，从其规定；造成人身财产损失或者其他损害的，依法承担民事责任；构成犯罪的，依法追究刑事责任。"

4. 预防校园性侵害的有关意见和通知

2013 年，媒体集中曝光了几起少年儿童遭受性侵害的案件，引起社会各界的极大关注，为切实预防性侵害少年儿童案件的发生，进一步加强未成年人权益的保护，确保教育系统和谐稳定，教育部、公安部、共青团中央、全国妇联共同制定了《关于做好预防少年儿童遭受性侵工作的意见》，该意见从科学做好预防性侵犯教育、定期开展校园隐患摸底排查、全面落实校园日常管理制度、从严管理学校女生宿舍、切实加强教职员工管理、密切家校之间的联系、妥善处置中小学性侵犯事件、努力营造良好的社会环境和舆论氛围、积极构建预防校园性侵的长效机制等方面进行了规定。

为进一步加强学校安全管理、保障学生安全，有效预防性侵害学生违法犯罪的发生，2018 年 12 月 12 日，根据《中华人民共和国最高人民检察院检察建议书》的有关建议，教育部办公厅发布《关于进一步加强中小学（幼儿园）预防性侵害学生工作的通知》。该通知明确了从深入开展预防性侵安全教育、切实加强教职员工队伍管理、严格执行校园安全管理规定、不断完善预防性侵协同机制、持续强化学校安全督导检查几个方面加强中小学（幼儿园）预防性侵害学生的措施。该通知与《关于做好预防少年儿童遭受性侵工作的意见》的内容相比，强化预防性侵协同机制的完善和学校安全督导工作。在完善预防性侵协同机制的内容规定上，要求各地教育行政部门和学校要与检察机关、公安机关、共青团、妇联、家庭、社会构建一体化的保护中小学

---

❶ 黄尔梅主编：《性侵害未成年人犯罪司法政策案例指导与理解适用》，北京：人民法院出版社，2014 年，第 173–179 页。

（幼儿园）学生工作机制，做到安全监管全覆盖。各地教育部门要与公安机关积极协作，加强校园周边巡逻防控，防止发生社会人员性侵害在校学生案件。各地教育部门要协调有关部门进一步加强对学生保护工作的正面宣传引导，防止媒体过度渲染报道性侵害学生案件。学校要与家长保持密切联系，要通过开展家访、召开家长会等方式，提醒家长切实履行对孩子的监护责任，特别是做好学生离校后的监管看护教育工作。家校双方要及时掌握孩子情况，特别是发现孩子有异常表现时，双方要及时沟通，采取应对措施。在学校安全督导工作的内容上，规定各地教育督导部门要按照《中小学（幼儿园）安全工作专项督导暂行办法》要求，以预防性侵害工作为重点，开展学校安全工作专项督导，督促、指导中小学（幼儿园）及时消除安全隐患，对发现的性侵害线索和苗头要认真核实，及时依法处理。加强对地方政府及各有关部门、学校落实安全工作职责的督导检查，督促相关工作人员切实履行校园安全管理责任。对学校安全事故频发的地区，要采取约谈、通报、挂牌督办等方式督促其限期整改。对于教育行政部门工作人员、学校管理人员失职渎职造成性侵害学生案件发生的，或者发现性侵害学生案件瞒报、谎报的，要依法依规予以处分或者移送有关部门查处。

司法实践中，未成年人容易遭受性侵害，且容易多次受害，被害人年龄越来越低龄化。从被害人角度分析被害的主要原因是未成年人年幼，容易被哄骗，普遍缺乏专业的性知识和性侵害防治教育，监护人对未成年人缺乏有效监护等。从法律的角度分析，主要在于法律对未成年人性权利保护的规定不足，特别是没有将与未成年人有关的卖淫犯罪和色情制品犯罪纳入侵犯公民人身权利性质的犯罪中进行规定。同时，在司法实践中，对未成年人负有监护、教育、培训、看护等特殊职责的人对未成年人实施的性侵害犯罪，往往呈现同时性侵多人和多次性侵同一人的严重犯罪特征，且该类主体的犯罪率高，现行立法没有对该类主体实施的性侵害犯罪在立法上进行特别规制。同时，对男性未成年人性权利保护的缺弱和对不同年龄未成年人性权利的区别保护等都不足以惩治性侵害未成年人犯罪，保护未成年人的性权利免受犯罪侵害。从犯罪人角度来看，犯罪人文化水平偏低、道德水平低下，法律观念和意识不强，对犯罪存在侥幸心理，心理病态等方面的原因都可能诱发犯罪人对未成年人实施性侵害。除此之外，社会环境和犯罪人生存和生活环境等都可能诱发犯罪人实施性侵害未成年人犯罪。因此，性侵害未成年人犯罪问题是一个世界性的难题，遏制性侵害未成年人犯罪，更应强化预防措施，需要全社会的共同努力，更要强调多部门的参与和通力合作，构建保护未成年人性权利的严密法网和社会防治网络。

（二）制定专门的性侵害犯罪防治法

我国性侵害犯罪防治法，应规定各级性侵害防治专门管理机构，从性犯罪人角度、性侵害被害人角度以及社会综合预防措施的角度多维建构严密的性侵害防治综合网络，强化对性侵害被害人的法律救济和隐私权保护等。

1. 设立专门的性侵害防治管理机构

性侵害防治管理机构，可以设立中央层面的主管机关和直辖市、县（市）的专门的性侵害防治中心。中央层面的性侵犯防治主管机关主要负责性侵害防治政策和法规的制定及监督防治政策和法规的执行，对各级政府处理性侵害事件的程序、防治及医疗网络等进行监督，推进全国范围内的性侵害防治教育等。直辖市、县（市）层面的性侵害防治中心，主要提供性侵害防治专线服务，对被害人进行心理治疗和辅导、紧急安置，协助被害人及时就医、验伤和获取有效证据等救援服务。同时，对性侵害犯罪人，尤其是实施性侵害犯罪的未成年人进行追踪辅导及身心治疗等。无论是中央层面的主管机关还是直辖市、县（市）层面的性侵害防治中心，都应由具有专业背景的工作人员从事相应的工作。

2. 明确性侵害防治教育学时和具体内容，将性侵害防治教育纳入幼儿阶段、中小学阶段的一贯制必修课程

性侵害犯罪防治法应将性侵害防治教育的学时和具体内容进行明确规定，使不同层级学校的性侵害防治教育的推行具有可执行的法律依据，从而改变目前各层级学校专业的性教育普遍缺失和学校可教可不教的现状。性侵害防治教育的学时，不同层次学校的课程和课时要进行不同的规定，但应规定性教育的最低学时。在性侵害防治教育的内容规定上，应遵循人成长的科学规律，根据人在不同年龄发展阶段的生理、心理特点，以及不同年龄段未成年人遭受性侵害的特点、性侵害发生的原因等因素综合考虑，规定科学的性教育内容。性教育的具体内容至少应包括两性身体尤其是性器官与功能的介绍，两性性别平等的教育，正确的性心理之教育，安全性行为和自我保护知识的教育，性侵害犯罪的认识教育，性侵害防范措施的教育，遭受性侵害后救助途径的教育，网络安全以及预防网络性侵害的教育，其他与性侵害有关事项，如性不得作为交易对象、儿童和未成年人从事性交易的危害后果、儿童和未成年人从事性交易的防治等内容的教育。

3. 建立性侵害未成年人犯罪强制报告制度

性侵害未成年人犯罪具有隐秘性强的特点，被害人年幼无知，往往不明

白自己遭受的是性侵害，不少案件都是家长发现未成年人情绪异常或者内衣、内裤有血迹、污渍，或者言语异常等表现，才重视后报案而案发。不少性侵害未成年人犯罪发生后，监护人为了保全被害人的名誉，往往也选择不报案，不少被害人的亲属还会选择私了或者不惜换工作、搬家、转学等，为被害人换一个新的生活环境。因此，性侵害未成年人犯罪往往隐蔽性强、取证困难，很难将性犯罪人绳之以法。为强化对性侵害未成年人犯罪的惩治与预防，应建立性侵害未成年人犯罪强制报告制度。

20 世纪 60 年代，美国最早出现儿童保护强制报告制度，将儿童性侵害作为强制报告的重要内容。1977 年，澳大利亚新南威尔士州出台的《儿童虐待举报法》，是全世界第一个专门的举报立法。加拿大安大略省的《儿童、青年和家庭服务法》（CYFSA）是目前世界上比较完善的强制报告制度。[1] 有学者对儿童性侵害强制报告制度进行了界定，认为系指儿童和成年人或者儿童和儿童之间利用不对等的权力或信任关系满足一方以性为本质活动的需求，特定主体对于已经发生或者正在发生的侵害行为负有报告的义务，若未履行该义务，需要承担法律责任的制度。[2] 此处所指的强制报告义务，指特定主体对已经发生或者正在发生的性侵害未成年人犯罪负有报告的义务，若未履行该义务，需要承担法律责任。我国于 2015 年加入了制定儿童保护强制报告的行列，但目前我国立法中缺乏针对儿童性侵害的专门规定以及一套完整的强制报告制度，相关立法也主要散见于其他部门法的规定之中。全国关于儿童性侵害强制报告的相关法规及政策性文件，主要有 2018 年修订的《刑事诉讼法》（第 108 条）、2012 年修订的《未成年人保护法》（第 6 条、第 9 条）、2015 年颁布的《反家庭暴力法》（第 14 条、第 35 条）、2009 年修订的《执业医师法》（第 29 条、第 37 条）、2014 年印发的《关于依法处理监护人侵害未成年人权益行为若干问题的意见》（第 6 条）、2016 年印发的《国务院关于加强农村留守儿童关爱保护工作的意见》、2018 年教育部办公厅发布的《关于进一步加强中小学（幼儿园）预防性侵害学生工作的通知》。目前，我国已有多地建立了针对未成年人犯罪行为的强制报告制度，但没有专门针对性侵害未成年人犯罪的强制报告制度。浙江省杭州市出台过首个市级层面的未成年人案件强制报告制度，该制度明确杭州市的教育、医疗机构及其工作人员，在工作中发现未成年人遭受或疑似遭受强奸、猥亵、虐待、遗弃、暴力伤害，或

---

[1] 李雅静、王健：《我国儿童性侵强制报告制度研究》，《预防青少年犯罪研究》2019 年第 3 期。

[2] 李雅静、王健：《我国儿童性侵强制报告制度研究》，《预防青少年犯罪研究》2019 年第 3 期。

工伤、火灾、坠楼、溺水、中毒、自杀等非正常损伤、死亡情况时，应当及时向公安机关报案并备案记录，不得瞒报、漏报、迟报。❶福建漳州检察机关联合妇联、公安、法院组建了以农村妇女主任为主体的"春雷安全员"机制，主要为了解决留守儿童遭受各种侵害发现难、发现晚等难题。该机制将处于安全困境的儿童分为环境安全、环境关注、环境危险三个等级，把环境关注等级以上儿童纳入综治网络管理，统一建档管理、定期走访、实时介入等系列工作机制，推动预防未成年人受害工作由被动受案向主动预防转变。

第一，强制报告的适用条件。强制报告的适用条件，即在什么情形下可以适用强制报告制度的问题。域外国家有关强制报告适用条件的规定，不仅包括我国刑法意义上的性侵犯罪、卖淫犯罪和淫秽物品犯罪，还包括了性骚扰行为。美国《民权法案》在1964年将性骚扰定义为性歧视的一种，该法律规定让人产生不适的性要求、性接近等有关的语言或行为，甚至与性有关的令人厌恶、造成恐吓的工作环境都属于性骚扰。❷我国现行刑法有关性侵害未成年人犯罪的规定，根据《性侵意见》第1条应至少包括针对未成年人实施的强奸罪，强制猥亵、侮辱他人罪，猥亵儿童罪，组织卖淫罪，强迫卖淫罪，引诱、容留、介绍卖淫罪，引诱幼女卖淫罪等。除此之外，根据我国缔结的《儿童权利公约》的规定，还应包括将利用儿童进行淫秽表演和充当淫秽题材的相关犯罪，即我国《刑法》第六章第九节规定的制作、贩卖、传播淫秽物品罪中涉及未成年人有关的犯罪。有观点认为借鉴美国经验，将儿童性侵、儿童猥亵、儿童性歧视（性骚扰）都纳入强制报告的适用范围。❸目前，我国没有将性骚扰行为纳入犯罪进行规定，从世界各国有关性犯罪的立法以及我国加入的《儿童权利公约》以及《任择议定书》的有关规定，强制报告的适用应以我国现行刑法规定的，包括已经发生的、正在发生的和可能发生的与未成年人有关的强奸、猥亵型犯罪，与未成年人有关的卖淫犯罪和与未成年人有关的色情制品犯罪。

第二，强制报告的主体范围。性侵害未成年人犯罪强制报告的主体范围在不同国家和地区有不同的规定，其目的都在于建立预防性侵害未成年人犯罪的发现机制。美国、澳大利亚、加拿大等国家都将强制报告的主体规定为

❶　郑舜：《发现性侵、虐待、遗弃、自杀等情况 教育、医疗机构须强制报告》，http://www.qnsb.com/fzepaper/site1/qnsb/html/2018-08/08/content_648942.htm，访问日期：2019年10月13日。

❷　《如何让孩子远离伤害：曝光儿童性骚扰案例》，http://www.lawtime.cn/info/funvquanyi/etxsr/20100327161.html，访问日期：2019年10月14日。

❸　李雅静、王健：《我国儿童性侵强制报告制度研究》，《预防青少年犯罪研究》2019年第3期。

教师、医护人员、社会工作者、儿童福利人员。有的国家还将强制报告的主体扩大到所有能够接触到儿童的成年人。有观点认为强制报告的主体范围应包括未成年人的监护人、看护人，警察、律师、医疗人员、教师，卫生、民政等部门及其工作人员，村（居）委会、儿童救助与福利机构、社会工作服务机构、妇儿工委、共青团、妇联、关工委等单位及其工作人员。同时，为了解决在公共场所发生的性侵害未成年人案件无人报告的现状，认为也可以将强制报告主体扩大到车站、机场、公共交通工具、码头及其他公共场所的管理者。我国儿童性侵害强制报告的相关法规及政策性文件关于强制报告主体的规定中，有的将所有的单位和个人都纳入强制报告义务范围，2018年修订的《刑事诉讼法》（第108条）、2012年修订的《未成年人保护法》（第6条、第9条）的有关规定都将强制报告的主体规定为任何单位、组织和个人。还有的将报告主体规定为与职业性质相关的人员，如《执业医师法》将强制报告主体规定为医生。教育部办公厅《关于进一步加强中小学（幼儿园）预防性侵害学生工作的通知》将强制报告主体规定为中小学（幼儿园）所有工作人员。有的规定则将与未成年人密切接触的教育行业的工作人员和有可能直接接触未成年人的医疗机构的工作人员纳入强制报告的主体范围，例如杭州市《关于侵害未成年人案件强制报告制度的意见》将教育、医疗机构及其工作人员规定为强制报告主体。为强化对未成年人性权利的保护，强制报告义务人应包括对未成年人负有监护、教育、训练、救助、看护、医疗等特殊职责人员，从事未成年人相关职业的工作人员、警务人员，以及最有可能接触未成年人和发现未成年人受侵害的社区工作人员等。

第三，强制报告的内容。强制报告的内容指具有报告义务的人应向报告机关报告什么的问题。2018年4月25日，在杭州市检察院的指导下，由萧山区检察院牵头，联合区公安分局、区卫计局以及所辖的大江东公安分局、大江东社会发展局等5部门共同出台《关于建立侵害未成年人案件强制报告制度的意见》，明确规定医疗机构及其工作人员在工作中发现未成年人遭受或者疑似遭受强奸、猥亵等性侵害时，应当及时向公安机关报案。为强化对未成年人性权利的最大化保护，具有报告义务的主体对知悉的已经发生的、正在发生的或可能发生的性侵害未成年人的犯罪行为都要向有关机关进行报告。

第四，报告程序以及报告方式。强制报告义务主体履行报告义务的程序和方式，根据杭州市《关于建立侵害未成年人案件强制报告制度的意见》（以下简称《意见》）的规定，强制报告的机关是公安机关。根据相关规定，义务主体发现未成年人遭受或者疑似遭受强奸、猥亵等性侵害时，应当及时向公安机关报告。该《意见》的实施细则还对医院发现未满 14 周岁和未满 16 周岁的未成年人怀孕的情况，要不要报以及如何报的问题进行了规定，即医生发现相关情形后应立即向院方报告，再由院方报案。对于性侵等案件，检察机关提前介入，指导公安机关实施"一站式询问"，这样避免了多次反复询问受害人，防止性侵害未成年被害人遭受"二次被害"。同时，《意见》的实施细则还规定卫计部门每半个月向检察机关通报辖区医疗机构报警情况，以及公安机关 24 小时内向检察机关通报辖区医疗机构报警情况，以监督公安机关报警后处理情况。为及时惩治、预防性侵害未成年人犯罪，达到最大化保护性侵害未成年被害人的目的，应规定义务主体对知悉的已经发生的、正在发生的或可能发生的性侵害未成年人的犯罪在 24 小时内向公安机关履行报告义务。

第五，未履行报告义务的法律后果。为强化报告义务主体的责任意识，提高未成年人性侵害事件的发现率和曝光度，增强社会各界和公众对未成年人性权利保护的关注度，最大化遏制性侵害未成年人犯罪行为的发生，应强化报告义务主体不履行报告义务的责任。我国关于儿童性侵害强制报告相关法规及政策性文件对违反报告义务应承担的法律责任主要有三种规定方式。第一种方式未明确规定违反报告主体的责任以及具体责任承担方式。如《刑事诉讼法》第 108 条规定，任何单位和个人发现有犯罪事实或犯罪嫌疑人，有权也有义务向公安机关、人民检察院或者人民法院报案或者举报。该规定没有对未报告应承担的责任进行规定。《未成年人保护法》也没有规定未报告的责任承担。第二种方式是明确义务主体要承担责任但未具体规定承担责任的方式。例如，根据《反家庭暴力法》的规定，报告义务主体未对遭受或者疑似遭受家庭暴力尽到报告的责任，造成严重后果的，对相关人员依法给予处分。根据《关于依法处理监护人侵害未成年人权益行为若干问题的意见》第 6 条规定，报告主体未对遭受或者疑似遭受家庭暴力行为向公安机关进行报告，造成严重后果的，对直接责任人依法给予处分。以上规定均明确了报告义务主体违反报告义务，造成严重后果的，将面临处分的法律后果，但对于处分的具体方式没有进行明确规定。再如，《国务院关于加强农村留守儿童关爱保护工作的意见》明确了对违反报告义务的主体要严肃追责，但没有具体规定应承担的责任。教育部办公厅《关于进一步加强中小学（幼儿园）预防性侵害学生工作的通知》和杭州市《关于侵害未成年人案件强制报告制度的意见》的规定也是如此。第三种方式是不仅规定违反报告义务的主体要承担的责任，而且还具体规定了承担责任的方式。例如《执业医师法》规定，医师未对与患者相关的伤害事件或者非正常死亡尽到报告义务的，将受到警告、暂停职业的处罚，甚至要承担刑事责任。域外国家一般都规定违反报告义务应承担的具体责任，例如德国的《儿童和青年服务法》规定：报告义务主体不履行报告义务、逃避职责，即视为违法，轻则吊销报告主体的执业证，重则面临刑事处罚。我国在对报告义务主体不履行报告义务需承担的责任进行规定时，应借鉴德国的相关法律和《执业医师法》的规定，不仅明确规定违反报告义务的主体要承担责任，而且还要具体规定承担责任的方式。

4. 建立性侵害未成年被害人的隐私保护和追责机制

性侵害未成年被害人案件隐案率高，报案率低，被害人精神伤害大，很大程度上因为被害人被害后隐私权得不到有效的保护。在立法上，我国对被害人的隐私权进行了保护性规定。《刑事诉讼法》第150条第2款规定："侦查人员对采取技术侦查措施过程中知悉的国家秘密、商业秘密和个人隐私，应当保密。"第183条第1款规定："人民法院审判第一审案件应当公开进行。但是有关国家秘密或者个人隐私的案件，不公开审理。"为保护被害人的隐私，避免性侵害未成年被害人遭受"二次被害"，《性侵意见》第13条规定："办案人员到未成年被害人及其亲属、未成年人证人所在学校、单位、居住地调查取证的，应当避免驾驶警车、穿着制服或者采取其他可能暴露被害人身份、影响被害人名誉、隐私的方式。"基于法律的规定，无论是在公安机关办案过程中，还是在公开的司法判决书和媒体报道的新闻中都对性侵害未成年被害人的隐私进行了较好的保护。但仅仅对司法工作人员调查取证的方式作出要求，对被害人的隐私权进行保护是不全面的，应对因职务或业务知悉或持有性侵害被害人姓名、出生日期、住所及其他足以识别其身份之资料者，也以法律约束其不得泄露被害人的隐私。同时，对性侵害未成年被害人进行诊疗的医院、诊所的医生和工作人员也应进行法律约束。不仅对办理性侵害未成年人案件的司法工作人员和因职务或业务知悉性侵害未成年被害人信息的工作人员进行法律约束，还要建立故意或者过失泄露性侵害未成年被害人隐私的追责机制。司法工作人员和因职务或业务知悉性侵害未成年被害人信息的知情人不得向任何第三人和媒体透露被害人所在学校、单位、居住地等个人信息，一旦泄露隐私造成严重后果的，对司法工作人员及其他工作人员将追究其行政责任，并要求对受害人进行精神赔偿。同时，在我国民事法律上对泄露性侵害未成年被害人隐私的行为应规定相应的民事责任，包括赔礼道歉、消除影响、精神损害赔偿等。对其他知情人故意泄露性侵害未成年被害人隐私的行为，未成年人的法定代理人可以依法提起民事诉讼追究民事责任。❶ 最大限度地保护性侵害未成年被害人的隐私权，完善性侵害未成年被害人的法律救助机制。

5. 规定性侵害未成年人犯罪人信息登记、更新报告制度

犯罪人信息登记制度，也称犯罪记录制度。犯罪人信息指登记于犯罪记录簿中的，与犯罪、犯罪人、犯罪控制有关的所有信息。有学者认为犯罪记录，就其记载的内容与信息用途来看，包括与案件裁判有关的所有事实，既包括逮捕、起诉、定罪等犯罪事实，也包括与量刑、假释、矫正等有关的情节；既包括司法机关在办案过程中的各种档案信息，也包括与犯罪人有关的描述或者识别信息，如体态特征、指纹、血液样本、DNA 等信息；既包括用于再犯危险性评估的信息，如案件事实、危险性格、矫正效果等，也包括用于追踪与监控的信息，如家庭住址、工作单位、亲属关系、社会关系等。❷ 犯罪人信息登记旨在发挥其社会保护、保障权利等功能。性侵害未成年人犯罪人所登记的信息主要指与犯罪人有关的描述或者识别信息以及用于追踪与监控的信息，具体包括犯罪人的照片、姓名、性别、出生年月日、指纹、血液样本、DNA、家庭住址、工作单位等信息，其目的是监控、监督和预防实施性侵害未成年人的犯罪人再次实施犯罪，减少未成年人被害的危险性。

除了对能够识别性侵害未成年人犯罪人身份的信息进行登记外，还应规定严格性犯罪人信息变更报告制度。其目的在于帮助国家机关和社会个人掌握、识别、交流、使用犯罪人员的相关信息。同时，根据具体的犯罪态势，适时制定和调整刑事政策和相关的公共政策，改进和完善相关的法律，对再犯危险率较高的犯罪人进行分级防控。美国的《性犯罪人登记与公告法》有关登记制度就明确规定了性犯罪人需定期验明正身，已经登记的性犯罪人应当定期亲自到登记处进行身份验证，包括当场拍照、核实已经登记的信息等，并且规定了不同犯罪级别的性犯罪人验证信息的频率，第一级性犯罪人不少于每年 1 次，第二级性犯罪人不少于每 6 个月 1 次，第三级性犯罪人不少于每 3 个月 1 次。英国《性犯罪人法》也规定性犯罪人被定罪或者被裁决收治医院的 3 日内应向警察机关报告姓名、曾用名、出生日期、家庭住址、曾经居住地等信息，且这些信息有任何变更，需要在 3 日内向警察机关重新报告。我国性侵害犯罪防治法的制定不仅应规定性侵害未成年人犯罪人信息登记制度，还应明确信息变更报告制度，综合域外主要国家的规定，规定为信息变

❶ 蔡文霞：《论性侵害未成年人犯罪被害人的权益保护——对〈关于依法惩治性侵害未成年人犯罪的意见〉的反思》，《中国青年社会科学》2015 年第 6 期。

❷ 刘军：《性犯罪记录制度的体系性构建——兼论危险评估与危险治理》，北京：知识产权出版社，2016 年，第 17 页。

更 7 个工作日内向登记机关报告较为适宜。

6. 规定性侵害未成年人犯罪信息公开制度

性侵害未成年人犯罪信息公开制度诞生于 20 世纪 90 年代的美国。1996 年，美国国会通过《梅根法》，强制所有州制定法律，要求性侵犯罪者假释或刑满出狱后，必须向警方登记住所，并在社区公开性犯罪信息让群众知悉。性侵害未成年人犯罪信息公开制度已经在很多国家推广，英国、韩国、日本等，都有各自版本的《梅根法》，有的甚至不局限于性侵害未成年人的犯罪人。有心理学研究表明，性侵儿童者再犯率为各类罪犯之首，且再犯者多为家庭成员、邻居、教师等与未成年人接触机会较多的犯罪主体。如果不对性犯罪者的信息进行公开，未成年人及其监护人很可能意识不到自己身边潜伏着危险，进而导致悲剧的发生。

2016 年 6 月，浙江省慈溪市《性侵害未成年人犯罪人员信息公开实施办法》对实施严重性侵害未成年人行为的犯罪人员，在其刑满释放后或者假释、缓刑期间，通过各单位的门户网站、微信公众号、微博等渠道，公开其个人信息，方便公众随时查询。2017 年 12 月 1 日，江苏省淮安市淮阴区人民法院依法对 4 名涉嫌强奸、猥亵未成年人的被告人集中宣判。在判决生效一个月后，司法机关通过门户网站、微信公众号、微博等渠道向社会公开这 4 人的信息，包括姓名、身份证号、照片、年龄、案由等事项。不仅如此，在被公开信息人员刑满释放或缓刑、假释考验期间，司法机关还将禁止这些人员从事与未成年人密切接触的工作，诸如在学校、幼儿园、儿童乐园等场所工作。此举在江苏省尚属首次。公开性侵害未成年人犯罪人信息在法学界和社会上引起了不小的反响，社会主流舆论和大部分学者表示支持和赞同，但也有一些专家和学者认为信息公开制度已经触及我国《宪法》《立法法》《侵权责任法》等法律，以及我国的法治原则、刑罚的基本理念和根本目的，对公民隐私权的保护、地方立法权限、法律面前人人平等以及罪刑相适应原则也提出了挑战。该制度还可能导致罪犯失去回归社会、重新做人的信心和希望，导致犯罪人再次实施犯罪。❶ 信息公开制度符合我国缔结的《儿童权利公约》等相关国际公约的基本原则，符合我国未成年人保护的理念和要求。性侵害未成年人犯罪人信息公开制度具有理论基础，平衡原则是构建信息公开制度的前提，国家侵权原则是构建信息公开制度的核心，未成年人特殊保护原则是

---

❶ 浙江省未成年人刑事司法研究会：《性侵害未成年人犯罪人员信息公开制度研讨会综述》，《青少年犯罪问题》2016 年第 6 期。

构建信息公开制度的基础。❶ 在我国建立性侵害未成年人犯罪人信息公开制度具有必要性，该制度是遏制性侵害未成年人案件高发态势的强有力的措施，性犯罪者心理成瘾性特点也要求对此类人进行特殊防范。性侵害未成年人犯罪手段的隐蔽性特点也需要未成年人提高对潜在犯罪者的认知，未成年人自我保护意识和能力的欠缺也需要监护人对潜在性犯罪者信息知情，性侵害未成年人犯罪熟人作案的典型特征也要求所在社区知悉具有性犯罪前科者的信息。❷ 现有的有关性侵害未成年人信息公开制度只是在一些地区进行探索和尝试，并未从法律层面进行明确的规定。因此，在性侵害犯罪防治法的制定中有必要明确规定性侵害未成年人犯罪人信息公开制度。

第一，信息公开的主体。信息公开的主体指哪些性犯罪人的信息应纳入公开的范围问题。浙江省慈溪市《性侵害未成年人犯罪人员信息公开实施办法》仅规定对实施严重性侵害未成年人行为的犯罪人员的信息通过各种网络途径进行公开，未满 18 周岁及被判处有期徒刑以下刑罚的性侵未成年人犯罪信息不公开。美国《性犯罪人登记与公告法》规定所有的性犯罪人包括该法律生效以前定罪的性犯罪人都要进行登记。对于性犯罪人信息公开，多数专家和学者都认为不会侵犯性犯罪人的隐私权。学者张荣丽认为，根据《刑事诉讼法》关于"宣告判决，一律公开进行"的规定，即使性犯罪案件依法不公开审理，宣告判决结果也要公开进行。2013 年最高人民法院《关于人民法院在互联网公布裁判文书的规定》明确指出，生效的判决书应当在互联网上进行公布。罪犯的犯罪信息不仅可以被采集，而且在一定程度上可以被公开。国家对犯罪人犯罪信息的采集和公开均不构成对隐私权的非法侵犯。有学者认为从隐私权角度分析，公开性犯罪人员信息并不是大问题，根据犯罪宣判一律公开的规定，且裁判文书公开制度实行后，除了被害人信息被隐去外，犯罪人员的罪名、身份、刑期等所有信息都会被公开，其他的单位和个人还可以对相关信息进行二次加工，因此，公开性犯罪人的信息是对已有信息的再次披露，与公民隐私权的关系不大。❸ 虽然性犯罪人信息公开与隐私权的保护关系不大，但是对性犯罪人的负面影响还是明显的，尤其是普通民众对犯罪者，尤其是性犯罪者的包容性还是有所保留的。最高人民法院副巡视

---

❶　马方、王文娟：《构筑侵害未成年人犯罪人员信息公开制度——基于侵害未成年人再犯案件的分析》，《山东大学学报（哲学社会科学版）》2019 年第 1 期。

❷　裘菊红、王晓青：《性侵害未成年人犯罪人员信息公开制度探析》，《青少年犯罪问题》2017年第 2 期。

❸　浙江省未成年人刑事司法研究会：《性侵害未成年人犯罪人员信息公开制度研讨会综述》，《青少年犯罪问题》2016 年第 6 期。

员马东认为，信息公开对被公开人员的负面影响是明显的，所有的判决书二次公布没有问题，但如果把被公开人员的照片、身高等信息也公开，这与信息的再次利用不一样，犯罪人员刑满释放后应该具有与普通公民一样的隐私权。❶ 不管信息公开是否会侵害被公开者的隐私权，公开性犯罪者信息的目的都在于预防性犯罪者再次实施犯罪，维护社会的安全、稳定和保护未成年人的性权利免受不法侵害。只有当性犯罪者具有再犯的社会危险性时，对性犯罪者的信息公开才是具有现实意义的。如果性犯罪者经过教育改造已不具有再犯的社会危险性，公开性犯罪者的信息就没有必要性。因此，性犯罪信息公开的对象应为具有严重的社会危害性的性犯罪者和经过危险评估虽然已经受过刑事追究但仍然具有再犯危险性的犯罪者，包括未成年人性犯罪者。例如，英国纳入性犯罪信息公开范围的就包括未按规定进行定期登记且去向不明、具有高风险的性犯罪者。

第二，信息公开的内容。有学者认为信息公开的内容应包括姓名、年龄、职业、住址、容貌等在内的身份信息。❷ 根据韩国《儿童、青少年性保护相关法律》规定，性犯罪者信息登记的范围包括姓名、年龄、实际居住地址、身高、体重、照片、性犯罪信息、性犯罪前科以及是否佩戴过电子脚镣等。❸ 美国《性犯罪人登记与公告法》规定，性犯罪人的姓名（笔名）、社会保障号码、现住址或将来住址、雇主姓名及住址、学习所在学校及地址、罪犯所拥有或驾驶的机动车车牌号等都属于公开的内容。加拿大则规定公开的内容应包括性犯罪人的姓名、出生日期、当前住址、近期照片、生物识别标记（纹身、疤痕等）、车辆牌照、职业类型和地址、被定罪的性犯罪的具体情况等。浙江省慈溪市《性侵害未成年人犯罪人员信息公开实施办法》规定，公开的内容一般包括户籍信息、照片、身高、罪名、判处刑期、信息公开的期限、现住地址、工作单位等。❹ 江苏省淮安市淮阴区有关文件规定公开的内容包括犯罪人员的姓名、身份证号、照片、年龄、性别、案由等事项。公开性侵害未成年人犯罪者信息的目的在于预防性犯罪者再次实施犯罪以及提醒社会公众识别、提防性犯罪者，以保护未成年人的性权利和维护社会安全与稳定。

❶ 浙江省未成年人刑事司法研究会：《性侵害未成年人犯罪人员信息公开制度研讨会综述》，《青少年犯罪问题》2016 年第 6 期。

❷ 王春媛、廖素敏：《性侵害未成年人犯罪人员信息登记和有限公开机制研究》，《青少年犯罪问题》2016 年第 6 期。

❸ 王金鑫：《域外性犯罪信息登记和公告制度的本土化思考》，《河南警察学院学报》2015 年第 2 期。

❹ 姚建龙、刘昊：《"梅根法案"的中国实践：争议与法理——以慈溪市〈性侵害未成年人犯罪人员信息公开实施办法〉为分析视角》，《青少年犯罪问题》2017 年第 2 期。

因此，性犯罪者信息公开的内容至少应包括姓名、户籍信息、身份证号、近期照片、年龄、性别、身高、生物识别标记（纹身、疤痕等）、现住址、工作单位等能识别犯罪者身份的基本信息。

第三，信息公开的方式。域外国家有关性侵害未成年人犯罪人信息公开有两种方式。一种是完全公开的社区公告制度。美国是最早实施性犯罪者信息社区公告的国家，公开的方式包括由警方到社区居民和社区进行通告和由州政府将登记的性犯罪者的信息资料放到互联网上以供公众查询。❶韩国是世界上第二个设立网站将性犯罪者信息公开的国家。2009 年韩国通过《儿童、青少年性保护相关法律》，针对特定对象，法务部可以通过网络或媒体定期向社会公开登记性犯罪者的个人信息，并向居住的社区有未满 19 周岁儿童或青少年的家庭发送信件，公众也可以登录"性犯罪人公布栏"网站，查询周边的性犯罪者的姓名、年龄、居住地、身高、体重、照片以及犯罪记录等信息。❷另一种是性犯罪者信息有限披露制度。英国、加拿大、澳大利亚等国家严格限制性犯罪者信息公开的范围。英国只有在当警方认为性犯罪者具有严重危险性，或者性犯罪者未按规定进行定期登记且去向不明、具有高风险时才进行公告，且普通公众不能通过警察机关查询性犯罪者的个人信息。❸性侵害犯罪人信息公开制度目的在于威慑罪犯，使未成年人及其监护人对性犯罪者有所防范，降低未成年人遭受性侵害的风险。因此，我国也应公开性犯罪人的犯罪信息。为了在未成年人权益保护与罪犯隐私及再社会化之间尽可能地寻求平衡，在对所有性侵害未成年人犯罪人信息进行登记的前提下，对性侵害未成年人犯罪信息实行有限制的公开较为合适。即可以借鉴英国的规定，仅将实施严重性侵害未成年人行为的犯罪人员的信息，或者未按规定进行定期登记且去向不明、具有高风险的性犯罪者的信息对社会公众进行公告。除此之外，其他的性犯罪者的信息不对公众进行公告，但应明确规定，必要的情况下，有关单位和个人可以通过官方平台查询有关性犯罪人的信息。特别是与未成年人接触可能性比较大、机会比较多的有关单位在选拔、录用工作人员时有义务通过官方性犯罪人信息登记平台进行查询，防止将具有性犯罪记录的人员录用为与未成年人接触较多的职业的工作人员。

---

❶　浙江省未成年人刑事司法研究会：《性侵害未成年人犯罪人员信息公开制度研讨会综述》，《青少年犯罪问题》2016 年第 6 期。

❷　王春媛、廖素敏：《性侵害未成年人犯罪人员信息登记和有限公开机制研究》，《青少年犯罪问题》2016 年第 6 期。

❸　王春媛、廖素敏：《性侵害未成年人犯罪人员信息登记和有限公开机制研究》，《青少年犯罪问题》2016 年第 6 期。

第四，信息公开的期限。性侵害未成年人犯罪人信息公开的期限除了以犯罪人罪行轻重、被判刑期的长短作为标准外，性犯罪人再犯风险的大小是一个重要的衡量指标。美国将性犯罪人划分为第一级性犯罪人、第二级性犯罪人和第三级性犯罪人。其中，第三级性犯罪人罪行最重，再犯危险性最大。相应地，不同级别的性犯罪人进行信息登记和社区公告的期限也不同。美国《性犯罪人登记与公告法》规定，第一级性犯罪人登记的期限为 15 年，第二级性犯罪人登记的期限为 25 年，第三级性犯罪人为终身登记。同时，还规定了减免登记的条件，第一级性犯罪人保持无犯罪记录达到 10 年，可以减少 5 年的登记期限，第三级性犯罪人如果是需要登记的未成年犯罪人，保持无犯罪记录达到 25 年，可以免除登记。浙江省慈溪市《性侵害未成年人犯罪人员信息公开实施办法》根据犯罪情节及人身危险性的不同，对信息公开的期限作出了区分规定，个人信息公开的期限一般为 5 年，并且规定了终身公开的情形。在公开期限内，没有再次实施性侵害未成年人犯罪行为的，可以取消其个人信息公开。我国在对性犯罪人信息进行公告时，应根据性犯罪人性侵次数、人数、手段等评估性犯罪人的犯罪社会危害性程度，综合性犯罪人是否有性犯罪前科、犯罪后的表现、人身危险性程度等，通过科学的方法对性犯罪人的再犯危险性进行评估，从而科学、准确地将严重的性侵害未成年人犯罪人的信息纳入公开范围，避免将犯罪情节较轻或者无再犯危险的犯罪人纳入信息公开范围，影响其再社会化。性犯罪人信息公开的期限可以借鉴域外国家性犯罪人风险评估指南以及阿贝尔性兴趣评估等研究成果，综合分析性犯罪人的再犯危险性。❶ 同时，根据性犯罪人所犯罪判处刑罚的类型和期限的长短，参照我国犯罪的追诉时效的规定来综合确定性犯罪信息公开的期限。

第三节　侵犯未成年人性权利犯罪防治的其他法律措施

我国除了《刑法》对未成年人性权利进行明确的保护外，其他相关的法律中未具体明确对未成年人性权利进行保护。《未成年人保护法》除了原则性地明确禁止对未成年人实施性侵害外，在家庭保护、学校保护、社会保护与司法保护中都未进一步明确未成年人性权利的保护措施。在《民法》《教师法》《教育法》等法律中都缺乏防范未成年人遭受性侵害的规定。因此，应严

---

❶　王春媛、廖素敏：《性侵害未成年人犯罪人员信息登记和有限公开机制研究》，《青少年犯罪问题》2016 年第 6 期。

密未成年人性权利的保护法网，为惩治和预防性侵害未成年人犯罪提供法律依据。

一、强化《未成年人保护法》对未成年人性权利的保护

（一）《未成年人保护法》对未成年人性权利的保护现状

2006年12月29日，第十届全国人民代表大会常务委员会第二十五次会议修订的《未成年人保护法》第41条规定禁止对未成年人实施性侵害。2012年修订的《未成年人保护法》第41条保留了该规定。除此之外，在总则、家庭保护、学校保护的章节内容中都没有明确保护未成年人免受性侵害的条款。在"家庭保护"第11条规定中，明确规定父母或者其他监护人应当关注未成年人的生理、心理状况和行为习惯，以健康的思想、良好的品行和适当的方法教育和影响未成年人，引导未成年人进行有益身心健康的活动，预防和制止未成年人吸烟、酗酒、流浪、沉迷网络以及赌博、吸毒、卖淫等行为。该规定未包含未成年人可能遭受的除卖淫以外的其他性侵害行为。在"学校保护"第19条规定中，明确学校应当根据未成年学生身心发展的特点，对他们进行社会生活指导、心理健康辅导和青春期教育，未规定对未成年人进行性知识和性侵害防范教育的内容。第23条规定教育行政等部门和学校、幼儿园、托儿所等应当根据需要，制定应对突发事件的预案，配备相应的设施并进行必要的演练，增强未成年人的自我保护意识和能力，但该规定没有包括预防性侵害，尤其是预防校园性侵害的内容。在"社会保护"中，第34条明确规定禁止任何组织、个人制作或者向未成年人出售、出租或者以其他方式传播淫秽、暴力等毒害未成年人的图书、报刊、音像制品、电子出版物以及网络信息等。在"司法保护"第56条中规定公安机关、人民检察院、人民法院办理未成年人遭受性侵害的刑事案件，应当保护被害人的名誉。但在法律责任的规定中，没有相关条款对国家机关及其工作人员、父母或者监护人以及学校、托儿所教职员工等不履行保护未成年人性权利免受不法侵害或者侵害未成年人性权利行为应承担的责任进行明确规定。

在《未成年人保护法》中，无论是在家庭保护、学校保护，还是在社会保护、司法保护等章节中，都没有明确规定保护未成年人免受任何形式性侵害的内容，且在法律责任的规定中，没有明确国家机关及其工作人员、父母或者监护人以及学校、托儿所教职员工等不履行保护未成年人性权利免受不法侵害的义务或者出现侵害未成年人性权利的行为时需要承担的法律责任。

（二）完善《未成年人保护法》对性侵害未成年被害人的保护

1. 在"家庭保护"中强化对未成年人性权利的保护

家庭是社会中最基本也是最普遍的一种组织，是社会的基本细胞，是个人成长与社会化的主要场所之一。青少年从一个基本依靠本能生活的婴儿发展成一个符合社会角色要求的被社会环境认可和接纳的人，家庭环境起了重要的塑造和影响作用。爱泼斯坦（Epstein）等人的 McMaster 家庭功能模式对家庭的功能进行了详细的阐述，认为家庭的基本功能是为家庭成员生理、心理、社会等方面的健康发展提供一定的环境条件。家庭主要有解决问题、沟通、家庭角色分工、情感反应能力、情感介入程度、行为控制等六个方面的能力。❶家庭对未成年人有抚养、教育和保护义务。《未成年人保护法》第二章"家庭保护"的第 10—16 条规定了家庭对未成年人的保护内容，不但具体规定了父母或其他监护人对未成年人负有监护责任，也明确了对不履行监护责任的行为要给予相应的处罚，但除了明确要求父母或其他监护人"不得使接受义务教育的未成年人辍学""预防和制止未成年人吸烟、酗酒、流浪、沉迷网络以及赌博、吸毒、卖淫""不得允许或者迫使未成年人结婚，不得为未成年人订立婚约"外，并没有进一步明确细化还有哪些行为是属于"父母或者其他监护人不履行监护职责"的范畴，没有明确父母和监护人应怎样对未成年人进行监护才是尽到了监护义务的有效监护。在性侵害未成年人犯罪中，很大一部分被害人因为缺乏父母或者其他监护人的有效监护而遭受性侵害，明确规定有效监护的方式就非常有必要。域外不少国家对父母或者监护人对未成年人的监护方式进行了严格的规定，有的国家法律就明确规定父母不能让 12 周岁以下的未成年人独处，例如美国和加拿大许多州、省都规定，12 周岁以下儿童 24 小时不得脱离监护。还有的国家将监护人的监护失职行为纳入犯罪。根据《菲律宾刑法典》第 271 条和第 277 条的规定，将因监护人的监护失职行为所引发的未成年人的身体伤害、脱离家庭、不接受教育、走上违法犯罪道路的行为，都纳入了刑法进行规制。❷因此，《未成年人保护法》在"家庭保护"中应细化父母和监护人对未成年人负有的具体监护责任，明确将使未成年人免受任何形式的性侵害纳入监护责任的范畴；明确有效监护方式，可以借鉴域外国家的法律规定，明确父母不能让 14 周岁以下的儿童单独外出，明确父母未进行有效监护致使未成年人合法权益遭受损害的，应承担的法律责任。除了目前规定的撤销父母和其他监护人的监护资格外，还应

---

❶ 李楠、孟续铎主编：《青少年社会工作》，北京：机械工业出版社，2017 年，第 67 页。
❷ 《菲律宾刑法典》，陈志军译，北京：中国人民公安大学出版社，2007 年，第 117，119 页。

根据不同轻重的违法情节给予不同的处罚，构成犯罪的，还应追究刑事责任。2014年12月18日，最高人民法院、最高人民检察院、公安部、民政部发布的《关于依法处理监护人侵害未成年人权益行为若干问题的意见》，对监护人侵害未成年人行为的报告、处置、临时安置以及签发人身保护裁定、申请撤销监护人资格的条件程序等问题进行了规定，明确了发生在家庭内部的虐待、性侵害等侵害未成年人权益的违法犯罪的处理方式。但《未成年人保护法》作为专门保护未成年人权益的法律，没有进一步明确规定父母或者其他监护人不得实施任何形式的性侵害未成年人行为，父母或者其他监护人性侵害未成年人的不仅要撤销其监护资格，还要根据刑法有关性犯罪的规定加重从严处罚。

2. 在"学校保护"中强化对未成年人性权利的保护

预防性侵害未成年人犯罪，不仅需要家庭、学校、社会和制度的防线，更需要未成年人自身的参与和自我保护。性侵害未成年人犯罪的大量案例表明，很大比例的性侵害未成年人尤其是性侵害儿童的罪犯并非使用强制手段，而是利用未成年人对性知识的无知来实施性侵害犯罪的。对未成年人实施性侵害的行为人，有陌生人，也有熟人，而且熟人性侵害未成年人的比例非常高。不少低龄且已经被伤害或正在被伤害的孩子完全意识不到熟人对其实施的是性侵害。性侵害未成年人犯罪的场所，有陌生的场所、日常生活场所、被害人及行为人的住所地等，其中被害人及行为人的住所地发生性侵害犯罪的比例较高。如果对未成年人从幼年时期就开始进行符合身心发展特点的性知识和性侵害防治知识的教育，未成年人就能运用学到的性知识和性侵害防治知识，对犯罪人的犯罪行为进行识别，采取适当的措施制止性侵害行为以及进行被害后的救济，在一定程度上可以减少性侵害未成年人悲剧的发生。在《未成年人保护法》"学校保护"的有关规定中，应明确规定学校应当根据未成年学生身心发展的特点，对他们进行生活指导、心理健康教育、青春期教育以及性知识和性侵害防范教育。明确规定学校、幼儿园、托儿所的教职员工应当尊重未成年人的人格尊严，不得对未成年人实施体罚、变相体罚或者其他侮辱人格尊严的行为，还应规定禁止对未成年人实施性侵害。规定学校、幼儿园、托儿所应当建立安全制度，加强对未成年人的安全教育，采取措施保障未成年人的人身安全以及性权利不被侵害。

3. 在"社会保护"中强化对未成年人性权利的保护

在《未成年人保护法》"社会保护"之第34条规定的基础上，还应特别规定禁止出售、出租或者以其他方式传播利用未成年人进行淫秽表演和充当淫秽题材的图书、报刊、音像制品、电子出版物以及网络信息等；在未成年人隐私的保护中，仅规定对未成年人的信件、日记、电子邮件进行保护，未对遭受性侵害的被害人的隐私进行保护。应明确规定任何组织或者个人不得披露未成年人遭受性侵害的有关信息；在救助措施的规定中，第43条仅将流浪乞讨或者离家出走的未成年人作为救助的对象，应扩大救助的对象，将遭受性侵害尤其是遭受父母或者其他监护人性侵害的未成年被害人纳入临时救助的对象。

4. 强化对未成年人性权利的司法保护

性侵害未成年人犯罪隐案率高，很大部分原因在于司法过程中有可能暴露被害人的隐私，被害人有可能面临"二次被害"，或者由于证据不足，其合法权益得不到维护。《未成年人保护法》在司法保护的有关规定中应强化对未成年被害人的法律援助，明确规定法律援助机构或者人民法院应当为性犯罪未成年被害人提供法律援助或司法援助；明确规定父母或者监护人不履行监护职责或者侵害被监护的未成年人的合法权益，经教育不改的，人民法院可以根据有关人员或者有关单位的申请，撤销其监护人的资格，依法另行指定监护人。当监护人不履行监护职责致使未成年人的性权利被侵害或者侵害未成年人的性权利的，人民法院应当撤销其监护人资格，依法另行指定监护人。监护人无法指定，或者不适合委托其他人代为照护的应由国家承担监护责任。《未成年人保护法》（修订草案）于2019年10月21日提请十三届全国人大常委会第十四次会议审议，修订草案增加了"政府保护"的内容，强化国家亲权监护。修订草案提出，国务院和县级以上地方人民政府应当建立未成年人保护工作协调机制，统筹、协调、督促、指导有关部门做好未成年人保护工作。明确在未成年人的监护人不能履行监护职责时，由国家承担监护职责。对于符合情形的未成年人，由县级以上人民政府代表国家进行监护。各级民政部门承担临时或者长期监护职责，教育、卫生健康、公安等部门应当根据各自职责予以配合。明确规定了监护人不履行或者因故不能履行监护职责，且短期内无法指定或者不适合委托其他人，或者临时监护期满仍无法查明或者确定监护人的，由国家进行长期监护。❶

《未成年人保护法》还应明确规定公安机关、人民检察院、人民法院办理未成年人犯罪案件和涉及未成年人权益保护案件时，应当照顾未成年人身心发展特点，尊重他们的人格尊严，保障他们的合法权益，由专门的机构和专

---

❶ 《未成年人保护法修订草案拟明确国家监护制度》，https://www.360kuai.com/pc/998a 7b71982 daf0a7？cota=3&kuai_so=1&sign=360_57c3bbd1&refer_scene=so_，访问日期：2019年10月29日。

业的人员办理。明确公安机关、人民法院办理未成年人遭受性侵害的刑事案件时，应当保护未成年人的名誉和隐私，给被害人造成损害的，依法承担相应的责任。

5. 强化对未成年人性权利的网络保护

近年来，网络性侵害未成年人呈现新的发展趋势。通常以网络为平台诱骗、利用未成年人进行淫秽表演和充当淫秽题材，通过网络贩卖、传播含有未成年人的淫秽色情制品。以网络为平台接触被害人，实施引诱、招募、介绍、强迫未成年人卖淫等性侵害未成年人犯罪行为。强化网络性侵害未成年人性权利的法律规制具有现实必要性和紧迫性。《未成年人保护法》（修订草案）也增加了网络保护未成年人权益的内容。在总原则的规定上，明确保障和引导未成年人安全、合理使用网络，对细化网络侵害未成年人权益的情形和明晰责任等方面进行了规定。在对网络不良信息的规定上，对上网保护软件强制安装作出了规定；对于未成年人沉迷网络问题，明确要求产品和服务提供者设置时间、权限、消费管理等功能；关于网络欺凌，明确规定不得通过网络以文字、图片、音视频等形式侮辱、诽谤、威胁未成年人；关于个人信息保护问题，明确收集未成年人信息需要经过未成年人及其他监护人的同意。但是，修订草案没有对利用网络性侵害未成年人的犯罪行为进行有力的回应，有的人大常委会委员对强化网络游戏管理的观点中，有涉及对未成年人性权利保护的内容。刘修文委员提出，应进一步突出和强化对网络游戏的管控，建议在网络游戏服务领域推行强制身份认证机制，认为应将草案第65条第2款作为第3款，并补充规定："对含有暴力、色情等可能诱发未成年人模仿违反社会公德的行为和违法犯罪行为的内容，以及恐怖、血腥等妨害未成年人身心健康内容的网络游戏，应禁止未成年人注册、登录及使用，禁止向任何年龄段的未成年人提供。"❶ 域外国家对实施与未成年人有关的色情制品行为持零容忍态度，在美国无论是联邦法律还是各州法律，都将制作、传播和持有儿童色情制品行为规定为犯罪行为。为了强化对未成年人性权利的保护，在《未成年人保护法》网络保护内容中，不仅网络色情游戏应禁止未成年人注册，还应明确禁止一切利用互联网接触未成年人对其实施性侵害和利用网络实施的非接触式性侵害未成年人的行为，以及禁止利用信息技术实施制作、复制、出版、贩卖、传播、分销、出口、进口、蓄意拥有和广告宣传

---

❶ 《未成年人保护法修订草案：新增"网络保护"有哪些看点？》，https：//www.360 kuai.com/pc/9d7dc950d1d1ebdc9？cota=3&kuai_so=1&sign=360_e39369d1&refer_scene=so_3，访问日期：2019 年 10月 29 日。

含有未成年人的网络色情制品的行为，违者应从严从重处罚。

二、《教育法》中应明确各层次学校性教育的内容

性教育是健康教育，性教育要从娃娃抓起。英国早在 1988 年就将性教育问题纳入教育改革法案的内容。经过几十年的修改与完善，英国逐渐形成了一套系统的教育框架，已将性教育列为中小学的必修课程，并按照不同层级学生的年龄特点进行相应的性教育。英国的性教育分为四个阶段，第一阶段为 5—7 岁的学生，性教育的内容主要是了解身体特征和掌握两性交往技巧等；第二阶段为 7—11 岁的学生，性教育的内容主要是青春期生理和心理等方面的变化，教育的目的主要是让学生认识自己的身体部位，学会保护自己和寻求帮助；第三、第四阶段为 11—16 岁的学生，性教育主要关注两性关系的培养，主要内容包括性行为、生殖、避孕等生理知识，也包括如何培养积极稳定的两性关系和处理两性交往可能遇到的问题。后两个阶段的目的是培养学生积极的价值观念和完善的道德体系，帮助学生理解性行为、避孕和推迟性行为的重要性，使学生免受性虐待和性传播疾病的侵害。我国的《教育法》是旨在发展我国教育事业，提高全民族素质，促进社会主义物质文明和精神文明建设的专门的法律，理应将性教育纳入国家教育的框架体系，对未成年人从小进行性知识和性侵害防治教育。在明确规定对学生进行理想、道德、纪律、法治和民族团结教育的内容时，还应将对不同层级的学生进行性教育作为教育体系的内容进行规定，明确规定未成年人的父母或者其他监护人应当为未成年子女或者其他被监护人接受包括性教育在内的教育提供必要条件。未成年人的父母或者其他监护人应当配合学校或其他教育机构，对未成年子女或者其他被监护人进行性教育。学校和老师可以为家长提供家庭性教育的指导。明确规定图书馆、博物馆、科技馆、美术馆等应为受教育者接受性教育提供便利。广播、电视台等应当开设性教育节目，促使受教育者拥有健康的性心理、生理知识。在法律责任中，应明确违反《教育法》规定，侵犯受教育者接受性教育的合法权益的，应依法承担的法律责任。

三、《教师法》应强化教师的思想品德素质要求

（一）《教师法》应将思想品德素质作为教师准入和考核的重要指标

教师肩负着培养祖国新一代接班人的神圣使命，对教师的职业道德要求是因其职业特点所必须具备的首要要求，教师的言行对学生起到潜移默化的影响。然而，部分教师职业道德观念淡化，法律意识淡薄，缺乏有效的自我

约束，当生活、情感上遭遇变故时，很容易将学生作为宣泄的对象，往往利用学生班主任和任课教师的身份便利胁迫、引诱未成年学生，以"配合教学""接受单独辅导""关心学生学习和身体""评定品行和成绩"等为借口对学生实施性侵害。《教师法》对教师思想道德要求过于原则化，可操作性不强。《教师法》是专门规定教师的权利与义务、资格和任用、培养和培训、考核、待遇、奖励、法律责任等内容的法律。《教师法》对教师思想品德的要求都是概括性的规定，例如在资格制度的规定上只规定具有良好的思想品德，何为"良好"没有统一的界定标准，而是大篇幅地在学历上对教师准入资格进行了要求。在考核的规定中明确了教师政治思想的内容，但是对于考核指标、如何考核没有相应的规定。在违法责任的规定方面只规定了对品行不良、侮辱学生、影响恶劣的给予行政处分或者解聘。何为品行不良，什么情况下才是"影响恶劣"，没有评价标准，致使部分品行不良，但是未达到"影响恶劣"的教师未被清出教师队伍。应明确教师准入思想品德素质的具体评价标准。除了规定已被剥夺政治权利或者因故意犯罪受到有期徒刑以上刑事处罚的，不能取得教师资格；已经取得教师资格的，取消教师资格。还应明确规定有性侵害未成年人犯罪记录的犯罪分子一律禁止取得教师资格证，进入教师行业。

（二）将性侵害学生作为教师品行不良的具体情节之一进行规定

《教师法》应在教师资格、任用、考核及责任方面强化职业道德的要求。在教师资格认定上应明确对教师道德的具体要求，取得教师资格是进入教师队伍的基本要求，对教师准入的考核应坚持业务素质与个人品德素质并重。在《教师法》的资格与任用的规定上，应明确"良好"思想品德的具体要求和标准。在对教师政治思想的考核上，应坚持业务考核和政治思想并重，对政治思想的考核不能走形式，应坚持具体的考核标准，按照民主测评、群众监督的方式进行。在法律责任的规定上，在由所在学校、其他教育行政部门给予行政处分或者解聘的情形中，应将性侵害未成年人与品行不良、侮辱学生一起作为具体的情节进行规定，并删除"影响恶劣"的限制。在教师职业准入、任用、考核等环节，实行思想品德问题一票否决制。加强师德师风建设，将师德师风作为对教师的重要考核指标。对教师的评价应坚持教学、科研成果与师德考核并重，出台师德师风建设的具体要求。在有章可循的基础上，充分挖掘教师行业中践行师德师风的典型，采用各种宣传、教育形式在教师队伍中发挥典型、示范作用。在对教师的年度考核、职称评定、升职、加薪中应实行师德师风问题一票否决制。应定期对教师的师德师风问题进行专项考核，强化学生对师德师风考核的参与度，对考核不合格的教师应及时给予相应的处理。对教师损害学生的正当合法权益，尤其是损害未成年人的身心健康的性侵行为应实行零容忍，将这样的教师坚决清除出教师队伍。

（三）强化教师聘用单位对教师入职性犯罪记录的审查注意义务

在司法实践中，与未成年人有接触便利和机会的学校教师、保安、门卫等对未成年人实施的性侵害案件，不仅犯罪比例高，而且同一犯罪行为人多次性侵害同一人，或者性侵多人的情况也比较常见。用人单位不能保证取得教师资格证教师不实施犯罪或者性侵害犯罪，而且也不能保证在职教师不实施性侵害未成年人犯罪。2019 年 2 月，最高人民检察院在《2018—2022 年检察改革工作规划》中提出，将"建立健全性侵害未成年人违法犯罪信息库和入职查询制度"。最高人民检察院指导重庆市、上海市及广东、江苏、浙江等地的部分区级检察机关探索建立了教职工等密切接触未成年人行业从业人员入职查询机制。❶2019 年 7 月，浙江宁波鄞州区人民检察院联合 9 家单位率先建立覆盖全国的性侵害违法犯罪人员基本信息数据库。信息库收集了近 10 年内全国范围 18—60 周岁具有从业资格的性侵刑事犯罪或行政处罚人员的信息，包括因强奸罪，强制猥亵、侮辱妇女罪，猥亵儿童罪等被刑事处罚的严重性侵犯罪人员信息和涉嫌性侵的行政违法人员信息 30 万余条。鄞州区检察院联合辖区内 9 家单位出台《性侵害违法犯罪人员信息查询工作制度》，将在辖区内推动建立入职信息查询机制。要求辖区内从事未成年人服务的教育单位、培训机构、医疗机构、救助机构、青少年活动中心等与未成年人有密切接触的单位或者部门，对入职人员加强审查，对有涉性侵害违法犯罪记录的人员严禁予以录用。2019 年 5—7 月，鄞州区检察院对辖区内在岗的与未成年人密切接触的从业人员进行倒查，查询人数 1 万多人，均未发现异常。鄞州区检察院在和培训机构的负责人座谈时，了解到一些培训机构的老师或者其他工作人员，在知悉将要开展涉性侵害违法犯罪记录查询时，主动离职了。❷在司法实践中，与未成年人密切接触的从业人员性侵害未成年人案件时有发生。据《中国青年报》报道，贵州省一小学校长刘某 13 年前因强奸罪被判处有期徒刑 7 年，后又在另一所学校担任教师期间因涉嫌猥亵儿童罪被警方

❶ 《入职查询性侵未成年人信息难在哪》，http://zqb.cyol.com/html/2019-08/20/nw.D110000 zgqnb_20190820_4-01.htm，访问日期：2019 年 10 月 30 日。

❷ 吴朝香：《覆盖全国的性侵犯数据库建立 倒查前有培训机构老师主动离职》，http://www.sohu.com/a/327772005_99996733，访问日期：2019 年 10 月 30 日。

刑事拘留。❶ 这说明针对在岗的与未成年人密切接触的从业人员进行涉性侵害违法犯罪记录倒查非常有必要。2019 年 9 月，四川省人民检察院与省公安厅、省教育厅、省民政局、团省委 5 部门会签并出台《关于做好预防未成年人遭受侵害工作促进"平安校园"建设的意见》(以下简称《意见》)。该《意见》明确有性侵"前科"的不得担任教职人员。《意见》确立了入职查询、从业禁止制度，明确了学校要对拟招聘的教师、学校行政人员以及保安、门卫、保洁员等是否存在性侵害等违法犯罪记录开展入职审查，并对已聘用的人员开展全面的筛查，若有"前科"将不予聘用。公安机关要建立性侵害未成年人的违法犯罪信息库，积极协助教育部门及中小学、幼儿园开展入职查询工作。❷

　　为强化对未成年人性权利的最大化保护，《教师法》不仅应明确教师资格认定环节，认定机构有对申请教师资格人员的性犯罪记录的审查义务，还应规定学校在聘用教师环节以及教师聘用中都应尽到性犯罪记录的审查义务。不履行性犯罪记录审查义务，教师性侵害未成年人犯罪的，聘用单位将承担相应的法律责任。

---

❶ 耿学清、王亦君：《试点"黑名单"入职查询性侵未成年信息仍存难点》，http://www.wzrb.com.cn/55C/article963683show.html，访问日期：2019 年 10 月 30 日。

❷ 《四川五部门发文：有性侵"前科"的不得担任教职人员》，http://www.sohu.com/a/343108646_260616，访问日期：2019 年 10 月 30 日。

第五章　侵犯未成年人性权利犯罪防治的司法措施

未成年人性权利的保护，不仅要强化立法保护，还要强化司法保护。在侦查、起诉、审判和刑罚执行的全过程中，基于性侵害未成年被害人最大化保护的原则，强化性侵害未成年被害人的隐私保护、避免性侵害未成年被害人在诉讼中"二次被害"以及强化性侵害未成年被害人"一站式"救助体系的建构。基于最低容忍性侵害未成年人犯罪的原则，强化对性侵害未成年人犯罪的从严从重惩处，建构惩罚与预防性侵害未成年人犯罪并重的防治体系。

第一节　侦查过程中的防治措施

性侵害未成年人犯罪在犯罪主体、犯罪对象、犯罪人与被害人的关系、犯罪时间以及犯罪场所等方面，都有别于性侵害成年人犯罪。有研究者以2014年1月1日至2016年8月31日，浙江省杭州市辖区内各检察院办理并审结的已经生效的172件性侵害未成年人案件为研究样本进行分析，结果显示，性侵害未成年人案件的犯罪主体多为18—45岁的流动人口、无业人员和单身男性；被害人多为年龄幼小且缺乏有效监护和保护的未成年人；熟人对未成年被害人实施性侵害的比例较高，被害人在面对熟人性侵害时缺乏防范意识；强奸犯罪多发生在夜晚与凌晨，猥亵犯罪发生在白天的较多，犯罪发生的空间多具有隐蔽性的特点。[1] 性侵害未成年人犯罪案件的典型特征决定了办理性侵害未成年人案件存在言词证据复杂多变、客观证据存在瑕疵等特点。特别是未成年被害人往往年龄比较小，无法清晰准确地陈述被害经过，且有的被害人长期遭受性侵害，对每次被害前后的具体情况记忆不清。同时，被害人被害地点的不同，被害后出现精神恐惧、紧张，以及被害人与犯罪人之间存在特定的关系等原因，都会使被害人陈述被害事实出现前后不一致的情况。犯罪嫌疑人有可能出现避重就轻、反复翻供或者坚持无罪辩护的情况。

---

[1]　郑蕾、施倩：《解析性侵未成年人犯罪案件证据审查——以浙江省杭州市172起案件为样本》，《人民检察》2017年第8期。

因此，性侵害未成年人犯罪不同于性侵害成年人犯罪的特点以及办理性侵害未成年人案件存在的司法难题等，都使性侵害未成年人案件不易被揭发，犯罪者难以诉诸刑事追究。另外，性侵害未成年人犯罪的客观证据存在瑕疵，侦查机关在办理性侵害未成年人案件的过程中容易侵害被害人的隐私和造成被害人"二次被害"，导致性侵害未成年被害人及其监护人往往也不愿意报案，造成国家司法机关公信力下降。因此，在性侵害未成年人犯罪的侦查过程中，应强化对性侵害未成年被害人的保护义务，尤其是隐私的保护义务。

一、侦查机关对性侵害未成年人案件应具有绝对义务

（一）建立性侵害未成年人犯罪的侦查机构，配备专业的办案人员

《性侵意见》第 6 条规定："性侵害未成年人犯罪案件，应当由熟悉未成年人身心特点的审判人员、检察人员、侦查人员办理，未成年被害人系女性的，应当有女性工作人员参与。人民法院、人民检察院、公安机关设有办理未成年人刑事案件专门工作机构或者专门工作小组的，可以优先由专门工作机构或者专门工作小组办理性侵害未成年人犯罪案件。"该规定对办理性侵害未成年人案件工作人员的业务素质进行了要求，明确在条件许可的情况下应由办理未成年人刑事案件的专门工作机构或者专门工作小组办理，但并未明确专门设立性侵害未成年人案件侦查机构。性侵害未成年人案件隐秘性强、取证难、复杂的特点，决定了在性侵害未成年人案件的证据收集、提取和证据链条的形成方面具有特殊性，需要设立专门的侦查机构，配备专业素质高、业务能力强的专业工作人员来负责侦查和审查。域外不少国家都要求由专门的人员办理性侵害未成年人案件。在日本，为对性犯罪案件的侦查提供全面的指导意见，收集并分析性犯罪发展的变化趋势，对办理性侵害未成年人案件的工作人员进行专业培训，每一个地方警察分局都会在指挥中心一级任命一名性犯罪侦查指导主任和一名性犯罪侦查指导人员。在大警察局，主办严重性犯罪案件的侦查部门安排有女性警察，专门负责对女性被害人进行询问，收集证据并负责护送被害人到医院以及其他对被害人进行救助的机构。❶ 英国《被害人宪章》规定对性犯罪被害人的案件调查，要在警察局的专门房间里，由经过特殊培训的警察进行。❷ 在美国，一些警察部门设立了经过专门训练的女侦探组成的性侵害案件工作队。目前，上海市形成了未成年人刑事案件司法专办一条龙模式。公安有专门的办案组、检察机关有专门的未检科、法院

---

❶ 卢建平、王丽华：《日本的被害人保护制度及其启示》，《理论探索》2007 年第 5 期。
❷ 王燕：《我国性犯罪未成年被害人的司法权益保护》，《中国性科学》2014 年第 11 期。

有少年庭、司法局有专门的援助律师队伍办理未成年人刑事案件，形成司法专办一条龙。不少区都推动公安机关建立性侵案件专办机制，金山区检察院推动区公安分局，由专办未成年人案件的民警负责成年人性侵害未成年人案件的整个侦查过程。奉贤区检察院利用区刑事司法例会，推动区公安分局将性侵害未成年人案件归口由未成年人案件办案组办理。❶ 因此，应建立专门的工作机构办理性侵害未成年人犯罪案件，配备办案经验丰富、熟悉未成年人身心发展特点和规律、具备心理学专业知识，且接受过专业训练的干警办理性侵害未成年人犯罪案件。

（二）强化侦查机关对性侵害未成年人案件的立案侦查义务

性侵害未成年人犯罪的多发性、多样性和隐秘性等特点，以及案件本身具有的犯罪空间的隐蔽性、证据不易收集、被害人陈述难以核实等特点，导致性侵害未成年人犯罪案件在司法实践中呈现客观证据少、直接证据少且容易灭失，言词证据、间接证据多的现象，难以正确运用证据查明犯罪事实，将犯罪嫌疑人绳之以法，导致保护性侵害未成年被害人的性权利难以实现，造成对性侵害未成年人犯罪打击不利、放纵犯罪、被害人不愿意报案的后果。2009 年 4 月，北京青少年法律援助与研究中心发布的《未成年人遭受性侵害案件统计分析报告》指出："现有的立案严格标准对于未成年人遭受性侵害案件并不适合。"对于性侵害未成年人案件，只要公安机关接到报案，就应当立案并展开调查。对犯罪进行侦查获取证据是公安机关的职责和义务，被害人尤其是性侵害未成年人案件的被害人及其监护人没有能力获取足够的证据证明案件事实的发生，尤其是对于亲属、监护人和熟人对未成年人实施的性侵害案件，年幼的未成年人更难以提供有效证据证明犯罪事实的存在。在备受社会关注的"贵州习水性侵幼女案"中，被害人李某的母亲发现女儿遭受性侵害后，8 月带女儿报了案，但是到 10 月仍然没有任何消息。被害人母亲担心行为人进行报复，只能带着女儿偷偷躲到了外地。直到 11 月初，公安机关才通知被害人母亲案件有了突破。被害人从报案到公安机关有答复经过了近三个月的时间。该案在一定程度上体现了性侵害未成年人案件立案难的问题，导致性侵害未成年人案件被害人一定程度上不愿意报案。因为被害人及其监护人报案后，面临的是长时间的精神煎熬，而且正义很可能得不到伸张，还要承受可能暴露被害人隐私的风险。北京青少年法律援助与研究中心通过对 2006—2008 年媒体报道的 340 起性侵害未成年人犯罪案件统计分析的结果显

---

❶ 樊荣庆、钟颖等：《论性侵害案件未成年被害人"一站式"保护体系构建——以上海实践探索为例》，《青少年犯罪问题》2017 年第 2 期。

示，不主动报案的案件多达 36 起，占统计分析的性侵害未成年人案件总数的 10.6%。

针对性侵害未成年人案件立案难的问题，《性侵意见》第 10 条规定："公安机关接到未成年人被性侵害的报案、控告、举报，应当及时受理，迅速进行审查。经审查，符合立案条件的，应当立即立案侦查。"公安机关发现可能有未成年人被性侵害或者接到举报有相关线索的，无论案件是否属于本单位管辖，都应当及时采取制止违法犯罪行为、保护被害人、保护现场等紧急措施，必要时应当通报有关部门对被害人予以临时安置、救助。同时为了加强对公安机关立案工作的监督，第 11 条规定："人民检察院认为公安机关应当立案侦查而不立案侦查的，或者被害人及其法定代理人、对未成年人负有特殊职责的人员据此向人民检察院提出异议的，人民检察院应当要求公安机关说明不立案的理由。人民检察院认为不立案理由不成立的，应当通知公安机关立案，公安机关接到通知后应当立案。"该内容确立了公安机关对于性侵害未成年人犯罪案件立案侦查的义务性规定，但没有确立公安机关对于性侵害未成年人犯罪立案侦查的绝对义务和违反义务应承担的责任。《性侵意见》强化了公安机关对性侵害未成年人犯罪的侦查义务，但对公安机关从受理调查到立案的期限没有进行明确规定，从而导致在司法实践中被害人及其监护人报案到立案期限过长，不利于对性侵害未成年被害人权益的保护和对被害人进行及时的司法救助。第 11 条规定强化了检察院对于公安机关对性侵害未成年人案件立案的监督，但是未明确规定检察院的主动监督义务和公安机关应当就不立案说明理由的主动义务。因此，不但应强化公安机关对性侵害未成年人案件的立案侦查义务，还应明确规定审查立案的期限，以及不立案主动说明理由的义务和违反义务应承担的责任。

（三）强化公安机关对性侵害未成年人案件客观证据初始收集的规范性和全面性

《性侵意见》第 12 条规定："公安机关侦查未成年人被性侵害案件，应当依照法定程序，及时、全面收集固定证据。及时对性侵害犯罪现场进行勘查，对未成年被害人、犯罪嫌疑人进行人身检查，提取体液、毛发、被害人和犯罪嫌疑人指甲内的残留物等生物样本，指纹、足迹、鞋印等痕迹，衣物、纽扣等物品；及时提取住宿登记表等书证，现场监控录像等视听资料；及时收集被害人陈述、证人证言和犯罪嫌疑人供述等证据。"该规定强化性侵害未成年案件客观证据的一次性初始收集工作，能够避免证据遗失、遗漏，但不够具体明确，为确保客观证据初始收集的全面性、有效性，应强化检材、样本

的提取和人身检查以及录音录像、电子证据等方面的证据收集工作。❶

1. 检材、样本的提取和人身检查

侦查机关应第一时间根据法定程序，对犯罪现场留下的物证进行尽可能全面的证据收集。对犯罪嫌疑人和未成年被害人的衣服、体液、毛发、指甲残留物，包括指纹、足迹、鞋印等痕迹以及犯罪嫌疑人的作案工具、纸巾等客观证据尽可能地进行全面提取，以防犯罪的第一手客观证据毁损和灭失。性侵害未成年被害人及其亲属报案的，在具备人身检查条件的情况下，侦查机关应在第一时间对被害人作全面的人身检查，如果被害人及其家属对人身检查具有抵触心理的，应派熟悉办理性侵害未成年人案件的，具备一定的心理学知识的女侦查人员对其耐心、细致地做工作，以确保第一时间开展人身检查，以固定证据。如果不具备医疗检查资质和条件，公安机关应先行对被害人的伤情进行拍照固定后，带被害人前往有资质的医院进行进一步的检查，提取有关的证据。

2. 电子证据的收集和同步录音录像证据的保存

侦查机关应及时提取犯罪发生地的监控视频、录像。在司法实践中，不少性侵害未成年人案件，犯罪嫌疑人往往以交友为幌子接触被害人，进而以恋爱、聊天、吃饭、一起玩耍等理由接触被害人，进而实施性侵害。侦查机关应及时调取当事双方事前、事后的通话记录、短信记录，微信、网络聊天平台的聊天记录等证据，必要时应对双方的通信工具进行扣押等。在讯问犯罪嫌疑人时，侦查人员应当对讯问情况进行全程录音录像，避免重复、多次讯问。讯问的录音、录像应符合讯问的程序且能够完整显示讯问的全过程。对被害人和证人的询问过程，侦查人员也应全程录音录像，能够客观、全面地反映询问的真实情况。

二、规定相关责任人的强制报告义务

与成年人遭受性侵害相比，未成年人遭受性侵害的典型特征表现为同一案件中多人受害和同一被害人多次被害的可能性大。在教师和亲属性侵害未成年人犯罪案件中，这两个特征表现得尤为明显。2009 年 4 月，北京青少年法律援助与研究中心对 2006—2008 年媒体报道的 340 起性侵害未成年人犯罪案件进行调研分析发布的《未成年人遭受性侵害案件统计分析报告》的数据也契合这两个特点。在熟人性侵害未成年人的 39 起案件中，时间跨度最长的达 13 年之

---

❶ 郑蕾、施倩：《解析性侵未成年人犯罪案件证据审查——以浙江省杭州市 172 起案件为样本》，《人民检察》2017 年第 8 期。

久，还有 3 起案件被害人受害的时间分别持续 10 年、8 年和 8 年，39 起案件的被害人受害的平均持续时间约为 4.8 年。在 50 起校园性侵害未成年人案件中，平均受害人数为 25 人。同时，在个别案件中受害人数之多让人难以接受。在一起小学校长性侵害未成年人案件中，该校长在 20 年的时间里共强奸猥亵 70 名女学生，且在 3 所小学担任校长期间均实施过犯罪行为，但令人惊讶的是一直没有受害人报案。[1] 亲属性侵害未成年人犯罪比教师性侵害未成年人犯罪更具隐秘性，如果被害人及其家人发现后不及时报案，很难被揭发，致使相当数量的被害人数次被害和长时间被害。郭某某强奸案中，15 岁的被害人因害怕继父抛弃母亲，对继父的性侵害行为一再迁就、忍让，被害人的母亲不但不报案，反而通过打骂的方式威胁被害人，从而使其继父在长达两年的时间里对被害人实施性侵害。[2] 杨某某强奸案中，身为被害人姨父的犯罪人对被害人实施第一次奸淫行为后，被害人的父母在行为人赔偿 300 元后，碍于亲戚关系没有报案。时隔 6 年后，犯罪者再次对 10 岁的被害人实施了奸淫行为。[3] 唐某某强奸案中，身为 15 岁被害人父亲的唐某某，多次奸淫被害人，并导致被害人怀孕流产，但没有人告发，后因记者采访时听人议论，最终该案才被揭发。[4]

性侵害未成年人案件犯罪暗数高，被害人数往往多且容易重复受害，造成这种现象的原因是多方面的、复杂的，但缺乏性侵害未成年人犯罪强制报告制度是其重要的原因之一。《性侵意见》第 9 条规定："对未成年人负有监护、教育、训练、救助、看护、医疗等特殊职责的人员（以下简称负有特殊职责的人员）以及其他公民和单位，发现未成年人受到性侵害的，有权利也有义务向公安机关、人民检察院、人民法院报案或者举报。"该规定强化了特殊职责人员以及单位和个人对性侵害未成年人犯罪的报案和举报义务，但是报告主体有限，且没有将其作为强制义务来进行规定，更没有规定相应的责任承担方式，不利于打击、惩治犯罪，保护性侵害被害人的权利。因此，不仅应将相关责任人员报告性侵害未成年人犯罪案件的义务规定为强制义务，还应扩大责任人员的范围，不仅将对未成年人负有监护、教育、训练、救助、看护、医疗等特殊职责的人员规定为强制报告义务的主体，还应将从事与未成年人相关工作的社会工作人员、保育人员等，以及履行国家公务的警察、

❶　佟丽华：《司法新规：依法惩治性侵害未成年人犯罪》，《中国青年社会科学》2015 年第 6 期。

❷　北大法意中国媒体案例库：《郭志红强奸案》，审理法院：河南省卢氏县人民法院，发布时间：2003 年 11 月 15 日。

❸　杨在明强奸案，（2014）沙法刑初字第 00075 号。

❹　北大法意中国媒体案例库：《唐家荣强奸案》，审理法院：四川省泸县人民法院，发布时间：2003 年 5 月 1 日。

司法人员等也纳入强制报告主体的范围，并规定违反报告义务应承担的法律责任。

三、保护性侵害未成年被害人免受"二次被害"的权利

（一）建立"一站式"调查取证机制

在司法实践中，侦查、批捕、公诉、审判之间具有独立性与分离性。在侦查、批捕、公诉、审判过程中未成年人往往遭受反复询问，一遍遍回忆被害的经历，加重被害人的不安全感，容易对被害人造成精神上的"二次被害"，无法满足性侵害未成年被害人的权益保护和受害恢复的需求。日本有实证调查研究显示，70%的性犯罪被害人会不自觉地想起被害事件的经过，60%的性犯罪被害人不愿意想起被害事件的事物和场所，75%的性犯罪被害人害怕再次看到犯罪人。❶性侵害未成年人案件的特殊性，决定了建构"一站式"取证制度的必要性和紧迫性。目前，我国部分地区已开展"一站式"取证试点工作。浙江省检察机关开展了"一站式"询问性侵害未成年人制度试点，询问和检查身体等工作一次性完成，避免被害人因反复回忆案发经过等造成"二次被害"。❷上海市未检部门自2015年开始，全面推进性侵害案件未成年被害人"一站式"取证制度。❸加快"一站式"取证制度的推进工作，能够最大化保护性侵害未成年被害人免受"二次被害"。

1. 推进"一站式"取证场所的建设

在性侵害未成年人犯罪案件中，被害人除了具备一般被害人的权利外，还应享有一些专门适用于性侵害被害人的特殊权利，主要通过建设特定的取证场所和遵循特定的取证原则等，减少在调查取证中对性侵害被害人的"二次被害"。日本专门引进一种特殊车辆用于在犯罪现场询问性侵害被害人，或将性侵害被害人带到一些必要的场所。警察局有专门的房间用于询问性侵害被害人。❹目前，上海各区建设"一站式"取证场所工作取得了一定成效，青浦区检察院与面向全区的心语工作室建立了工作衔接机制，性侵害未成年被害人的第一次询问地点在心语工作室进行，并有同步录音录像和心理健康老

---

❶ 张鸿巍主编：《刑事被害人保护问题研究》，北京：人民法院出版社，2007年，第168-170页。

❷ 裘菊红、王晓青：《性侵害未成年人犯罪人员信息公开制度探析》，《青少年犯罪问题》2017年第2期。

❸ 樊荣庆、钟颖等：《论性侵害案件未成年被害人"一站式"保护体系构建——以上海实践探索为例》，《青少年犯罪问题》2017年第2期。

❹ ［日］太田达也：《刑事被害人救助与刑事被害人权利在亚洲地区的发展进程》，武小凤译，《环球法律评论》2009年第3期。

师提供心理指导和支持。奉贤区检察院及金山区检察院按区域划分建设"一站式"取证场所，模拟家居环境，设有询问室、监控室，配有全程录音录像设备，且配有心理疏导员全程了解被害人的心理情况，给予及时的心理疏导；嘉定区检察院则借助政协议案，推动给区级层面制定专门场所办理性侵害未成年人刑事案件。❶ 因此，应着力推进"一站式"取证场所的建设，设立专用的性侵害未成年被害人询问室，询问室的设置地址可以选用公安机关方便办案的地方，以及能够给予未成年人轻松、舒适体验的社区、家庭、学校等场所。询问室的装饰可以模拟家居环境进行设计，并配置录音、录像设备及法医鉴定场所，从而满足"一站式"取证的需要。

2. 检察机关应提前介入引导侦查

检察机关应提前介入引导侦查机关的侦查工作。性侵害未成年人案件的办理应强化多部门的联动合作，公检法机关应联合打击犯罪。检察机关应加强与侦查机关的沟通联系，及时介入重大、疑难、复杂的性侵害未成年人案件，帮助侦查机关确定正确的侦查方向，指导侦查人员以公诉证据标准收集证据，尤其要指导侦查机关围绕起诉指控所需对被害人开展询问和取证工作，提高侦查机关的侦查效率。❷ 上海市立足于更好开展"一站式"调查取证工作，各级未检部门与公安机关建立联席制度，明确检察机关的未检部门对疑难复杂的性侵害未成年人案件应提前介入，引导侦查取证，强化对侦查的监督。2014 年以来，青浦区未检部门共办理零口供性侵案件 7 件，并均提起公诉，最终法院对犯罪嫌疑人作了有罪判决。检察机关提前介入引导侦查，能够强化对侦查机关侦查行为的监督。

3. 建构"一站式"特殊取证询问机制

性侵害未成年被害人的询问应注重理念与方式上的特殊要求。侦查人员应理解被害人受害后希望被倾听、理解、接受、帮助的心理需求，应把握询问被害人时的空间和心理距离，且询问的态度应友好、平和，加强与未成年被害人的监护人的沟通与交流，使被害人的监护人能够最大化给予被害人关爱和家庭的温暖。这就要求性侵害未成年人案件的侦查，由经过训练的专业工作人员按照专门的侦查程序进行，且做到对被害人身份的绝对保密。基于对性侵害未成年被害人的特殊保护，上海市人民检察院专门制定了《询问未成年人规制》，各区检察院均以制度明确"一站式"调查取证场所内各部门的

---

❶ 樊荣庆、钟颖等：《论性侵害案件未成年被害人"一站式"保护体系构建——以上海实践探索为例》，《青少年犯罪问题》2017 年第 2 期。

❷ 王英：《猥亵儿童犯罪案件之司法实务疑难问题解析》，《青少年犯罪问题》2016 年第 4 期。

职责，规范取证询问的流程。《询问未成年人规制》明确了询问未成年被害人的权利义务告知，询问的次数、方式、要求，以及隐私保护、中止询问、心理疏导等方面的内容，规范了公安机关对性侵害未成年被害人询问工作的开展，力求一次性完成询问和同步录音录像等取证工作。为实现一次性完成询问和同步录音录像等取证工作，侦查人员在侦查询问过程应给予性侵害被害人最大程度的关怀。侦查人员应围绕性侵害未成年人案件线索搜集相关的资料和证据，及时根据被害人的处境、被害人及其家庭情况，制定访问被害人的内容、方法、策略等工作计划。在此基础上，侦查人员应选择使性侵害未成年被害人感到放松的环境进行询问，通过初步的调查结论，侦查人员应对案件进行评估，决定进一步的调查方式，力求实现"一站式"取证，减少对性侵害未成年被害人的"二次被害"。

（二）建构"一站式"性侵害未成年被害人综合救助保护体系

性侵害未成年人犯罪给被害人所带来的精神创伤在一定程度上大于肉体上的痛苦，甚至对被害人的影响是一生的。性侵害未成年被害人往往比较敏感、脆弱，且社会往往对被害人存在偏见和误解。性侵害未成年人犯罪发生后追究犯罪分子的刑事责任，只能使被害人获得一定程度的心理补偿，却不能减轻犯罪对被害人生理和心理上的创伤，甚至有的被害人因为被性侵害后得不到经济赔偿还面临医疗费的负担。有的被害人遭受监护人侵害后，因监护无着落，为了生存不得不与监护人一起生活，长期忍受精神和肉体上的折磨而不报案。因此，性侵害未成年人案件发生后，国家应第一时间担负起对未成年人的监护责任，实施包括人身救助、心理救助和监护救助等救助措施，第一时间最大程度上减少性侵害对未成年被害人带来的肉体和精神上的伤害。

1. 指定医疗机构为性侵害未成年被害人提供医疗救助服务

为了给性侵害未成年被害人提供更好的医疗救助服务，国家应建立性侵害未成年被害人医疗救助专项基金。各省市的各级政府部门应进行专门的财政预算，留出足够的财政经费为遭受性侵害的未成年人提供及时的医疗救助服务。同时，各级政府部门应指定当地具有一定医疗资质的医院第一时间为性侵害被害人提供医疗服务。除了指定的医院外，其他非指定的医院也应在第一时间提供必要的医疗救治服务，待被害人病情稳定后再移送到指定的医院开展后续的医疗救助。无论是在指定的医院还是非指定的医院，均须优先进行救治。

2. 建立性侵害未成年被害人心理救助机构，专门为未成年被害人提供免费的心理健康救助服务

性侵害未成年被害人遭受性侵害后往往感觉无助、害怕、难过、羞愧等。

日本的相关实证调查研究显示，在强奸和猥亵型犯罪中，被害人的生活受到严重影响的高达 70%，因遭受强奸不能正常工作和学习的占 18%，感情瘫痪的占 22%，有自杀倾向的占 21%，对生活心灰意冷的占 40.7%，被害人做噩梦和失眠的占 60.5%，生病及精神产生紊乱的占 58%。❶ 性侵害犯罪给被害人造成的精神伤害远远超过其他类型侵害人身权利犯罪给被害人带来的伤害。因此，性侵害未成年被害人心理救助机构的工作人员，不仅要有心理健康的专业知识，还要接受过专门的性侵害未成年被害人心理健康方面的工作培训以及有丰富的对性侵害未成年人开展心理健康服务的实践经验。否则，一旦心理健康辅导不当，不但不能减轻性侵害给被害人造成的精神痛苦，帮助被害人走出被害心理阴影，而且可能造成被害人"二次被害"。性侵害未成年被害人心理救助机构的工作人员应根据性侵害被害人被害后的周期性反应综合征，对被害人的心理受害情况进行科学的评估，根据评估结果制定系统性的、周期性的心理辅导方案，帮助被害人恢复心理健康。

3. 未成年人救助保护机构和民政部门应为性侵害未成年被害人提供监护救助

遭受性侵害的未成年人，尤其是缺乏有效监护的未成年人遭受性侵害后，未成年人救助保护机构应为其提供临时救助服务。对于特定关系人，尤其是监护人对未成年人实施的性侵害案件，未成年人救助保护机构为未成年被害人提供临时的监护救助。对于无合适监护人对受害未成年人提供有效监护的情况，民政部门应对未成年被害人承担长期监护的义务。最高人民法院、最高人民检察院、公安部、民政部联合印发的《关于依法处理监护人侵害未成年人权益行为若干问题的意见》规定，救助保护可以采用家庭寄养、自愿助养、机构代养或者委托政府指定的寄宿式学校安置等方式，对未成年人进行临时照顾。该规定拓宽了对未成年人进行临时救助的途径和方式，但对于遭受性侵害的未成年被害人而言，需要的不仅仅是一个临时的避难所，更需要得到专业的救助。因此，对于性侵害未成年被害人的监护，无论是临时监护还是长期监护，专门的未成年人救助保护机构和民政部门也许更能起到预期的监护作用和效果。

---

❶　张鸿巍主编：《刑事被害人保护问题研究》，北京：人民法院出版社，2007 年，第 168 页。

第二节　起诉过程中的防治措施

一、从严把握民事赔偿调解协议对从宽量刑的适用

（一）性侵害未成年人犯罪案件中，被告人与被害人达成民事赔偿调解协议的现状

在审判实践中，被告人亲属积极赔偿被害人损失并取得被害人谅解是常见的情形。在性侵害未成年人犯罪中，性侵害给被害人身心上带来极大的痛苦，被害人因遭受的物质性损害和精神性损害需要大笔的医疗费用用于被害后恢复。《性侵意见》第 31 条明确了未成年人因被性侵害而造成的人身损害，为进行康复治疗所支付的医疗费、护理费、交通费、误工费等合理费用，未成年被害人及其法定代理人、近亲属提出赔偿请求的，人民法院应依法予以支持。然而，在司法实践中，不少被告人经济困难，无力对被害人进行赔偿，或者被害人在刑事附带民事诉讼中，不能提供有效的合理赔偿费用的证据、票据，其经济损害赔偿请求不能得到法院的支持。例如，在张某强奸案中，附带民事诉讼原告人杨某诉称，被告人张某的性侵害行为对其身心造成严重伤害，要求被告人张某赔偿经济损失 10 万元，并依法从重追究被告人的刑事责任。但被害人杨某在庭审过程中未能提供证据证明其经济损失，法院对其附带民事诉讼请求没有支持。❶ 从已有的性侵害未成年人犯罪案件的判例来看，通过被告人与被害人达成民事赔偿调解协议，被害人获得的经济赔偿通常比刑事附带民事赔偿的金额要多。❷ 被告人与被害人之间达成民事赔偿协议，对于被害人尤其是经济困难的被害人而言，可以获取更多的经济赔偿用于被害后恢复，也弥补了犯罪对被害人亲属的伤害。对于被告人而言，通过积极赔偿被害人的经济损失，取得被害人及其家人的谅解，说明被告人主观恶性和人身危险性都有所降低。被害人亲属作为犯罪后果的直接承受者，对被告人的犯罪行为表示谅解，在一定程度上修复了因犯罪行为损害的社会关系。根据最高人民法院印发的《关于贯彻宽严相济刑事政策的若干意见》第 23 条的规定，被告人案发后对被

---

❶　案件字号：（2014）鞍岫刑初字第 401 号，审结日期：2015 年 2 月 13 日。

❷　例如，在苏某强奸案中，经审理查明，2014 年 10 月 19 日晚 7 时许，被告人苏某进入幼女王某乙（2007 年 7 月出生）居住的平阳县腾蛟镇亭子路 56 号的家中，趁王某乙独自一人之际，进入卫生间，用手抚摸王某乙的胸部、腰部等部位，并将其裤子脱掉，用手捏其阴部，随后用生殖器在王某乙外阴摩擦。后被王某乙的舅妈发现，被告人苏某逃离现场。在本案审理过程中，被告人苏某亲属自愿代为缴纳赔偿款人民币 38000 元，以赔偿被害人王某乙。案件字号：（2015）温平刑初字第 55 号，审理法院：浙江省平阳县人民法院，审结日期：2015 年 2 月 11 日。

害人积极进行赔偿，并认罪、悔罪的，依法可以作为酌定量刑情节予以考虑。❶

（二）从严把握"积极赔偿被害人损失"与"获得被害人亲属谅解"情节对从宽量刑适用的依据

在性侵害未成年人犯罪中，被告人与被害人自愿达成民事赔偿调解协议对于被害人和被告人而言都具有重要的现实意义，尤其是对于被告人而言，可以作为酌定量刑情节考虑，可以促进被告人认罪、悔罪，增强回归社会的信心。需要指出的是，在具体评价"积极赔偿被害人损失"与"获得被害人亲属谅解"情节对量刑的影响时，不能脱离犯罪的性质和犯罪行为的社会危害性而作出认定。犯罪人犯罪的性质和犯罪行为给社会造成的危害性大小是决定被告人承担刑事责任大小和科处的刑罚种类及幅度的依据。性侵害未成年人犯罪是严重危害人身权利性质的暴力犯罪，其危害的对象具有不特定性，导致人民群众的生活安全感降低，社会危害性大，属于宽严相济刑事政策中从严惩处的犯罪类型。即使被告人积极赔偿，获得了被害人及其亲属的谅解，在对被告人进行从宽处罚时，也要从严惩处。性侵害未成年人犯罪不同于发生在特定的当事人之间的因民间矛盾激化引起的犯罪，后者的犯罪对象具有特定性，犯罪行为引起的社会危害性相对较小。人民法院应加大民事调解工作力度，化解双方之间的矛盾，促成被害人对被告人的谅解。如果达成谅解，对被告人从宽处罚的幅度可以适当大一些，这也是贯彻宽严相济刑事政策的体现。最高人民法院《关于常见犯罪的量刑指导意见》（以下简称《量刑指导意见》）对积极赔偿被害人经济损失和取得被害人谅解的各种从宽量刑幅度进行了具体规定，明确了量刑幅度的把握要综合考虑犯罪人的犯罪性质、赔偿的数额以及认罪、悔罪情况等进行确定，还特别明确了强奸与抢劫行为一样属于严重危害社会治安犯罪，要从严把握从宽量刑幅度。❷

性侵害未成年人犯罪不同于一般的强奸罪，其侵害对象是身心未完全发育成熟的处于弱势地位的未成年人。《量刑指导意见》对被害对象系未成年人的情节进行了明确规定："对于犯罪对象为未成年人、老年人、残疾人、孕妇等弱势人员的，综合考虑犯罪的性质、犯罪的严重程度等情况，可以增加基准刑的20%以下。"同时，为强化对性侵害未成年人犯罪分子的惩处力度，加

---

❶　最高人民法院印发的《关于贯彻宽严相济刑事政策的若干意见》第23条规定："被告人案发后对被害人积极赔偿，并认罪、悔罪的，依法可以作为酌定量刑情节予以考虑。因婚姻家庭等民间纠纷激化引发的犯罪，被害人及其亲属对被告人表示谅解的，应当作为酌定量刑情节予以考虑。"

❷　《关于常见犯罪的量刑指导意见》规定："对于积极赔偿被害人经济损失并取得谅解的，综合考虑犯罪性质、赔偿数额、赔偿能力以及认罪、悔罪程度等情况，可以减少基准刑的40%以下；积极赔偿但没有取得谅解的，可以减少基准刑的30%以下；尽管没有赔偿，但取得谅解的，可以减少基准刑的20%以下。其中抢劫、强奸等严重危害社会治安犯罪的应从严掌握。"

强对幼女的特殊保护，《量刑指导意见》就普通强奸罪和奸淫幼女的量刑起点进行了分别规定："强奸妇女一人的，可以在三年至五年有期徒刑幅度内确定量刑起点。奸淫幼女一人的，可以在四年至七年有期徒刑幅度内确定量刑起点。"因此，在性侵害未成年人犯罪中，尽管被告人与被害人达成了民事赔偿调解协议，积极赔偿被害人的经济损失，但是性侵害未成年人犯罪属于危害性严重的暴力犯罪，且犯罪对象是处于社会弱势地位的未成年人，在从宽量刑情节上仍然要从严把握。否则容易造成"积极赔偿被害人经济损失"和"获得被害人亲属谅解"可以作为酌定量刑情节予以考虑适用的异化，出现以钱赎刑的现象，严重背离该规定的初衷，无法实现刑罚的特殊预防与一般预防的目的，放纵严重侵害未成年人性权利的犯罪分子。

二、强化对性侵害未成年被害人知情权的保护

（一）起诉阶段被害人知情权的规定现状

知情权是被害人的一项基本权利。在刑事诉讼的各个环节，被害人的知情权都应予以保护。起诉阶段的知情权是指被害人在起诉阶段依法享有的知悉和获取案件进展情况和阶段性案件处理情况、了解所应享有的权利的权利。[1] 被害人在刑事诉讼中的知情权已经是一项被国际刑事司法准则所确认的权利。1985 年联合国大会通过的《为罪行和滥用权力行为受害者取得公理的基本原则宣言》第 6 条第 1 款："让受害者了解它们的作用以及诉讼的范围、时间、进度和对他们案件的处理情况，在涉及严重罪行和他们要求了解此种情况时尤其如此。"其对被害人知情权的范围作了原则性的规定。在起诉阶段，检察机关应以合理的方式向被害人提供信息以保障其知情权的实现。根据《刑事诉讼法》的规定，被害人在起诉阶段仅对委托代理权、获得不起诉决定书权、不服不起诉决定申诉权等拥有知情权，对于案件的诉讼进展情况、犯罪嫌疑人的基本情况、案件受理的法院、提起公诉的时间、起诉书指控的被告人的罪名、认定案件的主要事实证据、适用的法律等无法获悉。现行的有关规定也没有对负责告知的责任人员、告知的方式、告知的期限、被害人主动获取信息的途径等作出明确具体的规定。同时，就起诉阶段而言，对于检察机关没有履行保障被害人知情权得以及时完整实现的义务的法律后果以及被害人知情权被侵害后的权利救济等，现行法律都没有进行明确规定，从而使得被害人的知情权难以实现。

---

❶ ［德］汉斯·约阿希姆·施奈德：《国际范围内的被害人》，许章润等译，北京：中国人民公安大学出版社，1992 年，第 432 页。

（二）现行性侵害未成年被害人知情权的有关规定

被害人的知情权体现在刑事诉讼的立案、侦查、起诉、审判和执行等整个刑事诉讼活动中。我国《刑事诉讼法》和《公安机关办理刑事案件程序规定》对人民法院、人民检察院或者公安机关不立案、撤销案件、不起诉等决定的告知义务作出了规定。为保障未成年被害人及其法定代理人的诉讼知情权，使被害人及时获得案件进展的相关信息，行使合法权利，《性侵意见》第16条规定："人民法院、人民检察院、公安机关办理性侵害未成年人犯罪案件，除有碍案件办理的情形外，应当将案件进展情况、案件处理结果及时告知被害人及其法定代理人，并对有关情况予以说明。"《性侵意见》对性侵害未成年被害人在刑事诉讼过程中应享有的案件的进展情况、案件的处理结果的知情权进行了规定，增加了司法的公开透明度。

（三）性侵害未成年被害人知情权的特别保护

性侵害未成年被害人在被害后的整个诉讼过程中，面对医疗检查行为、别人的异样目光以及案件调查与诉讼过程中不得不接受警方的询问、出庭作证或者进行控诉、辩护等活动，都有可能再次遭受人格、名誉损害和精神刺激。[1]性侵害未成年被害人无论在生理、心理还是在社会交往等方面都会产生持续性的不良反应，况且被害人因年幼缺乏自我保护能力，难以从不良情绪中摆脱出来。有媒体报道年仅5岁的被害人在遭受继父性侵害后，在心理和生理上都留下了严重的后遗症，导致该被害人尽管11岁了，只要大笑就会小便失禁。最为严重的后遗症就是癫痫抽搐犯病时孩子牙关紧闭四肢抖动。[2]对于饱受身心痛苦的性侵害未成年被害人而言，更强烈地需要知悉起诉过程中的与案件相关的具体情况，尤其是案件进展的详细情况、犯罪人涉及罪名情况以及可能判处的刑罚种类和幅度情况等。《性侵意见》只是明确人民法院、人民检察院、公安机关有告知被害人及其法定代理人关于案件进展情况、案件处理结果的义务。除此之外，性侵害未成年被害人应对犯罪嫌疑人的情况，检察机关对犯罪嫌疑人采取强制措施以及变更或者撤销强制措施的事项，检察机关提起公诉的决定及起诉的内容包括提起公诉的时间、起诉书指控的罪名、认定犯罪的证据、适用的法律依据以及被告人的诉讼处境，检察机关作出的延长期限、中止审查的决定，承办案件的机关包括名称、地址、联系方式和承办人的基本情况包括姓名、联系方式等事项都应具有知情权。同时，

---

[1]　许章润主编：《犯罪学》，北京：法律出版社，2016年，第143页。

[2]　任桐、郭宇等：《11岁女孩幼时遭继父性侵犯，饱受癫痫后遗症折磨》，http://news.enorth. com.cn/ststem/2011/05/11/006524364.shtml，访问日期：2019年11月28日。

还应明确告知的期限，告知的方式应以书面形式为原则，其他形式为补充。另外，《刑事诉讼法》缺乏对告知主体告知义务的监督管理规定和被害人知情权被侵害后的权利救济规定。应明确没有履行告知义务且情节严重的检察人员应给予的纪律、行政和经济上的处分；如果被害人的知情权受到损害的，规定可以向上一级检察机关提出请求，如果因知情权受到损害导致被害人物质损害的，可以请求赔偿。从知情权应包括的内容，知情权实现的期限、方式以及监督保障和救济措施方面全方位地保障性侵害未成年被害人知情权的实现。

第三节　审判过程中的防治措施

性侵害未成年人犯罪因其性侵害的对象是年幼的未成年人，对被害人的伤害非常严重，社会影响特别恶劣，在世界各国均被视为最为严重的犯罪之一。性犯罪对于被害人而言是一种严重的创伤事件，需要采取措施将被害人从创伤事件中解脱出来，尽可能恢复到被害前的状态，强化对性侵害犯罪人的惩治，最大化保护被害人的合法权益是世界各国的共识。在审判过程中，世界各国除强化对性犯罪人的惩治外，还注重对被害人的隐私保护、保护被害人免受"二次被害"及被害后恢复的救济。

一、性侵害未成年被害人作证的特殊保护

不同类型的被害人在诉讼中受到的"二次被害"的程度不一样。有学者认为强奸案的被害人在所有被害人中遭受"二次被害"的可能性最大、程度最深。[1] 被害的原因主要在于在审判中法院没有给被害人特殊保护，性犯罪被害人像普通人一样等待作证，与犯罪人在法庭上对质，司法机关在诉讼过程中揭露被害人的隐私，使得被害人在审判中及之后承受着巨大的压力等。[2] 法官认为其职责是作出司法判决，而非保护被害人。在法庭的审理中，性侵害被害人为了维护自己的合法权益，追究犯罪人的刑事责任，不得不再次重复自己的被害经历。尤其是面对被告人及其辩护律师的交叉询问，被害人的人格有可能遭受攻击，为的是削弱被害人陈述的可信度，或者夸大被害人在性

---

[1] 莫洪宪：《刑事被害救济理论与实务》，武汉：武汉大学出版社，2004年，第128页。

[2] 孙仁丕：《论完善性犯罪被害者诉讼保护及防止二次被害的措施》，《通化师范学院学报》2015年第1期。

犯罪发生中的作用，以减轻被告人的刑事责任。如果最终能够对犯罪人进行惩罚，被害人能够得到赔偿，会使被害人觉得自己受到了公正的对待，有助于被害人被害后恢复。然而，诉讼过程中，被害人心理需要被忽视，隐私被公开，因遭受性侵害导致经济困境而得不到赔偿等，都可能加深被害人的心理损害，使得被害人被害后恢复受阻。有学者就指出："痛苦反应的危险的扭曲，开始并不被人发觉，但却可能是极具毁灭性的危险的反应。"❶

（一）性侵害未成年被害人作证能力的特殊保护

在性侵害未成年人犯罪中，由于不少性侵害犯罪行为因其犯罪的隐秘性、被害人年龄幼小没有证据意识，或者被害人家人羞于报案导致案发后没有及时获取犯罪证据等原因，导致没有物质性的证据，或者证据取证、认定较为困难，受害未成年人的证言便成为性犯罪人定罪的重中之重。在司法实践中，不少被害人年龄较小，无法清晰地表述被害的时间、地点和被害的过程，犯罪人又拒不承认犯罪的事实，使得不少性侵害案件的犯罪者无法受到刑事追究，被害人的合法权益得不到法律保护，被害人及其家人陷于极度痛苦之中。在美国，儿童作证的标准较低，且部分州明确规定所有的证人都有作证能力，只有在特殊情况下，才需要对儿童的作证能力进行检查。当儿童需要作为控方证人出庭作证时，美国司法部也会采取闭路电视现场作证或者在作证时临时关闭法庭等必要的隐私保护措施，避免儿童在作证的过程中受到"二次被害"。性侵害未成年人犯罪的犯罪主体、犯罪对象、犯罪场所等的特殊性，决定了在性侵害未成年被害人的作证能力的标准上应与其他性质的犯罪有所区别。

最高人民检察院指导案例针对未成年被害人作证能力标准问题确定了相应的裁判规则，即"对未成年人案件证据的审查应当区别于成年人案件，未成年人根据其年龄、认知阶段陈述的事实，没有违反认知规律和相反证据的应当予以采信，而对其成年人提出的辩解，不能作出合理解释或者前后矛盾的，不应当采信"。该裁判规则，在备受关注的南宁市马山县某村小学教学点校长黄某权强奸、猥亵儿童一案中得到了适用。在该案中，一审法院经审理认为，到案作证学生的证言陈述不符合常理，证人之间的陈述有矛盾，判决黄某权无罪。根据最高人民检察院指导案例的裁判规则，2019 年 11 月 29 日，经由马山县检察院提出抗诉，南宁市检察院支持抗诉，最终南宁市中级人民

---

❶　［德］汉斯·约阿希姆·施奈德：《国际范围内的被害人》，许章润等译，北京：中国人民公安大学出版社，1992 年，第 360 页。

法院判决黄某权犯强奸罪、猥亵儿童罪，判处有期徒刑 12 年。● 该案从判决被告人无罪到判刑 12 年，体现了司法机关依法加大对性侵害儿童犯罪的惩罚力度，维护社会公平正义、保障儿童健康、安全成长的坚定意志，为未成年人撑起了法律的"保护伞"。在很大程度上，营造了维护儿童权益、严惩侵害儿童犯罪的社会氛围和舆论环境，最大化遏制针对未成年人的各类侵害行为，尤其是性侵害。因此，在未成年被害人作证能力的标准上，根据其年龄、认知阶段陈述的事实，没有违反认知规律和提交相反证据的应当予以采信。

（二）性侵害未成年被害人作证程序上的特殊保护

性侵害未成年人犯罪案件因涉及被害人隐私，不公开审理。但是被害人出庭作证如果直接面对性侵害自己的被告人，无疑会增加被害人的心理负担和造成情绪不稳定，增加对被害人的伤害，尤其是在接受控辩双方质询时，被害人回忆被害的经历必将增加其内心的痛苦。性侵害未成年人犯罪案件的特殊性，必然要求对被害人进行特殊保护。根据《刑事诉讼法》第 59 条的规定："证人证言必须在法庭上经过公诉人、被害人和被告人、辩护人双方质证并且查实以后，才能作为定案的根据。"同时，为保护证人、被害人的人身安全，《刑事诉讼法》第 62 条对危害国家安全罪、恐怖活动犯罪、黑社会性质的组织犯罪等案件的被害人、证人的特殊保护措施进行了规定，即不公开真实姓名、住址、工作单位等个人信息，采取不暴露外貌、真实声音等出庭作证措施，禁止特定人员接触被害人及其近亲属，对人身和住宅进行特别的保护等。但是，对未成年被害人作证没有进行特别的保护规定。域外不少国家和地区都规定有"弱势证人诉讼关照"制度。英国在 20 世纪 90 年代中期开始对强奸被害人作证进行改革，通过了 1996 年《被害人宪章》、1998 年《为正义发言》、1999 年《青少年司法法案》、1999 年《刑事案件证据法案》等法律法规。英国在庭审程序和证据规则上规定了新举措，主要有允许被害人在屏风后向法庭提供证人证言，以免与被告人见面；被害人可以以录音录像形式，在与法庭相邻的房间内通过闭路电视向法庭提供证人证言；审判工作人员应注意清理法庭外走廊等地方的闲杂人员，确保被害人作证时隐私权利的保护；允许被害人委托代理人与法庭和被告方律师沟通。德国于 1998 年制定了《证人保护法》，规定强奸案被害人可以由律师陪伴出庭作证，对 16 周岁以下被害人的询问，如果涉及证人的重大利益，被告人又不能退庭回避时，询问可以在法庭以外的房间进行，询问的情况通过电视向法庭转播，证言的

● 潘闻博：《广西一小学教师性侵两名学生，一审无罪二审改判 12 年》，http://gx.sina.com.cn/news/sh/2019-12-04/detail-iihnzahi5143515.shtml，访问日期：2019 年 12 月 20 日。

内容通过麦克风向法庭的在庭者传送，对于反问，由审判长用电话向少年被害人传达。

《最高人民法院关于适用〈中华人民共和国刑事诉讼法〉的解释》第468条对未成年被害人、证人出庭作证进行了特别规定。该条规定："确有必要通知未成年被害人、证人出庭作证的，人民法院应当根据案件情况采取相应的保护措施。有条件的，可以采取视频等方式对其陈述、证言进行质证。"为强化对性侵害未成年被害人的特别保护，《性侵意见》第17条不仅规定了未成年被害人的知情权，还规定了未成年被害人的法定代理人可以陪同或者代表未成年人参加法庭审理。第18条规定了未成年被害人、证人作证的具体方式，即应当根据案件情况采取不暴露外貌、真实声音等保护措施。有条件的，可以采取视频等方式播放未成年人的陈述、证言，且应采取保护措施。这样的规定，有利于对性侵害被害人作证进行特别保护，但对被害人的保护还是不够完善的。在此基础上，可以借鉴域外国家的做法，禁止法庭外有其他闲杂人员，避免被害人隐私的泄露。对证人进行作证前、作证时和作证后的特别保护，尤其要注重对被害人作证后提供心理分析评估和辅导治疗，以避免作证给未成年被害人带来身心上的"二次被害"。

二、赔偿程序设置上应强化精神损害赔偿

（一）性侵害未成年人犯罪人承担被害人的精神损害赔偿责任

性侵害未成年人犯罪不同于其他的暴力侵害未成年人犯罪，其他的暴力侵害未成年人犯罪主要体现为对被害人物质上的损害。性侵害未成年人犯罪，无论是强奸、猥亵型犯罪，还是与未成年人有关的卖淫和色情制品犯罪，都具有其特殊性，主要是对未成年被害人人格、精神的损害，并非仅仅是物质上的损害，对被害人精神上的损害是主要的。性侵害未成年人犯罪在犯罪危害后果方面的特殊性，决定了性侵害未成年人犯罪在赔偿程序上应强化精神损害赔偿，且应强化国家对性侵害被害人的补偿义务。

1.性侵害未成年人犯罪案件中被害人遭受精神损害更为严重

性侵害未成年被害人遭受损害的特殊性在于被害人不仅遭受物质损害，还遭受精神损害，且精神伤害对未成年人的影响时间长，甚至具有毁灭性。

首先，性侵害未成年人犯罪不仅不同于其他侵害未成年人人身权利的犯罪，而且有别于性侵害成年人的犯罪，其物质性损害是客观存在的，且往往是较为严重的。主要原因在于性侵害未成年人犯罪中，被害人低龄化趋势明显，性器官未发育成熟，遭受性侵害时容易造成性器官撕裂伤，甚至是大出

血。有的被害人因年龄幼小遭受性侵害怀孕流产而造成终身失去生育的能力，甚至有的被害人因为年纪太小，被性侵致死。有学者对 2015 年媒体曝光的 340 起性侵害未成年人犯罪案件进行统计的结果显示，14 周岁以下的未成年人是主要的被害对象，高达 87% 的比例。其中，7—14 周岁的未成年人被害比例最高，高达 70%。● 性侵害未成年人犯罪中，被害人遭受性侵害后身体上的物质损害是客观存在的。有学者从性犯罪的目的之性交以满足病态性欲的观点出发，认为性犯罪中犯罪分子要掠夺强占的不是财物而是女性或者儿童的身体，性犯罪中除被害人在反抗搏斗过程中受到伤害而产生一些医药费、误工费等物质损失外，一般来讲被害人物质损失不明显或没有任何的物质损失。● 还有学者从强奸罪的犯罪客体出发，认为被害人受伤或者因受伤产生一些医药费、误工费，但一般物质损害很少，有些强奸罪没有任何损失。● 这些观点从强奸犯罪的角度肯定了对被害人造成物质性损害的客观性，只是对强奸犯罪造成被害人物质性损害程度上的看法有所区别而已。性侵害犯罪给被害人造成的物质性损害是客观的，如果说给被害人造成的物质性损害较少或者没有损失，往往是针对成年被害人而言的。如前所述，在司法实践中，年幼的被害人遭受性侵害造成阴部撕裂伤、大出血等直接的物质性损害结果，以及因遭受性侵害造成年幼的被害人怀孕堕胎，因堕胎终身失去生育能力，或者精神上受到伤害进行心理治疗的费用等间接的物质性损害结果是客观存在的。

其次，性侵害未成年被害人遭受精神损害巨大且往往具有持久的长期损害。在被害过程中，未成年人尤其是相对年幼的未成年人，在遭受蓄意和暴力性侵的过程中，被害人往往经历了强烈的恐惧、耻辱、绝望、仇恨等精神刺激，在体力和分辨能力上处于弱势地位。实际上，被害人对于自己的身体失去了控制和保护能力，沦为犯罪分子泄欲的工具，遭受性剥削和残害，不少未成年人还被残忍杀害。即使是年幼的未成年人遭受的是非暴力的性侵害，对于发生在自己身上的性侵害还不明白是怎么回事，但随着年龄的增长，对性侵害有所了解后，在情感上会产生耻辱、失望、恐惧、紧张等情绪。特别是受传统性观念的影响，被害人对自身的评价降低，自卑、失望的心理会接踵而来，影响被害人未来的感情、婚姻生活。有的被害人甚至出现害怕接触

● 陈伟、金晓杰：《性侵未成年人案现状、原因与对策一体化研究》，《青少年犯罪问题》2016 年第 4 期。

● 张荣丽：《性犯罪案件中被害人的精神损害赔偿研究》，《妇女研究论丛》2003 年第 3 期。

● 杨杰辉、袁锦凡：《刑事诉讼视野中性犯罪被害人的特别保护研究——以强奸案被害人为主要视角的分析》，北京：法律出版社，2013 年，第 254 页。

男性、憎恨男性，不敢单独和异性相处等心理障碍，严重影响被害人未来的感情、婚姻生活。同时，被害人遭受性侵害后，被害人的生活、学习环境等都可能面临一些变化。被害人的监护人往往基于保护未成年人等原因，不得不迁居、调换工作，给被害人转学等。即便如此，不少未成年被害人因遭受性侵害后长期失眠或者做噩梦，出现精神异常，害怕见陌生人，离家出走，甚至产生轻生的念头等。美国学者基尔帕特里克（Kilpatrick）等对 2000 多名曾经遭受过性侵犯、抢劫等人身侵害的女性进行调查的结果显示，性侵害被害人被害后精神崩溃、有自杀想法以及尝试过自杀的比例远远高于其他侵害人身权利的犯罪，遭受强奸的被害人中，尝试过自杀的有近 20% 的比例，44% 的被害人有过自杀的念头。[1] 有实证研究显示，性犯罪被害人担心见到犯罪人的比例高达 80%，被害人突然回想被害的经历、一想到被害就痛苦、回避事发场所、提心吊胆、有恐怖心理等反应的比例最低为 54%，不少情绪反应都高于 67%。[2] 性侵害未成年被害人遭受的隐性精神损害是巨大的、长久的，且是难以恢复的。

2. 强化对性侵害未成年被害人的精神损害赔偿具有重要法律价值

性侵害未成年被害人在精神上遭受重创，精神损害的恢复是长久的，且需要物质利益的支持。追究性侵害犯罪人的刑事责任能够安抚被害人受到的精神创伤，但很多不能解决被害人被害后的精神创伤恢复费用，不利于被害人的精神恢复。对性侵害被害人的精神损害赔偿能够遏制被害人的复仇心理，获得心理补偿，更能提高被害人对刑事司法制度的信任感和配合国家追诉犯罪的积极性。

首先，对性侵害未成年被害人的精神损害赔偿，有利于被害后的精神修复，遏制个人复仇心理，预防被害人犯罪。边沁指出，法律补偿的主要受益人是被害人，但对犯罪人也有益处，依据客观的审查，给予其充足的补偿，同时又禁止其自行复仇，被害人将会乐于接受所给予的补偿，不再试图甘冒受审的危险自行寻求更大的赔偿。这是由法律补偿所产生的附属效益，复仇得到遏制。显而易见，关于法律补偿的条款规定越完善，促使被害人自行索赔的动机就越弱。如果某人遭受他人侵犯所受到的痛苦即刻会由在他看来系

---

[1] 转引自杨杰辉、袁锦凡：《刑事诉讼视野中性犯罪被害人的特别保护研究——以强奸案被害人为主要视角的分析》，北京：法律出版社，2013 年，第 174 页。

[2] 中华医学会精神科分会：《中国精神障碍分类与诊断标准》，济南：山东科学技术出版社，2001 年，第 95–96 页。

同等量的快乐进行补偿的话，那么他内心的愤怒将不复存在。❶因此，给予性侵害未成年被害人足够的精神补偿不仅有利于被害后恢复，更有利于被害人的健康心理重建，促进社会的和谐稳定。

其次，关注被害人补偿的心理需求，能够提高刑事司法的公信力。被害人的权益受到损害后，求助国家法律维护其合法权益。支持其损害赔偿请求，不仅能够提高被害人利用司法途径维护合法权益的信心，还能提高国家司法在被害人和人民群众心目中的信誉度，有利于提高被害人对刑事司法过程的配合度和支持的积极性，提高刑事司法效率，推进法治现代化的进程。国家对性犯罪人判处并执行刑罚，虽然在一定程度上对被害人及其家属具有抚慰和安抚功能，被害人也得到了一定的心理补偿。但是被害人对其个人损失能否通过司法系统得以弥补也非常关注，关系到被害人被害后的利益能否得到关注，尤其是因利益受到侵害，生活陷于困境的被害人，更希望自己受损的利益能够通过国家司法得以支持，如果国家只追求刑罚目的的实现而忽视对被害人受害利益补偿的心理需求，则会使被害人丧失对刑事司法制度的信任，失去配合国家追诉犯罪的积极性，同样也会影响潜在的被害人和社会公众对法律的信心和尊重。

最后，有助于预防性犯罪人再次实施犯罪。性侵害未成年人的犯罪人主要是因为生理、心理方面的欲望与自身控制、调节欲望的能力之间失去了平衡，以及在利用未成年人实施卖淫和色情制品犯罪中，为获取非法利益而实施的犯罪行为。为了预防性侵害未成年人犯罪，不但要根据罪刑法定的原则处以相应的刑罚以提高犯罪分子调节、控制自身生理、心理以及追求不正当利益的欲望，使其认识到自己的行为在刑法上是被禁止的和被给予否定性评价的。同时，犯罪人还应认识到自己的性侵害行为给被害人造成的精神痛苦是巨大的、难以恢复的。不但要让性犯罪人承担实施性侵害未成年人犯罪行为后的刑事责任和相应的刑罚，还应让性犯罪人以某种方式对被害人的精神痛苦进行赔偿，以抑制性犯罪人再次实施性侵害未成年人行为。

3. 域外国家强化对刑事犯罪被害人的精神损害赔偿

第一，域外国家立法普遍支持犯罪行为人对被害人损害赔偿的请求。根据《意大利刑法典》第62条第6款的规定，在审判前已赔偿全部损害、恢复原状的，是法定从轻、减轻情节。《德国刑法典》第46条第2款规定："法院在量刑时，应权衡对犯罪人有利和不利的情况。应特别注意犯罪人犯罪后的

---

❶　［英］吉米·边沁：《立法理论——刑法典原理》，孙力等译，北京：中国人民公安大学出版社，1993年，第112页。

态度，尤其是为了补救损害所做的努力。"《西班牙刑法典》第109条第1款规定："实施法律规定的犯罪和过失罪，应当在法律规定的期限内赔偿其造成的损失和损害。"这些规定对于犯罪人对被害人的损害赔偿责任和义务提出了要求，不仅可以从犯罪人的角度鼓励犯罪人对被害人进行损害赔偿，争取宽大处理和给予其改过自新的机会，也能满足被害人要求补偿的心理需求。

第二，域外国家刑事犯罪被害人精神损害赔偿的立法变迁。在美国，传统立法不支持个人精神损害赔偿，后来才规定只要被害人能够证明被告对其人身的有形影响，就有权要求基于有形影响导致的精神痛苦请求赔偿。在德国，根据18世纪普鲁士普通法的规定，身份高贵的人是禁止提出精神损害赔偿的，只有下层的农民和一般的市民在因他人的故意或重大过失而遭受精神损害时，才有权请求金钱赔偿。1900年《德国民法典》第847条的规定，最先在法律上确立了精神损害赔偿权，确立了对侵犯妇女性权利犯罪精神损害赔偿的请求权。域外国家在刑事领域确立精神损害赔偿权的立法则是在"二战"后。《法国刑事诉讼法典》最早对精神损害赔偿进行了规定，该法典第3条规定："民事诉讼可以与公诉同时进行，并由同一管辖法院审判，一切就追究对象的犯罪事实所造成的损失而提起的诉讼，包括物质的、身体的和精神的损害，均应受理。"随后，各国纷纷确立刑事领域的精神损害赔偿请求权。《意大利刑法典》规定，犯罪行为的受害者有权就犯罪行为所造成的可赔偿性损失提出赔偿要求，包括财产性和非财产性损失。《德国刑事诉讼法典》第3条第2款规定："一切就追诉对象的犯罪事实所造成的损失而提起的诉讼，包括物质的和精神的损害均应受理。"

4. 学界有关性侵害未成年被害人精神损害赔偿的学说

关于性侵害未成年被害人精神损害赔偿问题，学界主要有肯定说和否定说。肯定说认为性侵害未成年人犯罪侵害的是未成年人的性权利，性权利属于人身权利范畴，一旦遭受不法侵害，受害人有权要求侵害人赔偿损失。否定说认为精神损害赔偿以有法律规定为限是各国共识，既然民法未将性权利列为具体人身权利，就应否定对其予以精神损害赔偿。❶我国《宪法》第33条第3款明确规定："国家尊重和保障人权。"否定说没有认识到性侵害未成年人犯罪的犯罪客体是未成年人的性权利，性权利是人权，当然应属于人身权利的内容之一。性侵害未成年人犯罪是否应给予精神损害赔偿，《侵权责任法》规定抚慰金请求权以精神损害达到"严重"程度为条件，而传统民法对

---

❶ 杨立新、王兵：《精神损害赔偿的范围有多宽》，https://www.chinacourt.org/article/detail/2002/12/id/28543.shtml，访问日期：2019年8月25日。

精神损害程度的衡量取决于受害人对于疼痛和痛苦的感知以及丧失人生乐趣的主观情势，并且以一个理性之人处于受害人处境时，会遭受什么样的精神损害为客观标准来进行判断。[1] 性侵害未成年被害人年幼无知，对发生两性关系的行为性质和危害后果缺乏辨别能力，无法认识到幼年的性侵害对成年后的生理、心理以及婚恋生活的影响。如果依主观标准则无法判断年幼的未成年人遭受和感受的痛苦程度。基于最大化保护未成年人性权利的原则，大多数国家针对性侵害未成年人案件均采取客观标准认定精神损害赔偿，而不以当事人的主观感受为判断标准。根据客观标准可以直接推定性侵害未成年被害人受到了严重的精神损害，无须当事人进行举证。[2]

我国现行刑事法规定，被害人因犯罪行为遭受精神损失而提起刑事附带民事诉讼的，人民法院不予支持，采取的是全面否定被害人精神损害赔偿的态度。对此理论界有三种观点：一是否定刑事案件的精神损害赔偿；二是支持被害人在刑事审判中提起精神抚慰金请求权；三是不支持刑事附带民事诉讼，但允许受害人在刑事案件审结后单独提起民事诉讼，请求赔偿精神损失。刑事犯罪中，在强调国家对犯罪人追究刑事责任的同时，应关注被害人受害权利的恢复救助，被害人才是犯罪的直接承受者。性侵害未成年被害人精神受害的严重性，决定了更应关注被害人精神恢复的需求。《最高人民法院关于适用〈中华人民共和国刑事诉讼法〉的司法解释》禁止被害人在刑事案件审结后就精神损害赔偿另行起诉的规定，违背了民事侵权与刑事犯罪之间的逻辑关系，剥夺了被害人提起精神损害赔偿的诉权。[3]《侵权责任法》第 4 条规定，侵权人因同一行为应当承担行政责任或者民事责任的，不影响依法承担侵权责任。该规定肯定了犯罪行为给被害人造成精神损害的，犯罪人应承担赔偿责任的立法态度，性侵害未成年人犯罪侵害了未成年人的性权利，给未成年人生理、心理造成了巨大的、难以恢复的客观损害事实，性犯罪人理应承担侵权损害赔偿责任，包括精神损害赔偿责任。

综上所述，无论从性侵害未成年人犯罪给被害人造成精神损害的长期性、难以恢复性以及被害后的恢复需要物质支撑的客观现实，还是从支持被害人的精神损害赔偿请求的法律价值考量，从域外国家对精神损害赔偿的立法趋势分析，都应强化对性侵害未成年被害人的精神损害赔偿责任和义务。

---

[1] 叶金强：《精神损害赔偿制度的解释论框架》，《法学家》2011 年第 5 期。

[2] 谢鸿飞：《精神损害赔偿的三个关键词》，《法商研究》2010 年第 6 期。

[3] 李鸣、严峻、谭必荣：《被害人精神损害赔偿民事诉权的实现路径》，http://www.civillaw.com.cn/search.asp，访问日期：2019 年 9 月 5 日。

（二）建立性侵害未成年被害人国家补偿制度

1. 国家补偿的含义

对于国家补偿，有关学者从不同的角度进行了界定，但都认为国家补偿是国家对被害人所遭受的犯罪损害所承担的补偿责任。主要的分歧在于国家补偿是适用于特定的犯罪还是适用于所有的犯罪，国家补偿是对被害人所有损害的补偿还是只对精神损害进行补偿，有权获得国家补偿的主体是被害人还是包括其他人等。有学者认为国家补偿是指对一定范围内因犯罪侵害而遭受损害的且又无法通过刑事附带民事诉讼获得损害赔偿的被害人及其家属，通过法律程序给予一定的物质弥补的方式。❶有学者认为国家补偿是指国家对于受到特定犯罪侵害的被害人或者一定范围内的近亲属给予适当经济补偿的一种法律制度，是国家对刑事犯罪被害人的特殊保护措施。❷也有学者认为国家补偿是指受到犯罪侵害的被害人或者其法定范围内的近亲属或受养人，在未能从加害人处获得足额赔偿时由国家给予其适当经济补偿的一种法律制度。❸还有学者认为国家补偿是指国家对特定犯罪遭受特定损失的被害人及其近亲属，给予一定经济补偿的一种制度。❹国家补偿应限定为特定的犯罪，主要应包括暴力侵害人身权利的犯罪，赔偿的对象应包括被害人及其近亲属。犯罪人应承担主要的赔偿责任，只有被害人遭受犯罪侵害，基于特定的原因，如被害人遭受损害急需救助而刑事诉讼程序过于缓慢，被害人不能及时从犯罪人处获得相应的赔偿，或者犯罪人经济困难，被害人提起诉讼难以获得赔偿，或者不能得到足额的赔偿时，国家才承担补偿责任。因此，国家补偿应指国家对特定犯罪遭受特定损害的被害人，在未能依照法定程序及时从加害人处获得赔偿、未获得赔偿或者未获足额赔偿时，由国家给予其经济补偿的一种法律制度。

2. 建立性侵害未成年被害人国家补偿制度的必要性

第一，国家补偿是性侵害未成年被害人获得救济的最后保障。性侵害未成年人遭受精神损害的无形性、长期性、难以恢复性，以及司法实践中刑事附带民事诉讼赔偿数额的有限性、因缺乏证据难以得到支持的客观性、精神损害赔偿得不到法律支持，或者犯罪人经济困难不能承担赔偿责任等都决定了国家应成为被害人权利救济的最后防线。在程某强奸幼女案中，附带民事

---

❶ 邓晓霞：《试论犯罪被害人补偿制度之价值》，《法商研究》2002 年第 4 期。

❷ 蔡国芹：《论犯罪被害人国家补偿制度的构建》，《江西社会科学》2002 年第 5 期。

❸ 孙洪坤：《刑事被害人国家补偿制度研究》，《国家检察官学院学报》2004 年第 6 期。

❹ 杨杰辉、袁锦凡：《刑事诉讼视野中性犯罪被害人的特别保护研究——以强奸案被害人为主要视角的分析》，北京：法律出版社，2013 年，第 256 页。

诉讼请求赔偿的金额包括赔偿医疗费 300 元、误工费 10000 元、后续治疗费 30000 元、精神损害赔偿费 50000 元，共计 90300 元，最后法院判决支持医疗费票据 3 张 66.3 元，交通费票据 4 张 160 元；后续治疗费因未提供证据，不予支持；精神损害赔偿费，不属于刑事附带民事受案范围，不予受理。❶ 在严某某猥亵儿童、强奸案中，65 岁的严某某性侵 6 岁的幼童，造成被害人阴部轻度损伤，附带民事诉讼请求赔偿的金额包括赔偿医疗费 6190 元、护理费 1500 元、营养费 300 元、交通费 2923.7 元、误工费 13667 元、精神损害抚慰金 50000 元，共计 74580.7 元。最后法院判决支持医疗费票据 8 张 590.7 元，交通费票据 56 张 1423.7 元，机票 1 张 1500 元，护理费 1500 元，共计 5014.4 元。❷ 在性侵害未成年人犯罪中，被害人刑事附带民事诉讼的精神损害赔偿请求得不到支持，即使是因遭受损害应获支持的医疗费、护理费、交通费，往往都因没有合法有效的证据而难以获得赔偿。国家应建立性侵害未成年人犯罪专项救助基金对被害人给予救济和补偿。

第二，有利于性侵害未成年被害人被害后的恢复，防止其向犯罪角色转化。性侵害未成年被害人国家赔偿制度的建立，有利于被害人被害后的生理、心理健康重建，保护未成年人健康成长。犯罪被害人学研究表明，被害人与犯罪人之间可能会发生角色互换，如果被害人遭受犯罪侵害陷入经济困难，既不能从犯罪人处获得应有的赔偿，又无法从社会等其他渠道得到适当的补偿和救济，被害人极易产生强烈的愤怒心理和绝望念头，进而产生报复心理，实施犯罪。给予被害人，尤其是精神上受到极大伤害的性侵害未成年被害人获得国家补偿的权利，可以减轻被害人受害心理，帮助其受害恢复，避免被害人迫于压力铤而走险实施犯罪。

第三，有利于督促和强化国家保护公民权益的责任和义务。国家负有预防犯罪、保护人民免受犯罪侵害的义务和责任。有学者认为，当政府未能提供安全与治安方面的基本保障时也可以认为是非正义的，为此发生的矫正正义就是国家也须为此承担一定的责任。❸ 根据社会契约理论，公民与国家之间是一种契约关系，个人将自己的权利让渡给国家，国家则要承担保护个人的人身财产安全的责任和义务。当犯罪行为侵害公民的人身权利时，则表明国家没有尽到保护公民人身权利的责任和义务，国家辜负了公民对其保护人身

---

❶ 程某强奸案，案件字号：（2015）旬邑刑初字第 00009 号，审结日期：2015 年 2 月 5 日。

❷ 严安龙猥亵儿童、强奸案，案件字号：（2014）永刑初字第 00013 号，审结日期：2014 年 3 月 6 日。

❸ ［美］E. 博登海默：《法理学——法律哲学与法律方法》，邓正来译，北京：中国政法大学出版社，2004 年，第 132 页。

权利免受犯罪侵害的信赖，没有履行社会契约。因此，国家就需要对自己没有履行好保护公民人身权利免受侵害的责任承担补偿义务，尽可能使被害人遭受犯罪侵害的权益得以恢复。美国、德国、英国、加拿大等国家基于国家责任均明确规定国家承担对被害人的补偿责任。国家对特定的被害人承担补偿责任已成为当今世界各国的立法趋势。由于性侵害未成年人犯罪造成被害人精神伤害的严重性和长期性，有必要将性侵害未成年被害人纳入有权请求国家补偿的特定被害人范围，国家有义务对未能获得犯罪人赔偿的性侵害未成年被害人进行补偿。

3. 性侵害未成年被害人国家补偿制度的构建

性侵害未成年被害人国家补偿的实现，需要对国家补偿的对象、条件、范围、主管机关、来源、方式等进行明确，以确保性侵害未成年被害人国家补偿的实现。

第一，性侵害未成年被害人国家补偿的对象。性侵害未成年被害人国家补偿制度的适用对象问题指有权获得国家补偿的性侵害未成年被害人的范围问题。有学者认为有权获得国家补偿的性侵害未成年被害人应包括与他人性交的 14 周岁以下的幼女、非自愿与他人性交的 14 周岁以上的未成年女性、被猥亵的未成年人。其中，与他人性交的 14 周岁以下的幼女，包括未满 14 周岁的幼女主动要求发生性关系、双方以谈恋爱的名义自愿发生性关系、幼女自愿卖淫、幼女被他人强迫而与之发生性关系等情形，未满 14 周岁的幼女都应认定为性犯罪被害人，应当成为国家补偿的对象。非自愿与他人性交的 14 周岁以上的未成年女性，指不论行为人采取何种手段，只要是违背未成年女性的意志强行与之发生性关系的，该未成年女性就是性犯罪被害人，应当成为国家补偿的对象。❶该观点将性侵害未成年被害人限定在强奸、猥亵未成年人以及未满 14 周岁幼女自愿卖淫的情形，没有将卖淫型犯罪之组织、强迫、引诱、容留、介绍未成年人卖淫，引诱未满 14 周岁的幼女卖淫的情形包括其中，也没有包括与未成年人有关的淫秽色情制品犯罪行为。性侵害未成年人犯罪之强奸、猥亵未成年人犯罪，与未成年人有关的卖淫犯罪以及与未成年人有关的色情制品犯罪中的未成年被害人都应属于国家补偿的对象。

第二，性侵害未成年被害人国家补偿的条件。被害人国家补偿制度针对的是特定的犯罪和特定的犯罪被害人在特定的条件下国家对其实施的补偿，以弥补被害人的损失。性侵害未成年被害人获得国家补偿应具备一定的条件。一是性侵害未成年被害人要及时报案，诉诸法律来保护自己的合法权益。域外不少

❶ 严璐：《性犯罪未成年被害人国家补偿制度研究》，西南政法大学硕士学位论文，2016 年。

国家不仅要求被害人要报案，诉诸法律保护自己的合法权益，还将被害人与警方和其他机构配合作为获得补偿的条件之一。英国《刑事损害补偿法》规定："对于未报案、未协助追诉犯罪、未提供刑事补偿局有关案件的资料、未提供必要协助的被害人，以及对于犯罪的发生有归责事由的被害人不能得到补偿或者只给予部分补偿。"德国《暴力犯罪被害人补偿法》规定："被害人对于犯罪的发生有责任的、受到犯罪侵害后没有告发或者告诉以及未与侦查机关进行应有合作的，不得申请补偿。"对于性侵害未成年被害人而言，被害人本身年龄幼小，遭受性侵害后精神伤害比较严重，且出于社会舆论、隐私保护等原因，报案后要求与司法部门积极合作是不符合性侵害被害人的客观实际的。因此，只要被害人报案，不管是否积极配合司法部门，都应纳入国家补偿的范围。二是在性侵害被害人没有及时从犯罪人处获得赔偿，或者没有获得足额赔偿，或者犯罪人经济困难，不能对被害人进行赔偿的情况下，国家才承担赔偿责任。无论是早期的被害人国家补偿的有关规定，还是近代意义上学者有关国家补偿的论述，抑或是当今国际公约有关被害人国家补偿的规定等，都是在被害人不能从犯罪人处获得足额赔偿，或者赔偿落空的情形下，国家才对被害人予以赔偿。《巴比伦法典》有关抢劫案被害人的赔偿规定是最早可见的国家补偿制度。根据该规定，在抢劫案中，如果罪犯无法被抓捕归案，被害人所在地区的国家机关就要赔偿被害人的财产损害。到了近代，边沁提出犯罪人在没有财产对被害人进行补偿的情况下，可以由国库开支补偿。❶ 根据联合国《为罪行和滥用权力行为受害者取得公理的基本原则宣言》的规定，当被害人不能从罪犯或者其他途径获得充分的赔偿时，会员国应向遭受严重罪行并造成重大身体伤害或者身心健康损害的被害人提供金钱上的补偿。

第三，性侵害未成年被害人国家补偿的范围。性侵害未成年被害人国家补偿主要是精神补偿。性侵害未成年被害人遭受的主要是精神上的损害，根据现行刑事法的规定不支持对性侵害未成年被害人的精神损害赔偿。《性侵意见》第 31 条明确了性侵害被告人应当承担的民事赔偿责任范围，强化了对性侵害被害人损害赔偿请求权的保护。根据该规定，被害人到医院进行被害医治和精神诊治所支出的费用，属于医疗费用的范畴，应获得赔偿，但该规定未包括精神损害赔偿。域外国家和地区以及相关的国际公约都将精神损害赔偿纳入了国家补偿的范围，新西兰《刑事被害人补偿法》规定国家补偿的范围包括被害人精神上的损害，但是被害人是犯罪者的亲属的除外。美国 1994

---

❶ ［英］吉米·边沁：《立法理论——刑法典原理》，孙力译，北京：中国人民公安大学出版社，1993 年，第 221 页。

年的《针对妇女暴力法案》规定，基于受害人性别而实施暴力犯罪的人，有责任向受害人同时支付补偿性赔偿金和惩罚性赔偿金。国家补偿的范围不应仅限于对性侵害未成年被害人的物质损害赔偿，更应侧重精神损害赔偿。

第四，性侵害未成年被害人国家补偿的执行机关。学界针对性侵害未成年被害人国家补偿的执行机关问题有不同的观点。有学者以民政机关处理各种民政事务的职责和民政补偿程序简单易行的特点为由，认为应当将民政机关设置为国家补偿机关。❶也有学者认为明辨是非、惩恶扬善的法院熟悉案情和被害人的情况，由法院作出对被害人国家补偿的决定更容易让人信服。❷还有学者认为检察机关在办理案件的过程中对被害人的情况比较了解，而且检察机关和被害人在追究犯罪人的目标上具有一致性，应当由检察机关作为国家补偿的机关。❸尽管各种观点的论证角度不同，但都是围绕有效、及时地对被害人进行补偿的目的论述的。相对而言，由法院作出国家补偿的决定更为合适。性侵害未成年被害人意义上的国家补偿是基于被害人未及时、未足额或者不可能从犯罪人处获得赔偿时，才由国家进行补偿。法院对被害人获得的赔偿情况，犯罪人的财产和经济状况以及被害人遭受的伤害情况是最为清楚的，而且由担负审判职能的法院来决定对被害人进行国家补偿的程序、方式、数额等应更为精准、科学和合理。

第五，性侵害未成年被害人国家补偿的经费来源。关于性侵害未成年被害人国家补偿的经费来源问题，学界观点不一。有学者认为补偿经费的来源应包括国家财政拨款、社会各界捐助以及判处被告人罚金和没收财产两种附加刑所得的财产。❹有学者认为除了第一种观点的补偿经费来源之外，还应包括监狱服刑人员的劳动所得以及没收犯罪分子违法所得之不能返还给被害人的财产。❺还有学者认为补偿经费应通过在全国统一发行国家补偿专项基金彩票的方式募集补偿经费。❻关于国家补偿经费来源的几种论点，都集中于主张将通过公益募集的资金、对被告人判处附加刑以及执行刑罚过程中被告人劳动的收益作为国家补偿的资金。国家补偿强调的是国家对被害人所遭受的犯罪损害应承担的赔偿责任，强化国家对被害人的救助责任和义务。国家有保

---

❶　罗大华、孙政：《论刑事被害人国家补偿制度》，《河南司法警官职业学院学报》2004 年第 1 期。

❷　葛阿刚：《建立刑事被害人国家救助法律制度的探讨》，《中国检察官》2010 年第 1 期。

❸　叶青锐：《刍议建立我国刑事被害人国家补偿制度》，《中国司法》2010 年第 8 期。

❹　武玉红：《对建立我国刑事被害人补偿制度的思考》，《犯罪研究》2007 年第 6 期。

❺　周建华：《论我国犯罪被害人国家补偿制度的构建》，《华东政法学院学报》2004 年第 5 期。

❻　曲涛：《创建刑事被害人国家补偿制度的新思考》，《中国矿业大学学报（社会科学版）》2006 年第 3 期。

护未成年人不受犯罪侵害的责任和义务，在性侵害未成年人犯罪中，未成年人的性权利遭受了犯罪侵害，除了追究犯罪者的刑事责任和民事赔偿责任外，作为有义务保护未成年人免受任何侵害的国家责任主体，应采取措施促进未成年人尽可能恢复到遭受犯罪侵害前的状态。美国的康涅狄格州，通过延长儿童性侵害案件的诉讼时效和强化对被害人的赔偿，促进被害人、儿童被害后恢复，儿童性侵害案件的诉讼时效延长到成年后的 17 年内。相关的法律还准许未成年时遭受过性侵害的成年受害人从侵害人的联邦养老金中获得赔偿。性侵害未成年被害人通常忍受着巨大的身心痛苦和财产损失，犯罪人对被害人的经济赔偿，往往不能满足被害人因遭受性侵害承受的持续精神痛苦和财产损失的心理补偿需求。国家应建立性侵害未成年被害人专项补偿经费，由财政来进行开支，以保证性侵害未成年被害人获得国家补偿权利的实现。

三、性侵害未成年人犯罪限制适用缓刑

缓刑是我国刑法运用惩办与宽大相结合、惩罚与教育改造相结合的刑事政策而确立的重要刑罚制度之一。缓刑适用于被判处拘役、3 年以下有期徒刑，且符合犯罪情节较轻、有悔罪表现、没有再犯罪的危险、宣告缓刑对所居住的社区没有重大不良影响的犯罪分子。根据《刑法》第 72 条第 1 款的规定，符合缓刑适用条件的犯罪分子，如果是不满 18 周岁的未成年人❶、怀孕的妇女❷和已满 75 周岁的老人❸，应当宣告缓刑。对犯罪分子适用缓刑，表明国家对犯罪分子及其犯罪行为的否定评价。同时，又体现国家对犯罪分子一定的宽大政策，最优化地发挥刑罚的功能，更能实现预防犯罪人重新犯罪的目的，是实现刑罚社会化的重要制度保障。❹

（一）性侵害未成年人犯罪不符合缓刑适用的条件

1. 性侵害未成年人犯罪是性质严重的犯罪

性侵害未成年人犯罪是侵犯公民人身权利的犯罪，也是世界各国刑法严惩的犯罪。在我国刑法中，无论是性侵害未成年人之强奸、猥亵型犯罪，还是与未成年人有关的卖淫和色情制品犯罪，都规定了较为严重的自由刑，在强奸罪中最高可判处死刑。根据《刑法》第 236 条第 1 款、第 3 款的规定，强奸

---

❶ 不满 18 周岁的未成年人：指在判决宣告之前，仍然未年满 18 周岁。

❷ 怀孕的妇女：指在判决宣告之前妇女怀有身孕，而不是指犯罪时怀有身孕。依据我国的审判实践，判决时怀有身孕的妇女即使做了人工流产，仍然视为怀孕的妇女。

❸ 年满 75 周岁的老人：指在判决宣告之前已满 75 周岁。

❹ 高铭暄、马克昌主编：《刑法学》（第八版），北京：北京大学出版社、高等教育出版社，2017 年，第 284 页。

罪的最低刑期为 3 年以上 10 年以下，如果有加重处罚情节之一的，处以 10 年以上有期徒刑、无期徒刑或者死刑；如果被害对象是未满 14 周岁幼女的，则从重处罚。猥亵型犯罪中，根据《刑法》第 237 条第 1 款、第 2 款的规定，一般处以 5 年以下有期徒刑或者拘役，如果聚众或者在公众场所当众实施猥亵犯罪或者有其他恶劣情节的，处 5 年以上有期徒刑；猥亵对象为儿童的，则从重处罚。在组织、强迫、引诱、容留、介绍卖淫罪中，根据《刑法》第 358 条规定，犯组织、强迫卖淫罪的，处 5 年以上 10 年以下有期徒刑；情节严重的，处 10 年以上有期徒刑或者无期徒刑，并处罚金或者没收财产；组织、强迫未成年人卖淫的，从重处罚；犯组织、强迫卖淫罪，并有杀害、伤害、强奸、绑架等犯罪行为的，依照数罪并罚的规定处罚。根据《刑法》第 358 条第 4 款的规定，犯协助组织卖淫罪的，处 5 年以下有期徒刑，并处罚金；情节严重的，处 5 年以上 10 年以下有期徒刑，并处罚金。根据《刑法》第 359 条的规定，犯引诱、容留、介绍卖淫罪的，处 5 年以下有期徒刑、拘役或者管制，并处罚金；情节严重的，处 5 年以上有期徒刑，并处罚金。同时，根据《刑法》第 359 条第 2 款规定，犯引诱幼女卖淫罪的，处 5 年以上有期徒刑，并处罚金。根据《刑法》第 363 条第 1 款与第 366 条的规定，犯制作、复制、出版、贩卖、传播淫秽物品牟利罪的，处 3 年以下有期徒刑、拘役或者管制，并处罚金；情节特别严重的，处 10 年以上有期徒刑或者无期徒刑，并处罚金或者没收财产。根据《刑法》第 364 条第 1 款、第 4 款以及第 366 条的规定，犯传播淫秽物品罪的，处 2 年以下有期徒刑、拘役或者管制；向不满 18 周岁的未成年人传播淫秽物品的，从重处罚。根据《刑法》第 365 条、第 366 条的规定，犯组织淫秽表演罪的，处 3 年以下有期徒刑、拘役或者管制，并处罚金；情节严重的，处 3 年以上 10 年以下有期徒刑，并处罚金。尽管判处拘役、3 年以下有期徒刑的犯罪分子宣告缓刑是以所犯之罪的宣告刑来决定是否适用死刑的，但还要同时审查犯罪分子是否具备犯罪情节较轻、有悔罪表现、没有再犯罪的危险、宣告缓刑对所居住的社区没有重大不良影响四个条件。

2. 性侵害未成年人犯罪是犯罪情节较重的犯罪

第一，性侵害未成年人犯罪是社会危害后果严重、影响恶劣的犯罪。20 多年来，大量西方心理学、精神病学、社会工作以及医学相关研究表明，儿童期的性侵犯经历与青少年心理健康问题明显相关，遭受性侵犯的经历是导致被害人身体健康出现问题、社会适应不良的一个重要因素。性侵害未成年人犯罪具有危害后果严重性、犯罪隐匿性等特点。被害人在被害后的相当长时间里，会不同程度地表现出恐惧、焦虑、抑郁、自杀或者企图自杀等一系列非正常心理状况。这种非正常的心理症状将影响被害人的成年期，甚至持续一生。有课题组研究分析显示，绝大多数强奸未成年人案件情节恶劣，具有从重、从严处罚情节的案件高达 78%。其中针对不满 12 周岁的幼女、农村留守儿童、身体残疾或者精神障碍未成年人实施的案件占 15.14%，对被害人实施轮奸、潜入学生宿舍实施犯罪的占 6.8%。❶ 性侵害未成年人犯罪不仅给被害人造成难以修复的伤害，其社会影响恶劣，挑战法律底线，理应进行严惩。

第二，性侵害未成年人犯罪的侵害对象具有特定性。性侵害未成年人犯罪侵害对象的特定性表现在三个方面。一是被害人年龄幼小。性侵害未成年人犯罪侵害的对象是未满 18 周岁的未成年人。在未成年被害人中，14 周岁以下的幼童是主要的被害对象，且女童受害比例高于男童。2019 年 11 月 19 日，有新闻报道，湖南祁东多人与未成年女孩发生性关系，在被捕的 6 名犯罪嫌疑人中，有 2 名公职人员涉嫌对 12 岁女孩实施强奸。❷ 犯罪分子性侵低龄幼童，主观恶性大，社会影响恶劣。二是被害人往往是缺乏有效监护的未成年人。在司法实践中，犯罪人往往选择母亲独自监护、隔代监护或者其他亲属监护的未成年人作为性侵害的对象。有调查研究显示，遭受性侵害的儿童为核心家庭的占调查总数的 40.2%，单亲家庭的占调查总数的 29.9%，重组家庭的占调查总数的 17.8%，留守、孤儿等其他家庭的占调查总数的 12.1%。受害儿童监护人为父母双亲的占 41.2%，爷爷奶奶或外公外婆的占 34.9%，监护人为母亲的占 11.0%，由被害人的亲属诸如舅舅、老师、远亲、邻居等担任监护的占 9.2%，监护人为父亲的占 3.7%。可见，犯罪人侵害的未成年人中，来自非双亲监护的被害人比例高，占比高达 58.8%。从被害人家庭结构和监护情况进行分析，结果表明，受害人大多来自单亲、重组、留守及孤儿家庭，由母亲、隔代监护和其他亲属监护的被害人受害可能性最大。❸ 三是被害人与犯罪人之间熟人比例较高。有调查显示，犯罪者与被害者之间是邻居的案件占 26.9%，被害人的继父、叔叔、被害人长辈的朋友或者同事实施的案件占 21.3%，被害人老师实施的案件占 15.7%，亲戚实施的案件占 13.9%，熟人性侵占总的调查案件的 77.8% 的比例。❹ 性侵害未成年人犯罪分子选择年龄幼小、缺乏有效监护、双方熟悉的被害人作案，犯罪分子的犯罪情节较重，社会影

---

❶ 魏红、方庆展：《强奸未成年人犯罪特征及发展趋势分析》，《行政与法》2018 年第 5 期。

❷ 《湖南祁东多人与未成年女孩发生关系案：6 人被批捕》，http://www.wlmqxwzx.com/xwzx/show-154114.html，访问日期：2019 年 11 月 21 日。

❸ 王兴骥主编：《贵州蓝皮书：贵州社会发展报告（2019）》，北京：社会科学文献出版社，2019 年，第 146 页。

❹ 王兴骥主编：《贵州蓝皮书：贵州社会发展报告（2019）》，北京：社会科学文献出版社，2019 年，第 147 页。

响恶劣，犯罪的社会危害性严重。

第三，性侵害未成年人犯罪手段的非强制性特征明显。在性侵害未成年人犯罪中，熟人性侵害占绝大多数，性侵害犯罪者往往利用双方相识的便利，采用以小恩小惠进行利诱、哄骗的方式对被害人实施性侵害。有调查显示，施以小恩小惠利诱的方式对被害人实施性侵害的比例占 39.4%，以欺骗被害人的方式实施性侵害犯罪占 19.3%，假装抱被害人或者以裸露身体隐私部位实施的性侵害犯罪占 11.0%，以暴力、强迫和威胁方式实施的性侵害犯罪占 30.3%，非暴力手段实施的性侵害犯罪占 60% 以上。❶ 北京市人民检察院第二分院的调研结果也显示，60% 以上的性侵害未成年人案件涉及强奸和猥亵儿童罪。❷ 犯罪分子使用引诱欺骗手段实施的性侵害未成年人案件占比 54.1%，使用暴力手段实施的案件为 21.31%。❸ 引诱欺骗型的性侵害行为更具隐蔽性，为了保护年幼未成年人的健康成长和性身体安全权，理应严惩性侵害未成年人犯罪分子。

3. 性侵害未成年人犯罪分子多次作案、再犯的比例高，主观恶性比较大

"女童保护"自 2016 年以来，连续三年的《性侵儿童案例统计及儿童防性侵教育调查报告》显示，性侵者多次作案比例高。2016 年媒体报道的 433 起性侵害未成年人（14 周岁以下）案件中，明确表述为被害人多次作案的有 269 起，占比高达 62.12%。2017 年媒体报道的 378 起性侵害未成年人（14 周岁以下）案件中，明确表述为被害人多次作案的有 120 起，占比达 31.75%。2018 年媒体报道的 317 起性侵害未成年人（18 周岁以下）案件中，明确表述为性侵者多次作案的案件多达 124 起，占总数的 39.12%。据媒体报道，湖北一家教育培训机构的马某曾于 2013 年 7 月 23 日因猥亵培训班年仅 8 岁的被害人吴某，致其阴部流血，被行政拘留 15 日。2018 年 3—6 月马某又以金钱、财物等利诱 5 名幼女实施奸淫、猥亵行为，2019 年 8 月 30 日，马某被湖北省武汉市硚口区人民法院一审判处有期徒刑 18 年，2019 年 10 月 22 日武汉市中级人民法院驳回马某上诉，维持一审判决。❹ 同时，被害人被害后第一时间告诉监护人或者其他人的比例不高，性侵害未成年人犯罪呈现隐蔽性强、隐案

❶　王兴骥主编：《贵州蓝皮书：贵州社会发展报告（2019）》，北京：社会科学文献出版社，2019 年，第 148 页。

❷　北京市人民检察院第二分院：《未成年人如何预防性侵害手册》，http://www.1egaldaily.com.cn/News_Center/content/2014–05/27content_5550122.htm？Node=54869，访问日期：2015 年 6 月 12 日。

❸　赵国玲、徐然：《北京市性侵害未成年人案件的实证特点与刑事政策建构》，《法学杂志》2016 年第 2 期。

❹　《湖北一培训机构老师强奸、猥亵 5 名女生，最小受害者年仅 8 岁》，https://mbd.baidu.com/newspage/data/landingshare？pageType=1&isBdboxFrom=1&context=%7B%22nid%22%3A%22news_9521644548887914828%22%2C%22sourceFrom%22%3A%22bjh%22%7D&qq-pf-to=pcqq.c2c，访问日期：2019 年 11 月 21 日。

率高的特点，导致犯罪分子心存侥幸，重复性侵害被害人的可能性增大。有研究显示，被害人被害后第一时间告诉他人的比例为 45.3%，最终主动报告被害的比例为 60.4%。其中，被害后主动报告的案件中，告知父母的案件高达 82.8%。❶ 这在一定程度上表明，预防未成年人遭受性侵害，强化父母的监护责任和义务非常重要。

（二）明确规定性侵害未成年人犯罪限制适用缓刑

为有效预防犯罪，同时考虑对符合缓刑适用条件的未成年犯罪分子依法从宽，更好地对其进行挽救、教育、改造，《性侵意见》第 28 条规定："对于强奸未成年人的成年犯罪分子判处刑罚时，一般不适用缓刑。对于性侵害未成年人的犯罪分子确定是否适用缓刑，人民法院、人民检察院可以委托犯罪分子居住地的社区矫正机构，就对其宣告缓刑对所居住社区是否有重大不良影响进行调查。受委托的社区矫正机构应当及时组织调查，在规定的期限内将调查评估意见提交委托机关。"根据《性侵意见》的规定，一般不适用缓刑，就意味着可以适用缓刑。有学者认为，符合一般缓刑适用条件的自动中止强奸行为的犯罪分子和从犯，在总体上从严把握的前提下，也可以适用缓刑，以体现罪刑相适应。应规定社区矫正机构调查的前置程序，规定适用缓刑的同时，还可以宣告从严适用缓刑和对特定犯罪人群加强特殊预防的指导精神。❷ 需要注意的是，限制适用缓刑的精神除了适用于强奸未成年人犯罪外，也应适用于猥亵型犯罪、与未成年人有关的卖淫犯罪和与未成年人有关的色情制品犯罪。

《性侵意见》明确了犯强奸罪的犯罪分子，一般不适用缓刑，而非不能适用缓刑，且未将猥亵犯罪、与未成年人有关的卖淫犯罪和色情制品犯罪的犯罪分子规定为一般不适用缓刑的对象。为惩治和预防性侵害未成年人犯罪，最大化保护未成年人免受性侵害，应将猥亵未成年人犯罪、与未成年人有关的卖淫犯罪和色情制品犯罪的犯罪分子，全部纳入刑法限制适用缓刑的范畴。另外，为体现对未成年犯罪分子、怀孕的妇女以及已满 75 周岁的老年人犯罪分子的特殊保护，又不放纵犯罪分子，将其规定为一般不适用缓刑的对象。具体应在《刑法》第 74 条不适用缓刑的对象中规定，对于累犯和犯罪集团的首要分子以及性侵害未成年人犯罪分子，不适用缓刑。同时，应在《性侵意见》中明确，对于性侵害未成年人的未成年人、怀孕的妇女以及已满 75 周岁的老年人判处刑罚时，一般不适用缓刑。

---

❶ 赵国玲、徐然：《北京市性侵未成年人案件的实证特点与刑事政策建构》，《法学杂志》2016年第 2 期。

❷ 黄尔梅主编：《性侵害未成年人犯罪司法政策案例指导与理解适用》，北京：人民法院出版社，2014 年，第 231-232 页。

四、性侵害未成年人犯罪分子适用"从业禁止"

（一）性侵害未成年人犯罪分子适用"从业禁止"的必要性

"从业禁止"是《刑法修正案（九）》在《刑法》第37条的基础上新增设的一款规定，即"因利用职业便利实施犯罪，或者实施违背职业要求的特定义务的犯罪被判处刑罚的，人民法院可以根据犯罪情况和预防再犯罪的需要，禁止其自刑罚执行完毕之日或者假释之日起从事相关职业，期限为三年至五年"。该规定主要是为了预防利用职业便利实施犯罪，以保障社会公众安全、维护社会秩序而设置的预防性措施。在司法实践中，性侵害未成年人犯罪，尤其是校园性侵害未成年人犯罪的犯罪分子再犯率高，往往多次、重复作案，性侵害多名未成年人。对犯罪分子宣告禁止从事密切接触未成年人的职业，主要是预防利用职业便利实施犯罪的犯罪分子再次实施犯罪。2004年6月7—11日，仅仅5天的时间，甘肃警方就查获了4起教师性侵害未成年人的案件。[1] 有学者对贵州某市2013—2014年的99起性侵害未成年幼女案件的调查分析显示，135名性侵害未成年人犯罪分子中，中小学教师占3.97%。[2]《2013—2014年儿童安全教育及相关性侵案件情况报告》显示，中小学教师性侵案件达42起，占案件总数的22%。[3] 有学者对全国36起校园性侵案件的分析显示，40名校园性侵害犯罪分子，有30名犯罪分子是教师、校长、副校长、幼儿园院长，各级学校教职工占犯罪人数的75%。[4] 据《未成年人遭受性侵害案件统计分析报告》显示，一位校长在长达20年的时间里强奸、猥亵未成年人学生达70人。35起中小学教师性侵害未成年学生案件中，平均每个受害人被性侵时间长达2.3年。其中，一名未成年女学生被性侵害长达4年之久。[5]《性侵意见》第28条规定："对于判处刑罚同时宣告缓刑的，可以根据犯罪情况，同时宣告禁止令，禁止犯罪分子在缓刑考验期内从事与未成年人有关的工作、活动，禁止其进入中小学校区、幼儿园园区及其他未成年人集中的场所，确因本人就学、居住等原因，经执行机关批准的除外。"

---

[1] 谭晓玉：《师源性侵害研究：现状调查与成因分析》，《青少年犯罪问题》2007年第4期。

[2] 魏红、孙祥淞：《遏制中小学师源性侵害的困境与突破——以情境预防为视角》，《青少年犯罪问题》2016年第4期。

[3] 《2013—2014年儿童安全教育及相关性侵案件情况报告》，http://www.bjwomen.gov.cn/a/fuerguihua/，访问日期：2019年11月28日。

[4] 康均心、刘猛：《我国中小学校园性侵犯罪的防制》，《青少年犯罪问题》2014年第2期。

[5] 《未成年人遭受性侵害案件统计分析报告》，http://www.chinachild.org/，访问日期：2019年11月28日。

（二）各地区有关性侵害未成年人犯罪分子适用"从业禁止"的探索

2017 年 8 月，全国首个特定行业涉性侵害违法犯罪记录人员禁止从业机制在上海闵行区检察院启动。随后，江苏、北京等多地在判决中对犯罪人宣告从业禁止令。不少地方检察院提出从业禁止量刑建议。2018 年 9 月，浙江省嘉兴市秀洲区检察院提起公诉，秀洲区法院依法判处猥亵多名学生的被告人齐某某有期徒刑 8 年 6 个月，在判处刑罚的同时对其宣告了"从业禁止令"，禁止齐某某在刑罚执行完毕或者假释之日起 3 年内从事与未成年人相关的教育职业。❶2019 年 5 月 29 日，浙江省舟山市定海区检察院依法以强制猥亵、猥亵儿童罪对舟山一所中学担任科学老师的 48 岁许某提起公诉，并发出从业禁止量刑建议，建议法院判令许某自刑罚执行完毕之日起 5 年内不得从事教育等接触未成年人的职业。此前，我国刑法规定从业禁止、禁止令等制度，相关行业性法律法规、规范性文件也有关于从业资格的限制性规定，但由于缺乏相关配套措施，普遍存在执行不到位的问题，无法有效预防犯罪。为确保制度落实到位，2019 年 4 月 3 日，上海市委政法委、市检察院、市高级人民法院、市公安局、市司法局、市人力资源和社会保障局、市教委等 16 家单位联合发布《关于建立涉性侵害违法犯罪人员从业限制制度的意见》（以下简称《意见》）。与未成年人密切接触行业的主管部门、行政监管部门，依职权对用人单位落实从业限制制度的情况进行指导、督促，对于拒不落实或弄虚作假的单位和个人，依法予以行政甚至刑事处罚。检察机关依法对《意见》的执行情况进行法律监督。《意见》共 12 条，从适用范围、入职审查、从业限制、执行机制、监督管理等 8 个方面作出规定，要求加强对与未成年人密切接触行业从业人员的管理，实现对未成年人保护关口的前置。《意见》在实现未成年人特殊、优先保护的前提下，尽可能兼顾违法犯罪人员的就业权，将对未成年人负有监护、教育、训练、救助、看护、医疗等特殊职责的企事业单位、社会组织等纳入管理范畴，包括幼儿园、中小学校等教育机构、3 岁以下幼儿托育机构、儿童福利机构以及对象为未成年人的培训机构、医疗机构、文化体育场所等。其中，除了对教师、医生、教练、保育员等直接对未成年人负有特殊职责的工作人员进行审查外，《意见》还将保安、门卫、驾驶员等不具有特殊职责，但具有密切接触未成年人条件的其他工作人员纳入适用对象。同时，与未成年人密切接触行业用人单位招募的志愿者在入职前也需进行审查。上述领域的从业人员如果因实施强奸、猥亵儿童等犯罪行为，

---

❶ 《嘉兴发布首例对性侵未成年人罪犯的"从业禁止令"》，https://zj.qq.com/a/20180908/063410.htm，访问日期：2019 年 11 月 28 日。

被追究刑事责任，或因实施猥亵，引诱、容留、介绍卖淫等违法行为而被行政处罚的将不被录用。为提醒求职者注意与未成年人密切接触行业的特殊职责和从业要求，《意见》设置强制报告制度，规定与未成年人密切接触行业用人单位在招录工作人员时，应当要求包括外国籍人员在内的应聘人员如实报告本人是否存在性侵害等违法犯罪记录。《意见》明确了用人单位在招录员工过程中的审查和筛选义务。用人单位应对拟录用人员是否存在性侵害违法犯罪记录的情况进行审查，并可以向公安机关进行核实。《意见》还规定用人单位应对获知的他人的违法犯罪记录承担保密义务，以便维护求职人员的隐私权。

（三）性侵害未成年人犯罪分子应宣告适用"从业禁止"

我国应建立全国性的涉性侵害违法犯罪人员"从业禁止"制度，以对密切接触未成年人行业的性侵害未成年人犯罪分子适用"从业禁止"提供依据。同时，为推行涉性侵害未成年人违法犯罪人员"从业禁止"制度，应当搭建全国性的涉性侵害违法犯罪人员信息库，建立全国联网查询机制，要求与儿童工作相关的单位和部门在招聘时负有严格审查相关人员身份信息的义务。同时，对其他能够接触未成年人行业的工作人员也应进行从业身份信息审查，包括保安、门卫、驾驶员以及与未成年人密切接触行业用人单位招募的志愿者等，在入职前也需要进行审查，从而实现未成年人保护关口前置，最大化降低未成年人遭受性侵害的风险。

第四节　刑罚执行过程中的防治措施

刑罚执行，其目的在于通过刑罚措施使犯罪者接受教育改造，感受刑罚带来的痛苦，以实现特殊预防和一般预防的目的。贝卡里亚就提出预防犯罪比惩罚犯罪高明。他对如何预防犯罪提出了四项措施，一是预防犯罪就应该把法律制定得明确和通俗，就应该让国家集中全力去保卫这些法律，而不能用丝毫的力量去破坏这些法律，让法律为人服务，让人畏惧法律；二是使法律的执行机构注意遵守法律而不腐化；三是奖励美德；四是完善教育。❶ 根据国家统计局发布的《中国统计年鉴》，公安机关刑事立案的强奸罪案件数量在人身伤害类案件中排名第三，2007 年为 31883 起，2008 年为 30248 起，2009

---

❶ ［意］切萨雷·贝卡里亚：《论犯罪与刑罚》，黄风译，北京：中国法制出版社，2005 年，第 127–131 页。

年为 33286 起，2010 年为 33696 起，2011 年为 33336 起，2012 年为 33835
起，2013 年为 34102 起，2014 年为 33417 起，2015 年为 29948 起，2016 年为
27767 起。十年间公安机关立案的强奸案件数量每年平均为 32151 件，每 16
分钟就有一起强奸案件立案。❶ 强奸只是性侵害未成年人犯罪高发的性犯罪之
一。在性侵害未成年人案件高隐案率之下，性侵害犯罪人往往反复作案，再
犯率高，实际的性侵害未成年人案件会更多。我国有学者对 2006 年 1 月至
2016 年 1 月曾因实施性犯罪受到刑事处罚的 7036 名罪犯的研究显示，再次
实施性犯罪率约为 7.9%❷；另一项针对 724 名性侵害犯罪分子的再犯率研究显
示，性侵害犯罪分子的再犯率高达 21%。❸ 因此，在刑罚执行过程中，性侵害
再犯预防机制的建立尤其重要。有学者认为性侵害犯罪再犯预防机制可分为
刑罚执行期间的再犯预防和刑罚执行以外的再犯预防。❹ 刑罚执行期间的再犯
预防是以罪犯矫正为主要内容的特殊预防，刑罚执行以外的再犯预防是除刑
罚执行期间的再犯预防之外，以更积极主动的方式实现对刑罚执行完毕的犯
罪分子的管控和预防。"风险管理"理论角度的性犯罪者再犯预防以更好保障
社会安全为目标，认为对性侵害犯罪的再犯预防不应仅仅局限于犯罪分子刑
罚执行期间，其刑罚执行期满后国家仍可根据犯罪人的再犯危险性评估情况，
从社会安全防卫等角度继续限制或剥夺刑罚执行完毕的性犯罪者的部分权利
和资格，以最大限度降低公众因性侵害犯罪人有可能再犯而承受的风险和心
理不安全感。性侵害未成年人犯罪有严重社会危害性、隐蔽性、熟人性侵和
性侵害犯罪分子再犯率高等特点。从犯罪分子再犯的社会风险角度进行考察，
不仅在犯罪分子刑罚执行期间应注重再犯预防，而且还应注重犯罪分子刑罚
执行期满后的预防措施。

一、性侵害未成年人犯罪人监狱服刑期间的再犯预防

刑罚的传统功能在于一般威慑功能的发挥，通过个人威慑实现特别预防
功能、消除犯罪能力的功能和报应功能。刑罚的现代功能是社会再适应功能。
社会再适应是刑罚的目的之一，即矫正刑。社会再适应功能强调剥夺自由刑

---

❶ 中华人民共和国国家统计局：《中国统计年鉴》，http：//www.stats.gov.cn/tjsj/ndsj/，访问日期：
2019 年 11 月 30 日。

❷ 田刚：《性犯罪人再次犯罪预防机制——基于性犯罪记录本土化建构的思考》，《政法论坛》
2017 年第 3 期。

❸ 钟志宏、吴慧菁：《性罪犯强制治疗成效评估：社会控制理论观点探讨》，《犯罪学期刊》
2012 年第 2 期。

❹ 柳安然：《冲突与平衡：性侵害犯罪再犯预防机制研究》，《犯罪与改造研究》2018 年第
7 期。

的目的是矫正被判刑人并令其复归社会，对犯罪人的治理应人道化，监狱机构应对犯罪人进行一般培训和职业培训，帮助其提高素质。[1]刑罚执行期间的再犯预防以犯罪人的矫正为主要内容。矫正论的行刑理念一方面强调对犯罪人的教育和改造，认为行刑时应考虑犯罪人的犯罪动机、犯罪年龄、个人性格、社会经历、成长环境等诸多因素，着重从犯罪人的犯罪原因着手有针对性地实施矫正项目，使犯罪人再社会化，回归社会；另一方面对犯罪人进行人身危险性的判断，并结合对犯罪人的矫正效果，对犯罪人的再犯可能性的预判，决定刑罚的适用。性犯罪人在监狱服刑期间，应根据性侵害犯罪人实施犯罪的相关因素，包括性格、家庭成长环境、成长经历等分析其犯罪的原因，有针对性地对犯罪人采取矫正措施，强化对性犯罪人的辅导和治疗。性犯罪人实施性侵害的原因有可能是反社会型人格障碍，对性问题认知的扭曲，或者是具有异常的性癖好等，在性犯罪人服刑期间，应针对不同的性犯罪原因，有针对性地进行教育和矫治，以实现刑罚的特殊预防和一般预防的目的。

（一）反社会型人格障碍性犯罪者的矫治

反社会型人格障碍是一类以不顾及他人权利、侵犯他人权利为主要表现的人格障碍。反社会行为以实施的行为与社会规范的要求相违背为主要特点。行为人的行为有高度的攻击性，且对自己的行为缺乏羞愧感，行为人不能从实施的行为中汲取经验、教训，实施违反社会规范的行为往往受偶然动机所驱使。[2]反社会型人格是最容易造成违法犯罪的一种人格类型，有数据显示，在某一类犯罪中，犯罪人被认定为反社会型人格或体现出反社会型人格障碍的比例高达30％以上。[3]国内外司法精神病学家认为反社会型人格者具备完全的辨认和控制自己实施行为的能力，具备完全的刑事责任能力，反社会型人格者之所以实施犯罪主要原因在于其社会责任感差，道德素质低下，以及自私冷漠、放任自己行为等心理特征。反社会型人格者实施的犯罪应依法惩治，不具备从轻、减轻处罚的情节。

反社会型人格障碍性犯罪者的矫治，主要有精神分析疗法、行为主义疗法、认知疗法等。

1. 心理治疗是精神分析疗法中最主要的一种治疗方法

精神分析法的创始人西格蒙·弗洛伊德（Sigmund Freud）认为，人类具有

---

[1]　［法］雅克·博里康：《法国当代刑事政策研究及借鉴》，朱琳译，北京：中国人民公安大学出版社，2011年，第273—275页。

[2]　刘毅：《变态心理学》，广州：暨南大学出版社，2005年，第240页。

[3]　罗震雷、李洋：《反社会型人格犯罪嫌疑人的犯罪与讯问》，《武汉公安干部学院学报》2017年第2期。

两类基本的本能，包括性的本能和死亡的本能或者攻击的本能。❶人的行为是本能驱使，是非理性的，无意识的，社会必须对人的那些不受约束的本能冲动进行控制与压抑。精神分析疗法认为人的个性是独立于社会性的，是与之相冲突的。弗洛伊德心理学认为，人类发展需要对无意识的儿童式的冲动进行压抑和控制，成年后也需要不断地与儿童式的反社会和破坏性的冲动进行抗争。如果人不能很好地引导和宣泄这种无视规则的冲动，将导致神经症或精神病。心理障碍者的症状和病理表现是多原因的产物，其基本的原因在于各种动机和本能的冲动，应把病人潜在的心理因素唤起到意识中，通过不断地揭示和解释，调整心理障碍者或精神病人的心理紊乱，让其了解无意识的伪装和真实含义，扩展其意识生活的内容，主要是帮助行为人重建人格，协助当事人回忆起早年时期的经验，认清自己内心中有哪些冲突被压抑，能够理性地面对自己的内心世界。

2. 行为主义疗法

行为主义疗法是一种心理治疗方法。行为主义疗法不承认人的先天性，认为个体向善还是向恶的个体行为经验完全是由后天所处的环境决定的。人的善恶并非先天的，而是后天的环境影响和教育的产物。行为疗法的核心为学习。行为疗法认为，不管是功能性的还是非功能性的、正常的或是变态的行为，都是由学习获得的，既然人的行为能够通过学习习得，也能通过学习强化好的行为，改变和消除不良行为。行为人之所以产生异常的心理，实施异常、病态的行为，就是因为行为人通过学习获得了不适应的行为，因此，也可以通过学习习得符合社会规范的行为。行为疗法的治疗目标在于创造新的环境供治疗对象重新学习，消除其异常心理产生的不良行为并学到更多有用的东西，明确影响行为人行为的因素，有针对性地提出解决的方法。

3. 认知疗法

20世纪60年代认知疗法在美国产生，它是根据人的认知过程，影响其情绪和行为的理论假设，通过认知和行为技术来改变治疗对象的不良认知，从而矫正并适应不良行为的心理治疗方法。认知疗法认为认知过程及其导致的错误观念是行为和情感的中介，适应不良行为和情感与适应不良认知有关。认知疗法常采用认知重建、心理应付、问题解决等技术进行心理辅导和治疗，其中认知重建最为关键。由于文化、知识水平及周围环境背景的差异，人们对问题往往有不同的理解和认知。所谓认知，一般是指认识活动或认识过程，

---

❶ 转引自陈洁、聂雪林：《精神分析疗法与大学生心理咨询》，《吉林广播电视大学学报》2013年第5期。

包括信念和信念体系、思维和想象。认知理论认为人的情绪来自人对所遭遇的事情的信念、评价、解释或哲学观点，而非来自事情本身。情绪和行为受制于认知，认知是人心理活动的决定因素，认知疗法就是通过改变人的认知过程及由这一过程中所产生的观念来纠正本人适应不良的情绪或行为。认知疗法强调，一个人的非适应性或非功能性心理与行为，常常是受不正确的认知影响的行为，而不是适应不良的行为。认知疗法的策略，便在于帮助行为人重新构建认知结构，重新评价自己，重建对自己的信心，更改自己认为"不好"的认知。治疗的目标不仅针对行为、情绪这些外在表现，还分析病人的思维活动和应付现实的策略，找出错误的认知加以纠正。

通过精神分析疗法、行为主义疗法和认知疗法，对反社会型人格障碍性犯罪人进行矫正，帮助性侵害犯罪人重新确立对社会规范的忠诚意识，以及重塑对法的信赖感和认同感，促使其将认知、自身行为重新纳入刑法所确立的标准规范轨道，实现犯罪人的再社会化，实现刑法规范与社会、个人之间的良性循环。

（二）性认知扭曲的性犯罪人的矫治

性认知扭曲是一种不良的性心理和性心理障碍，也是性犯罪人实施性犯罪的原因之一。对性犯罪人的教育改造中，应根据性犯罪的原因有针对性地进行科学的矫治，以实现犯罪的特殊预防和一般预防。行为人产生性认知扭曲的原因是多方面的，只有了解行为人性认知扭曲产生的原因，才能有效地进行矫治。有学者对青少年性扭曲、性偏离从而产生性犯罪行为进行研究，认为青少年犯罪主要是受社会消极因素的影响。青少年性生理发育的时间越早，对青少年的心理影响越大，心理对性的制约作用就越弱。随着青少年身心发育的加快，其性成熟的时间就越短，变得更集中。青少年性发育的时间越短、越集中，就越容易产生性冲动，甚至会发展到难以控制的程度。当青少年形成了不良的性心理又不能得到及时的心理疏导和科学的性知识的引导时，就会产生性偏离、性扭曲，其直接恶果必然是导致青少年性犯罪的发生。❶ 老年人性侵害未成年人的恶性事件时有发生，老年人实施性犯罪的原因也是多方面的，其中，也有早年时期的心理创伤方面的原因。老年人性偏离和性扭曲的心理与其早期的经历有着直接的关系，多数老年人都是因为早期的心理创伤没有得到正确的引导，从而使其产生严重的心理阴影，导致心理失衡，在性取向上畸形化。不少行为人通过性侵害自己的家庭成员、自己

---

❶　孙雪芸、刘旭刚、徐杏元：《青少年性犯罪的原因及矫治对策》，《中国性科学》2010年第7期。

认识的人，特别是比较弱小的幼女、残疾的或者智力障碍的未成年人来获得心理的满足和平衡。❶因此，在监狱服刑期间，应强化对性犯罪人的心理治疗和辅导，只有有针对性地对性认知扭曲的行为人进行矫治，才能帮助行为人重返社会，顺利实现再社会化。域外很多国家都强化对性犯罪人的专业辅导和教育。2008年12月，韩国的赵斗顺绑架并性侵了当时只有8岁的受害人。2009年，赵斗顺被判处12年有期徒刑，在监狱服刑期间赵斗顺接受了超过400个小时的心理治疗。其中，赵斗顺在庆北北部第一教导所内接受了100个小时的心理治疗，在浦项教导所接受了300个小时的心理治疗后，又被转移回了庆北北部第一教导所进行性犯罪治疗。2018年，韩国法务部对赵斗顺进行了性犯罪治疗经过鉴定，结果是"性偏离性很高"。❷2019年3月，韩国国会通过了被称为"赵斗顺法"的法案，自2019年4月16日起，针对曾对未成年人实施性犯罪并具有再犯危险性的罪犯，在其出狱后，将有专人进行一对一24小时监视观察，为期至少半年。综上所述，监狱应针对性心理扭曲的人开展科学的性知识的学习，帮助行为人树立正确的性观念和性价值观。同时，应开展专业的性心理咨询辅导，帮助性犯罪人消除不良的性心理及性心理障碍，恢复性心理健康，增强生活的适应性。心理咨询师应评估性犯罪人的心理健康状况，引导性犯罪人自觉调整心理状态，积极面对监狱改造，提高自我教育和自我改造的自觉性，帮助性心理异常者解决心理上的各种困惑。在心理辅导的过程中，应定期对行为人的性偏离性进行评估，根据评估结果对行为人实施矫治和采取预防再犯的措施。

（三）异常性癖好性犯罪者的矫治

异常的性癖好，有学者将其界定为性歧变。他们认为与生殖相关的性生活，就算出现变异也是正常的，而有些性活动的目的不仅不是生殖，还故意使用一些方法阻止生殖的发生，则是不正常和不合理的，这类性行为即是性歧变。以前，有西方人把性的歧变称为"性堕落"，认为性变态行为是一种亵渎神明的行为，再不然就是一种违反道德的罪过，最低也是一种恶习，会损害人的身心健康。西方还有"性欲出位"和"性爱的象征现象"等说法。有学者将性的歧变或性爱的象征现象进行区分和归类，把性爱对象分为身体部分、器具、动作和态度三大类。其中，身体部分这一类就包括性侵害未成年人犯罪中的恋童癖，性恋的对象是男女童。恋童癖容易实施性侵害未成年

---

❶ 沈莉莉、刘旭刚、徐杏元：《老年人性犯罪的原因及其矫治对策》，《中国性科学》2010年第5期。

❷ 性偏离性是以确认性认知扭曲或错误性冲动为基准，与再次犯罪可能性有直接联系的要素。

犯罪，其是性偏好障碍的一种。美国精神病协会对恋童癖的定义为对青春期前的孩子反复表现出性的兴趣，如存在持久的性意图，进行性幻想，迫切的性要求，有性唤醒以及与孩子发生性行为。恋童癖有多种分类方法，可分为同性恋童癖、异性恋童癖以及双性恋童癖；也可以分为家庭内恋童癖和家庭外恋童癖，前者针对家庭成员，后者针对非家庭成员。恋童癖多见于男性。

专家指出，恋童癖患者的行为具有一定的隐蔽性，他们会花大量的时间和儿童在一起，刚开始跟儿童接触比较少，等得到儿童的信任后，就开始接触儿童的身体，渐渐发展到性接触，从而实施性侵害。预防恋童癖患者实施性犯罪需要采取双向预防措施。一方面是针对儿童的教育和预防措施，即对可能受害的儿童进行性知识教育。在儿童时期，要加强对儿童的早期性教育，注意儿童在不同的发展期的心理变化，在各个年龄阶段都要加强性侵害防治知识，尤其是如何预防恋童癖患者侵害的教育。此外，对青少年要进行正确的性观念、性价值观的教育，避免未成年人发生性偏差。另一方面，监狱在恋童癖性犯罪者服刑期间，应强化对其的治疗。恋童癖的治疗主要将药物和心理治疗两方面相结合。药物治疗主要是使用抗雄性素（激素抑制剂）降低血清睾丸激素，限制和降低恋童癖患者的性欲；心理治疗中比较有效的方法是厌恶疗法，通过让恋童癖患者对一个儿童模具重新表演自己的恋童癖行为，并将过程拍摄下来，再让患者观看这些录像，使其认识到自己行为的猥琐性和对儿童造成的伤害。同时还需要结合能够对恋童癖患者造成身心痛苦的刺激，如电疗刺激、肌肉注射催吐药使其呕吐等，破坏患者病理条件反射，多次反复地强化，以改变患者恋童癖的行为模式。

除了对恋童癖性犯罪者进行药物治疗和心理治疗外，为防止恋童癖性犯罪者和反复实施性犯罪的严重性犯罪者再次实施性犯罪，不少国家立法对性犯罪者进行"化学阉割"。❶目前，丹麦、德国、法国、英国、瑞士、瑞典、波兰等国家已通过法律，允许在自愿原则的基础上对性犯罪者进行"化学阉割"。2010 年 6 月 29 日，韩国国会通过"化学阉割法案"，成为亚洲首个推行强制"化学阉割"的国家。2012 年，韩国法务部对一名曾数次强奸女童的罪犯进行了化学阉割，这是韩国乃至亚洲国家首次使用该刑罚。2012 年 2 月 29 日，时任俄罗斯总统梅德韦杰夫签署对恋童癖惯犯实施终身监禁和化学阉割的法律。2016 年 5 月，印尼总统佐科发布了新法令，允许法官判处性侵儿童犯死刑或是化学阉割。对于反复性侵害未成年人的严重犯罪分子，在犯罪者

---

❶　"化学阉割"，其实是以雌性激素（女性荷尔蒙）、抗雄性激素（睾丸抑制剂）或性腺刺激激素抑制剂注入罪犯体内，令其失去性冲动。

自愿的基础上，可以尝试适用化学阉割的方法遏制犯罪者再次实施犯罪。条件成熟且有必要的情况下，可以通过立法明确化学阉割的具体规定。

二、社区服刑性犯罪人的再犯预防

我国在社区服刑的性侵害犯罪人包括被宣告缓刑、被暂予监外执行、被裁定假释的性罪犯。社区服刑的犯罪人相较于监狱服刑，人身自由没有完全受到限制。根据我国现行刑法的规定，社区服刑期间性犯罪人应遵守法律、行政法规，服从监督，按照考察机关的规定报告自己的活动情况，应遵守考察机关关于会客的规定，离开所居住的市、县或者迁居，应当报经考察机关批准。社区服刑的性犯罪人只要没有违反考验期间的考察内容，则原判的刑罚就不再执行，说明犯罪人的人身危险性已经消除。因此，社区服刑的防治措施，应注重对性犯罪人的教育改造，同时根据现行刑法规定，除了服刑人员应履行考察的义务外，还应进行一定的社会活动限制。

（一）强化对社区服刑性犯罪人的教育和心理治疗

社区服刑的性犯罪人尽管再次实施犯罪的人身危险性不大，但其针对未成年人实施性侵害，无论是法律意识，还是道德观念、责任意识都是有所欠缺的。社区应充分发挥对性犯罪人的教育和心理健康的干预作用，促使性犯罪人再社会化。性犯罪人大多受教育程度低，有学者对强奸未成年人案件进行的调查分析显示，犯罪人接受高中以上文化教育的仅占 7.58%，只受过初中以下（包括初中）教育的却占 66.54%，其中只接受过小学教育的占 23.44%，甚至还有 3.17% 的犯罪人为文盲。❶ 由于性犯罪人接受教育程度有限，法纪观念淡薄，有的犯罪人甚至不知道自己的行为是犯罪行为。据江苏省少管所性欲型罪犯的调查，31.3% 的青少年性犯罪人不知道自己的行为将产生什么样的危害，承担什么样的法律责任；53.2% 的人不知道自己的行为是犯罪行为。❷ 因此，应对社区服刑的性犯罪人强化道德教育和法律法规教育，提升犯罪人的道德意识和法律意识。同时，应强化对性犯罪人的心理治疗，定期对性犯罪人的心理治疗情况进行评估，引导社区服刑性犯罪人成为健康积极的社会人。

（二）强化对社区服刑性犯罪人的职业技能培训

性犯罪人除了文化程度普遍比较低之外，大多都是无业者或者无固定工作者。有研究者对强奸犯罪人的调查结果显示，性犯罪人处于无业状态的

---

❶ 魏红、方庆展：《强奸未成年人犯罪特征及发展趋势分析》，《行政与法》2018 年第 5 期。

❷ 孙雪芸、刘旭刚、徐杏元：《青少年性犯罪的原因及矫治对策》，《中国性科学》2010 年 7 期。

比例占总的犯罪人数的 47.01%，另有 33.2% 的犯罪人为农民，无固定职业的犯罪人比例也很大。❶ 还有研究者对上海市第二中级人民法院及辖区法院 2012—2015 年性侵害未成年人案件的实证调查研究显示，犯罪人无业人员占 35.54%，外来务工人员占 18.89%，农民占 3.33%。❷ 社区服刑人员的矫治也应注重对犯罪人就业、生活技能的培训，通过组织服刑人员参加职业技能培训和教育学习活动、参加社区服务等提高性犯罪人就业素质、就业技能及自我责任意识和社会责任意识，提高犯罪人抵制再次实施性犯罪诱惑的自我控制力，帮助其克服心理障碍、恢复与社会之间的和谐关系，减少性犯罪人重返社会的不利因素。

（三）强化性犯罪人社区矫正期间"禁止令"的适用

性侵害未成年人犯罪的社会危害性大，社会影响恶劣。即使是被宣告缓刑、监外执行和被执行假释的犯罪分子，在实行社区矫正期间也有可能再次实施犯罪。为最大化预防性犯罪人再次实施犯罪，在社区矫正期间应强化"禁止令"的适用。根据我国《刑法》第 72 条第 2 款的规定："宣告缓刑，可以根据犯罪情况，同时禁止犯罪分子在缓刑考验期限内从事特定活动，进入特定区域、场所，接触特定的人。"所谓"根据犯罪情况"，主要指根据犯罪分子的犯罪情节、生活环境、是否有不良癖好等确定禁止令的内容。人民法院在决定适用缓刑时应充分考虑性犯罪人的犯罪原因、动机、犯罪的特点等犯罪情况，决定宣告缓刑时是否同时发布禁止令。所谓"特定活动""特定区域、场所""特定的人"都应当与行为人性犯罪有关联，以预防性犯罪人再次实施犯罪。被执行假释的犯罪分子是被判处有期徒刑和无期徒刑的犯罪分子，且对于性犯罪而言，将累犯和犯强奸罪被判处 10 年以上有期徒刑、无期徒刑的犯罪分子排除在可以假释的对象之外，即使是被判处 10 年以下有期徒刑的犯罪分子，且执行了一半以上的刑期，在刑罚执行期间认真遵守监规，接受教育改造，确有悔改表现❸，没有再犯罪的危险，假释后对其所居住的社区没有重大不良影响，也难以保证性犯罪者在社区矫正期间从事特定的职业和接触特定的人，不会再次实施犯罪。尤其是对于隐蔽性强、危害性大、社会影响恶劣的性侵害未成年人犯罪，犯罪分子无论是宣告缓刑还是执行假释，社区居民基于

---

❶　魏红、方庆展：《强奸未成年人犯罪特征及发展趋势分析》，《行政与法》2018 年第 5 期。

❷　张华、沙兆华等：《性侵害未成年人犯罪法律适用研究——上海市第二中级人民法院及辖区法院 2012—2015 年性侵害未成年人案件实证调查》，《预防青少年犯罪研究》2017 年第 1 期。

❸　根据最高人民法院 2011 年 11 月 21 日通过并于 2012 年 7 月 1 日起施行的《关于办理减刑、假释案件具体应用法律若干问题的规定》第 2 条，将"确有悔改表现"规定为同时具有以下四个方面的情形：认罪悔罪；认真遵守法律法规及监规，接受教育改造；积极参加思想、文化、职业技术教育；积极参加劳动，努力完成劳动任务。

对性犯罪的恐惧感和社区治安状况的担心，对性犯罪人适用"禁止令"更能提高社区居民对性犯罪人的接受度，更能发挥缓刑和假释适用对犯罪者教育改造和再社会化的效果。从本质上论，无论是被宣告缓刑的犯罪分子，还是监外执行，抑或被执行假释的性犯罪分子，在本质上都处于刑罚执行期，对性犯罪人执行禁止令没有侵犯性犯罪人的人身权利。鉴于此，认为被宣告缓刑的、监外执行的和被执行假释的性犯罪分子，在缓刑考验期、监外执行期和假释执行期间，没有特别情况的，都应同时执行"禁止令"，禁止性犯罪分子进入未成年人集中的区域，包括各级学校、教育培训机构，儿童福利机构等，禁止性犯罪分子单独接触年幼的未成年人。对于利用职务便利实施性侵害未成年人犯罪的犯罪分子，还应禁止其从事与未成年人相关的职业，包括进入学校、教育培训机构、儿童福利机构等未成年人比较集中的单位工作。

三、性侵害未成年人犯罪应限制假释

根据我国《刑法》第81条的规定，适用假释的是被判处有期徒刑和无期徒刑的犯罪分子，其中累犯和因强奸等暴力性犯罪被判处10年以上有期徒刑和无期徒刑的犯罪分子被排除在假释适用对象之外。性犯罪除了强奸犯罪的犯罪分子有可能被判处10年以上有期徒刑之外，性侵害未成年人之猥亵型犯罪、与未成年人有关的卖淫犯罪和淫秽物品型犯罪，根据现行《刑法》的规定，犯罪情节严重的都有可能被判处10年以上有期徒刑，甚至是无期徒刑。根据现行《刑法》第237条的规定，聚众或者在公共场所当众实施强制猥亵，或者有其他恶劣情节的，处5年以上有期徒刑，则实施强制猥亵他人的犯罪分子有可能被处以10年以上的有期徒刑。第358条组织卖淫罪、强迫卖淫罪、协助组织卖淫罪，明确规定组织、强迫他人卖淫，情节严重的，处10年以上有期徒刑或者无期徒刑，并处罚金或者没收财产，组织、强迫未成年人卖淫的，依照前款的规定从重处罚。第359条引诱、容留、介绍卖淫罪和引诱幼女卖淫罪，明确规定情节严重的，处5年以上有期徒刑，并处罚金；引诱不满14周岁的幼女卖淫的，处5年以上有期徒刑，并处罚金。根据第363条制作、复制、出版、贩卖、传播淫秽物品牟利罪的规定，以牟利为目的，制作、复制、出版、贩卖、传播淫秽物品情节特别严重的，处10年以上有期徒刑或者无期徒刑，并处罚金或者没收财产。同样是侵害未成年人性权利性质的犯罪，同样是被判处10年以上有期徒刑和无期徒刑的犯罪分子，《刑法》第81条只将犯强奸罪被判处10年以上有期徒刑和无期徒刑的罪犯排除在假释适用之外，不仅不利于惩罚具有严重社会危害性的性犯罪分子，也不利于最大化保护未成年人

免受性侵害，更不符合《儿童权利公约》儿童最大利益原则的要求。为最大化保护未成年人免受性侵害的危险，严惩性犯罪分子，应明确规定，被判处10年以上有期徒刑、无期徒刑的性犯罪分子，不得假释。

第六章　侵犯未成年人性权利犯罪的社会综合防治措施

习近平总书记多次作出重要指示，强调"孩子们成长得更好，是我们最大的心愿"，"对损害少年儿童权益、破坏少年儿童身心健康的言行，要坚决防止和依法打击"。❶2018 年 6 月 23 日，"性侵害未成年人犯罪惩治与预防研讨会"在上海召开，上海市人民检察院党组书记、检察长张本才在研讨会中指出："惩治和预防性侵害未成年人犯罪是一项社会工程、系统工程，需要党委、政府、司法、学界和社会各界共同关注、同向发力。"未成年人性权利不仅需要国家立法、司法层面的保护，更需要社会各界的参与，提高全民防范性侵害意识。保护未成年人免受性侵害、健康快乐成长是每个人的责任和义务，需要全社会的共同参与。近年来，媒体不断曝光恶性性侵害未成年人犯罪案件，性侵害未成年人问题也越来越引起社会各界的关注，以"女童保护"为首的社会公益组织以"普及、提高儿童防范意识"为宗旨，致力于保护儿童、远离性侵害。电视节目、媒体、宣传部门等创新性侵害防治教育传播方式，提高社会公众的防范性侵害未成年人犯罪意识。中宣部"学习强国"App 法治栏目推送防范儿童性侵害节目，"女童保护"微信公众号推送性侵害儿童案例和相关的法律法规以及域外国家的基本立法等。改变传统的性观念和性侵害犯罪认识，将性权利与公民的其他人身权利进行平等保护，给予性侵害未成年被害人社会情感支持，鼓励性侵害未成年被害人及其家属以积极的心态面对遭遇的性侵害，勇敢揭发犯罪，使残害未成年人的恶魔受到法律的公正审判。

第一节　强化对侵犯未成年人性权利犯罪的防治意识

侵犯未成年人性权利犯罪的惩治和预防同样重要，不仅需要法律层面的

---

❶ 转引自路志强：《以新理念为引领护佑未成年人健康成长》，http://theory.gmw.cn/2019-06/06/content_32899126.htm，访问日期：2019 年 12 月 6 日。

从严从重惩治，更需要社会公众提高对性侵害未成年人犯罪的正确认识和对被害人的保护认识。尤其应强化监护人对年幼未成年人的有效监护以及对未成年人性知识和性侵害防范知识的教育，改变人们对性侵害未成年人犯罪的传统认识和观念，形成人人关注、关心性侵害未成年人犯罪的社会格局。

一、强化对侵犯未成年人性权利犯罪的正确认识

侵犯未成年人性权利犯罪不同于侵害成年人性权利犯罪，有其自身的特殊性。强化人们对性侵害未成年人犯罪的防范意识和性侵害未成年被害人的保护意识，需要厘清对性侵害未成年人犯罪的认识。

（一）强化对侵犯未成年人性权利犯罪类型的正确认识

谈及侵犯未成年人性权利犯罪，一般人认为无非就是强奸罪和猥亵犯罪。很多人甚至认为性犯罪就是强奸罪，侵犯未成年人性权利犯罪就是强奸未成年人，对性犯罪的类型没有全面和正确的认识。侵犯未成年人性权利犯罪，不仅包括以未成年人作为侵害对象的强奸罪、猥亵犯罪，还包括与未成年人有关的卖淫犯罪和色情制品犯罪。只有全面正确认识性犯罪的类型、明确性犯罪包括的具体犯罪罪名以及犯罪构成要件，才能提高人们对性犯罪的罪与非罪、此罪与彼罪的认识，才能对人们的行为起到规制的作用，即通过对性犯罪行为的规范评价，对公民的行为进行规范、制约。刑法将侵犯未成年人性权利的犯罪行为进行规定并规定具体的刑罚，表明其行为在刑法上是无价值的，并命令人们不要作出侵害未成年人性权利的犯罪行为，从而达到规制人们不要去实施性侵害未成年人犯罪的目的。我国刑法对侵害未成年人性权利性质的强奸型、猥亵型、卖淫型和色情制品型犯罪进行规定，且规定了较为严厉的刑罚，情节严重的，甚至可以判处死刑，切实保护了未成年人的性权利免受不法侵害。依法从严从重惩治性侵害未成年人犯罪，对维护社会的和谐稳定、保护未成年人的健康成长具有重要的意义。因此，强化人们对性侵害犯罪的类型和对罪与非罪、此罪与彼罪的一般性认识，有利于强化人们保护未成年人免受性侵害的防治意识。

（二）强化对侵犯未成年人性权利犯罪的犯罪对象的正确认识

1.未成年被害人性别的正确认识

由于人们对侵犯未成年人性权利犯罪类型认识的偏差，认为性侵害未成年人犯罪就是强奸犯罪，从而认为侵犯未成年人性权利犯罪的犯罪对象仅仅指女性未成年人，只有女性未成年人才会成为被害对象、受害者，男性未成年人不会被性侵害，不可能成为性犯罪被害者。由于对性侵害未成年人犯罪对象的性

别认识偏差，人们忽略对男性未成年人性权利的保护，导致不少性侵害男性未成年人犯罪案件被长时间隐藏，男性未成年人的性权利得不到有效的法律保护和社会关注，给男性未成年人的身心健康造成极大的伤害。目前，我国刑法除了强奸罪和奸淫幼女罪的犯罪对象为妇女和女童外，猥亵型犯罪和与未成年人有关的卖淫和色情制品犯罪都没有关于犯罪对象性别的限制性规定，未对男女未成年人进行同等的法律保护。在司法实践中，男性未成年人遭受性侵害是客观存在的，且比重较大。据 2006 年联合国公布的《联合国秘书长关于针对儿童暴力的研究》显示，2002 年遭受性侵害的未满 18 周岁的未成年人中，女性未成年人有 1.5 亿，男性未成年人有 7300 万。❶ 有学者指出，一些特殊人群对男性未成年人具有性侵害的癖好，主要包括恋童癖者、玩弄或猥亵男童者、非恋童癖侵犯者、乱伦者、心理变态侵犯者、少年性侵犯者、女性侵犯者。❷ 也有研究人员认为攻击型的恋童癖者，其侵害对象主要是男童，他们的攻击心理多种多样，都是要借助性虐待儿童来发泄和满足性欲。❸ 因此，在性侵害未成年人犯罪中，不仅仅女性未成年人容易遭受性侵害，男性未成年人也容易遭受性侵害。社会各界尤其是未成年人的父母、监护人应强化男女未成年人都容易遭受性侵害的认识，对男女未成年人都进行性知识和性侵害防治教育，采取必要的措施预防男女未成年人遭受性侵害。

2. 对未成年被害人年龄的正确认识

侵犯未成年人性权利犯罪不仅男女未成年人都容易遭受侵害，而且年龄幼小的未成年人也容易遭受性侵害，且未成年人遭受性侵害的低龄化趋势明显。人们往往主观地认为年龄较大的、身心发育到一定程度的未成年人才容易遭受性侵害，殊不知，年幼无知的未成年人更容易成为性侵害的对象。有学者对 208 起强奸、猥亵犯罪案件的统计分析显示，235 名被害人中，除了25 名未满 14 周岁的未成年人没有明确具体的年龄外，被害人年龄在 7 岁以下的有 29 人，被害人年龄在 7—11 岁的有 90 人，12—14 岁的有 91 人，11 岁以下的被害人占比 50.64%，其中最小的被害人年仅 3 岁；7—15 岁的被害人为主要受害群体，占比 77.2%。❹ 有学者对 2014 年 1 月 1 日至 2016 年 8 月 31 日，浙江省杭州市辖区内各检察院办理并审结的性侵害未成年人的 172 起案件为样

❶ 转引自：《中国儿童性侵犯调查》，http://discovery.cctv.com/20070614/107905.shtml，访问日期：2019 年 12 月 11 日。

❷ 张田勘：《恋童癖：生物、心理和社会学角度的研究》，《中国新闻周刊》2012 年第 41 期。

❸ 孟娜：《重视性权利教育，不给儿童性侵犯任何发生的理由》，《少年儿童研究》2013 年第 17 期。

❹ 李聪、曹虹：《论我国性侵害儿童犯罪防控机制的建构——以美国性侵害儿童犯罪防控经验为鉴》，《广西警察学院学报》2018 年第 6 期。

本进行分析，也认为性侵害未成年被害人呈低龄化发展趋势，不满 14 周岁的未成年被害人约占 60.2%，年龄最小的为 3 岁，猥亵犯罪被害人高发年龄为 5 周岁，强奸犯罪被害人的高发年龄为 17 周岁。《"女童保护" 2015 年性侵害儿童案件统计及儿童防性侵教育调查报告》显示，340 起性侵害儿童案件中，被害人年龄最小的仅 6 个月大。本书收集的 1577 起性侵害未成年人犯罪样本中，被害人年龄为 3 岁以下的未成年人案件占到 1.9%，最小的受害人仅 1 岁 4 个月。综上所述，性侵害未成年人犯罪的被害人没有年龄限制，并非年龄越大越容易被性侵害。相反，犯罪分子更容易利用低龄未成年人身心发育未健全，缺乏认知、辨别和反抗能力的特点以及监护人未对低龄被害人有效监护的机会进行性侵害。未成年人的父母及监护人，应强化对未成年人尤其是低龄未成年人的有效监护，尽可能不要让年龄幼小的未成年人脱离监护视线单独玩耍或者与异性单独接触，以降低未成年人遭受性侵害的风险。

（三）强化对侵犯未成年人性权利犯罪的犯罪主体的正确认识

一般而言，人们往往认为陌生人才会对未成年人实施性侵害，熟人和亲人不会对未成年人实施性侵害。殊不知，侵犯未成年人性权利犯罪的熟人作案特征明显，且被害人容易多次被害和长期被害。也有学者对北京市辖区内公开上网的 65 起性侵害未成年人案件和北京市监狱局下辖四所监狱的 50 起性侵害未成年人犯罪案件进行研究显示，熟人性侵害未成年人案件占 39.8%，其中同辈侵害占 57.69%，长辈侵害占 42.31%。在长辈侵害中，教师、师傅或雇主侵害的比例为 9.1%，父母、继父母或者养父母侵害的比例为 3.6%。❶ 在性侵害未成年人犯罪中，不少犯罪人在案发前与被害人是彼此认识的，且熟人作案中，包括了邻居、父母或者亲人的朋友，被害人的亲属、老师等被害人熟悉的人，这些熟人往往利用与被害人之间的信任、依赖、从属等关系对被害人实施性侵害，且利用被害人幼小、缺乏性知识等弱点，实施性侵害后对被害人进行哄骗、恐吓、要挟，使被害人不敢告诉家长、朋友和亲人，从而得以多次、长期作案而逍遥法外。尤其是发生在家庭内部的生父或者养父性侵害未成年人犯罪，不少被害人依赖犯罪者的经济供给，或者害怕家丑外扬，或者考虑是亲属关系而放任、包庇犯罪人，严重影响未成年人的身心健康。还有发生在校园内的性侵害行为，被害人的亲属担心隐私被泄露或出于犯罪人的教师身份而选择不报警，使得犯罪人长期逍遥法外。人们应改变对性侵害未成年人犯罪主体的认识，在预防性侵害未成年人犯罪中，不仅要警

---

❶ 赵国玲、徐然：《北京市性侵未成年人案件的实证特点与刑事政策建构》，《法学杂志》2016 年第 2 期。

惕陌生人对未成年人实施性侵害，更不能忽视对熟人性侵害未成年人犯罪的警惕和预防。对未成年人做好防范性侵害教育，不要单独和异性，哪怕是熟人相处。无论是陌生人还是熟人只要其行为引起身体不舒服或者有不适感的，都要勇敢拒绝。当遭受性侵害后，不要因害怕隐私泄露或者熟人性侵而选择隐忍，要积极诉诸法律保护自己的合法权益。

（四）强化对侵犯未成年人性权利犯罪的犯罪行为的正确认识

随着互联网的普及和发展，通过网络实施的新型性侵害未成年人犯罪的数量呈增长趋势。2019 年 8 月 30 日，中国互联网络信息中心（CNNIC）发布第 44 次《中国互联网络发展状况统计报告》显示，截至 2019 年 6 月，我国网民规模达 8.54 亿人，较 2018 年底增长 2598 万，互联网普及率达 61.2%，较 2018 年底提升 1.6 个百分点。在青少年对互联网越来越依赖的大环境下，性犯罪已经由传统的物理空间延伸到网络空间，犯罪分子利用网络对未成年人实施性侵害成为一种新的性侵害手段。在我国某些城市，网络社交甚至成为性侵类犯罪的主要途径与手段，甚至高达 54% 的被害人因与网友见面而遭遇性侵害。❶ 浙江省温州市永嘉人民检察院在 2016 年受理的性侵害未成年人犯罪案件中，40% 的强奸案的犯罪人都是通过 QQ 或者微信等社交软件与未满 14 周岁的被害人认识，进而实施强奸犯罪的。❷ 防范性侵害未成年人犯罪，应强化网络空间的治理，从国家、家庭、学校和社会等层面全方位建构预防未成年人遭受网络性侵害的机制，减少未成年人遭受网络性侵害的潜在风险。

（五）强化对侵犯未成年人性权利犯罪的犯罪手段的正确认识

在侵犯未成年人性权利犯罪中，非强制手段实施犯罪的特征明显。有学者对上海市第二中级人民法院及辖区法院 2012—2015 年判决生效的，针对未成年人或者由未成年人实施的强奸罪、强制猥亵、侮辱妇女罪、猥亵儿童罪案件进行实证研究显示，行为人采用欺骗、引诱手段对被害人实施性侵害的案件占 28.66%，使用言语威胁、持刀威胁、强制等手段实施的案件占 52.86%，使用暴力手段实施的案件占 10.83%，行为人在被害人自愿情况下实施的性侵害案件占 7.65%。❸ 也有学者对北京市性侵害未成年人案件的实证研究分析显示，性侵害未成年人犯罪 60% 以上的犯罪是强奸罪和猥亵儿童犯罪。

❶ 《北京市遭性侵未成年人呈低龄化趋势》，http://news.k618.cn/society/201706/t20170616-11719844.html，访问日期：2019 年 12 月 14 日。

❷ 《未成年人玩智能手机遭性侵案频发 检方：父母监管》，http://news.163.com/16/1010/15/C31CBC3100014SEH.html，访问日期：2019 年 12 月 14 日。

❸ 张华、沙兆华等：《性侵害未成年人犯罪法律适用研究——上海市第二中级人民法院及辖区法院 2012—2015 年性侵害未成年人案件实证调查》，《预防青少年犯罪研究》2017 年第 1 期。

行为人以引诱、欺骗手段实施的案件占 54.1%，纯粹使用暴力手段实施的案件仅占 21.31%。其中，引诱欺骗型的性侵害未成年人行为，往往具有隐蔽性和潜伏性，且不少被害人在第一次被害后并未及时告知他人和报警，这在客观上助长了犯罪人反复侵害被害人的决心，使其有恃无恐地进行重复加害行为。预防性侵害未成年人犯罪，人们对行为人的犯罪手段需要有正确的认识。在多发的针对未成年人实施的强奸和猥亵犯罪中，当被害人为未满 14 周岁的未成年人时，并非只有强制手段实施的强奸行为才构成犯罪。不管行为人采用强制还是非强制手段实施的奸淫和猥亵犯罪行为，也不管被害人是否自愿发生两性关系，行为人都构成犯罪。因此，针对性侵害未成年人犯罪，应提高社会公众尤其是未成年人及其监护人对性侵害未成年人犯罪之罪与非罪、此罪与彼罪的界限认知，提高社会公众、未成年人及其亲属与犯罪作斗争的积极性，强化监护人对未成年被害人的监护责任和保护义务。

二、强化保护未成年人性权利免受不法侵害的法律意识

侵犯未成年人性权利犯罪是具有严重社会危害性的犯罪，从严惩处侵犯未成年人性权利犯罪是世界各国的共识。侵犯未成年人性权利犯罪再犯率高，犯罪人容易在一定时间内侵害多名被害人，或者重复侵害同一名被害人。在美国，性犯罪者再犯率是其他类型犯罪的 4 倍，日本的性犯罪者再犯率高达 25% 以上，我国台湾地区连续暴力性犯罪者的再犯率高达 95% 以上。❶ 惩治侵犯未成年人性权利犯罪不仅需要严厉的刑罚，更需要采取一定的措施预防性犯罪者再犯。域外国家普遍强化对性犯罪者的再犯预防，比如美国、英国、加拿大等国实行性犯罪者信息登记制度，韩国和美国等国还实行性犯罪者社区公告制度。近年来，随着我国信息网络的发展和普及，性侵害未成年人恶性案件得以广泛的曝光，引起社会各界的关注，惩治和预防性侵害未成年人犯罪的措施也得到了加强。《刑法修正案（九）》取消了嫖宿幼女罪，将所有幼女的性权利纳入强奸罪进行平等保护，猥亵犯罪的保护对象也实现了无性别区别保护，还在卖淫犯罪中将未成年人纳入特殊保护的范畴。先后出台《关于做好预防少年儿童遭受性侵工作的意见》《关于依法惩治性侵害未成年人犯罪的意见》和《进一步加强中小学（幼儿园）预防性侵害学生工作的通知》，不少地方检察院还积极探索性侵害未成年人犯罪人员信息公开制度，以强化对性侵害未成年人犯罪的从严惩治和预防。但是，社会公众对性侵害未成年人犯罪还存在观念上的认知偏差，没有真正将性犯罪的被害人作为单纯

---

❶　姚建龙：《美国：性侵儿童是法律的高压线》，《法制日报》2013 年 6 月 18 日。

的受害者来对待，还没有完全形成未成年人性权利的法律保护意识。

（一）强化性侵害未成年被害人的自我保护和被害后的法律保护意识

未成年人遭受性侵害的风险大，不少未成年人在成长的过程中都遭受过不同程度的性侵害。有调查分析显示，中国有 10% 以上的未成年人遭受过多种形式的性侵犯。❶ 侵犯未成年人性权利犯罪比例高，犯罪人容易重复犯罪，被害人容易多次被害，主要原因在于被害人年幼、没有自我保护意识和缺乏专业的性侵害防治教育。在遭受性侵害后，被害人往往不知道自己遭受了性侵害，或者因为害怕不敢告诉家长，或者迫于犯罪者的威胁不敢告诉他人。以致不少性侵害未成年人犯罪案件难以暴露，特别是年幼的未成年人遭受性侵害，往往是家长发现被害人的异常，犯罪者的恶劣行径才被揭露。除此之外，传统的性观念和人们对性犯罪被害人的偏见也促使被害人自我认同和价值感下降，甚至为了保护隐私和名誉，不惜迁居、转学等，导致不少被害人不愿意报案。因此，未成年人的监护人、学校、社区等都应强化不同年龄阶段未成年人的性侵害防治教育，帮助未成年人树立抵制性侵害犯罪的自我保护观。针对年幼的未成年人应告知遇到任何同性和异性对自己实施的引起身体或者情感上不适的行为时，都要勇敢地拒绝，且要及时地告诉父母和亲人。如果是年龄较大的未成年人，教育者应告诉未成年人遭受性侵害后应及时地告诉家人或者报警，对犯罪人的威胁不要害怕和屈从。更为重要的是，需要让未成年人从心里建立起性侵害犯罪被害观，让未成年人认识到如果自己不幸遭受性侵害，自己只是单纯的受害者，自己没有过错，该受惩罚的是犯罪分子，以强化未成年人的自我保护意识和法律保护意识。

（二）强化社会对性侵害未成年被害人的社会支持和法律保护意识

1. 强化人们对性侵害未成年人犯罪的被害权益的正确认识

随着人权观念的普遍确立，越来越多的国家将性犯罪规定在侵犯公民人身权利犯罪中进行规定，有的国家还将其作为单独的侵犯公民的性权利犯罪来进行保护。特别是侵犯未成年人性权利的犯罪，无论是强奸、猥亵型犯罪还是与未成年人有关的卖淫和色情制品犯罪，都在人身权利犯罪中进行规定。《德国刑法典》将对被保护人的性滥用、对儿童的性滥用、危害青少年的卖淫、散发淫秽文书等罪规定在"妨害性自决罪"一章中进行规定；《葡萄牙刑法典》将对儿童进行性自决罪、从属未成年人实施性侵犯罪、引诱未成年人卖淫罪、未成年人淫秽物品罪等在"侵害性自由及性自决权罪"一章中进行

---

❶ 徐菁菁、王海燕：《打破沉默 正视真相：向儿童性侵说"不"》，《三联生活周刊》2017 年第 37 期。

规定。性犯罪是侵犯公民人身权利和性权利性质的犯罪，这已逐渐成为立法界和学界的共识。传统的观点认为性犯罪尤其是强奸罪主要侵犯的是个人利益中的隐私、名誉、贞操，这样的观点是将女性作为男性的财产来进行保护的产物。女性是独立的人，具有独立的人权，拥有自决的性权利和性自由，针对女性实施的性侵害本质上是对女性人权中的性权利的侵害。如今，随着作为人权的性权利观念的深入，不少国家在对强奸罪的犯罪对象的规定上不再有性别区别，将男性也纳入强奸罪的犯罪对象进行保护。如意大利、德国、瑞士、俄罗斯等大陆法系国家的刑法典，在强奸罪的犯罪对象规定上都使用"儿童""未成年人""不满多少岁的人"等来进行规定，实现了对犯罪对象的中立化规定。在性行为指向的规定上也体现了中立化，不仅包括传统规定之女性阴道，也包括被害人的口腔和肛门等。对发生性关系的界定也发生了变化，不再将男性性器官插入女性阴道作为认定强奸罪的唯一标准，还包括了肛交、口交或者以身体的某一部分或物品插入被害人阴道和肛门的行为，比如美国密歇根州刑法就规定，强奸罪的"性插入"包括了通常的性交、口交，还包括了以身体的任何其他部分或物体插入他人的生殖器官或者肛门。其中，口交包括了阴茎插入口腔、舌头插入阴道等行为。因此，无论是性侵害未成年人犯罪之强奸罪、猥亵犯罪还是与未成年人有关的卖淫和色情制品犯罪，在本质上都是对未成年人的性权利或者是人身权利的侵害。性侵害的犯罪对象与其他类型的暴力犯罪之故意伤害、故意杀人等犯罪一样，都只是单纯的受害者，需要全社会的关心、爱护，更需要法律的保护。

2. 强化社会对性侵害未成年被害人的社会支持

对经历过创伤性事件的被害人而言，能否从精神创伤中摆脱出来、恢复到被害前的状态，社会对被害人的支持起着非常重要的作用。在社会中，人们通常习惯于依赖社会的评价来调整自身的行为模式，以使自己的行为符合社会角色的要求。当行为个体意识到社会对自身的评价是正面的、积极的评价时，个体就会产生心理优势，从而强化自身积极的行为；当相反时，行为人则会重建心理优势。如果正反评价出现巨大的反差时，被害人心理将处于失衡状态，引起人格上的变化。被害人被害后的恢复取决于多方面的因素，自我强化、社会支持 ❶ 和他人对被害人的看法以及所经历的伤害等都起着重要的作用，其中社会支持是关键的因素。被害人得到的社会支持越多，被害后就越容易恢复。相反，被害后受到的不良社会支持会妨碍被害人的恢复。

与一般的犯罪被害人相比，性犯罪更容易使被害人产生心理失衡和精神

---

❶　社会支持指被害人可能得到的来自社会各方面的主要包括心理上和物质上的支持与帮助。

崩溃状态，主要是由于对社会道德舆论的恐惧，所以被害人更需要社会给予宽容、谅解和理解。然而，受传统性道德观念的影响，遭受性侵害的被害人及其家属往往承受着巨大的心理压力。在性犯罪中，被害人谴责观认为被害人遭受性侵害是由于自身在态度和行为上有别于其他一些避免遭受性侵害的人，遭受性侵害的被害人需要对自己的被害负责，甚至认为都是被害人咎由自取。在强奸罪中，被害人谴责观认为男性是无法控制自己的性冲动的，且性冲动是由女性激起的，通常因为被害人饮用了酒或者吃了药物使自己变得意识模糊而为强奸提供了机会，或者是由于被害人非理性地同意或者被害人的一些暗示性、挑逗性的言语和行为激起了男性的性欲等，因而被害人在强奸被害中应是被谴责的。该观点将性犯罪被害人俨然作为犯罪人来对待。被害人辩护观认为强奸是行为人因憎恨和愤怒而燃起的攻击性爆发行为，行为人产生暴力行为是因其对女性的蔑视。被害人谴责观忽视了性侵害者强大的体力优势让被害人不能反抗的客观效果，忽视了加害者对被害人一开始就使用暴力而使被害人受到精神控制和受到潜在威胁等事实。❶被害人辩护观揭示了强奸犯罪中被害人的本质特征，被害人对被害没有过错，仅仅是单纯的受害者，不是被害的引起者和制造者。无论是强奸犯罪中的被害人，还是其他类型性犯罪的被害人，都仅仅是单纯的受害者，自身性权利遭受侵害的受害者。因此，面对性犯罪中的被害人，尤其是性侵害未成年人犯罪中的被害人，特别是年幼的被害人如婴儿、儿童和智力障碍未成年人、未成年精神病患者等，当他们遭受性侵害时只能是单纯的被害者。就算是年长的未成年人，由于身心未发育成熟，不具备完全的辨别和控制自己行为的能力，也处于受害者的地位。即便是成年性犯罪被害人，其也仅仅是性权利遭受犯罪侵害的受害者，而非犯罪的实施者。

3. 强化社会尤其是被害人的监护人保护未成年人免受性侵害的法律意识

目前，我国刑法及有关的司法解释从性侵害未成年人犯罪的罪名独立化规定、性侵害未成年人犯罪入罪缓和化、性侵害未成年人犯罪的加重评价、性侵害未成年人犯罪的从重评价、性侵害未成年人犯罪的处遇从严等方面，建构了较为完备的从严惩治性侵害未成年人犯罪的体系。在整个性侵害未成年人犯罪的诉讼过程中，从保护未成年被害人的隐私、避免未成年被害人遭受"二次被害"、未成年被害人被害后救助等方面强化了对未成年被害人的最大化保护。针对司法实践中，性侵害未成年人犯罪隐案率高、不易被揭发以及被害人缺乏有效监护而遭遇性侵害等特点，适用撤销监护人的资格，探索强制报告制

---

❶ ［美］安德鲁·卡曼：《犯罪被害人学导论》，李伟等译，北京：北京大学出版社，2010年，第299–302页。

度、国家亲权监护制度。针对性侵害未成年人犯罪人再犯率高的特点，各地探索性侵害犯罪信息登记、公开性犯罪人信息、入职性侵害犯罪记录查询等预防性措施，多角度建构最大化保护未成年人免受性侵害的防护墙。

性侵害未成年人犯罪中的被害人和其他侵害公民人身权利的暴力犯罪中的被害人一样，都是单纯的受害者。性犯罪者侵害的是未成年人性权利中的具体的性完整权、性身体安全权等权利。性侵害未成年人犯罪的犯罪者之所以能够重复性侵害被害人或者性侵害多名被害人，而长时间不会被发现，除了被害人年幼不知道自己遭受性侵害、害怕遭遇报复和不知道如何进行自我救济外，最为重要的原因就是在传统贞操观念束缚下，被害人及其监护人为了保护名誉，害怕泄露隐私而不愿意报警，从而助长了犯罪分子实施犯罪的决心，使更多的被害人的性权利遭受犯罪侵害。社会公众应强化对性侵害未成年被害人的保护意识，任何人在发现未成年人遭遇性侵害时都有道德义务进行检举、揭发。未成年人的监护人更要改变传统的遭遇性侵害是见不得人的认知，应拿起法律武器保护未成年人的性权利，追究犯罪者的刑事责任。

第二节 家庭、学校、社会联动保护未成年人性权利

侵犯未成年人性权利犯罪不仅违背伦理、道德，更是对法律底线的践踏和挑衅。每一起性侵害未成年人案件都会使被害人在成长过程中蒙上阴影，对被害人乃至其家庭都造成严重的伤害，对侵犯未成年人性权利的行为应依法予以严惩。我国"谈性色变"的传统观念依然根深蒂固，对未成年人的性教育非常匮乏，但性侵害案件却不少见，且大量的性侵害未成年人案件被隐藏。犯罪心理学专家、中国人民公安大学教授王大伟曾指出：性侵害案件，尤其是针对中小学生实施的性侵害犯罪，其隐案比例为 1∶7，即有 7 起性侵害未成年人案件发生，才有 1 起案件进入司法程序。❶预防性侵害未成年人犯罪的发生需要全社会的共同努力，更需要家庭、学校、社区的联动保护，以唤醒儿童自护，提升家长监护、学校看护、社会帮护，这些已成为性侵害预防教育必不可少的组成部分。其中，通过性知识和性侵害防治教育不断提升儿童性侵预防意识并培养其抵御性侵害的自我保护能力是重中之重。

---

❶ 转引自：《每 10 个孩子中就可能有 1 个遭遇过性侵》，https://www.sohu.com/a/359852858_374894，访问日期：2019 年 12 月 16 日。

一、家庭承担未成年人性教育的责任和义务

侵犯未成年人性权利犯罪伤害的不仅仅是孩子的身体，更是对孩子心灵的伤害。未成年人意识到自己遭受性侵害后，会产生强烈的耻辱感，且这种耻辱感还会影响到整个家庭。家长可能会因孩子受到性侵害而感到"没脸见人""抬不起头"，害怕周围人说闲话。渐渐地，家长的这种耻辱感可能会变成责备孩子，破坏亲子关系。同时，也有可能影响被害孩子父母的婚姻关系，夫妻之间可能就孩子遭受性侵害进行互相指责。家庭性教育的重要性不言而喻，应强化家长对家庭性教育重要性的认识，提升家长的性教育能力。

（一）树立家庭性教育是父母的责任与义务的理念

北京师范大学中国基础教育质量监测协同创新中心教授刘文利认为，对孩子进行正确的生命教育、科学的家庭性教育是父母的天职。父母对孩子的性教育是伴随孩子的出生而产生的，父母是对孩子进行性教育的第一任老师，具有不可推卸的责任。在对孩子的性教育中，父亲和母亲具有同等的责任和义务，尤其是父亲在家庭中对孩子的教育和影响具有不可替代性。父母共同参与到孩子的性教育中，孩子受益最大，性教育的效果也最好。[1] 近年来，随着媒体不断曝光性侵害未成年人犯罪案件，很多家长意识到对孩子加强性教育的重要性，但没有意识到对孩子进行性教育是家长本身的责任和义务。有学者对 92 名中学生家长进行的调查显示，34.7% 的家长认为学校最应承担主要的性与生殖健康的责任。[2] 还有学者对小学低年级家长进行的调查显示，有13.3% 的家长认为性教育的场所应是学校，有 5% 的家长不清楚性教育的场所在何处比较合适。[3] 同时，家庭性教育不仅是一种责任，更是一种爱的教育。家庭性教育不仅要关注孩子在生理发育期间面临的问题，还要根据家庭的具体情况以及孩子的性格特点和需要，将正确的性价值观教给孩子，对性知识和性侵害防范知识形成正确的认识，使孩子在心中建立起一道抵御不良性信息和性行为的心理屏障，保护自己不受性犯罪侵害。

（二）树立性教育从娃娃抓起的理念

不少孩子家长简单地认为性教育就是性知识教育，从而对孩子实施性教育的合适年龄段没有正确的认知，往往认为孩子还小，没有必要对孩子进行性教育，认为对孩子进行性教育会误导孩子，孩子长大了自然会了解和懂得

---

[1] 刘文利：《做好家庭性教育是父母的天职》，《人民政协报》，2017 年 11 月 29 日。

[2] 金梦华、赵瑞等：《上海市普陀区中学生家长家庭性教育开展现况及其影响因素分析》，《中国健康教育》2019 年第 9 期。

[3] 罗京滨：《低年级段小学生家庭性教育现状的调查与对策》，《成人教育》2012 年第 10 期。

性知识。殊不知，性教育是一种生命教育、爱的教育和健康教育。有学者指出，性教育不仅是一种卫生教育、生活教育，还是道德教育、责任教育和人格教育。❶性教育没有迟早的问题，性教育应从孩子出生开始，在不同年龄段进行合适教育内容的性教育。儿童心理学认为2—3岁的孩子处于性别认识阶段，能够正确地辨识自己的性别，具备了进行性教育的心理基础。❷中国性学会秘书长童立就认为性教育应从娃娃抓起，他认为父母对于子女提出的性问题不要回避，要做到正面性的有问必答。如果面对孩子提出的性问题父母显出尴尬的表情，会给孩子传递性羞涩感的价值观。❸如果子女第一次提出性问题父母不能正确地面对这个问题，会使子女对父母产生不信任感，可能导致子女在成长的过程中遇到私密的需要解决的问题时，不会主动和父母交流，造成亲子关系疏离状态。家庭性教育可以让孩子从小感受到父母彼此之间的尊重、包容与爱护，懂得尊重自己性别的同时尊重异性，明白异性之间真正的爱以及要承担的责任，这种家庭性道德的教育对孩子一生的影响更为直接、具体。

（三）强化家长进行家庭性教育的能力

家庭性教育的普遍缺失，主要的原因之一就是家长缺乏专业的性知识。由于自身性知识的匮乏，即使意识到对孩子进行性教育的重要性，也不知道如何与孩子谈论性问题。多途径提升家长性教育能力，强化家庭性教育对孩子性观念的正确引导，提高未成年子女抵御性侵害的能力。

1. 家长主动学习与性知识相关的专业知识

性教育需要具备专业的、科学的性知识。家长可以通过自我学习相关的专业书籍，例如《综合防治儿童性侵犯专业指南》一书，用浅显易懂的文字对儿童性侵害的相关问题进行详细介绍，包括认识儿童性侵犯、预防儿童性侵犯、专业支援服务、认识性侵儿童者四篇内容。该书第一篇、第二篇、第四篇的内容为家长全面、具体、专业地了解、预防性侵儿童犯罪提供了很好的参考和建议。第一篇"认识儿童性侵犯"包括"什么是儿童性侵犯"、儿童性侵犯对受害人及其家庭的负面影响、哪些因素会促成儿童遭遇性侵犯；第二篇"预防儿童性侵犯"建构了面向儿童、成人和机构制度三个层面的预防儿童性侵犯的措施；第四篇从性侵犯儿童者的类型及其特点，性侵犯儿童的行为倾向是怎样形成的，实施性侵犯的特点、手段和步骤，合理化儿童性侵

---

❶ 罗京滨：《低年级段小学生家庭性教育现状的调查与对策》，《成人教育》2012年第10期。

❷ 宋丽博、傅路娟：《3—6岁幼儿性发展的年龄特点》，《黑龙江教育学院学报》2018年第2期。

❸ 童立：《性教育要从娃娃抓起》，《健康报》，2019年5月30日。

犯的歪曲想法，性侵犯者拒不认错的反应，防治再犯及治疗六个方面全面地认识性侵犯者。❶另外，家长也可以关注性教育相关的微信公众号，如"女童保护"公众号，了解预防性侵害儿童相关的知识，掌握家庭性教育的技巧和方式、方法。

2. 相关部门和社区多举措提升家长的性教育能力

相关部门和社区通过举办社区家长性知识培训班，或者印发性侵害防治知识的小册子，或者开辟社区专栏等线下手段进行宣传，对家长和未成年人普及性知识。社区是人们的主要生活和活动场所。政府部门和相关的社区工作人员应充分利用社区宣传阵地，做好科学的性知识普及和教育。线下的宣传、学习方式虽然与线上的学习方式相比受众者有限，但能够对学习对象进行一定的监督，在一定程度上更能确保学习的成效。另外，随着生活节奏的加快，现代人的工作压力和工作强度比较大，社区性知识培训活动应尽量在晚上开展或者利用周末和节假日开展，以确保家长的参与度和学习效果。另外，印发的宣传小册子中的性侵害防治知识应尽量采用文字与图片、漫画等相结合的方式呈现，使内容具有可读性、易懂性，确保各学历层次的家长都能够看得懂，想得明白。

3. 利用公共媒体平台对性侵害防治知识进行宣传和普及

电视节目是性侵害防治知识的一种好的宣传平台，可以开辟专业的电视节目或者在专门的电视频道以多种方式进行性侵害防治知识的宣传和教育，可以邀请专家举办性知识访谈类节目，也可以以情景剧的方式播放节目，或者以动画的方式播放性知识和预防儿童性侵害知识。比如，中央电视台社会与法频道《守护明天》节目，由《法律讲堂》栏目策划，邀请检察官、专家以及家长、老师和孩子们一起走进演播室，针对涉及侵害未成年人权益，包括性侵害未成年人犯罪的话题进行探讨交流。该节目选取真实案件，分析案件背后的成因，提出解决建议及预防措施，以避免类似悲剧的发生。通过电视节目展播，让未成年人的家长认识到对孩子进行家庭性教育的重要性，以及认识到家庭性教育中自己应担负的角色责任与义务，转变家长的性观念，提升家庭性教育的能力。

4. 开设公益性的性侵害防治知识的家长网络课程

开发性知识和性侵害防治知识的家长网络课程相较于线下的家长自学、社区家长性知识培训和发放相关的宣传小册子等方式，其受众更广，也更容易组织实施。随着网络技术的发展和智能手机的普及，手机成为人们工作、

---

❶ 龙迪：《综合防治儿童性侵犯专业指南》，北京：化学工业出版社，2017年。

学习和社交的必备工具，性侵害防治家长网络课程应成为提升家长性教育能力的主要途径。家长公益网络性教育课程的推广首先应确保内容的科学性和正确性，政府、相关的卫生部门、教育部门以及共青团等应组织权威的性教育研究专家，对网络性教育课程的内容进行科学评估，开发适合家长学习并通过国家审核的网络课程，在全国按层级负责制进行推广。具体到家长个人的学习应以街道或社区为单位，组织专人负责推广和普及，以确保未成年人家长人人学习，人人具备家庭性教育的能力。

（四）不同年龄段未成年人家庭性教育的内容

家长应对未成年人实施性教育，但性教育的内容应符合不同年龄段未成年人身心发展的特点，在不同的年龄段性教育的内容应有所侧重。

1. 学龄前阶段的性教育内容

学龄前的性教育可以分为0—3岁和3—6岁两个阶段。0—3岁阶段是父母或者监护人完全家庭监护时期。根据儿童能力发育的特点，12个月的婴儿就能够叫出物品的名字，能够正确分辨和记住自己的手、眼睛、鼻子等身体部位，19—24个月的婴儿能够用语言表达自己，会说简单的句子，能听从简单的指挥，能回答简单的问题，但不具备危险意识。3岁的婴儿具备了数几个数字的能力，同时能够正确分辨男女性别。根据3岁幼童的能力发育特点，家长实施性教育时，可以教会孩子认识自己身体的各个部位，教会孩子如何识别男性和女性。3—6岁的孩子，基本进入幼儿园阶段学习，生活自理能力和语言能力进一步增强。该年龄阶段的幼童应教会其隐私部位的认识和保护，让孩子敢于对他人触及自己隐私部位或者身体其他部位而感到不舒服的时候说"不"。同时，告诉孩子当有幼儿园老师或者有其他人触摸自己的身体且有感到不舒服的体验时，要及时地告诉自己的父母。我国台湾地区幼儿园阶段的性教育之两性平等之教育、正确性心理之建设的教学目标，认为只需要让学生通过学习能够形成肯定人性之良善面及社会之光明面的意识，并且能够对自己的身体有基本的认识即可。对他人性自由之尊重和性侵害犯罪之认识的教学目标中，幼儿园阶段的教学应包括尊重身体自主权，能够分辨好与不好的碰触行为，尊重他人隐私权的内容。

2. 小学阶段未成年人的性教育内容

在家庭性教育中，处于小学低年级阶段的学生，家长应进行科学的生命诞生的过程教育，教会孩子明白爱的意义和交朋友的方法以及朋友的选择。教会孩子明确男性和女性之间有区别和具有不同的性别角色，以及遇见陌生人时如何相处和保护自己等相关知识。小学中高年级的学生处于青春期的前期，家长应对子女进行生理卫生和健康方面的教育，让孩子正确面对自己身体的变化，教会孩子如何与异性相处。对孩子进行性骚扰、性侵害犯罪的识别教育，教导孩子基本的预防性侵害的知识和技能。同时，应对孩子进行两性关系的意义和后果的教育，指导孩子如何正确面对和看待网络色情信息以及从其他渠道了解到的性知识。

3. 初中阶段未成年人的性教育内容

中国性学会秘书长童立认为："初中阶段未成年人的性教育，应引导孩子全面了解青春期的生理知识。尤其要引导孩子对第一性征、第二性征器官功能发育的正确认知及保健。帮助女孩子了解生理发育与月经初潮，帮助男孩子了解遗精等正常生理发育方面的知识。教导孩子学会正确处理青春期性冲动，坦然面对自慰、性幻想和个人隐私等方面的问题。注重人际交往，特别是和异性相处中的交流和沟通的界限问题。"[1] 处于青春期的中学生对自身性发育、性成熟的生理变化产生好奇感及探索心理，容易产生性烦恼和性困惑问题。男孩对手淫、遗精、性梦容易产生错误认识，女孩对月经、性幻想、自己体型的消极认知和评价，偷看色情影片、早恋及过早性行为等，是青少年较为突出的心理行为问题。初中年龄阶段的学生，家庭性教育尤为必要，父母应引导孩子正确面对青春期产生的生理和心理变化，帮助孩子树立健全的爱情观，帮助孩子正确、理性地对待异性情感和两性性行为，尤其要告知孩子两性性行为对自身和双方产生的后果。对于男孩而言，还要告知其两性性行为的危害后果，有可能触犯刑法构成犯罪。随着互联网的发展，利用网络平台诱骗未成年人进行约会强奸的案件有上升趋势，家长应强化对孩子防治性侵害知识的教育，尤其要对孩子进行防治约会强奸教育，帮助孩子识别性侵害犯罪行为、掌握性侵害防治措施和应对性侵害的技巧。

4. 高中、大学阶段未成年人的性教育内容

随着性观念的发展和变化，社会对没有妨碍他人的婚前性行为越来越宽容，青少年恋爱已不足为奇。上海社会科学院社会学研究所课题组联合中国青少年研究中心少年儿童研究所、广州穗港澳青少年研究所等在全国范围内针对15—24岁青少年的大规模调查显示，北上广初中生中有过恋爱经历的比例为10.6%，高中生中有过恋爱经历的比例为42.3%。青少年对婚前性行为的接受度明显提升，同时呈现显著性别差异。调查显示，与1999年和2004年相比，男生对"婚前应守贞洁"的认同度分别下降了5.7个和0.4个百分点，

---

[1] 童立：《性教育要从娃娃抓起》，《健康报》，2019年5月30日。

女生的认同度则分别下降了 10.3 个和 9.3 个百分点。❶ 有学者对大学生恋爱性行为的调查显示，当今大学生对恋爱性行为容许度较高，面对恋人提出的性要求有 26.0% 的大学生表示同意，13.8% 的大学生表示否定。独生子女家庭大学生恋爱发生性行为的比例为 33.3%，非独生子女家庭大学生恋爱发生性行为的比例为 20.3%，城镇生源大学生恋爱发生性行为的比例为 33.6%，农村生源大学生恋爱发生性行为的比例为 17.7%。❷ 可见高中生和大学生恋爱现象越来越普遍，对性行为的接受度和包容度也越来越高。针对高中职阶段未成年人的性教育内容，强化对该年龄段的未成年人进行性取向的教育、约会强暴的教育和防治性侵害的教育。有学者认为，高中、大学年龄段的性教育的内容应侧重于教育学生掌握各种避孕方式，掌握各种性病、艾滋病等疾病的预防，树立正确的性道德观念和性态度，理解和尊重不同的性取向，思考爱情、婚姻、性三者之间的关系，掌握同性或异性交往中表达感情和拒绝的技巧，理性面对失恋和处理恋爱中的矛盾，思考家庭的责任和意义，理解性行为的后果和责任担当。高中生和大学生处于非成年向成年的过渡阶段。18 岁以后的青少年已学会了控制自己的情绪，行为特征也较为稳定，情绪较为平和，在情绪、行为、态度等方面都较为稳定。该时期的青少年大多数都经历脱离父母单独参加社会活动、住校和大学生活，但缺乏社会经验和足够的自我保护意识，容易遭受伤害。在恋爱中缺乏正确的恋爱观和性行为安全意识，对性行为缺乏责任感和担当意识。因此，高中和大学阶段青少年的性教育内容，应在前几个阶段教育的基础上，强化性安全意识和自我责任意识，帮助其树立科学、理性的情感观和性观念，包括避孕知识，性疾病知识，恋爱、婚姻、性三者之间的关系问题，恋爱观教育，感情的责任与担当教育等。高中阶段的青少年应注重爱情观和性安全意识的教育。大学阶段应注重性安全教育、爱情与婚姻、性的关系教育以及强化感情的责任与担当教育。

总之，家庭性教育是父母应尽的责任和义务。家庭性教育是一种健康教育、爱的教育和责任教育。父母是未成年人接受性教育的第一任老师，父母应积极学习专业、科学的性知识，提升家庭性教育的能力和本领。父母应树立家庭性教育从娃娃出生开始的教育观念。家庭性教育是一以贯之的教育，不同年龄段的家庭性教育内容应与子女身心发展状况相一致，并在教育内容上有所侧重。家庭性教育不应仅仅理解为性生理和两性性行为的教育，更应是一种人格

---

❶ 《上海社科院报告：北上广中学生"早恋"现象不容乐观》，http://www.sohu.com/a/238888
369_123753？_f=index_chan08news_6，访问日期：2019 年 12 月 31 日。

❷ 刘影春、王云等：《大学生恋爱性行为调查与分析》，《教育学术月刊》2012 年第 2 期。

教育和性别平等教育。家庭性教育应强化正确性心理的建立和对他人性自由、性取向的尊重教育，强化安全性行为和自我保护性知识的教育，性侵害犯罪之认识、性侵害危机处理和性侵害防范技巧等内容的教育，最大化保护未成年人免受性犯罪和一切危害未成年人身心健康的与性相关的行为伤害。

二、学校层面侵犯未成年人性权利犯罪防治措施的多维建构

（一）各层级学校性教育课程化和常态化

我国学校性教育的发展，一直处于有要求、有号召，无有效性实施的状态。在法律上没有明确具体地规定学校开展性教育的模式和具体的内容，教育行政主管部门也没有硬性要求。学校在性教育的开展上各自为政，缺乏性教育的专业师资，没有将性教育作为学校教育的专门模块来组织实施教学。没有统一的教学大纲，没有教育部门统一指定的适宜各层级学校学生特点使用的性教育教材，更没有统一的具有指导意义的教师指导手册等。性教育应是公民享有的基本的不应被剥夺的教育权利，学校性教育需要从立法上加以明确，以使性教育课程化、常态化和专业化。

1. 形成性教育是健康教育的理念和普遍共识

我国学校性教育处于普遍缺乏的状态。"女童保护"公益组织自 2014 年以来连续 4 年对 14 岁以下的儿童接受性侵害防治教育的情况进行抽样调查，结果显示无论是城市还是农村儿童都普遍缺乏性侵害防治教育。2017 年"女童保护"对 2714 名城市儿童、3444 名农村儿童进行调查显示，城市 49.96%、农村 55.17% 的儿童未接受过性侵害防治教育。[1] 学校性教育难以开展的根源在于人们对性教育认知的偏差，没有将性教育界定为健康教育的范畴，没有认识到性教育是人一出生就应进行的健康教育。人们对性教育的错误认知表现在谈到性教育就认为是指性器官和两性性行为的教育，殊不知真正的性教育更应强调有关两性之间态度的发展和指引，是一种爱的教育。在教育内容上不仅仅包括性器官、两性性行为的教育，更应包括性别平等教育、正确性心理的建立、对他人性自由的尊重以及性侵害犯罪的认识、防范、处理等。错误地认为孩子太小不宜接触性知识，进行性教育可能导致孩子学坏，孩子不需要性教育，孩子大了就自然懂了。更有甚者认为，性问题是难以启齿的，谈性是可耻的、肮脏的，讲性知识是难为情的。我国还没有普遍形成性教育是健康教育的理念，对性教育认知的偏差、无师自通的性教育观念等阻碍了

---

[1] "女童保护"微信公众号：《"女童保护"2017 年性侵儿童案例统计及儿童防性侵教育调查报告》，发布时间：2018 年 3 月 2 日。

学校性教育的普遍化、常态化发展。

2. 从法律层面保障学校性教育的实施，规定必修的教学学时和教学内容

近年来，随着性侵害儿童案件的不断被曝光，我国惩治和预防性侵害未成年人犯罪的措施以及开展性教育的有关规定先后出台。2011 年，国务院印发《中国儿童发展纲要（2011—2020 年）》明确要求"将性与生殖健康教育纳入义务教育课程体系"；2013 年 9 月，教育部、公安部、共青团中央、全国妇联发布《关于做好预防少年儿童遭受性侵工作的意见》；2013 年 10 月，最高人民法院、最高人民检察院、公安部、司法部联合发布《关于依法惩治性侵害未成年人犯罪的意见》；2018 年 12 月，教育部办公厅印发《关于进一步加强中小学（幼儿园）预防性侵害学生工作的通知》；2019 年 2 月，最高人民检察院发布的《2018—2022 年检察改革工作规划》明确了建立健全性侵害未成年人违法犯罪信息库和入职查询制度。这些规定无疑对预防未成年人遭受性侵害具有积极的意义。但是，现有的没有上升到法律层面的规定不足以保障学校性教育的贯彻实施。涉及学校性教育内容的《关于做好预防少年儿童遭受性侵工作的意见》和《关于进一步加强中小学（幼儿园）预防性侵害学生工作的通知》虽然都规定了要科学、深入地开展预防性侵害防治教育，但都是原则性的规定，没有明确、具体规定性侵害防治教育的学时和具体内容以及怎么教、教什么等，从而使性教育的贯彻和实施流于形式，甚至是真空状态，况且性侵害防治教育只是性教育的内容之一。因此，不仅应从法律层面规定性教育的课程设置、必修时间和教学内容来保障学校性教育的实施，还应为学校性教育的贯彻和实施营造良好的社会环境。

3. 应注重学校专业化性教育师资的培养和培训

我国学校性教育不仅没有常态化，也没有一支具备性教育专业知识和素质的稳定师资，在性教育一线的教师绝大多数是其他课程的兼职老师。目前我国高校只有首都师范大学和成都大学开设了性教育的辅修专业，还有华中师范大学培养的屈指可数的人类性学硕士研究生，这几所学校培养的为数不多的性教育学生远远不能满足学校性教育的需要。即便如此，由于在中小学乃至大学性教育没有常态化、普遍化，这些为数不多的具备性教育能力的人才在就业时也面临尴尬的局面。2011 年 3 月媒体曾报道的希望当性教育老师的彭露露求职屡次碰壁的新闻，引起了社会和有关部门的关注，热情的媒体帮助她联系的许多中小学均表示不需要这方面的专业老师。❶2017 年 9 月，全

---

❶ 屈建成：《"性学"女硕士求职屡屡碰壁 希望当性教育老师》，https://news.qq.com/a/20110329/000014.htm，访问日期：2019 年 11 月 20 日。

国专业人才储备工作委员会、全国商务人员职业技能考评委员会联合通过了"性教育讲师"的考核备案，开启了我国性教育讲师培训、考评和从业资格证书的认定工作。❶ 除此之外，相关的部门、社会机构和平台也推进了培训性教育师资队伍的步伐。例如，"你我伙伴性教育支持平台"针对开展学校性教育的老师、公益组织工作人员、社工等开设一周共 3.5 小时的"性教育种子教师培训课程"。2018 年 9 月 22 日，由厦门市妇联、教育局主办的"首届厦门市儿童性教育师资队伍培训"举办，培训对象包括厦门市各幼儿园及小学老师、社会组织中的社工和心理咨询师等 150 多人。设立在中国少年儿童文化艺术基金会下的"女童保护"公益项目，截至 2018 年 12 月底，培训了"女童保护"讲师志愿者数万人。尽管如此，已有的性教育教师培训模式在培训的时间、专业性和内容的全面性上具有先天的不足，难以使已参加培训的教师具备专业教授性教育课程的能力和技能，性教育师资应同其他课程一样具备专业化的师资，应重视学校专业化性教育师资的培养和培训。

4. 统一不同层级学校性教育的教学大纲，指定丰富的可选择的教材

目前，有关部门、机构、学校、社会组织和专家意识到学校性教育的重要性，也研究出版了学校性教育的教材、教师手册、网络课程和性教育读物。如 2014 年刘文利主编、北京师范大学出版社出版的《珍爱生命——小学生性健康教育读本》共 12 册，开创了我国小学性教育历史的先河。性教育专家方刚主编了《中学性教育教案库》。"女童保护"公益组织 2013 年以来经过不断修改也编写了《"女童保护"儿童防性侵标准教案（家长版）》和《"女童保护"儿童防性侵手册（家长 / 教师版 2017）》。2016 年玛丽斯特普中国、广东省绿芽乡村妇女发展基金会、不羞学堂和爱成长综合性教育课堂 4 个专业合作组织合作建立的"你我伙伴性教育支持平台"提供 8 个课时的课程供初高中使用，课程结构采用以视频为基础的参与式教学，内容涉及男性与女性、生殖系统、青春期、避孕、流产、性行为、性暴力、爱情与婚姻等内容，截至 2017 年底被全国超过 600 所学校使用，并且已经有超过 10 万名小学、中学、职业学校的学生接受了不同的课程。成都市龙泉驿区机关幼儿园教师制作了适合本园幼儿的性教育课程，开发《幼儿性教育家长指导手册》和《幼儿性教育教师指导手册》。研究性教育的学者也出版了相关的书籍，如性教育专家胡萍的《剑桥男孩成长记》《剑桥男孩求学记》等。但由于没有统一不同层次学校的性教育教学大纲和教学内容，市面上已出版的性教育教材、社

---

❶ 吴朝香：《70 多人获性教育讲师国家证书 "持证讲性"课要怎么上》，http://news.cctv.com/2018/11/21/ARTIGXjQmyIIUtn4PLcK5mvZ181121.shtml，访问日期：2019 年 11 月 20 日。

会公益组织编写的儿童防性侵教案和手册、幼儿性教育家长指导手册和教师指导手册等，在性教育内容是否符合人们的性教育认知、教材内容科学性和适宜性没有经过权威的论证和评估等方面还存在问题。因此，我国应在全面调查研究的基础上，根据不同层级学校学生对性教育知识的需求，拟定性教育教学大纲，编辑出版符合不同层级学校学生需求的性教育教材和教师使用手册，开发网络性教育资源和辅助教学教材和读物，经过权威部门和专家评估、筛选后推荐给学校和学生使用，从而实现学校性教育的供给与需求的精准对接。

（二）学校对性侵害未成年人犯罪负有强制报告义务

学校是未成年人除了家庭之外的主要活动场所。校园是性侵害犯罪的多发地，教师是校园性侵害未成年人犯罪中的主要犯罪主体。校园性侵因为教师与学生之间的信任和教育与被教育的关系，教师很容易利用课堂教学、检查作业、备课、做游戏和查寝等工作便利对学生实施侵害。校园性侵害往往具有被害人多人、同一被害人多次被害的特点。学校负责人和教师对未成年人具有教育、管理的责任和义务，应履行性侵害未成年人犯罪的及时报告义务。美国各州的学校不仅对师生之间接触的方式方法在教师守则中有明确的规定，还规定了特定主体之行政工作人员、教师、校医和义工等都是强制报告义务人。如果这些具有强制报告义务的主体在校园内发现有性侵害未成年人的案件发生却不举报，将会面临罚金或短期监禁的刑罚。根据《关于做好预防少年儿童遭受性侵工作的意见》第 7 条的规定，各地教育部门应建立中小学性侵犯案件及时报告制度，一旦在校园内发生性侵犯学生案件，学校或者家长都有义务报警并相互告知，同时学校要及时向上级教育主管部门报告且有义务严格保护被害人的隐私，避免被害人遭受"二次被害"，这样的规定对揭发和遏制校园性侵害案件具有积极的作用。然而，在实践中，部分学校和领导对校园性侵害案件的处理不够重视，缺乏对校园性侵害案件犯罪性质的正确认识，没有厘清教育行政主管部门在教育管理工作中的权限和职责，以至于将严禁强奸、猥亵未成年学生作为学校的内部禁止性管理规定。更有学校在发生性侵害未成年人学生案件后，首先考虑的是学校的声誉和可能要承担的责任，故意缓报、瞒报，包庇犯罪人，助长了无德教师的罪恶行为。❶因此，不仅应明确学校对性侵害未成年人具有强制报告义务，更应规定违反强制报告义务应承担的法律责任。可借鉴美国的规定，对违反强制报告义务者判处罚金甚至剥夺自由的刑罚。

---

❶ 康均心、刘猛：《我国中小学校园性侵犯罪的防制》，《青少年犯罪问题》2014 年第 2 期。

（三）严密学校的安全防控体系

1. 学校安全防控体系的现状

校园性侵害案件的发生有多方面的原因，但就学校方面的原因而言，学校安全防控体系的缺失与不健全是主要的原因之一，主要表现在以下几个方面。一是学校日常安全管理不到位。学校缺乏严格的日常安全管理制度和值班制度。校园性侵案件的犯罪主体不仅有学校的领导和教师，也有学校的后勤工作人员，包括保安、食堂工作人员、宿管工作人员等，还有校外的外来人员。被害人被害的地点多为教室、教师宿舍、教师办公室、学生宿舍、学校废弃的房间以及学校的偏僻处等场所。不少学校，尤其是乡镇寄宿式学校，没有落实保安24小时巡逻制度和教师值班、查寝制度，没有严格的学生请假、销假制度和学生接送交接制度，对校外来访人员和车辆没有落实严格的登记制度和身份核实制度，没有很好地落实夜间查寝制度和严格异性教师不能进入学生宿舍的有关要求等。二是学校缺乏电子监控设施。近年来，我国的教育事业得到了很好的发展，学校硬件和软件实力都得到了加强。但农村地区的中小学，尤其是偏远落后地区的乡村小学，不仅师资力量严重不足，甚至还处于教师一支粉笔、一本书的传统教学状态。学校没有网络，没有办公电脑，更谈不上安装先进的监控设施。三是学校缺乏对教师的教育管理。学校对老师的评价更多集中于教学能力、科研水平以及学生的学习成绩和升学率等指标，很少关注教师的师德师风问题。不少性侵害未成年人学生的教师都是在以能力素质强、优秀教师的良好形象示人的情况下，利用自己的教师身份和学生不敢声张的心理实施残害未成年人的性侵害行为的。不少学校未明确老师与学生之间相处的禁止性规定，师德师风建设没有引起重视，没有畅通师德师风问题检举机制和渠道。

2. 严密学校安全防控体系

严密的学校安全防控体系是未成年学生人身安全和身心健康的重要保障，学校应高度重视安全防控体系的建构。一是要健全学校的日常安全管理制度，严格落实安全管理责任。各地教育管理部门要坚持"谁主管、谁负责，谁开办、谁负责"的原则，严格落实中小学校长作为校园内部安全管理和学生保护的第一责任人制度。学校应制定完备的日常安全管理制度，尤其要落实24小时不间断的校园巡逻制度和值班制度，健全外来人员和车辆登记制度和身份核实制度，健全夜间查寝制度，健全学生接送交接制度和学生请假、销假制度。二是政府和教育主管部门尽最大可能完善各层级学校的基础监控设施，充分发挥监控设施对学生权益的保护功能。在美国，很多学校每年都会购买大量的摄像头、探测器、人脸设别器等对校园实行"无死角"监控。❶一旦有校园性侵害案件发生，校园监控系统能够尽快地帮助警方固定证据、锁定犯罪分子，及时惩治犯罪，对预防校园性侵害具有很重要的作用。除了美国，加拿大的学校也是各种监控器材最密集的地方，学校不得自行删除和剪接监控影像资料。三是强化对教师的日常管理，转变重业绩轻道德的教师评价机制，强化师德师风建设。学校应明确规定师生之间相处的语言和行为界限，明确规定未经宿管人员许可，任何男性包括教师、家长都不能进入女生宿舍，男性教师更不能进入女生宿舍查寝。针对班主任和任课教师利用课堂教学或者改试卷、作业等机会对学生实施性侵害行为，学校可以尝试探索助理班主任制度。同时，学校要强化师德师风建设，经常性地开展培训和教育活动。在对教师的考核评价中，将德行放在首位，实行师德失范行为一票否决制度。

三、社会层面保护未成年人性权利免受不法侵害的措施

社会有责任、有义务为未成年人的健康成长提供有利的环境。未成年人性权利免受不法侵害的预防措施需要多方面的努力，有学者主张"一体联动"地应对性侵害未成年人犯罪，所谓"一体"指通过减少未成年人的被害性和犯罪人的犯罪性实现对未成年人性权利的保护。"联动"是在国家亲权和自然亲权相结合的思路下建构家庭、学校、社会组织、公权力机关多方有效信息沟通和相互配合机制。❷社会层面建构保护未成年人免受性侵害的措施具有重要意义。

（一）对辖区内的失序行为加以遏制

对辖区范围内的侵犯性乞讨、骚扰行为、校园骚扰欺凌事件，对欺凌未成年人的可疑人员、尾随和密切接触未成年人的可疑人员等加以排查，遏制进一步的危害。如果对这些失序行为不加以排查和制止，则对于潜在的犯罪人来说是一种积极的鼓励信号，不利于防范被害的情景建构，导致普通的不法行为升级为犯罪行为。❸同时，对社区的闲散人员要加以排查，对社区中未成年人的异常行为也要加以制止和教育，比如未成年人违法违纪行为、经常性的迟到旷课行为、经常出入网吧行为、对抗管教行为、结交不良同伴的行

---

❶ 李聪、曹虹：《论我国性侵害儿童犯罪防控机制的建构——以美国性侵害儿童犯罪防控经验为鉴》，《广西警察学院学报》2018年第6期。

❷ 赵国玲、徐然：《北京市性侵未成年人案件的实证特点与刑事政策建构》，《法学杂志》2016年第2期。

❸ 赵国玲、徐然：《北京市性侵未成年人案件的实证特点与刑事政策建构》，《法学杂志》2016年第2期。

为、骚扰女性的行为等都要及时地发现，并与家长一起开展对未成年人的社区教育活动，遏制未成年人的不良行为，防止其进一步发展为犯罪行为。

（二）经常性开展社区性侵害犯罪法律知识和防性侵知识的宣传和教育活动

性侵害未成年人犯罪的法律宣传活动，可以强化社区公众的法律意识，明晰性侵害未成年人犯罪的罪与非罪、此罪与彼罪的界限，增强与犯罪行为作斗争的积极性。同时，根据费尔巴哈的心理强制学说，如果使违法行为中蕴涵某种痛苦，已具有违法精神动向的人就不得不在进行违法行为时可能给其带来的"苦"与"乐"之间进行细致的比较与权衡，使其避"苦"求"乐"。对于潜在的犯罪人而言，如果能够明晰实施性侵害未成年人行为将要承担的法律后果，不断强化不去实施性侵害未成年人犯罪行为的心理暗示，就能达到一般预防犯罪的目的。对于潜在的被害人而言，通过性侵害犯罪的法律宣传和防范性侵害知识教育，能够使其准确地辨别性侵害行为，建立一种防范性侵害的心理屏障，掌握基本的防范性侵害的技巧。在实践中，行为人尤其是熟人实施的性侵害未成年人犯罪行为，在心理上有一个前期的不断试探和深化侵害行为的过程。如果行为人实施前期试探性行为，被害人没有表示反抗，或者只有轻微反抗，行为人则会进一步实施侵害行为；如果行为人实施性侵害行为后，没有被人发现或者揭发，则会强化行为人不断地实施性侵害未成年人的信心和决心。有媒体报道，85 岁的楚某利用零食和零花钱在长达 3 年的时间里多次诱奸 5 名幼女，被害的 5 名幼女根本不知道楚某对自己实施的行为是性侵害行为，在零食和零花钱的诱惑下，竟然结伴或者独自多次前往行为人家中。在长达 3 年多的时间里，即使楚某性侵害幼女的行为在小区传得沸沸扬扬，被害人家长也只是象征性地口头警告，并没有诉诸法律追究行为人的刑事责任。最终，因一位被害人家长发现被害人的日记选择报警而案发。❶ 该案件充分暴露了未成年人在成长过程中，家庭、学校和社区等对被害人性侵害犯罪法律知识宣传和防范性侵害知识教育的缺失，导致了悲剧的发生。

（三）净化社会环境，严厉打击未成年人色情制品犯罪

色情制品，尤其是网络色情制品的蔓延和缺乏有效监管是诱发性犯罪的原因之一。网络的即时性、隐蔽性和使用对象的不特定性都决定网络色情制品危害后果的不可估量性。在网络高速发展的时代，色情网站、网络聊天室、

---

❶ 魏红萍：《八旬老汉用零食或几元钱 3 年来多次诱奸 5 名女孩》，https://news.qq.com/a/20100707/001702.htm，访问日期：2020 年 1 月 5 日。

QQ、微信、百度网盘、贴吧、App、境外隐秘网站等已成为性侵害未成年人犯罪的重要传输路径，甚至形成制作涉及未成年人的淫秽视频、音频、小说、图片等贩卖牟利的庞大产业链。❶据台湾励馨基金会于 2015 年对未成年人接触性产业的途径进行的调查显示，通过即时通信工具接触性产业的未成年人占 43.5%，通过交友网站或者 App 接触性产业的未成年人占 24.6%，还有 11.6% 的未成年人通过色情网站接触性产业。❷未成年人缺乏成年人的分辨力和控制力，很容易在使用网络工具的过程中，在不法分子的引诱、诱骗、哄骗下遭受性侵害。同时，未成年人也容易在网络色情制品的诱惑下，实施性犯罪行为。目前，除了在法律上严厉惩治制作、传播、出卖网络色情制品，尤其是儿童色情制品犯罪行为之外，初步对网站实行实名制处理，开展打击网络涉未成年人色情制品的专项行动等。网络性侵害未成年人犯罪的隐蔽性，导致网络性侵害犯罪的打击难度大，应有具备专业职业技能的网警实时监督利用网络平台和社交软件对儿童实施网络猥亵儿童的行为，加强对传输网络色情制品尤其是涉及儿童的色情制品，包括影视作品、色情书籍、网络作品等的监管和排查，从思想上遏制犯罪人性侵害未成年人犯罪的欲望，增加犯罪人利用网络实施性侵害未成年人犯罪的难度。

（四）性侵害未成年人犯罪高发场所的重点防治

性侵害未成年人犯罪高发场所往往是犯罪人的住所或者附近、被害人的家中以及旅馆、宾馆等地。有课题组对近年来性侵害未成年人犯罪案件进行分析发现，性侵害未成年人犯罪发生在犯罪人家中的比例最高，占 30.16%；其次是旅馆，占 26.86%，还有 19.66% 的性侵害未成年人犯罪发生在被害人家中。❸根据情境预防理论，可以通过对影响犯罪发生的直接环境的管理来控制行为人的犯罪欲望，进而抑制犯罪。英国犯罪学家认为情境预防技术主要通过增加犯罪的困难度、提升犯罪的风险以及减少犯罪的收益三个层面。❹这三个层面在一定程度上可以控制犯罪人的犯罪欲望，进而达到一般预防犯罪的目的。因此，为有效地预防性侵害未成年人犯罪的发生，一要强化家长、监护人和学校对未成年人的监护职责和义务。不允许年幼的未成年人脱离监护人单独外出、独自在家、独自与异性相处或者前往他人的私人住所，减少犯

---

❶　常鑫：《男子传百部儿童淫秽视频，牵出 17 人性侵幼女大案》，https：//news.qq.com/a/2016 1110/001374.htm，访问日期：2020 年 1 月 8 日。

❷　台湾励馨基金会：《二十年，儿童性剥削与色情减少（杜绝）了吗？》，https：//www.goh.org. tw/tc/p6-initiative_detail.asp？PKey=aBNRaB38aBLWaB32，访问日期：2020 年 1 月 8 日。

❸　魏红、方庆展：《强奸未成年人犯罪特征及发展趋势分析》，《行政与法》2018 年第 5 期。

❹　［英］戈登·休斯：《解读犯罪预防——社会控制、风险与后现代》，刘晓梅、刘志松译，北京：中国人民公安大学出版社，2009 年，第 87-88 页。

罪人可以实施犯罪的条件和机会。二要强化对未成年人的管理和教育。教育年幼的未成年人不要单独与异性相处，没有成年人在家的情况下，有异性前往家里不要开门。家里尽量不要留宿异性，尤其是陌生人。三要完善对社区的宾馆、旅馆和可疑人员的排查。公安机关应加强对住宿场所的排查工作，增加监控摄像头的数量并定期维护。应强化旅馆、宾馆的工作人员对住宿人员的身份和年龄进行核查的义务，如果发现有年幼的未成年人与异性一起住宿，应及时报警，以增加性侵害未成年人犯罪的难度，增加犯罪的发现率和犯罪人犯罪的风险。

（五）建构性侵害未成年人犯罪的全民披露和监督体系

性侵害未成年人犯罪的防治需要全社会的共同参与和努力，需要形成全民保护未成年人免受性侵害的社会共识，构建一个全民参与、全民监督的保护网络。在规定对未成年人负有特殊职责的人员对性侵害未成年人犯罪具有强制报告义务的基础上，还应建立全民披露和监督体系。英国的"儿童性犯罪者披露计划"就是以保护他人免受伤害或预防犯罪为中心而建立的多机构公众保护管理机制。只要市民发现有因性侵害儿童行为被定罪的人有制造严重伤害的危险时，就可以向最有利于保护未成年人的人披露该信息。该计划让全民参与到预防性侵害未成年人犯罪、监督性侵害未成年人犯罪人和保护未成年人免受性侵害的行动中，最大化减少未成年人遭受性侵害的可能性。我国也可以参照英国的"儿童性犯罪者披露计划"，让全民参与到防治性侵害未成年人犯罪的行动中，为未成年人创造安全、健康、快乐成长的社会环境。

第三节　强化性侵害未成年被害人的救助

有研究表明，儿童性侵犯是导致儿童、青少年或成年幸存者出现情绪问题、行为问题、学业或职业问题、人际关系问题和健康问题的重大风险因素。主要表现为精神病症的风险、出现干扰身心健康和发展的长期后果以及各种创伤反应。其中，精神病症主要表现为创伤后应激障碍、抑郁、焦虑、强迫症、行为问题、性行为问题、自我伤害或自杀、解离障碍、身体解离障碍、边缘人格障碍、进食障碍、酗酒和精神活性物质依赖。如果受害儿童不能及时地获得来自家庭、学校、社区的人际支持，这些病症可能会持续到儿童成年后，严重地破坏被害儿童的生存、发展和享受生活的能力。❶ 性侵害对未成

---

❶ 龙迪：《综合防治儿童性侵犯专业指南》，北京：化学工业出版社，2017年，第22页。

年人，尤其是年幼的儿童造成的负面影响是极其复杂的，不仅包括人身安全受到威胁所造成的伤害，也包括信任受到背叛所造成的伤害。比如，幼童遭受来自父母、老师、亲属、朋友等这些自己所依赖和信任的人以关心、照顾、爱护为名实施的性侵害后，随着年龄的增长渐渐地明白这些人对自己实施的是性侵害，被害儿童会感到自己对这些侵害人的信任受到了背叛，不再相信对自己关心和与自己亲近的人。当然，并非所有遭受性侵害的儿童都会出现这些明显的被害后的创伤反应。但是，没有出现这些被害后创伤反应的受害者并非没有伤害。所以，性侵害未成年人犯罪对于被害人而言，主要是对其造成长期的心理和精神上的伤害，性侵害未成年被害人更需要被害后的心理支持和人际支持。同时，性侵害未成年人犯罪暗数高，除了传统性观念、隐私保护等方面的原因，也有被害人不知道如何通过法律途径维护自己的合法权益的原因。因此，处于弱势地位的性侵害未成年被害人更需要专业的法律援助。

一、多渠道建构侵犯未成年人性权利犯罪的线索发现机制

在司法实践中，不少性侵害未成年被害人被害后，被害人及其亲属出于种种原因不报案或报案不及时的情况是常有的。同时，被害人由于年龄幼小，在犯罪者的哄骗和威胁之下，往往不会在被害后第一时间内告诉家长、亲人或者向其他有关部门揭发犯罪人，进而导致性侵害未成年人案件难以在较短时间内进入司法程序，为取证带来一定的困难，不能及时地惩治性侵害未成年人犯罪人，最大化减少对被害人的伤害。还有的被害人意识到自己遭遇性侵害后，不知道如何维护自己的合法权益，或者因顾及隐私，希望有一个平台能够倾诉自己的遭遇，以获得心理上的支持，增强揭发犯罪的信心。因此，应依托社会力量，多渠道探索建构性侵害未成年人犯罪的线索发现机制。

（一）建立专门的性侵害未成年被害人服务机构

在司法实践中，被害人遭受性侵害后，往往不知道通过什么途径维护自己的合法权益。对于被害人而言，不仅要遭受性侵害给自己造成的身体上和精神上的伤害，还要面临遭受损害的合法权益无处维权的困境，这也是性侵害未成年人案件隐案率较高的原因之一。我国应设立专门的性侵害被害人服务机构，提供 24 小时电话咨询、倾诉等热线电话服务，配备专门的被害人接待室和具备专业知识的接待人员，为可能遭受性侵害或者已经遭受性侵害的未成年人提供心理辅导、生活指导和法律咨询、救助等方面的服务，从而给予可能遭受性侵害的被害人和已经遭受性侵害的被害人专业的帮助和支持，增强遭受性侵害的未成年被害人及其家属报警惩治犯罪人的意愿，尽可能减

少性侵害未成年人"隐案"情况。

（二）积极发挥检察院控申科和各个社区检察室对外接待窗口的作用

检察院控申科在接待来访、来信和开展宣传、提供法律咨询的工作中以及各社区检察室在对外接待工作中，对于来访人员反映性侵害未成年人犯罪案件的有关线索时，应及时将案件线索移送未检科，由未检科介入对可能发生的性侵害未成年人案件进行调查，如果案件符合立案标准，应及时督促公安机关进行立案侦查。这样不仅能够及时发现、受理和侦办性侵害未成年人案件，还能够给予被害人和家属通过法律途径维护合法权益的信心和勇气，减少被害人因遭受性侵害带来的身心痛苦，实现一般预防犯罪的目的。

（三）学校、妇联、街道社区等部门共建性侵害未成年人维权平台

学校、妇联、街道社区应加大对性侵害未成年人犯罪以及维权的宣传与教育，建立性侵害未成年人信息共享和发现机制，建构性侵害未成年人犯罪线索发现平台。我国某市某区依托区检察院与区教育局共同开创了检校共管平台、区青少年保护维权热线、未成年人心理健康倾听热线、团区委青少年服务台、区妇联知心小屋及白玉兰开心家园等关爱未成年人的维权平台，及时将可能发生的性侵害犯罪信息线索移送公安机关督促立案，扩展案件线索来源，确保对被害人司法救济的有效性。[1]学校、妇联和街道等应开展相关的预警教育活动。教育部门应针对实践中未成年人缺乏自我保护意识或者受到犯罪人的诱骗，比如约见网友、对方以物质进行诱骗等而遭受的性侵害情况进行预警性的教育。妇联、街道等应对家长开展未成年子女有效监护的教育，降低被害人遭受性侵害的可能性。

（四）强化医院与医务工作人员对可能发生的性侵害未成年人案件的注意义务和救助责任

医院和医务工作人员在发现就医的未成年人有可能遭受性侵害时，应及时将可能涉及的性犯罪线索向公安机关或者检察院的未检部门报告。比如，对就医的未成年人进行医学检查时，发现未满14周岁的未成年人怀孕、隐私部位有撕裂伤、出血或者处女膜破裂等异常时，应及时向有关部门报告。同时，在发现未成年人有可能遭受性侵害时，医院和医务工作者应进行优先的救治与保护，并保留有关的医学证据。另外，对被害人进行救治的医院和医务工作人员应保护被害人的隐私，严禁泄露就医者的个人信息。无论是直接接诊的医生还是其他的医务工作人员都有保护就医者隐私的义务。

[1] 上海市奉贤区人民检察院课题组：《性侵害未成年人犯罪案件的惩治、预防、救助机制研究——以S市D区人民检察院实践为例》，《犯罪研究》2016年第4期。

二、建构性侵害未成年被害人的专业化全面救助体系

性侵害未成年被害人遭受的伤害是全面的。乐施会中国项目部社会性别与公益组织发展项目主管钟利珊就认为："儿童性侵犯是对儿童权利的全面侵犯，威胁儿童的人身安全，阻碍儿童生理、心理和社会性格各方面的发展，导致多种心理和精神上的伤害。除了给儿童本身带来伤害外，家庭也会承受很大压力。尤其是在社会支持系统薄弱的社会，儿童的医疗费用、心理创伤复原、生活恢复等，更使儿童及其家庭面临巨大的挑战。"[1] 在司法实践中，未成年人遭受性侵害后，求助无门、侵害者逍遥法外的案件屡见不鲜，被害人及其亲人承受巨大的精神打击和社会压力，甚至有的被害人及其亲人因此而结束了生命。性侵害未成年被害人及其家人更需要专业的被害后的救助服务。然而，性侵害未成年人犯罪问题就像是一个禁忌，不揭露、不公开谈论、实行有限制的干预，甚至不少人认为揭露、探讨性侵害未成年人犯罪具有负面的社会影响，更不能将其作为国家层面的问题进行研究。近年来，随着媒体曝光一系列性侵害未成年人犯罪的恶性案件，政府部门和社会公众才意识到性侵害未成年人犯罪不是个例，而是具有普遍性和严重性，是一个需要解决的社会问题。无论立法还是司法，针对性侵害未成年人犯罪的惩治都有新的突破[2]，出台了特定职业领域预防性侵害未成年人犯罪的措施[3]，部分地方检察院也相继联合有关部门出台了从犯罪人层面预防性侵害未成年人犯罪的性犯罪人信息公开制度、性犯罪人信息一键查询机制等。这一系列措施，强化了对性侵害未成年人犯罪零容忍，对被害人最大化保护的原则。但总体上，对性侵害未成年被害人的社会支持体系和救助体系缺乏，且不具备专业性和全面性。

（一）建立专业的性侵害未成年被害人救助机构

近年来，国家、政府和社会越来越重视性侵害未成年人犯罪的惩治和预防，但未建立专门的性侵害未成年被害人救助机构，致使被害人在遭受性侵害后得不到有效的社会支持，承受着巨大的身心痛苦，大量的性侵害未成年人案件被隐藏。因此，应建立专门的性侵害未成年被害人救助服务机构，提供专业、全面、系统的救助服务。有学者就认为可由民政部门、

---

[1] 龙迪：《综合防治儿童性侵犯专业指南》，北京：化学工业出版社，2017年，第3页。

[2] 例如，《刑法修正案（九）》将猥亵已满14周岁男性的行为纳入刑法规制，废除嫖宿幼女罪，修改组织、强迫卖淫罪等。2013年最高人民法院、最高人民检察院、公安部、司法部联合印发《关于依法惩治性侵害未成年人犯罪的意见》等。

[3] 2013年9月，教育部、公安部、共青团中央、全国妇联发布《关于做好预防少年儿童遭受性侵工作的意见》；2018年12月，教育部办公厅印发《关于进一步加强中小学（幼儿园）预防性侵害学生工作的通知》。

各级学校、社区、公安、医疗机构联合成立儿童救助机构，并设立法律、医疗、心理等专业部门，配备专业的法律、医疗、心理咨询等工作人员，提供专业的服务。[1] 整合公安、社区、教育、医疗行业等，建立专业的性侵害未成年人救助服务机构，这样不仅有利于为被害人提供全面的"一站式"被害后的司法救助、医疗救助和心理救助服务，还能够及时地揭发性侵害未成年人犯罪行为。需要注意的是，性侵害未成年被害人救助机构提供的无论是司法救助服务还是医疗救助服务，都侧重于协助、协调、指导性地帮助被害人。性侵害未成年人救助服务机构在被害人被害后第一时间对被害人进行紧急救援、协助被害人到有资质医院就诊并保留医疗证据，为被害人提供无偿专业的法律咨询和法律援助服务，协助被害人获得专业的心理辅导和治疗等。

（二）建立性侵害未成年被害人法律援助机制

根据《中华人民共和国刑事诉讼法》第267条的规定："未成年犯罪嫌疑人、被告人没有委托辩护人的，人民法院、人民检察院、公安机关应当通知法律援助机构指派律师为其提供辩护。"即未成年犯罪嫌疑人和被告人只要没有委托辩护人的，就可以获得法律援助的权利。然而，未成年被害人，不仅是未成年人，更是合法权益遭受损害的未成年人，更需要法律的援助，但《刑事诉讼法》并没有规定未成年被害人可以像未成年犯罪嫌疑人一样，有同样的法律援助的权利。未成年人，尤其是遭受性侵害的未成年被害人，承受着物质性和精神性的双重损害，需要接受医疗救治和被害后的心理、精神上的治疗，还有不少被害人的家人，为了保护被害人的隐私和减轻被害人的精神痛苦，被迫迁居、转学和换工作，性侵害犯罪无疑给被害人的家人也造成极大的经济负担和压力。高昂的律师费用往往让被害人的家人处于无力支付的困难境地。

根据《性侵意见》的规定，性侵害未成年被害人只有在经济困难的情况下才可以通过申请获得法律援助。在刑事案件中，被害人及其家属在立案和诉讼的每个环节以及在提起民事赔偿的诉讼程序中都需要专业的法律指导服务。现有的法律援助制度并没有从性侵害未成年被害人权益保护的角度进行规定，应降低性侵害未成年被害人法律援助门槛，提高权利救济的实效性，最大化遏制性侵害未成年人犯罪，威慑潜在的犯罪人。目前，不少地方检察院积极探索、落实性侵害未成年被害人法律救助，比如某市某区检察院通过降低被害人权利救济门槛，与区法律援助中心协调，简化法律援助申请手续，

---

[1] 温雅璐：《试论性侵男童的抗制与救济》，《预防青少年犯罪研究》2014年第4期。

在审查起诉阶段第一时间告知未成年被害人及其法定代理人有申请法律援助的权利，积极为未成年被害人落实专业的法律援助律师，只要性侵害未成年被害人申请法律援助的，已实现百分百落实法律援助服务。❶ 在性侵害未成年被害人的法律援助中，不仅不应有经济困难的前提条件，还应简化对被害人申请程序的要求，至少应与保护未成年犯罪嫌疑人和被告人一样，提供同等的法律援助服务。在性侵害未成年被害人法律援助的有关规定中，应明确未成年被害人及其法定代理人或者近亲属没有委托诉讼代理人的，人民法院、人民检察院应当通知法律援助机构指派律师为其提供诉讼代理服务。

（三）建立性侵害未成年被害人监护机制

在性侵害未成年人犯罪中，熟人性侵害比例较高。不少实证研究表明，熟人性侵害中，亲属性侵害及单亲母亲的同居男友性侵害的比例较高。亲属性侵害中以继父对继女的性侵害比例最高，亲生父亲对女儿的性侵害次之，还包括叔叔、姑父、舅舅、爷爷、哥哥等亲属对未成年人实施的性侵害。同时，未成年被害人中，绝大部分受害者是缺乏有效监护的留守儿童、智障儿童、流动儿童或者父母一时疏于照顾使未成年人离开自己的视线而遭受性侵害的儿童。目前，我国法律对监护制度和监护能力的规定较为笼统，国家监护监督制度的规定也存在不足。在监护能力的规定上，《民法》对监护人具备监护能力的认定标准没有进行具体规定，对监护人的道德素养、文化水平、与被监护人之间的关系等更没有进行具体的规定。在监护监督制度的规定上也没有明确，根据《未成年人保护法》第12条第2款的规定，有关国家机关和社会组织只是有义务为未成年人的父母或者其他监护人提供家庭教育指导。我国现行法律没有健全的监护监督制度，导致在实践中监护人侵害未成年人合法权益的行为很少受到法律的追究。根据《性侵意见》第33条的规定，未成年人受到监护人性侵害，其他具有监护资格的人员、民政部门等有关单位和组织向人民法院提出申请，要求撤销监护人资格，另行指定监护人的，人民法院依法予以支持。该规定仅仅针对监护人性侵害未成年人的情形，未包括监护人严重失职致未成年人遭受性侵害的情形，且以具有监护资格的其他监护人或者组织的申请为撤销监护资格的前提条件。为了强化监护人对未成年人的监护职责和监护注意义务，保障未成年人获得有效监护，应明确规定监护人性侵害未成年人或者严重监护失职造成未成年人遭受性侵害的情形，都应按照我国法律规定的具有监护资格的主体顺序另行指定监护人。只有当

---

❶　上海市奉贤区人民检察院课题组：《性侵害未成年人犯罪案件的惩治、预防、救助机制研究——以S市D区人民检察院实践为例》，《犯罪研究》2016年第4期。

前一顺序的监护人无监护能力或者对被监护人明显不利的情况下，才从后一监护人顺序中择优确定监护人，并不以相关监护人向法院申请撤销性侵害未成年人的监护资格为前提。

（四）建立性侵害未成年被害人心理疏导工作机制

性侵害未成年被害人遭受的心理创伤较大，容易自责、自卑、自我封闭、自我否定，出现一系列的心理创伤反应。如果未成年人遭受性侵害后缺乏及时专业的心理疏导和长期的心理跟踪治疗，被害后的心理创伤可能伴随被害人一生。根据《性侵意见》第7条的规定，各级人民法院、人民检察院、公安机关和司法行政机关应当加强与民政、教育、妇联、共青团等部门及未成年人保护组织的联系和协作，共同做好性侵害未成年人犯罪预防和未成年被害人的心理安抚、疏导工作，从有利于未成年人身心健康的角度，对其给予必要的帮助。目前，部分地区的司法机关积极探索与民政、妇联、高校、共青团、心理咨询机构等协作，对性侵害未成年被害人开展心理疏导工作。上海市的未检部门要求各基层未检部门指派具备心理咨询资质的检察官承办性侵害未成年人犯罪案件，并要求承办检察官通过多种形式对被害人的心理状况进行专业的测评，有针对性地开展心理疏导。同时，还指导区检察院与高校、专业的心理咨询机构建立合作，委托专业的心理健康工作人员对心理问题严重的性侵害未成年被害人进行个案疏导。青浦区检察院未检部门就与教育局、妇联合作建立"心语工作室"，由专业的心理工作人员通过"房树人"分析、沙盘模拟、意向对话等方式，对来访的性侵害未成年被害人及其家属进行专业的心理评估，有针对性地制订心理辅导方案，制订详细的辅导计划，建立详细的被害人心理疏导档案并进行维护。❶上海市未检部门从启动性侵害未成年人案件的司法程序开始，全程对被害人进行心理疏导的做法，有利于被害人的心理创伤恢复。但该做法仅仅针对的是进入司法程序的性侵害未成年人案件中的被害人，而且多部门联合建立的心理疏导工作机构的主要工作对象，仅限于来访的未成年被害人及其家属，以及性侵害未成年犯罪中心理问题严重的被害人。但事实上，只要是遭受性侵害的未成年人，不管行为人的性侵害行为是否构成犯罪，被害人都或轻或重地遭受心理创伤，且被害人遭受的心理创伤是持久的，需要专业的持续不断的心理疏导服务。心理疏导工作应涵盖所有遭受性侵害的未成年人，应建立社区心理工作机构，只要未成年人遭受了性侵害，司法机关就应指派社区专业的心理工作人员对被害人

---

❶ 樊荣庆、钟颖等：《论性侵害案件未成年被害人"一站式"保护体系构建——以上海实践探索为例》，《青少年犯罪问题》2017年第2期。

进行专业的心理状况评估，有针对性地制订心理疏导方案和执行计划，并进行长期的跟踪疏导，直到未成年被害人走出被害心理阴影。

（五）设立性侵害未成年被害人专项紧急救助基金

性侵害未成年被害人需要接受专业的治疗和及时的心理疏导，尤其是对于因性侵害导致感染妇科病、隐私部位撕裂伤、大出血、怀孕，甚至造成严重的精神问题的被害人而言，需要大笔的医疗费用进行及时的救治。然而，贫困的家庭也往往无力承担因犯罪侵害所带来的经济负担。在刑事附带民事诉讼中，精神损害赔偿得不到支持，即使是因犯罪侵害给被害人造成的身体上的物质性损害，往往因被害人不能出示正规的票据，属于赔偿范围的医疗费、护理费、交通费和误工费等合理费用都不能得到完全的支持。在司法实践中，经常出现被告人无力支付医疗费、补偿费的情况。目前，我国没有完善的被害人救助体系，应积极探索拓宽对性侵害未成年被害人的紧急救助体系，对需要及时接受医治又经济困难的被害人进行紧急救助。我国某市某区检察院积极探索建议承办性侵案件的法院，在诉讼的各环节要积极拓宽对被害人的救助补偿渠道，对遭受性侵害没有获得赔付，又需要接受医治的生活困难的未成年被害人，优先为其申请司法救助。还对不符合救助条件，或者经过救助后仍然困难的被害人家庭，会同民政、妇联、社会组织等对其予以资助。❶ 还有的未检部门积极参与妇联购买社会服务项目，中标基金设立专门的关爱项目，用于对性侵受到伤害又不能通过其他途径获得赔偿的被害人进行司法救助。❷ 这些有益的探索对需要及时救助又经济困难的性侵害未成年被害人而言，无疑具有重要的意义。然而，性侵害未成年被害人需要救助的情况绝非个例，需要建立性侵害未成年被害人紧急救助机制，设立专门的紧急救助基金，保证每一个需要获得救助的被害人受益。建议各级地方政府设立专门的未成年被害人紧急救助基金，将其纳入财政预算范围，并明确规定对性侵害未成年被害人予以优先救助，以确保救助工作得以持续、有效开展。

---

❶　上海市奉贤区人民检察院课题组：《性侵害未成年人犯罪案件的惩治、预防、救助机制研究——以S市D区人民检察院实践为例》，《犯罪研究》2016年第4期。

❷　樊荣庆、钟颖等：《论性侵害案件未成年被害人"一站式"保护体系构建——以上海实践探索为例》，《青少年犯罪问题》2017年第2期。

参考文献

一、中文著作

［1］白建军.法律实证研究方法［M］.北京：北京大学出版社，2014.

［2］程滔.刑事被害人的权利及其救济［M］.北京：中国法制出版社，2011.

［3］储槐植.美国刑法［M］.北京：北京大学出版社，1996.

［4］蔡墩铭.刑法各论［M］.台北：三民书局，2001.

［5］蔡枢衡.中国刑法史［M］.北京：中国法制出版社，2005.

［6］陈兴良.共同犯罪论［M］.北京：中国社会科学出版社，1992.

［7］陈兴良.刑法哲学［M］.北京：中国政法大学出版社，2000.

［8］陈兴良.刑事法评论（2002年）（第10卷）［M］.北京：中国政法大学出版社，2002.

［9］陈兴良.中国刑事司法解释检讨：以奸淫幼女司法解释为视角［M］.北京：中国检察
出版社，2003.

［10］陈洪兵.人身犯罪解释论与判例研究［M］.北京：中国政法大学出版社，2012.

［11］陈瑞华.刑事诉讼的前沿问题（第四版）［M］.北京：中国人民大学出版社，2013.

［12］狄世深.刑法中身份新论［M］.北京：北京燕山出版社，2016.

［13］范忠信.中西法文化的暗合与差异［M］.北京：中国政法大学出版社，2001.

［14］富学哲.从国际法看人权［M］.北京：新华出版社，1998.

［15］樊民胜.性学词典［M］.上海：上海辞书出版社，1998.

［16］冯亚东.理性主义与刑法模式［M］.北京：中国政法大学出版社，1999.

［17］甘雨沛.比较刑法学大全（上/下）［M］.北京：北京大学出版社，1997.

［18］高铭暄.新编中国刑法学（下）［M］.北京：中国人民大学出版社，1998.

［19］高铭暄，马克昌.刑法学（下编）［M］.北京：中国法制出版社，1999.

［20］高铭暄，马克昌.刑法学（第八版）［M］.北京：北京大学出版社，高等教育出版社，
2017.

［21］高绍先.中国刑法史精要［M］.北京：法律出版社，2001.

［22］何洋.强奸罪：解构与应用［M］.北京：法律出版社，2014.

［23］黄尔梅，周峰，薛淑兰.性侵害未成年人犯罪司法政策案例指导与理解适用［M］.

北京：人民法院出版社，2014.

[24] 江必新.最高人民法院刑事诉讼法司法解释理解与适用 [M].北京：人民法院出版社，2015.

[25] 季境，张志超.新型网络犯罪问题研究 [M].北京：中国检察出版社，2012.

[26] 康树华，张小虎.犯罪学 [M].北京：北京大学出版社，2011.

[27] 林山田.刑法特论 [M].台北：三民书局，1978.

[28] 林山田.刑罚学 [M].台北：台湾商务印书馆，1985.

[29] 梁健.强奸犯罪比较研究 [M].北京：中国人民公安大学出版社，2010.

[30] 李楯.性与法 [M].郑州：河南人民出版社，1993.

[31] 李洁.论罪刑法定的实现 [M].北京：清华大学出版社，2006.

[32] 李银河.虐恋亚文化 [M].北京：今日中国出版社，1998.

[33] 李银河.同性恋亚文化 [M].北京：今日中国出版社，1998.

[34] 李银河.性的问题 [M].北京：中国青年出版社，1999.

[35] 李银河.性文化研究报告 [M].南京：江苏人民出版社，2003.

[36] 李银河.女性主义 [M].济南：山东人民出版社，2005.

[37] 李银河.性的问题·福柯与性 [M].北京：文化艺术出版社，2006.

[38] 李永升.侵犯个人法益的犯罪研究 [M].北京：法律出版社，2014.

[39] 李邦友，王德育，邓超.性犯罪的定罪与量刑 [M].北京：人民法院出版社，2001.

[40] 李双元，李赞，李娟.儿童权利的国际法律保护 [M].北京：人民法院出版社，2004.

[41] 龙迪.性之耻，还是伤之痛 [M].桂林：广西师范大学出版社，2007.

[42] 龙迪.综合预防儿童性侵犯专业指南 [M].北京：化学工业出版社，2017.

[43] 刘仁文.严格责任论 [M].北京：中国政法大学出版社，2000.

[44] 刘达临，鲁龙光.中国同性恋研究 [M].北京：中国社会出版社，2005.

[45] 刘白驹.性犯罪：精神病理与控制 [M].北京：社会科学文献出版社，2006.

[46] 刘宪权.赵作海冤案反思与聚众淫乱罪研究 [M].上海：上海人民出版社，2010.

[47] 刘芳.中国性犯罪立法之现实困境及其出路研究 [M].沈阳：东北大学出版社，2015.

[48] 马克昌.比较刑法原理 [M].郑州：河南人民出版社，1990.

[49] 马克昌.犯罪通论 [M].武汉：武汉大学出版社，1995.

[50] 马克昌.近代西方刑法学说史略 [M].北京：中国检察出版社，1996.

[51] 马克昌.刑法理论初探 [M].武汉：武汉大学出版社，2002.

[52] 聂立泽.走进刑法：中国刑法基本理论研究 [M].北京：知识产权出版社，2010.

［53］欧阳涛.当代中外性犯罪研究［M］.北京：社会科学文献出版社，1993.

［54］邱国梁.刑法典中性犯罪的犯罪学研究［M］.上海：上海大学出版社，2001.

［55］苏彩霞.中国刑法国际化研究［M］.北京：北京大学出版社，2006.

［56］沈德咏.《中华人民共和国民法总则》条文理解与适用［M］.北京：人民法院出版社，2017.

［57］孙云晓，张美英.当代未成年人法律译丛［M］.北京：中国检察出版社，2005.

［58］孙文恺.法律的性别分析［M］.北京：法律出版社，2009.

［59］宋浩波，靳高风.犯罪学［M］.上海：复旦大学出版社，2009.

［60］谈大正.性文化与法［M］.上海：上海人民出版社，1998.

［61］涂龙科，吴波.刑法制度比较研究［M］.北京：法律出版社，2013.

［62］王然冀，等.强奸犯罪的认定与防治［M］.北京：中国华侨出版社，1990.

［63］王晨.刑事责任的一般理论［M］.武汉：武汉大学出版社，1998.

［64］王大伟.中小学生被害人研究［M］.北京：中国人民公安大学出版社，2003.

［65］王进，林波.权利的缺陷［M］.北京：经济日报出版社，2001.

［66］王子今.古代性别研究丛稿［M］.北京：社会科学文献出版社，2004.

［67］王文生.强奸罪判解研究［M］.北京：人民法院出版社，2005.

［68］王作富.刑法分则实务研究（中）［M］.北京：中国方正出版社，2007.

［69］王勇民.儿童权利保护的国际法研究［M］.北京：法律出版社，2010.

［70］吴鹏森.犯罪社会学［M］.北京：社会科学文献出版社，2008.

［71］宣炳昭.香港刑法导论［M］.北京：中国法制出版社，1997.

［72］肖建国，杨忠孝.女性性防范［M］.上海：上海文化出版社，1995.

［73］肖中华.侵犯公民人身权利罪［M］.北京：中国人民公安大学出版社，1998.

［74］徐杰，侯建军.强奸罪研究［M］.北京：中国人民公安大学出版社，1991.

［75］许章润.犯罪学［M］.北京：法律出版社，2004.

［76］夏勇.人权的概念起源［M］.北京：中国政法大学出版社，2001.

［77］薛瑞麟.俄罗斯刑法研究［M］.北京：中国政法大学出版社，2000.

［78］苑明丽.刑法学研究新视野［M］.北京：法律出版社，2014.

［79］阎二鹏.侵犯个人法益犯罪研究［M］.北京：中国人民公安大学出版社，2009.

［80］叶高峰.共同犯罪理论及其运用［M］.郑州：河南人民出版社，1990.

［81］余凤高.西方性观念的变迁［M］.长沙：湖南文艺出版社，1996.

［82］姚建龙.少年刑法与刑法变革［M］.北京：中国人民公安大学出版社，2005.

［83］阴家宝.新中国犯罪学研究综述：1949—1995［M］.北京：中国民主法制出版社，1997.

［84］于志刚，郭旨龙.信息时代犯罪定量标准的体系化构建［M］.北京：中国法制出版
　　　社，2013.

［85］张鸿巍.儿童福利法论［M］.济南：山东人民出版社，2002.

［86］张鸿巍.刑事被害人保护问题研究［M］.北京：人民法院出版社，2007.

［87］张爱宁.国际人权法专论［M］.北京：法律出版社，2006.

［88］张远煌.犯罪学原理［M］.北京：法律出版社，2008.

［89］张远煌.犯罪学［M］.北京：中国人民大学出版社，2011.

［90］张明楷.外国刑法纲要［M］.北京：清华大学出版社，1999.

［91］张明楷.刑法分则的解释原理［M］.北京：中国人民大学出版社，2011.

［92］张明楷.刑法格言的展开［M］.北京：北京大学出版社，2013.

［93］中国人民共和国最高人民法院.刑事审判参考［M］.北京：法律出版社，2014.

［94］赵秉志.刑法争议问题研究（下卷）［M］.郑州：河南人民出版社，1996.

［95］赵秉志，罗德立.香港刑法［M］.北京：北京大学出版社，1996.

［96］赵秉志.侵犯人身权利犯罪疑难问题司法对策［M］.长春：吉林人民出版社，2001.

［97］赵秉志.主客观相统一：刑法现代化的坐标——以奸淫幼女型强奸罪为视角［M］.
　　　北京：中国人民公安大学出版社，2004.

［98］赵合俊.性人权理论——作为人权的性权利研究［M］.高雄：万有出版社，2007.

［99］赵国玲.中国犯罪被害人研究综述［M］.北京：中国检察出版社，2009.

［100］郑瞻培.精神疾病司法鉴定实务［M］.北京：法律出版社，2009.

［101］最高人民检察院《刑事犯罪案例丛书》编委会.刑事犯罪案例丛书：强奸罪·奸淫
　　　幼女罪［M］.北京：中国检察出版社，1992.

［102］周密.中国刑法史纲［M］.北京：北京大学出版社，1998.

二、中文译著

［1］［美］埃里克·伯科威茨.性审判史——一部人类文明史［M］.王一多，朱洪涛，
　　译.南京：南京大学出版社，2015.

［2］［德］阿图尔·考夫曼，等.法律哲学［M］.刘幸义，等译.北京：法律出版社，2011.

［3］［英］Ronald Blackburn.犯罪行为心理学：理论、研究和实践［M］.吴宗宪，刘邦惠，
　　等译.北京：中国轻工业出版社，2000.

［4］［英］哈夫洛克·霭理士.性心理学［M］.贾宁，译.南京：译林出版社，2015.

［5］［英］海泽尔·肯绍尔.解读刑事司法中的风险［M］.李明琪，等译.北京：中国人民
　　公安大学出版社，2009.

［6］［英］詹姆斯·马吉尔.解读心理学与犯罪——透视理论与实践［M］.张广宇，等

译.北京：中国人民公安大学出版社，2009.

[7][英]J.C.史密斯，B.霍根.英国刑法［M］.北京：法律出版社，2000.

[8][英]戈登·休斯.解读犯罪预防——社会控制、风险与后现代［M］.刘晓梅，刘志松，译，北京：中国人民公安大学出版社，2009.

[9][德]克劳斯·罗克辛.德国刑法学·总论（第三版）［M］.徐久生，译.北京：法律出版社，1997.

[10][德]李斯特.德国刑法教科书［M］.徐久生，译.北京：法律出版社，2000.

[11][美]理查德·A.波斯纳.性与理性［M］.苏力，译.北京：中国政法大学出版社，2002.

[12][美]罗纳德·J.博格，等.犯罪学导论：犯罪、司法与社会（第二版）［M］.刘仁文，等译.北京：清华大学出版社，2009.

[13][美]安德鲁·卡曼.犯罪被害人学导论（第六版）［M］.李伟，等译.北京：北京大学出版社，2010.

[14][法]米歇尔·福柯.性经验史［M］.余碧平，译.上海：上海世纪出版集团，2005.

[15][英]威廉姆·威尔逊.刑法理论的核心问题［M］.谢望原，罗灿，王波，译.北京：中国人民大学出版社，2015.

[16][意]切萨雷·贝卡里亚.论犯罪与刑罚［M］.黄风，译.北京：北京大学出版社，2008.

[17][美]坦娜希尔.历史中的性［M］.童仁，译.北京：光明日报出版社，1989.

[18][美]苏珊·布朗米勒.违背我们的意愿［M］.祝吉芳，译.南京：江苏人民出版社，2006.

[19][美]莫尔顿·亨特.情爱自然史［M］.赵跃，李建光，译.北京：作家出版社，1988.

[20][保]基里尔·瓦西列夫.爱的哲学［M］.梁萍，等译.北京：工人出版社，1987.

[21][德]爱德华·傅克斯.欧洲风化史——资产阶级时代［M］.赵永穆，许宏，等译.沈阳：辽宁教育出版社，2000.

[22][英]安东尼·吉登斯.亲密关系的变革：现代社会中的性、爱和爱欲［M］.陈永国，汪民安，等译.北京：社会科学文献出版社，2001.

[23][美]凯瑟琳·巴里.被奴役的性［M］.晓征，译.南京：江苏人民出版社，2000.

[24][澳]亚当·苏通，等.犯罪预防——原理、观点与实践［M］.赵赤，译.北京：中国政法大学出版社，2012.

[25][加]欧文·沃勒.有效的犯罪预防——公共安全战略的科学设计［M］.蒋文军，译.北京：中国人民公安大学出版社，2011.

［26］［瑞士］菲利普·萨拉森.福柯［M］.李红艳，译.北京：中国人民大学出版社，
2010.

［27］瑞士联邦刑法典［M］.徐久生，译.北京：中国法制出版社，1999.

［28］法国新刑法典［M］.罗结珍，译.北京：中国法制出版社，2003.

［29］意大利刑法典［M］.黄风，译.北京：中国政法大学出版社，1998.

［30］日本刑法典［M］.张明楷，译.北京：法律出版社，1998.

［31］德国刑法典［M］.冯军，译.北京：中国政法大学出版社，2000.

［32］俄罗斯联邦刑法典［M］.黄道秀，等译.北京：中国法制出版社，1996.

［33］新加坡共和国刑法典［M］.柯良栋，莫纪宏，译.北京：群众出版社，1996.

［34］印度刑法典［M］.赵炳寿，等译.成都：四川大学出版社，1988.

［35］土耳其刑法典［M］.陈志军，译.北京：中国人民公安大学出版社，2009.

［36］泰国刑法典［M］.吴光侠，译.北京：中国人民公安大学出版社，2004.

［37］老挝刑事法典［M］.贾凌，魏汉涛，译.北京：中国政法大学出版社，2014.

［38］美国模范刑法典及其评注［M］.刘仁文，王祎，等译.北京：法律大学出版社，
2005.

［39］西班牙刑法典［M］.潘邓，译.北京：中国检察出版社，2015.

三、期刊论文

［1］安翱.强奸罪研究二题［J］.河北法学，2002（4）.

［2］蔡德辉，杨士隆.台湾地区少年强奸犯、非暴力犯及一般少年犯罪危险因子之比较研
究［J］.犯罪学期刊，2000（5）.

［3］车浩.论刑法上的被害人同意能力［J］.法律科学（西北政治大学学报），2008（6）.

［4］陈兴良.奸淫幼女构成犯罪应以明知为前提——为一个司法解释辩护［J］.法律科学
（西北政治大学学报），2003（6）.

［5］陈永福.我国未成年人遭受性侵害之法律成因分析［J］.陕西教育学院学报，2012
（4）.

［6］陈伟."严格责任"抑或"推定责任"——性侵未满12周岁幼女的责任类型辨识［J］.
法学家，2014（2）.

［7］陈鸿鹏，郭荣龙.儿童性权利保护相关概念的刑法学界定［J］.闽南师范大学学报
（哲学社会科学版），2015（4）.

［8］陈伟，金晓杰.性侵未成年人案现状、原因与对策一体化研究［J］.青少年犯罪问题，
2016（4）.

［9］蔡文霞.论性侵害未成年人犯罪被害人的权益保护——对《关于依法惩治性侵害未成

年人犯罪的意见》的反思 [J].中国青年社会科学，2015（6）.

[10] 常晖，琚红金.对熟人性侵害未成年人犯罪的司法规制 [J].人民司法，2015（1）.

[11] "惩治与预防性侵害未成年人犯罪机制研究"课题组，鲍书华，李庆.域外惩治与预防性侵未成年人犯罪制度及其对我国的启示 [J].中国检察官，2016（9）.

[12] 曹兴华.台湾地区未成年人性侵害防范制度研究 [J].中国青年研究，2017（7）.

[13] 丁文华.关于少女的性权利问题——与潘绥铭先生商榷 [J].性学，1998（2）.

[14] 杜江.中英刑法上强奸罪之比较 [J].现代法学，2007（3）.

[15] 邓思清.建立我国的附条件不起诉制度 [J].国家检察官学院学报，2012（1）.

[16] 董士昙.犯罪预防模式研究 [J].山东警察学院学报，2014（1）.

[17] 董玉庭，黄大威.论传播淫秽、色情物品犯罪的刑事立法政策——以无被害人犯罪为视角 [J].北方法学，2014（1）.

[18] 戴超.论校园性侵的司法化抗制 [J].青年学报，2014（2）.

[19] 单纯.儿童性侵害的法治思考 [J].中国政法大学学报，2015（2）.

[20] 付玉明，席晓运.防范校园儿童性侵害的法律对策 [J].江西社会科学，2014（5）.

[21] 樊荣庆，钟颖，等.论性侵害案件未成年被害人"一站式"保护体系构建——以上海实践探索为例 [J].青少年犯罪问题，2017（2）.

[22] 谷青.英国被害人参与刑事司法程序概述 [J].中国司法，2006（3）.

[23] 郭黎岩，王元.我国性道德观演变与当代青少年性道德心理发展 [J].中国性科学，2006（3）.

[24] 郭丽红，何群.成年年龄的再确定——从行为能力的视角审视成年年龄 [J].河北法学，2009（10）.

[25] 高维俭.少年司法之社会人格调查报告制度论要 [J].环球法律评论，2010（3）.

[26] 高一飞，高建.犯罪记录查询模式比较研究 [J].西部法学评论，2013（2）.

[27] 高永明.聚众淫乱罪的历史、现状及未来 [J].法治研究，2013（11）.

[28] 管亚茹.校园性侵之社会工作处遇模式 [J].青年学报，2014（2）.

[29] 胡志鑫.浅析未成年人性犯罪的家庭因素 [J].中国性科学，2005（7）.

[30] 韩玉凤.从比较法学角度浅谈主要国家未成年人刑事责任年龄的异同——兼论我国未成年人刑事责任年龄"坚冰"当破 [J].天津市政法管理干部学院学报，2009（S1）.

[31] 何承斌，龚亭亭.强奸罪立法的反思与重构 [J].现代法学，2003（5）.

[32] 何洋.论法定强奸罪中的严格责任理念 [J].河北学刊，2012（3）.

[33] 何立荣，王蓓.性权利概念探析 [J].学术论坛，2012（9）.

[34] 何剑.我国未成年性被害人刑法保护之缺弱及完善 [J].青少年犯罪问题，2013（6）.

［35］何挺，林家红 . 中国性侵害未成年人立法的三维构建——以美国经验为借鉴［J］. 青少年犯罪问题，2017（1）.

［36］韩晶晶 . 性侵害案件儿童被害人法律援助研究［J］. 妇女研究论丛，2013（4）.

［37］黄鑫，刘晓莉 . 浅论男性遭遇性侵犯时的刑法保护［J］. 湖南省社会主义学院学报，2009（5）.

［38］黄祥青 . 性侵未成年人犯罪审判要点探析［J］. 青少年犯罪问题，2014（3）.

［39］胡荷佳 . 行走在消逝中：废除嫖宿幼女罪之反思［J］. 青少年犯罪问题，2015（6）.

［40］侯韦锋 . 我国适用化学阉割制度的可行性研究［J］. 犯罪研究，2017（5）.

［41］冀祥德 . 耦合权利义务说：婚内强奸立论的理论原点［J］. 妇女研究论丛，2004（1）.

［42］姜雯 . 质疑未成年人奸淫幼女的非犯罪化［J］. 青少年犯罪问题，2006（4）.

［43］蒋梅 . 性骚扰立法的比较研究——兼论中国反性骚扰法之设计［J］. 环球法律评论，2006（4）.

［44］蒋娜 . 儿童权益保护：未成年人刑法的最新动态评析［J］. 人权，2011（5）.

［45］蒋平 . 农村留守女童性安全与性教育问题［J］. 当代青年研究，2012（8）.

［46］蒋丽虹 . 论未成年人性自主权的特殊保护［J］. 宁夏大学学报（人文社会科学版），2014（2）.

［47］金泽刚 . 教师侵害未成年学生性犯罪案件的犯罪学思考［J］. 江苏警官学院学报，2007（5）.

［48］金泽刚 . 由男性遭受性侵害案看性犯罪的法律变革［J］. 法治研究，2015（3）.

［49］江勇，张鸿巍 . 台湾地区少年再犯危险评估之镜鉴［J］. 青年研究，2018（4）.

［50］康相鹏，孙建保 . 性侵未成年人犯罪中"负有特殊职责的人员"之界定［J］. 青少年犯罪问题，2014（1）.

［51］康均心，刘猛 . 台湾地区校园安全维护：现状、机制与启示［J］. 青少年犯罪问题，2015（2）.

［52］卢建平，王丽华 . 日本的被害人保护制度及其启示［J］. 理论探索，2007（5）.

［53］骆东平 . 美国性骚扰概念界定的深层分析［J］. 法学论坛，2011（4）.

［54］李立众 . 台湾岛强奸罪立法之新发展［J］. 人民检察，2000（11）.

［55］李银河 . 中国当代性法律批判［J］. 南京师大学报（社会科学版），2004（1）.

［56］李玫瑾 . 构建未成年人法律体系与犯罪预防［J］. 法学杂志，2005（3）.

［57］李拥军 . 宽容与不容：现代社会法对性调整的特点与趋势——以性权利为视角的考察［J］. 法制与社会发展，2006（6）.

［58］李成齐 . 性侵害受害儿童的心理病理学研究［J］. 中国特殊教育，2007（2）.

［59］李拥军，周绍强.从意识到话语：性权利观念的历史演进与发展脉络［J］.法制与社会发展，2008（2）.

［60］李拥军.性权利存在的人性基础——中国当代性行为立法不能省略的维度［J］.华东政法大学学报，2008（3）.

［61］李麒.性侵害犯罪被害人保护研究［J］.亚洲家庭暴力与性侵害期刊，2010（2）.

［62］李永亚，刘旭刚，徐杏元.性犯罪人重新犯罪的风险因素及其社区监控［J］.中国性科学，2011（1）.

［63］李丽，谢光荣.儿童性虐待认定及其存在的问题［J］.中国特殊教育，2012（5）.

［64］李鲲.推定与法律拟制——以奸淫幼女型强奸为视角［J］.湖南警察学院学报，2013（2）.

［65］李永升，冯玉东.性侵幼女犯罪相关问题探析［J］.河南财经政法大学学报，2014（4）.

［66］李婷，王仁高.性侵未成年人犯罪案件中的证据审查［J］.人民司法，2015（24）.

［67］李聪，曹虹.论我国性侵害儿童犯罪防控机制的建构——以美国性侵害儿童犯罪防控经验为鉴［J］.广西警察学院学报，2018（6）.

［68］刘广三，汤春乐.附带民事诉讼中精神损害赔偿问题研究［J］.烟台大学学报（哲学社会科学版），2000（3）.

［69］刘作翔.权利冲突的几个理论问题［J］.中国法学，2002（2）.

［70］刘志刚.基本权利与私法权利的界限［J］.法学评论，2010（1）.

［71］刘德法，慕森.强奸罪若干疑难问题研究［J］.山东警察学院学报，2012（4）.

［72］刘军.美国性犯罪记录制度的滥觞与发展——兼论我国性犯罪记录制度的构建［J］.刑法论丛，2013（4）.

［73］刘建利.日本性侵未成年人犯罪的法律规制及其对我国的启示［J］.青少年犯罪问题，2014（1）.

［74］刘宪权.性侵幼女构成强奸仍应以"明知"为前提［J］.青少年犯罪问题，2014（1）.

［75］刘军.性犯罪记录之社区公告制度评析——以美国"梅根法"为线索［J］.法学论坛，2014（2）.

［76］刘立杰.《关于依法惩治性侵害未成年人犯罪的意见》解析［J］.人民司法，2014（3）.

［77］刘艳燕.以被害人陈述为核心构建性侵未成年人案件的证据标准［J］.人民司法，2015（14）.

［78］刘宪权.刑事立法应力戒情绪——以《刑法修正案（九）》为视角［J］.法学评论，

2016（1）.

［79］刘凯，任永权.性侵害未成年被害人刑事法律保护研究［J］.江西警察学院学报，
2016（6）.

［80］刘驰，周滢.校园性侵未成年人防范的多维路径［J］.青海社会科学，2018（6）.

［81］兰跃军.未成年被害人权利保护［J］.中国青年政治学院学报，2014（1）.

［82］廖怀高.台湾地区校园性侵害处理模式研究［J］.重庆行政（公共论坛），2014（4）.

［83］林亚刚.我国刑法中强制猥亵妇女罪的立法与规范评价［J］.现代法学，2000（2）.

［84］林明杰，董子毅.台湾性罪犯静态再犯危险评估量表（TSOSRAS）之建立及其外在效
度之研究［J］.亚洲家庭暴力与性侵害期刊，2005（1）.

［85］林海.美国：给性侵者打上终身烙印［J］.检察风云，2014（13）.

［86］林家红.论未成年人不良行为的司法干预——以台湾地区少年虞犯的立法与实践为鉴
［J］.预防青少年犯罪研究，2017（5）.

［87］莫江平.强奸罪罪名的过去、现在及未来——兼论部分涉性犯罪的罪名修改［J］.当
代法学，2002（9）.

［88］毛建中.宽容与纵容：性立法论争中的悖论——未成年人性犯罪刑事政策的现实语境
［J］.青少年犯罪问题，2006（6）.

［89］马忠红.性侵害案件中女性被害人的调查访问［J］.中国人民公安大学学报（社会科
学版），2005（5）.

［90］马忠红.香港警方办理未成年人遭受性侵害案件的做法及启示［J］.中国青年研究，
2006（9）.

［91］马方，王文娟.构筑侵害未成年人犯罪人员信息公开制度——基于侵害未成年人再犯
案件的分析［J］.山东大学学报（哲学社会科学版），2019（1）.

［92］梅辙.社会观念视域中的中国婚内强奸问题［J］.王亚凯，付立庆，译.金陵法律评
论，2002（1）.

［93］梅锦.论未成年人监护权刑法保障之完善［J］.北京理工大学学报（社会科学版），
2014（6）.

［94］梅锦.菲律宾刑法对未成年人监护权之规定于我国的借鉴［J］.社会工作与管理，
2015（3）.

［95］宁波市人民检察院未检处.性侵未成年人犯罪案件疑难问题研讨会综述［J］.青少年
犯罪问题，2014（6）.

［96］牛旭.性侵未成年人犯罪及风险治理——一个新刑罚学的视角［J］.青少年犯罪问
题，2014（6）.

［97］牛旭.保护儿童及少年免受性剥削岂可止于废除嫖宿幼女罪——以我国台湾地区"儿

童及少年性剥削防制条例"为视角［J］.青少年犯罪问题，2015（6）.

［98］彭文华.性权利的国际保护及我国刑法立法之完善［J］.法学论坛，2002（5）.

［99］彭文华.我国性价值观的发展与性犯罪立法的完善［J］.山东警察学院学报，2012
（4）.

［100］庞春子.双向心理干预机制在未成年人刑事检察工作中平衡的适用［J］.预防青少
年犯罪研究，2015（1）.

［101］邱兴隆.个别预防的四大立论［J］.甘肃政法学院学报，2000（2）.

［102］裘菊红，王晓青.性侵害未成年人犯罪人员信息公开制度探析［J］.青少年犯罪问
题，2017（2）.

［103］秦现锋.韩国："化学阉割"的是与非［J］.检察风云，2013（20）.

［104］任苇.从网络性爱看未成年人性道德教育的紧迫性［J］.中国青年政治学院学报，
2005（2）.

［105］阮齐林.猥亵儿童罪基本问题再研究［J］.人民检察，2015（22）.

［106］潘绥铭，黄盈盈.我国14—17岁青少年性教育效果的实证分析［J］.中国青年研
究，2011（8）.

［107］桑本谦.强奸何以为罪［J］.法律科学，2003（3）.

［108］宋浩波.性犯罪的起源与婚姻家庭关系的变化［J］.河南警察学院学报，2013（1）.

［109］苏彩霞.域外强奸罪立法的新发展［J］.法学杂志，2001（2）.

［110］苏丽君.儿童人身权利的刑法保护研究［J］.云南开放大学学报，2014（4）.

［111］施慧玲.论我国儿童人权法制之发展——兼谈落实"联合国儿童权利公约"之社会
运动［J］.中正大学法学集刊，2004（14）.

［112］孙秀艳.美国联邦反儿童性侵害犯罪立法沿革及评介［J］.青少年犯罪问题，2009
（3）.

［113］邵宗林，曹琼洋.论我国儿童性权利的法律保护［J］.青年与社会，2014（4）.

［114］上海市奉贤区人民检察院课题组.性侵害未成年人犯罪案件的惩治、预防、救助机
制研究——以S市D区人民检察院实践为例［J］.犯罪研究，2016（4）.

［115］上海市闵行区人民检察院课题组.刑法从业禁止制度在性侵害未成年人案件中的适
用［J］.山西省政法管理干部学院学报，2018（2）.

［116］唐书剑.强制登记制度的引入及构想［J］.江西警官学院学报，2015（6）.

［117］唐世月.中英刑法强奸罪比较研究［J］.法制与社会发展，1996（6）.

［118］汤芙蓉.性侵留守儿童犯罪高发的社会心理原因及预防对策［J］.四川警察学院学
报，2016（12）.

［119］田相夏.性侵害未成年人犯罪人员信息公开制度探究［J］.青少年犯罪问题，2017

（2）.

[120] 谈大正.色情信息法律规制和公民性权利保护 [J].东方法学，2010（3）.

[121] 涂欣筠.我国未成年人性侵案件现状及其对策 [J].江苏警官学院学报，2015（1）.

[122] 文姬.再犯危险性评估的应用 [J].法学论坛，2014（1）.

[123] 武秀英.法律保护公民性权利的应然分析 [J].山东大学学报（哲学社会科学版），
2005（4）.

[124] 吴宗宪.性权利初探 [J].性学，1998（3）.

[125] 吴鹏飞，余鹏峰."惩治性侵害未成年人犯罪意见"若干问题评析——以儿童权利保
护为视角 [J].理论与改革，2014（4）.

[126] 吴巧新，王英.性侵未成年人案件办理之心理学方法引入 [J].青少年犯罪问题，
2015（1）.

[127] 吴燕.附条件不起诉适用规则详解 [J].青少年犯罪问题，2015（3）

[128] 吴杰丽，朱伟清.西方性侵犯罪者登记制度的发展及对我国的启示 [J].上海公安
高等专科学校学报，2015（6）.

[129] 温雅璐.试论性侵男童的抗制与救济 [J].预防青少年犯罪研究，2014（4）.

[130] 温慧卿.未成年人性权利法律保护的诉求与体系构建 [J].中国青年社会科学，
2018（4）.

[131] 王云华.中国内地刑法与香港刑法中强奸罪之比较研究 [J].山东省青年管理干部
学院学报，2004（1）.

[132] 王志胜，林志强.我国台湾地区未成年人保护法律制度述评 [J].青少年犯罪问题，
2005（6）.

[133] 王洪波.未成年人侵害未成年人犯罪的特点、成因和对策 [J].辽宁司法管理干部
学院学报，2006（4）.

[134] 王雪梅.论少年司法的特殊理念和价值取向 [J].青少年犯罪问题，2006（5）.

[135] 王雪梅.儿童权利保护的基本原则评析 [J].中国妇运，2007（6）.

[136] 王志强.重新犯罪实证研究 [J].中国人民公安大学学报（社会科学版），2010
（5）.

[137] 王学峰，贺洪超.从人权视角重构性犯罪立法 [J].重庆三峡学院学报，2014（1）.

[138] 王顺双.论最大利益原则在儿童性权利保护中的法律运用 [J].理论月刊，2014
（2）.

[139] 王江淮.相对负刑事责任年龄人奸淫幼女行为辨析——兼评《关于依法惩治性侵害
未成年人犯罪的意见》第27条 [J].青年学报，2014（3）.

[140] 王志伟，王进鑫.自慰与性权利的关系研究 [J].中国性科学，2014（4）.

［141］王慧，贾密.惩治性侵害未成年人犯罪的现实困境与制度转型［J］.法律适用，
　　　　2014（8）.

［142］王燕.我国性犯罪未成年被害人的司法权益保护［J］.中国性科学，2014（11）.

［143］王金鑫.域外性犯罪人信息登记和公告制度的本土化思考［J］.河南警察学院学报，
　　　　2015（1）.

［144］王燕玲.女性主义法学视域下强奸罪之辨思［J］.政法论坛，2015（6）.

［145］王焕婷.海峡两岸妨害性自主犯罪立法、司法之比较研究［J］.河南财经政法大学
　　　　学报，2015（3）.

［146］王焕婷.台湾地区性侵犯罪刑事立法、司法探析［J］.海峡法学，2015（9）.

［147］王世洲.对幼女性法益的法律保障研究［J］.妇女研究论丛，2015（3）.

［148］王军，刘庭梅.审视失范视角下的性侵害报道及其规制［J］.新闻爱好者，2015
　　　　（12）.

［149］王英.猥亵儿童犯罪案件之司法实务疑难问题解析［J］.青少年犯罪问题，2016
　　　　（4）.

［150］王春媛，廖素敏.性侵害未成年人犯罪人员信息登记和有限公开机制研究［J］.青
　　　　少年犯罪问题，2016（6）.

［151］王嘉懿.浅析性侵案件中对未成年被害人询问工作的功能定位与发展问题［J］.预
　　　　防青少年犯罪研究，2018（4）.

［152］魏昌东，赵轩.论男性性自主权之刑法保护［J］.法治论丛，2007（6）.

［153］魏东.从首例"男男强奸案"司法裁判看刑法解释的保守性［J］.当代法学，2014
　　　　（2）.

［154］魏红.如何发挥社会控制在防控西南地区性侵害未成年人犯罪中的作用［J］.政法
　　　　论丛，2016（2）.

［155］魏红，方庆展.强奸未成年人犯罪特征及其发展趋势分析［J］.行政与法，2018
　　　　（5）.

［156］肖巍鹏.未成年人与幼女发生性关系的行为定性［J］.中国检察官，2018（24）.

［157］徐婕.同性性犯罪的有关问题［J］.河南公安高等专科学校学报，2006（4）.

［158］徐光兴.未成年人性侵害的危机干预与心理援助［J］.青少年犯罪问题，2015（1）.

［159］徐剑.性侵犯罪未成年被害人实证研究——基于北京市未成年人遭受性侵案件的分
　　　　析［J］.青少年犯罪问题，2015（4）.

［160］徐可，张艳，等.性侵害未成年人犯罪保护预防机制调查报告——以J市W区为例
　　　　［J］.金华职业技术学院学报，2018（4）.

［161］熊少严.关于家庭教育立法问题的若干思考［J］.教育学术月刊，2010（4）.

［162］熊伟.儿童被害及其立法预防［J］.青少年犯罪问题，2015（4）.

［163］谢鸿飞.精神损害赔偿的三个关键词［J］.法商研究，2010（6）.

［164］谢登科.论性侵未成年人案件中被害人权利保障［J］.学术交流，2014（11）.

［165］谢俊龙，田然.我国刑法加强未成年人性权利保护的前度探寻［J］.青少年犯罪问题，2016（4）.

［166］于沛鑫.性侵害未成年人等犯罪的从严评价体系［J］.云南大学学报（法学版），2014（6）.

［167］于珍，董新良.汇聚多种力量：美国预防性侵儿童犯罪的举措及启示［J］.比较教育研究，2015（3）.

［168］于志刚.从业禁止制度的定位与资格限制、剥夺制度的体系化——以《刑法修正案（九）》从业禁止制度的规范解读为切入点［J］.法学评论，2016（1）.

［169］于志刚.关于对犯罪记录予以隐私权保护的思索——从刑法学和犯罪预防角度进行的初步检讨［J］.河南大学学报（社会科学版），2010（5）.

［170］衣仁翠.性权利的法律追寻［J］.玉林师范学院学报，2005（2）.

［171］姚珍薇，叶元熙.幼女性侵犯及其处理［J］.中国实用妇科与产科杂志，2004（9）.

［172］姚建龙，颜湘颖.校园性侵害的现状与抗制［J］.青少年犯罪问题，2006（3）.

［173］姚建龙.论披露未成年犯罪人身份信息之法律禁止［J］.华东政法大学学报，2007（6）.

［174］姚建龙，刘昊."梅根法案"的中国实践：争议与法理——以慈溪市《性侵害未成年人犯罪人员信息公开实施办法》为分析视角［J］.青少年犯罪问题，2017（2）.

［175］杨志.性犯罪视野中的品格证据研究——以英美法为中心［J］.学术研究，2013（2）.

［176］杨晓静，袁方，朱德良.未成年刑事被害人诉讼权利保护初论［J］.青少年犯罪问题，2015（1）.

［177］伊智雄.中国古代性文化观念的形成与发展［J］.中国性科学，2004（9）.

［178］易谨.中国儿童救助研究——系统视域下儿童保护初步研究［J］.中国青年社会科学，2015（1）.

［179］袁锦凡.性犯罪被害人权利保护的域外经验［J］.西南政法大学学报，2010（4）.

［180］袁锦凡.论我国对性犯罪被害人特别保护的完善——基于现状分析［J］.时代法学，2010（5）.

［181］颜翠芳.未成年人性犯罪特征及其原因——以合肥市某未管所为个案［J］.合肥学院学报（社会科学版），2007（6）.

［182］张婷.我国强奸罪立法的缺陷与优化刍议［J］.齐齐哈尔大学学报（哲学社会科学

版），2016（1）.

［183］张鸿巍.儿童福利视野下的少年司法路径选择［J］.河北法学，2011（12）.

［184］张雪梅.对儿童性侵犯的有关探讨［J］.妇女研究论丛，2005（S1）.

［185］张明楷.论预防刑的裁量［J］.现代法学，2015（1）.

［186］张明楷.加重构成与量刑规则的区分［J］.清华法学，2011（1）.

［187］赵合俊."性权利"应率先进入"妇女法"——一种理论的说明［J］.中华女子学院
学报，2003（5）.

［188］赵合俊.儿童免受性侵害的权利——对我国儿童性法律的审视［J］.法学研究，
2004（6）.

［189］赵合俊.一种反人权的话语——试论汉语语境中的"强奸"［J］.中华女子学院学报，
2005（6）.

［190］赵合俊.性骚扰与强奸——走向"性别中立"［J］.妇女研究论丛，2006（S1）.

［191］赵合俊.性权利的历史演变——以婚姻为轴线［J］.中华女子学院学报，2007（3）.

［192］赵合俊.从性的客体到性的主体——以强奸法为例看妇女地位的转变［J］.中华女
子学院学报，2008（3）.

［193］赵合俊.人权视角下的贞操文化批判［J］.现代妇女（下旬），2011（2）.

［194］赵合俊.禁止儿童性剥削——国际法与国内法之比较研究［J］.妇女研究论丛，
2013（1）.

［195］赵合俊.中国同意年龄法的缺陷与完善——保护儿童特别是女童免于性侵害的视角
［J］.妇女研究论丛，2015（3）.

［196］赵合俊.我国刑法应设立嫖宿未成年人罪［J］.青少年犯罪问题，2016（4）.

［197］赵小平，朱莉欣.性骚扰的法律探析［J］.华东政法学院学报，2001（4）.

［198］赵军."自愿年龄线"与儿童性权利的冲突及协调［J］.刑法论丛，2014（3）.

［199］赵卿.未成年人心理疏导和矫治制度研究［J］.青少年犯罪问题，2015（1）.

［200］赵国玲，徐然.北京市性侵未成年人案件的实证特点与刑事政策建构［J］.法学杂
志，2016（2）.

［201］赵俊甫.猥亵犯罪审判实践中若干争议问题探究——兼论《刑法修正案（九）》对
猥亵犯罪的修改［J］.法律适用，2016（7）.

［202］庄建南，朱世洪.台湾犯罪被害人保护法律制度及其借鉴［J］.台湾研究，2013
（3）.

［203］庄忠进.儿童性侵案件侦审问题与对策［J］.上海公安高等专科学校学报，2013
（4）.

［204］周安平.性的公权控制［J］.法学研究，2003（5）.

［205］周伟良，张亦林．组织男性提供性服务行为的定性辨析［J］．浙江公安高等专科学校学报，2005（2）．

［206］周正猷．中国性文化的思考［J］．中国性科学，2005（3）．

［207］周峰，薛淑兰，等．关于依法惩治性侵害未成年人犯罪的意见的理解与适用［J］．人民司法，2014（1）．

［208］张影．强制猥亵妇女罪立法比较和特征分析［J］．现代法学，2000（3）．

［209］张小金．中国当代性文化的转型［J］．中国性科学，2004（3）．

［210］张雪梅．对儿童性侵犯的有关探讨［J］．妇女研究论丛，2005（1）．

［211］张震，柯葛壮．试析男性性权利的刑法保护［J］．青少年犯罪问题，2005（4）．

［212］张立霞，张晶．未成年被告人人身危险性的评估研究——以未成年人社会调查报告的模糊综合评价为视角［J］．时代法学，2009（4）．

［213］张华，沙兆华，等．性侵害未成年人犯罪法律适用研究——上海市第二中级人民法院及辖区法院2012—2015年性侵害未成年人案件实证调查［J］．预防青少年犯罪研究，2017（1）．

［214］张华，祝丽娟．未成年人审判中若干热点问题研究［J］．法律适用，2017（19）．

［215］朱眉华，刘茂香．中小学校园性侵害探析［J］．华东理工大学学报（社会科学版），2005（2）．

［216］朱声敏．比较与启示：对古今奸淫罪立法的审视［J］．福建法学，2012（4）．

［217］朱沅沅．性侵害男性未成年人的法律思考［J］．青年探索，2014（5）．

［218］郑蕾，施倩．解析性侵害未成年人犯罪案件证据审查——以浙江省杭州市172起案件为样本［J］．人民检察，2017（8）．

［219］浙江省未成年人刑事司法研究会．性侵害未成年人犯罪人员信息公开制度研讨会综述［J］．青少年犯罪问题，2016（6）．

四、学位论文类

［1］董文蕙．犯罪被害人国家补偿制度基本问题研究［D］．重庆：西南政法大学，2010．

［2］刘芳．中国性犯罪立法之现实困境及其出路研究［D］．长春：吉林大学，2007．

［3］李拥军．性权利研究［D］．长春：吉林大学，2007．

［4］兰跃军．刑事被害人作证制度研究［D］．重庆：西南政法大学，2010．

［5］苏忻．刑事被害人损害赔偿权保护研究［D］．长春：吉林大学，2015．

［6］孙艳艳．儿童与权利：理论构建与反思［D］．济南：山东大学，2014．

［7］王志华．犯罪被害人二次被害研究［D］．北京：中国政法大学，2006．

［8］王勇民．儿童权利保护的国际法研究［D］．上海：华东政法大学，2009．

［9］王谊.农村留守儿童教育研究——基于陕西省的实地调研［D］.杨凌：西北农林科技大学，2011.

［10］吴鹏飞.嗷嗷待哺：儿童权利的一般理论与中国实践［D］.苏州：苏州大学，2013.

［11］袁锦凡.刑事诉讼对性犯罪被害人的保护研究——以强奸罪被害人为视角的分析［D］.重庆：西南政法大学，2010.

［12］张莉.论隐私权的法律保护［D］.北京：中国政法大学，2006.

五、英文著作类

［1］Scanlan C. Criminal Law［M］. London：Butterworths，1999.

［2］Selfe D W，Burke V. Perspectives on Sex Crime and Society［M］. London：Cavendish Publishing Limited，2001.

［3］Posner R A. Sex and Reason［M］. Cambridge，Mass：Harvard University Press，1992.

［4］Brownmiller S. Against Our Will：Man，Women and Rape［M］. New York：Simon and Schuster，1975.

［5］Weisberg D K. Sex Violence Work and Reproduction［M］. Philadelphia：Temple University Press，1996.

［6］Lafree G. Rape and Criminal Justice：The Social Construction of Sexual Assault［M］. Cambridge，Mass：Wadsworth Publishing Company，1989.

［7］Burges A W. Rape and Sexual Assault-A Research Handbook［M］. New York：Carland Publishing Inc，1985.

［8］Mezey G C，King M B. Male Victims of Sexual Assault［M］. New York：Oxford University Press，2000.

［9］Brody D C，Acker J R. Criminal Law［M］. 2nd ed. Massachusett：Jones and Bartlett Publishers，LIC，2010.

［10 Ormerod D. Smith and Hogan Criminal Law［M］. 12th ed. New York：Oxford University Press，2008.

［11］Posner R A，Silbzugh K B. A Guide to American's Sex Laws［M］. Illinois：The University of Chicago Press，1996.

六、英文论文类

［1］Frazier P A，Haney B. Sexual Assault Cases in the Legal System：Police，Prosecutor，and Victim Perspectives［J］. Law and Human Behavior，1996，20（6）.

［2］Muram D，Hostetler B R，Jones C E，Speck P M. Adolescent Drake Victims of Sexual Assault

［ J ］. Journal of Adolescent Health, 1995, 17（6）.

［3］Peters J. Children Who are Victim of Sexual Assault and the Psychology of Offenders［J］. American Journal of Psychotherapy, 1976, 30（3）.

［4］Castel J R. Rape, Sexual Assault and the Meaning of Persecution［J］.Int J Refugee Law, 1992, 4（1）.

［5］Anderson C L. Males as Sexual Assault Victims: Multiple Levels of Trauma［J］. Journal of Homosexuality, 1982, 7（2）.

［6］Ort U. Secondary Victimization of Crime Victims by Criminal Proceeding［J］. Social Justice Research, 2002, 15（4）.

［7］Bridges K M. When Pregnancy is an Injury: Rape, Law, and Culture［J］. Stanford Law Review, 2013, 65（3）.

［8］Starrs A M. Anderson R. Definitions and Debates: Sexual Health and Sexual Rights［J］. Brown Journal of World Affairs, 2016, 22（2）.

［9］Roos H. Trading the Sexual Child: Child Pornography and the Commodification of Children in Society［J］. Journal of Women and the Law, 2014, 23（2）.

［10］Khozeimeh M A, Boulagh M. A Look at Legislative Criminal Policy of Iran Against Violent Crimes［J］. Journal of Politics and Law, 2016, 9（4）.

［11］Hamilton M. Sentencing Adjudication: Lessons from Child Pornography Null Ification［J］. Georgia State University Law Review, 2014, 30（2）.

［12］Richardson D. Constructing Sexual Citizenship: Theorizing Sexual Rights［J］. Critical Social Policy, 2000, 20（1）.

［13］Levenson L L. Good Faith Defenses: Reshaping Strict Liability Crimes［J］. Cornell Law Review, 1993（3）.

［14］Schulhofer S J. The Gender Question in Criminal Law［J］. Social Philosophy & Policy, 1990 （7）.

后 记

　　《侵犯未成年人性权利犯罪与防治研究》一书是凯里学院 2019 年度博士专项课题的研究成果。该书主要以实证研究方法对侵犯未成年人性权利犯罪的现状与危害、侵犯未成年人性权利犯罪的原因、侵犯未成年人性权利犯罪的防治等问题进行了研究。该书的写作目的在于呼吁社会各界重视性侵害未成年人犯罪问题，尤其是未成年人的监护人要提高预防性侵害未成年人犯罪的意识。引导人们转变对性侵害未成年人犯罪的认识，尤其是对性侵害未成年人犯罪在犯罪类型、犯罪主体、犯罪对象、犯罪发生的原因等方面特殊性的全面、正确认识，提高人们预防性侵害未成年人犯罪的针对性，做一些力所能及的努力。

　　该书从资料搜集整理、课题申报到最终定稿成书，得益于攻读博士学位期间相关资料的积累，特别是导师童德华教授和夏勇教授对我学术道路的指引。他们对我博士毕业论文选题的肯定和研究成果的认可，才使我一直没有放弃对未成年人性权利法律保护的相关问题进行研究。他们严谨治学的工作作风、认真做事的风格，使我终身受益。

　　知识产权出版社宋云女士惠纳书稿，为本书出版做了大量工作。另外，王颖超、薛晶晶两位编辑工作一丝不苟，认真校对，花费了大量时间和精力，她们提出的修改意见、建议，为本书增色不少，在此特别感谢。还要感谢凯里学院校领导和计财处、科研处、国资处、审计处领导，以及马克思主义学院院长郑茂刚教授对本书出版提供的方便和帮助。特别感谢马克思主义学院党总支书记杨洪能和副院长范连生对书稿写作和出版提供的帮助。

　　另外，我也想通过本书的写作用实际行动给予我 13 岁的儿子以榜样激励。2014 年 9 月攻读博士学位以来，我很少陪伴儿子，甚至由于家庭原因不得不把儿子送回老家读书，使得儿子换了 3 所学校才完成小学学业。博士毕业返岗工作后，与儿子聚少离多，在承担繁重的学生管理、教学和科研工作情况下，利用下班时间、周末、寒暑假完成了书稿的写作和修改工作。所以，我要把本书献给我最爱的儿子，当初准备放弃攻读博士学位时，是年幼懂事的儿子鼓励我继续前行。今天，还是我最爱的儿子支撑我一路前行。感谢写作过程中，儿子对我的关心、鼓励以及分担买菜、购物等力所能及的家务。还要感谢我的家人对写作的大力支持和充分理解。写作期间，年迈的父母承担了绝大部分家务。特别感谢我的爱人龙遵先生对我的理解和支持，在我人生最艰难的时候我们相遇，毫无怨言地独自照顾孩子。写作期间，是他不顾周末舟车劳顿才使一家人得以相聚，才使书稿能够顺利完成。

在前期书稿写作和校对过程中，博士师妹潘超对书稿排版，妹妹饶丽对英文文献的修改和校对，我的学生龙云、唐友莲对书稿校对做了大量工作，在此一并感谢。

由于学术能力有限，本书肯定会存在诸多问题和不足，衷心希望学界同仁和朋友批评指正。

龙正凤

2020 年 3 月